백제의 도성

백제의 도성

발행일 1판 1쇄 2010년 2월 25일 1판 2쇄 2014년 2월 21일
발행인 정상철 지은이 박순발 펴낸곳 충남대학교출판문화원
주소 대전광역시 유성구 대학로 99 전화 042-821-6045
홈페이지 cnupress.cnu.ac.kr E-mail cnupress@cnu.ac.kr

ISBN 978-89-7599-342-8 93900
정가 15,000원

백제는

한반도 고대 삼국 가운데
가장 먼저 역사의 무대에서 사라졌으나, 그 문화는 지금 가장 찬란하게
우리에게 다가오고 있다.

백제의 도성

박순발 지음

충남대학교출판문화원

머·리·말

우리나라 고대의 역사는 삼국시대로 대표된다. 삼국의 지리적 범위는 중국의 동북지역을 포함한 한반도 전체이므로 삼국시대의 역사 공간은 한민족의 영역과 자연스럽게 연관되어 우리의 공간적 정체감의 원형이 되기도 한다. 고대사의 주체를 고구려, 백제, 신라 등 삼국으로 인식하게 된 것은 고려시대로 추정되는데, 『삼국사기』가 편찬된 1,145년 이전에 이미 그러한 역사인식이 있었음은 틀림없다. 이처럼 삼국을 통해 우리의 고대사를 인식하는 전통사관은 단순히 고대를 이해하는 틀로써만이 아니라 삼국과의 지역적인 연고에 바탕한 후예의식으로 발전하기도 한다.

사실 삼국의 후예의식은 통일신라가 해체되는 과정에서 이미 나타났다. 후고구려, 후백제, 등 후삼국시대의 국호가 그것을 잘 보여주며, 그에 이은 고려 역시 고구려의 후예임을 분명히 하였다. 영광스럽고 찬란한 선행 삼국의 역사와 문화를 선양하고 계승하려는 의지로 이어졌을 것이다. 오늘날 삼국의 후예의식을 가진 해당 지역의 주민들 역시 삼국과의 지연을 바탕으로 역사적 자긍의 흔적을 부단히 모색하고 있다.

삼국 가운데 가장 일찍 역사 무대에서 퇴장한 백제의 역사는 삼국을 통일하여 최후의 승리자가 된 신라에 비해 소략할 뿐 아니라 그 역사의 우수성을 증명할 수 있는 가시적 흔적이 거의 남아 있지 않아 흔히 패배자의 역사가 쓸쓸함을 보여주는 사례로 회자되기도 한다. 그러나 고고학자료의 증가로 인해 백제사의 공백은 화려하게 채워지고 있다. 부여 능산리 출토 금동대향로 발견 이래 최근까지 신발견의 흥분은 이어지고 있다.

백제는 도읍지가 시기별로 3곳에 분산되어 있고 그 존속기간이 신라에 비해 훨씬 짧았던 탓에 지상에 남아 있는 볼거리가 상대적으로 적은 편이지만, 사실 삼국시대만 놓고 비교한다면 결코 빈약한 편이 아니다. 더구나 선진 문물을 받아들여 자문화를 풍부히 하는 방면에서는 탁월한 면모를 보이고 있다. 그러한 부분의 일단은 본서를 통해서도 잘 이해할 수 있을 것으로 본다.

필자가 백제고고학에 관심을 가지게 된 결정적인 계기가 된 것은 지금으로부터 약 20여 년 전인 1988년도 몽촌토성 발굴조사였다. 성곽의 등장과 국가 성립 사이에 밀접한 관계가 있다는 생각을 그 무렵에는 깊이 하지 못하였으나, 그 후 연구를 진행하면서 성곽이라는 주제를 제쳐두고 백제라는 국가 단계의 사회를 온전히 파악하기 어렵다는 생각을 가지게 되었다. 사실, 성곽 연구는 삼국시대 이후 고대 고고학의 특수한 한 분야쯤으로 여겨 온 것이 우리 학계의 관행이었다. 그러나 삼국시대 연구에 있어 정치·경제·문화 등 다방면의 중심지인 도성에 대한 이해는 필수적이라 하여도 과언이 아니므로 그러한 학계의 풍토는 결코 바람직하다 하기 어렵다.

이 책의 내용은 필자가 지난 10여 년간 관심을 가지고 접근해 본 여러 주제들을 도성이라는 무대에 올려 재구성해본 것이다. 대부분의 글은 이미 지면을 통해 발표된 바 있는 것이지만, 한성시기부터 사비시기에 이르는 백제 도성의 통시적인 변천에 초점을 맞추고, 발표 이후 추가된 자료를 반영하기 위해 수정하였다. 그런 의미에서 이 책은 필자의 연구주제인 백제고고학의 진전 보고라 하여도 좋을 것 같다.

일상적 분망을 핑계로 좀체 집필의 기회를 얻지 못하다가 마침 2008년도 충남대학교 출판부의 우수도서 출판지원 방침에 힘입어 용기를 내었다. 넉넉하지 않은 여건에도 불구하고 지원해 준 충남대학교 출판부에 감사한다.

2009년 11월

저자 씀.

차 · 례

제 4장 사비도성

참고문헌

제 1 장

도성과 성곽의 기원

Ⅰ. 도성의 개념

Ⅱ. 한반도 성곽의 기원

1960년대 풍납토성 전경

제1장
도성과 성곽의 기원

I. 도성의 개념

1. 도란 무엇인가

한자(漢字)에서 유래한 단어인 '도성(都城)'은 일반적으로 전근대 국가의 수도(首都)를 가리키는 말로 쓰이고 있다. 어원적으로 살펴보면 '도(都)'와 '성(城)'이라는 두 가지 말이 합쳐진 것이기도 하다. 따라서 '도성'의 의미를 알아보기 위해서는 '도'와 '성'에 대해 각기 그 뜻을 새겨볼 필요가 있다.

먼저 '도'에 대한 것부터 살펴보기로 하자. 한자 단어의 의미를 역대 문헌의 용례를 통해 설명하고 있는 『사원(辭源)』[1]에는 ①나라를

---

1 1908년에 편찬을 시작하여 여러 차례의 출판 및 수정을 거쳐 1976년 중국 정부의 주도하에 통일수정되어 1979년 수정 제1판이 상무인서관(商務印書館)에 의해 출판된 것으로서, 고대에서 현대에 이르는 단어의 용례를 모두 4권으로 망라한 백과사전식 어원사전이다(廣東·廣西·湖南·河南辭源修訂組, 商務印書館編輯部 編 1979, 『辭源』, 商務印書館, 北京. 참조).

세우는 일을 총칭하는 것으로서 의미, ②특정한 정치적 위상을 가지고 있는 읍(邑)을 가리키는 의미, ③고대의 행정구획 명칭으로서의 의미 등 그 밖의 여러 사례들이 있다. 그 가운데 도성의 개념과 관련해서 자주 언급되는 것이 ②의 용례인데, 이도 2가지의 다른 쓰임새로 구분할 수 있다.

첫째, '국(國)'과 대비되는 것으로서의 '도(都)'인데, 『춘추좌씨전(春秋左氏傳)』 은공(隱公) 원년조에 그러한 용례가 보인다. 정(鄭)나라의 장공(莊公)이 즉위하여 그 동생인 공숙단(共叔段)에게 '경(京)'이라는 대읍(大邑)을 줄 때 대부 채중(蔡仲)이 간(諫)한 내용에 "도성(都城)이 백치(百雉 : 치는 성의 규모를 나타내는 단위로서 백치는 1변 약 170m 가량 되는 방형성을 말함)를 넘으면 국(國)에 해가 됩니다. 선왕의 제(制)에 따르면 대도(大都)는 국의 3분의 1, 중도(中都)는 5분의 1, 소도(小都)는 9분의 1 정도입니다."라는 대목이 그것이다. '국'은 한 나라의 왕이 주재하는 읍을 말하는데 비해 '도'는 제후가 주재하는 읍을 가리키는 것을 알 수 있다. 이러한 의미의 '도'는 한대(漢代)의 문헌에도 쓰이고 있었으나 명(明)말 청(淸)초 고증학을 개척한 고염무(顧炎武)의 『일지록(日知錄)』에서 '도'를 천자(天子)의 거장소(居場所), 즉 최고 통치자가 주재하는 곳으로 고증한 이후 '국'과 같은 의미를 가지게 되었다.

둘째, 읍 가운데 선군(先君)의 종묘(宗廟)가 있는 곳을 일컬어 '도'라고 한다는 것이다. 역시 『춘추좌씨전(春秋左氏傳)』 장공(莊公) 28년조에 그 용례가 있다. 후한(後漢)의 허신(許愼)이 편찬한 『설문해자(說文解字)』에는 "선군의 옛 종묘가 있는 곳을 일컬어 도라 한다(有先君之舊宗廟曰都)"고 규정하고 있어 그것이 춘추시대부터 한대에 이르기까지 당시의 보편적인 개념임을 엿볼 수 있다.

2. 성곽과 국가

주거 공간의 주변을 담장 형태의 시설물로 에워싼 취락유형(settlement pattern)은 농경을 생업기반으로 하는 전 세계 곳곳에서 일정한 정치·사회적 복합도에 이른 사회에서 확인된다. 그러한 담장 형태의 차폐물을 일반적으로 원장(垣墻) 또는 성장(城墻)이라 부르는데, 현재까지 알려진 것 가운데 가장 이른 예는 예리코(Jerico)유적으로서 그 시기는 기원전 7,000년경이다. 예리코 유적은 성벽의 일부만이 조사되었을 뿐이어서 당시의 정치·사회적 복합도를 평가할 수 있는 자료가 부족하나 국가 단계의 사회와는 직접적인 연관성을 가지기 어려울 것으로 보인다. 근동지역에서 국가 단계 정치체는 기원전 3600년경 이후 메소포타미아 남부지역의 우룩(Uruk) 등 수메르 문명의 일련의 도시국가들을 필두로 한다. 이들은 모두 도시 주변을 방어하는 성벽을 갖추고 있으며, 성내부 면적은 10만㎡~400만㎡에 달한다(Charles L. Redman 1977 : 247~264).

한반도가 포함된 동아시아에서는 기원전 4000년경에 등장한 장강(長江) 중류유역의 중국 호남성(湖南省) 예현(澧縣) 성두산(城頭山) 유적이 가장 이르다. 성벽과 그 바깥에 환호(環壕)로 구획된 성내부 면적은 약 8만㎡에 달한다(사진 1-I-1 참조). 성 내부에는 제단(祭壇)과 함께 제사를 지낸 다음 제물을 묻은 제사갱 등이 발견되어 이곳이 정치적·종교적 중심지였음을 짐작하게 한다(河介鈞 1999). 기원전 3,000년경에는 하남성(河南省) 정주(鄭州) 서산(西山) 유적을 필두로 황하 중하류유역에도 성벽취락이 등장하며, 거의 같은 시기에 황하 하류의 산동성(山東省)지역의 대문구(大汶口) 문화(기원전 4,500~2,500년)에서도 확인되고 있다. 이어서 기원전 3,000년기 후반기(기원전 2,500~2,000년)에는 사천성(四川省) 및 내몽고 중남부지역 및 요서지역의 하가점하층문화(夏家店下層文化 : 기원전 2,200 ~1,300년)에서도 성벽 취락이 보이고 있다.

〈사진 1-1-1〉 호남성 예현 성두산 유적 전경(河介鈞 1999 옮김)

현재까지 확인된 예를 종합해 보면 중국에서는 장강 중류의 호남성지역이 가장 이르고, 이어서 황하 중하류의 하남성지역, 황하 하류의 산동성지역, 장강 상류의 사천성지역, 내몽고 중남부지역, 요서지역의 순서로 나타난다(中村慎一 1997). 그 가운데 내몽고 중남부 및 요서지역에서는 여타지역과 달리 석축성벽으로 된 점이 특이하며, 내몽고 적봉(赤峰) 주변의 경우처럼 약 1km의 간격으로 40여기가 분포하고 있는 예도 있어 방어적인 기능이 강하다. 그러나 그 밖의지역의 경우는 그 규모나 내부의 시설물의 내용으로 볼 때 정치적·종교적 중심지로서의 기능이 뚜렷하며, 인접한 성벽 취락들과 일정한 위계적인 관계도 엿보이고 있다. 산동지역의 예를 분석한 결과를 보면 대체로 3단계의 위계관계가 인정되는데, 성벽 내부 면적이 수십만 ㎡급을 중심으로 그 주변에 수만 ㎡급이 분포하고 다시 그 외곽에는 성벽이 없는 작은 취락들이 위치하고 있다. 용산문화(龍山文化 : 기원전 2,500~2,000년) 시기의 성벽취락들을 하(夏) 왕조 성립 이전의 '소국(小國)'의 중심지로 보기도 하는데(曹桂岑1988), 구체적으로 '고국(古國)'의 중심지-읍(邑)-취(聚)로 3단계의 구성된 위계로 이해하는 견해(張學海 1996)가 유력하다. 무덤에서 나타나는 계층화의 정도, 초기 형태의 궁전으로 볼 수 있는 대형 건축물의 존재, 사람을 희생한 제의 관련 유구, 발달된 야동(冶銅) 기술 등으로 볼 때 여기의 '소국' 혹은 '고국'은 국가(國家) 단계의 정치체로 볼 수 있다.

국가 단계 정치체의 존재를 고고학적으로 인식하는 데에 있어 완전히 합일된 체크 리스트는 없지만, 대체로 다음과 같은 요건을 제시하기도 한다(Colin Renfrew & Paul Bahn 2007).

① 통치자는 법령을 제정하고 정규군을 통해 법령을 집행할 수 있는 명시적 권능을 소유함.

② 사회는 더 이상 친족관계에만 의존하지 않으며, 여러 계급으로 분화되어 있음. 농업 노동자 혹은 농노·가난한 도회 거주민들이 최하 계급을 이루고 그 위에 전문장인들이 있으며, 다시 그 위에 신관(神官)과 통치자의 친족이 있음.

③ 통치자와 사제(司祭)의 직능이 분리됨으로써 궁전과 신전이 분리됨.

④ 영토는 통치 종족이 소유함으로써 거주자는 소작인으로서 세금 납부의 의무를 지며, 수도에는 그러한 세금이나 사용료를 징수하고 재분배하는 관료행정 기구를 둠.

⑤ 중심지는 도시 취락유형으로서 5,000명 이상의 대규모 인구 중심지인 경우가 전형이며, 그곳에는 신전·행정관료 거주구역·수공업 작방 등이 있음.

⑥ 취락들 사이에 위계가 분명한데 중심 도시를 필두로 지방 중심지 및 여러 촌락으로 구성됨.

용산문화기의 성벽취락들을 실체로 하는 '소국' 혹은 '고국'은 위의 요건을 대체로 충족하고 있어 국가 단계의 초입에 들어온 정치체로 보아도 좋을 것이다.

한편, 그와 같은 중국의 고대국가 형태를 '성방(城邦)'이라 부르기도 한다(杜正勝 1992 : 451). 갑골문 등의 문헌사료에 의해 성방의 공간 구조를 추정해보면, 국가의 중심에 국군(國君)이 소재하는 성벽취락인 '국(國)'이 있고, '야(野)'로 부르는 '국' 성벽 바깥지역으로 구성 된다. 주대(周代)에 들어오면 '야'는 다시 '국' 성에 바로 인접한 지역인 '교(郊)', '교' 밖의 '야', 그리고 변경지역인 '비(鄙)'로 세분하기도 한다. '국' 이외의 '야'에도 성벽취락이 있는데, 이를 '읍(邑)'이라 하며, 성벽이 없는 취락을 '전(田)'이라 부른다(杜正勝 1992 : 225~232). 이처럼 '국'을 중심으로 한 일련의 위계적인 관계를 가진 취락들로 이루어진 국가 단계의 단위 정치체를 '방(邦)'이라 하므로, '성방'은 곧 국가 단계 정치체의 표지(標識)라 해도 좋다. 중국의 선진(先秦) 시대 문헌에 등장하는 용례를 보면 국가(State)를 의미하는 같은 뜻이 '방(方)', '방(邦)', '국(國)' 등으로 다양하게 표기되어 있는데, '방(方)'은 상대(商代)에 주로 쓰이는데 비해 '방(邦)'은 서주(西

周) 시기의 용례가 많으며, '국'은 전국시대부터 그 쓰임새가 나타난다고 한다(유일환 2005). 이러한 용어 변화의 배경에는 단위 성방 국가들의 세력 부침에 따른 통합 및 재편이 있었을 것으로 볼 수 있다.

그런데, 성벽취락 특히 '국'의 형태와 관련하여 그 자형(字形)의 형상과 같이 무장(戈)을 구비한 이중성벽(口와 口)으로 이해하는 견해(杉本憲司 1977)가 있다. 후한대의 문헌인 『오월춘추(吳越春秋)』에는 하(夏) 우(禹)의 아버지 곤(鯀)이 군왕을 보위하는 성(城)과 백성을 보호하는 곽(郭)을 만들었는데, 이것이 성곽(城郭)의 시초였다(築城衛君 造郭以守民 此城郭之始也)는 기록이 있다. 성곽이라는 말은 내성(內城)과 외곽(外郭)으로 이루어진 이중 성벽 구조의 취락 유형을 의미하는 것으로서 오월춘추에 따르면 그 시작은 하 왕조 이전인 셈이다. 이는 고고학자료 상으로도 입증되고 있는데, 현재까지 알려진 것 가운데 가장 이른 시기의 내성외곽은 강소성(江蘇省) 연운항(連雲港)의 등화락(藤花落) 유적으로서 용산문화 조·중기에 해당한다(도 1-I-1 참조). 내성은 각 변 약 200m의 정방형으로서 내부 면적은 4만㎡이며, 그 바깥의 외성은 전체 성벽 길이가 약 1,500m 정도 되는 장방형 평면이고 내부 면적은 14만㎡이다. 내성은 외성의 한쪽에 치우쳐 있는데, 내부에는 제사 혹은 집회소로 추정되는 건물지를 비롯하여 도로 주거지 등이 배치되어 있다(林留根·李虎仁 2000).

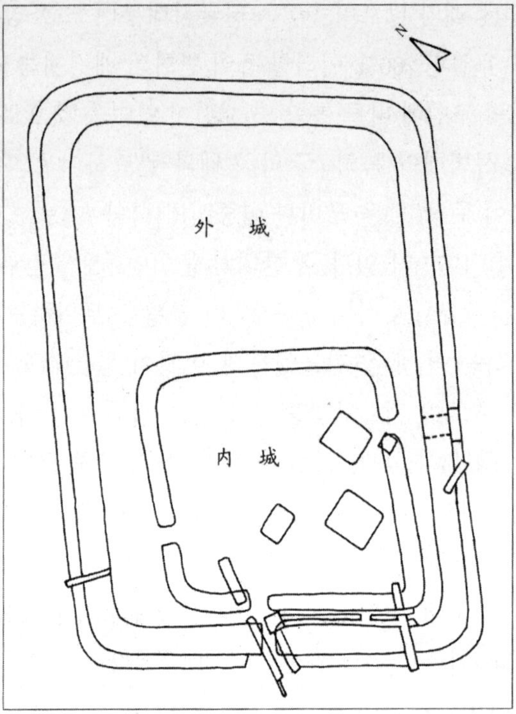

〈도 1-Ⅰ-1〉 등화락 유적 평면도(林留根 · 李虎仁 2000 옮김)

등화락 성지와 같은 방형성은 중원지역의 하남 용산문화에서 처음으로 출현한 이후 산동지역, 사천지역 등에도 확인되고 있다. 이들이 모두 단일 기원이라고 하기는 어려우나 각급 취락들 사이의 위계를 실현하는 방식으로서 이른바 예제(禮制) 확립의 필요성에 기인하여 등장한 것으로 보는 견해와 함께 그 기술적인 배경에는 판축(版築)기법의 채용이 중요하였던 것으로 이해하고 있다(何軍鋒 2009).

한편, 내성외곽 제의 본격적인 성행은 시점을 춘추시대로 보는 견해(杜正勝 1992 : 653~667)도 있다. 국의 중심지의 기능 확대와 더불어 성벽 주위에 다수의 인구가 집중되고 인접한 정치체들 사이의 무력 분쟁이 점차 격화되던 시대적인 상황에서 그들을 보호할 시설이 필요하였기 때문으로 이해하는 입장이다. 앞서 보았듯이 형태상으로만 보면 이중 성벽으로 된 예는 용산문화기에 이미 등장하였음이 틀림없지만, 그 규모상으로는 다수의 민중을 수용하기는 어려운 것이 사실이다. 명실상부하게 '수민(守民)'할 수 있는 정도의 외곽은 상(商) 중기의 도성이었던 정주(鄭州) 상성(商城)에서 찾을 수 있을 것으로 보인다(河南省文物考古研究所 2004). 궁성을 포함한 내성의 규모는 등화락 유적의 내성의 100배 정도 되며, 외곽은 아직 전모가 드러나지 않았지만 내성의 남반부만을 둘러싼 성벽의 길이가 약 5km에 달하고 있다(도 1-I-2).

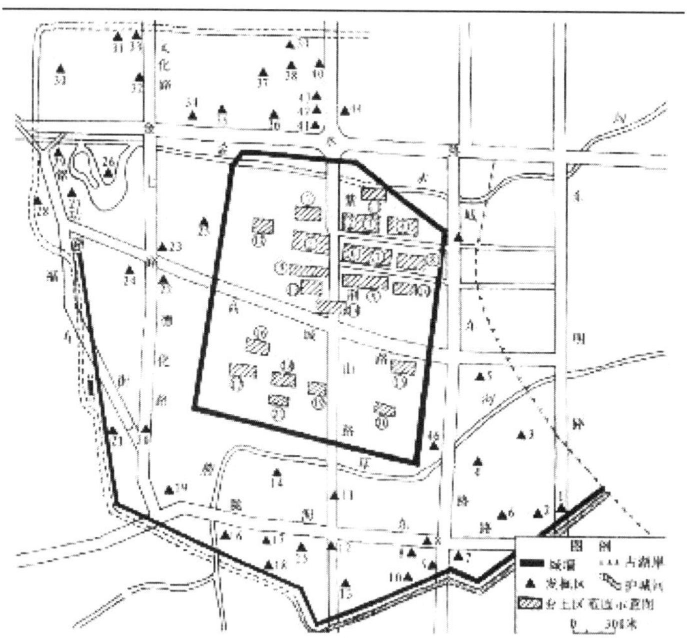

〈도 1-Ⅰ-2〉 정주 상성 평면도(河南省文物考古研究所 2004 옮김)

명실상부한 내성외곽의 본격적인 모습은 상대(商代) 중기 무렵에 나타나지만, 그 시원은 용산문화기에서 비롯되었을 가능성이 높다. 그리고 내성외곽형의 성벽취락은 '국(國)', 즉 성방 국가의 중심지인 국군(國君) 거주 취락의 특별한 형태임도 알 수 있다. 성곽은 곧 국가 단계 사회의 중심취락의 형태로 이해할 수 있으므로 적어도 중국 및 그 영향을 받은 동아시아지역에서는 국가 단계 사회를 고고학적으로 인식할 수 있는 유력한 취락유형 지표로 활용할 수 있다.

Ⅱ. 한반도 성곽의 기원

1. 정주 취락의 출현

약 1만년전 홍적세의 최후 빙하기가 끝나면서 한반도의 기후는 서서히 지금과 같은 상태로 회복되기 시작한다. 그에 따라 사람들의 생계방식 역시 변할 수밖에 없어 종전의 대형 포유동물 중심의 집단 사냥으로부터 소형동물 및 각종 식물자원의 채집 등으로 다양화되었다. 이러한 새로운 생계경제의 출현과 더불어 나타난 삶의 방식이 중석기시대를 특징짓는다.

중석기인들은 이전의 구석기인보다 훨씬 광범위한 식량자원을 활용할 뿐만 아니라 개별 식량자원의 채집에 있어서도 보다 효율적인 계획에 따랐다. 예컨대, 채집시기가 중복되어 동시에 채집할 수 없는 복수의 식량자원에 대해서는 저장성이 우수한 식량자원을 우선 채집하여 주 식량원으로 삼고 그렇지 못한 자원은 즉시적 보조적 식량원으로 활용하는 등이 그것이다. 이에 따라 저장성이 우수한 견과류, 구근류, 그리고 야생곡물 등에 대한 관심이 증대되면서 이들을 단순히 자연상태로 방임하지 않고 보다 유리한 성장환경을 인위적으로 조성하는 이른바 관리재배(管理栽培 : Domestication)의 대상으로 설정하기에 이른다. 이는 동물의 경우에도 마찬가지여서 주 수렵대상의 경우 그들에게 유리한 서식환경을 유지하는 노력을 기울인다. 이러한 관리재배 및 선별사냥은 대략 기원전 1만년~8천년경 근동지역(Charles L. Redman 1978 : 71~77)에서 가장 먼저 등장하고 있으니 이는 식량생산의 직전단계이다.

식량생산은 기나긴 세월동안 지속되어 온 자연경제를 벗어나 새로운 생산경제로의 진입을 의미한다. 이것이 인류생활에 미치는 영향력이 가히 혁명적이므로 흔히 '신석기혁명(新石器革命)'으로 부르기도 한다. 생계방식상의 이러한 전환은 수렵과 채집을 위한 장거리 이동을 불필요하게 함으로써 보다 많은 사람들이 한곳에 머물러 살 수 있는 정주취락(定住聚落)의 형성으로 이어진다. 기원전 11,000~ 9,000년 사이 여러 차례 점유된 취락으로 알려진 근동 르반트(Levant)지역의 아인 말라하(Ain Mallaha)에서 인류사상 최초의 정주취락이 등장한 것이 그 예로서 약 50여채의 원형수혈주거지에 200~ 300명 가량이 정주한 취락으로 추정되고 있다(Charles L. Redman 1978 : 73~74).

그런데, 근동지역이나 중남미 등 식량생산이 자생적으로 출현한 곳에 대한 최근까지의 고고학적 연구결과로 보는 한 생산경제로의 이행 그 자체는 그렇게 혁명적인 것이 아니었음이 드러났다. 식량생산은 한정된 지역에서 보다 많은 인간을 부양할 수 있는 효율성이 높은 생계수단임은 분명하나 수렵채집에 비해 더 많은 노동력투자를 인간에게 요구하는 것이어서 결코 비교우위적 생업경제라 하기 어렵다는 것이다.

식량생산 출현에 대한에 대한 최근의 여러 학설에서는 모두 환경과 인구를 가장 중요한 변수로 여기고 있다. 인구압(人口壓 : Population pressure)의 개념이 그것이다. 주어진 환경에 일정 수준 이상으로 인구가 증가하거나 환경이 열악해질 경우 형성된다. 인구압이 증가하여 수렵채집만으로는 더 이상 생계경제가 유지될 수 없을 때 비로소 인간은 채집경제를 포기하고 인위적 채집환경의 조성이라 할 수 있는 농경(農耕)을 채택하게 된다(Brian M. Fagan 1989 : 256~264). 인류사상 식량생산이 가장 먼저 등장한 곳은 역시 근동지역으로 그 시점은 대략 기원전 7,000년경으로 알려져 있다.

생산경제로 이행된 이후 조만간 인간의 역사상 최초의 인공소재라 할 수 있는 토기가 발명된다. 점토에 물을 가하여 빚음성을 높임으로써 자유로운 성형이 가능하며 이를 불로 구워 형태를 영구 고정시킬 수 있는 세라믹 기술의 발명인 것이다. 이 기술은 이미 2만 7천여년 전인 후기 구석기 단계에 조소품의 형태로 등장하고 있었으나 식량의 저장, 조리 등 일상용기의 형태로 제작된 토기는 세계각지에서 얼마간 시차를 두고 출현하고 있다. 근동의 경우 기원전 7천년기 무렵에 나타나 이 지역의 농경 출현시점 보다는 늦으며, 토기 출현 이전의 농경 단계를 선토기농경(Pre-Pottery Neolithic)라고 한다.

이와 달리 농경이 없는 채 토기만이 일찍 등장하는 지역도 있는데, 현재까지 알려진 바에 따르면 일본열도를 위시한 극동아시아지역에서는 기원전 1만년경에 이미 토기가 나타나고 있어 주목된다. 한반도의 경우는 대략 기원전 6,000년경에 토기가 등장하고 있으나 그 무렵 농경의 흔적은 아직 확인되지 않고 있다.

이처럼 농경은 이루어지지 않았으나 토기, 마제석기 등 일련의 새로운 문화요소를 수반하는 한반도, 일본열도 등 극동아시아지역의 문화단계를 이전의 구석기시대와 구분하여 신석기시대로 부르고 있으나 농경이라는 새로운 생업방식을 기반으로 하는 근동지역의 신석기시대와는 다른 것으로서 엄밀한 의미에서는 신석기문화라 하지 않을 수도 있다.

앞서 보았듯 수렵과 채집으로도 주어진 환경과 인구의 균형을 유지할 수 있다면 식량생산의 생계방식, 즉 농경은 채택되지 않는다. 이러한 관점에서 보면 한반도를 비롯한 극동지역의 비농경 신석기문화는 상대적으로 풍요한 수렵채집 환경에 있었음을 반증하는 셈이기도 하다.

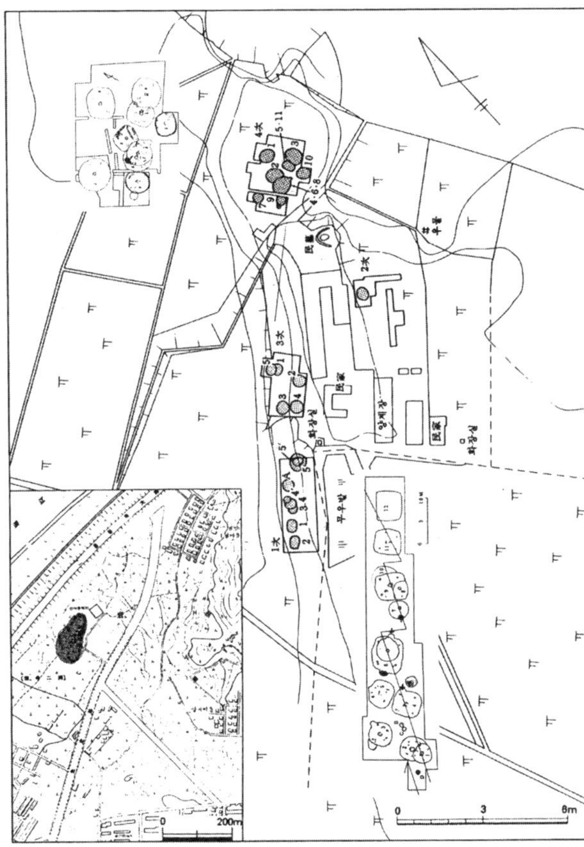

〈도 1-Ⅱ-1〉 암사동 신석기시대 취락
(왼쪽 아래는 유적 위치도이고, 왼쪽 위쪽 및 오른쪽 아래쪽은 주거지 분포 확대도임.)

그러나 농경이 없이도 상당한 기간 동안의 정주가 이루어지고 있었을 가능성은 있다. 암사동 유적으로 대표되는 일련의 수혈주거지로 구성된 신석기시대 취락의 존재가 그것이다. 수혈주거지는 단순 야영지 조성에 비해 상대적으로 많은 노력이 들어가므로 빈번한 이동을 수반하는 사람들의 거처로 보기는 어렵기 때문이다. 지금까지 알려진 신석기시대 취락의 규모는 암사동 26기, 안산 신길동 24기, 시흥 능곡동 24기, 인천 영종도 운서동 50기 등이지만, 동시기에 점용되었던 주거지의 수는 대략 10~30기 정도였을 것으로 추정된다 (도 1-II-1 참조).

한편, 근동지역의 경우도 본격적인 농경 이전의 정주취락(Preagricultural sedentism)의 존재(Charles L. Redman 1978 : 144)가 인정되고 있으며, 북미 태평양연안 인디언 사회를 비롯한 세계도처의 민족지예를 통해서도 비농경정주취락의 존재가 알려져 있다.

한반도에서 시원적인 형태의 농경이 정확히 언제부터 나타나는지에 대해서는 아직 분명치 않은 점이 있다. 그러나 최근까지 알려진 고고학자료를 통해 보면 대략 신석기 중기인 기원전 3,000년경에는 돌괭이와 같은 간단한 굴지구를 사용한 농경이 이루어지고 있었을 가능성이 높다(安承模 1998 : 14~16). 智塔里 유적 출토 탄화 조, 내륙지역에 입지한 전국 각지의 신석기 유적에서 보편적으로 확인되는 돌보습이나 괭이 등의 도구, 그리고 중기 이후의 신석기 유적의 입지가 본격적인 농경을 기반으로 하는 청동기시대 유적들과 입지를 같이 하고 있는 점(李康承·朴淳發 1995) 등은 신석기시대 중기 농경의 가능성을 한층 높여주는 근거가 된다.

2. 정착 농경 취락과 지석묘

기원전 1,300년 무렵부터 한반도는 청동기시대로 접어든다. 즐문토기를 비롯한 일련의 유문(有紋)토기 대신 무문토기가 새롭게 등장하는데, 이는 중국 동북지역의 농경 청동기문화의 영향으로 이해된다. 한반도의 청동기시대를 특징짓는 가장 중요한 특징은 무엇보다 본격적인 농경의 시작이라 할 수 있다. 농경이란 외부에서 일방적으로 전해지는 데서 시작되는 것이 아니라 농경을 필요로 하는 환경의 변화 또는 인구증가 등 내적 요건이 충족되어야 한다. 이와 관련해 주목되는 것은 기원전 1,300~1,000년의 기간 동안에 있었던 것으로 추정되는 한냉기의 존재이다. 이러한 환경변화에 수반되어 중국 동북지역의 농경문화가 한반도지역으로 남하하였을 것으로 볼 수 있다.

농경이 생업에서 차지하는 비중이 증대되면서 농사에 적합한 토지에는 정주취락이 형성되었을 것인데, 당시의 취락들은 대략 4km 정도의 간격을 두고 분포하고 있었던 것으로 드러난다(李康承·朴淳發 1995). 청동기시대의 정주 농경취락의 분포를 파악함에 있어 매우 유력한 근거가 되는 것이 지석묘(支石墓)이다. 한반도의 지석묘는 함경북도 일부를 제외한 전역에 분포되어 있고, 한반도 주변으로는 요녕지역에 특히 분포가 조밀하다. 북부 유럽 대서양 연안지역의 거석물에 대한 연구 결과는 지석묘의 출현 배경에 대한 이해에 많은 시사점을 준다.

어패류와 같은 해양수산자원에 의존하여 생계를 유지하던 유럽 대서양연안 지대에 새로 농경과 목축과 같은 식량생산경제가 도입되고, 그 결과 인구부양력이 증대되는 한편 인구밀도도 높아지게 되고 이는 토지자원의 희소성이 증가되는 결과를 초래하게 된다. 토지자원을 둘러싼 경쟁이 심화됨으로써 지역 공동체 사이에 영역을 설정할 필요성이 대두하였다. 그러한 배경에서 탄생한 것이 거대한 기념물 또는 거석 분묘라는 것이다(Colin Renfrew 1973). 토지와 같은 중요한 생계자원을 둘러싸고 집단간의 경쟁이 심화되면 공식적인 사자(死者) 처리 방식으로서 묘역(墓域)이 조성되고 지석묘와 같은 거석분묘(megalithic tomb)가 축조되기에 이르렀다는 견해(Chapman 1981)도 있다.

한반도보다 농경문화의 시작이 빨랐던 중국 동북지역의 지석묘는 기원전 1,500~1,100년경에 이미 등장하고 있는데(遼寧省文物考古研究所 1994), 이처럼 농경과 지석묘 사이의 관계는 매우 밀접하다. 필자는 한반도지역의 지석묘 출현과정을 다음과 같이 이해하고 있다.

수렵채집을 기반으로 하는 한반도의 신석기 사회는 기원전 3,000년경에 처음으로 원시적인 농경을 채택하였다. 이 무렵의 초기적인 농경은 중국 산동지역의 대문구(大汶口) 문화가 요녕반도를 거쳐 한반도지역으로 수용된 것으로 이해된다(金元龍 1986 : 48). 대문구 문화 특유의 채색토기의 영향이 요동반도의 소주산(小珠山) 중층문화에 보이고 있으며, 이는 다시 서북한 및 한강유역의 물결무늬 빗살문토기, 그리고 동북한의 서포항 3기에 나타나는 뇌문(雷文) 토기에 영향을 준 것으로 이해하는 것이다. 물론 이와 같은 문화적 영향 관계 이면에는 기후의 한냉화와 같은 자연 환경적 요인도 작용하였을 것이다.

그 이후 기원전 1,300년경 또 한 차례 중국 동북지역으로부터 농경을 기반으로 하는 청동기문화가 한반도에 유입된다. 신석기시대 이후 점차 늘어났을 것으로 추정되는 토착사회의 인구증가와 더불어 새로운 농경인들의 유입은 생계경제상에서 농경이 차지하는 비중을 급속히 증대하는 결과를 낳게 되었을 것이다. 생계경제에서 농경의 비중이 높아지게 되면 이전의 수렵채집 중심의 사회에 비해 토지의 중요성이 증대하기 마련이다. 수렵채집 중심의 사회에서는 토지보다는 노동력이 더욱 중요한 역할을 하는 반면, 농경이 중심이 되는 사회에서는 노동력보다는 토지가 가장 중요한 생산수단이 되기 때문이다.

농경을 생업으로 하는 인구가 증가하게 되면 농경에 적합한 토지를 선점하기 위한 사회적인 노력이 강도를 더해갈 것임은 충분히 짐작된다. 토지는 기본적으로 제한된 자원이므로 인구 증가는 필히 그를 둘러싼 경쟁을 유발하게 마련이다. 지석묘는 이 무렵에 등장하게 된다. 지석묘의 출현은 농경공동체의 공동묘역의 형성과 밀접한 관련을 가지고 있는데, 대부분의 무덤은 지상 표시물이 없는 석관묘로 축조되지만 공동체의 정체성을 대표하는 특정 개인의 경우 거대한 바위돌로써 무덤을 표시한 것이 바로 지석묘라 할 수 있다. 특정 농경공동체가 차지하고 있는 토지에 대한 사회적인 인정 혹은 점유의 정당성은 점유 기간의 지속성을 통해 표현된다. 오랜 기간에 걸쳐 지속적으로 특정 토지를 점유해왔다는 증거는 그들의 조상들의 무덤, 다시 말하면 공동묘역의 존재인 것이다. 이러한 배경에서 등장한 것이 바로 농경공동체 마다의 공동묘역이고 그 가운데 유력한 개인의 무덤은 지석묘로 축조된 것이다.

한반도에서 지석묘의 정확한 출현 시점은 아직 분명하지 않으나 지금까지 알려진 것 가운데 가장 이른 예에 해당하는 것으로 대전 비래동(飛來洞) 지석묘를 들 수 있는데, 방사성 탄소연대 측정 결과 기원전 9세기 무렵으로 볼 수 있다. 이는 중국 동북지역 농경문화의 파급과 동시에 지석묘가 등장한 것이 아님을 말해주는 것인데, 현재 한반도 청동기문화 가운데 가장 이른 단계로 이해되는 미사리(渼沙里)유형은 물론이고 뒤이은 가락동(可樂洞)유형·흔암리(欣岩里)유형 등에서는 지석묘의 존재가 아직 분명하지 않다.

가락동유형, 흔암리유형 등 이른 시기의 농경취락은 그 위치가 구릉의 정상부에 있는 경우가 대부분이며, 주거지는 폭에 비해 길이가 매우 긴 장방형이다. 이들 주거지에는 대부분 2개 이상의 다수의 화덕을 가지고 있는 경우가 많은 점이 주목된다. 이러한 복수의 화덕을 가진 주거지는 복수의 세대(世帶)가 동거하는 일종의 확대가족적 성격의 세대공동체(世帶共同體)의 주거지로 이해된다(李康承 외 1996 : 294 ; 安在皓 1996). 이러한 확대가족적인 동거집단은 경작지 확보를 위해 일시에 많은 노동력이 투입되어야 하는 화전(火田) 농경과 같은 조방적이고 상대적으로 이동성이 강한 농경방식과 밀접한 관련이 있다는 견해(Netting 1977)가 있다. 복수의 화덕이 있는 긴 장방형 주거지가 폐기된 이후에 지석묘가 축조된 예는 파주(坡州) 옥석리(玉石里) 유적에서 확인된 바 있어, 상대적으로 집약도가 낮고 이동성이 강한 화전농경 취락이 보편적인 청동기시대 전기에는 아직 지석묘가 등장하지 않았을 것으로 볼 수 있다.

지석묘를 표지(標識)로 하는 농경공동체의 공동묘역은 집약성이 높은 정착 농경이 보편화되는 청동기시대 후기 무렵에 등장하였을 것으로 이해된다. 다시 말하면, 지석묘는 농경이 생계경제상에서 차지하는 비중이 증대되면서 농경지에 대한 중요성이 증가하고 그에 따라 그 점유를 놓고 집단간에 경쟁적인 관계가 발생하는 정착성이 높은 농경단계에 나타나는 것으로 볼 수 있다. 막대한 노동력 투입이 필요한 지석묘 축조는 결코 토지와의 지속적 연고(緣故) 관계가 확립되지 않은 사회에서는 상정하기 어려운 것이다.

이상의 논의를 통해 청동기시대 후기의 정착 농경 취락의 분포와 지석묘로 대표되는 농경공동체의 공동묘역의 분포 사이에 매우 밀접한 관련이 있음을 알 수 있다. 각 정착 농경 취락은 저마다의 공동묘역을 가지고 있을 것이다. 그 가운데는 거대한 지석묘를 다수 포함한 경우도 있으나 어떤 곳은 지석묘가 없는 묘역도 있을 수 있다. 지석묘군의 규모는 당시의 취락들 사이의 위계적인 관계를 반영하고 있는 것으로 이해되는데(李榮文 1993 : 80~87 ; 276~286), 한반도에서 지석묘의 밀집도가 가장 높은 전남지역의 경우를 보면 최대 30기 이상 밀집된 곳과 1~2기가 있는 곳 등 편차가 크며, 밀집도가 높은 곳에서는 규모가 매우 큰 지석묘가 포함되어 있는 반면 밀집도가 낮은 곳의 지석묘의 크기는 상대적으로 작은 양상도 관찰된다. 농경을 생업으로 하는 취락들은 마을 주변의 농경지를 경작대상으로 하기 마련이므로 경작 가능한 인접의 농경지가 모두 점유될 때까지는 인구의 증가에 따른 취락의 규모 확대도 진행되지만 일정 정도를 벗어나면 취락의 규모 확대 대신 취락의 분화 현상이 나타난다. 이와 같은 과정에 수반되어 취락들 사이에는 자연스레 모촌(母村)과 자촌(子村)과 같은 역사적·출자적 위계 관계 및 그러한 관계를 기반으로 한 정치사회적 위계 관계가 형성되며, 그러한 위계 관계는 묘역에서의 지석묘 수량의 차이 및 개별 지석묘의 규모 등에 반영되어 있다.

이상의 내용을 통해 이제 지석묘 혹은 지석묘군의 분포는 청동기시대 후기의 정착 농경 취락의 분포를 나타내는 것으로 보아도 좋을 것이다. 지석묘와 같은 지상 표시가 남아 있지 않은 석관묘와 같은 묘제로 구성된 묘역을 가진 취락도 있으므로 실제 취락의 분포는 지석묘의 분포보다 더 많았을 것임은 물론이다. 금강유역의 경우를 보면 약 4km의 간격으로 정착 농경 취락이 분포하고 있는 것으로 드러나는데(李康承·朴淳發 1995), 이는 지금의 전통 농촌 마을의 분포와 거의 차이가 없다. 이러한 점으로 보면 청동기시대 후기 무렵에 이르면 이미 유리한 농경조건을 갖춘 곳은 거의 포화상태에 이르고 있었다고 하여도 좋을 것이다.

한편, 금강유역 및 한강유역의 지석묘 분포양상을 관찰해보면 지금의 전통 농촌 마을을 단위로 할 때 3기 이상이 모여 있는 지석묘 밀집군(密集群)과 1~2기로 되어 있는 곳이 있는데, 전자는 후자에 비해 지속 기간의 길고 정치사회적 위계가 높은 지역 중심지에 해당하고, 후자는 그에서 파생된 취락으로 이해된다. 지석묘 밀집군은 대략 7㎞의 간격으로 분포하고 있음이 확인되고 있는데, 한강유역의 경우 모두 32개의 밀집군이 확인된다. 흥미로운 점은 이들 밀집군의 입지가 『대동여지도(大東輿地圖)』에 나타난 전통 교통로의 교차 지점과 일치되며, 그 가운데는 조선시대의 군·현(郡縣) 등의 치소(治所)에 해당되는 경우가 20개소에 이른다는 것이다(朴淳發 1998). 이는 결국 농경을 기반으로 하는 전통 사회의 취락 유형의 틀은 이미 청동기시대 후기 정착 농경 취락 성립 시점에 마련된 이후 그다지 큰 변화 없이 이어지고 있었음을 말해주는 것이다.

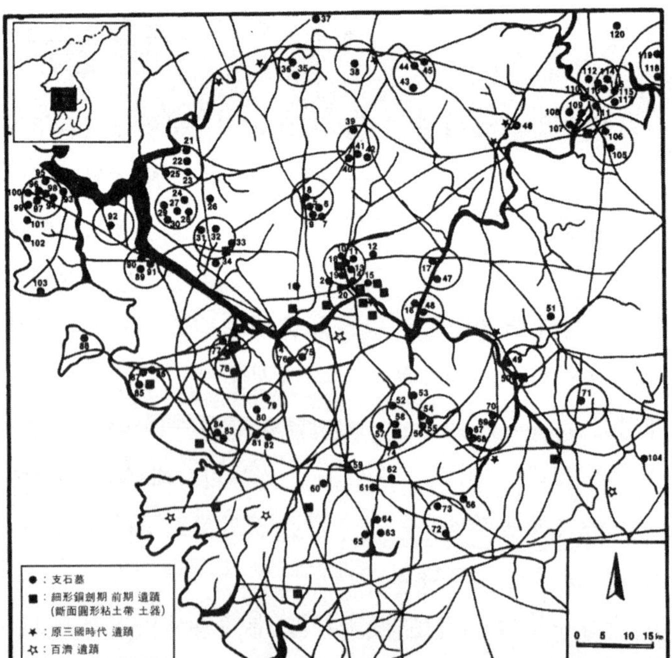

〈도 1-Ⅱ-2〉 한강유역 지석묘군의 분포와 전통 교통로

위에서 이미 드러난 지석묘 사회의 중요한 특징 가운데 하나는 취락과 묘역의 셋트화라 할 수 있다. 이동성이 강한 청동기시대 전기에는 취락이 묘역을 수반하지 않았던 점을 상기할 때 이는 매우 주목할 만한 특징이다. 정착 농경에 기반한 장기 지속적인 취락을 '마을'이라 한다면 지석묘는 마을의 등장과 함께한다고 할 수 있다. 지석묘를 포함한 각 마을의 공동묘역에는 그들의 조상들이 묻혀 있으므로 관념적 측면에서는 죽은 조상을 소중히 하는 조상숭배 역시 마을의 시작과 같다고 할 수 있다. 조상의 무덤을 마을의 한 부분에 마련한 선영(先塋)은 사실 앞서 본 것처럼 토지 점유의 사회적 정당화의 표현이므로 그에 대한 지속적인 유지 관리는 매우 중요한 사회·경제적 의미를 가졌기 때문이다.

3. 환호취락의 등장

환호(環壕)란 취락의 거주역(居住域) 주변을 참호와 유사한 시설로 에워싼 것으로서, 그러한 환호를 갖추고 있는 취락을 환호취락이라 한다. 환호취락은 청동기시대 후기의 송국리유형(松菊里類型) 단계에 이르러 본격적으로 나타나는 것으로 알려져 있으나, 그보다 앞선 전기의 이른 단계인 가락동유형(可樂洞類型)에 해당하는 충북(忠北) 청원(淸原) 대율리(大栗里)의 환호취락(中央文化財硏究院 2005)이 현재로서는 가장 이른 예이다(李亨源 2007). 이중의 환호로 된 이 예는 이후에 등장하는 것에 비해 구조적으로 매우 정연할 뿐 아니라 상당히 발달된 모습을 보이고 있어 특이하다.

후기에 본격화되는 환호취락은 대부분 중심 취락에 해당되어 환호의 등장과 청동기 후기 사회의 위계화의 진전 사이에 밀접한 연관성이 있음을 시사하고 있다. 세계의 여러 예들에서 볼 때 환호취락은 농경사회가 성숙한 단계에 이른 시점에 등장하는 것으로서, 그 기능은 취락의 범위를 표현하거나 그 밖의 상징적인 의미를 가진 공간 등을 구획하는 것으로 이해된다(李盛周 2007).

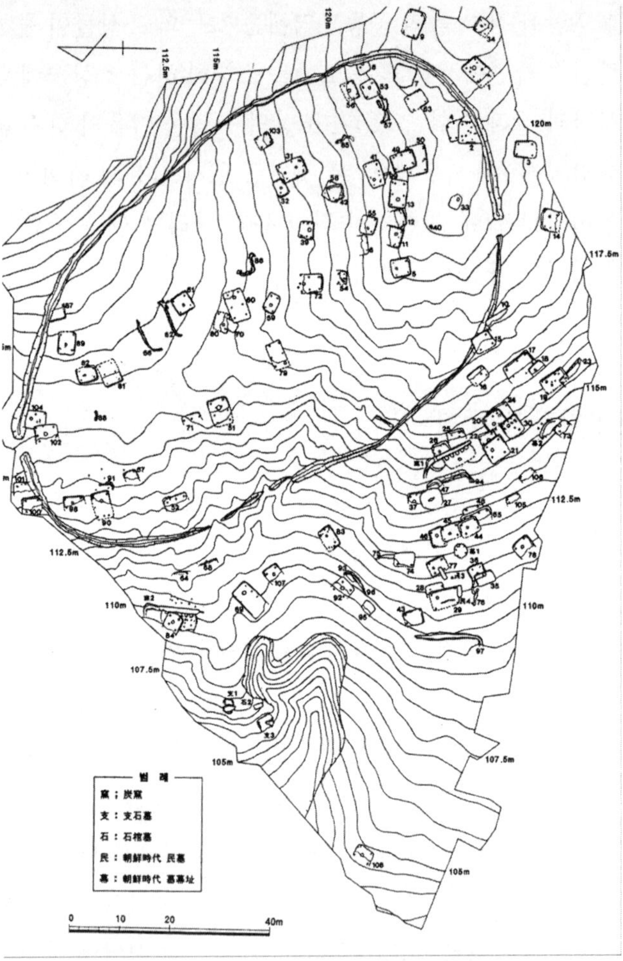

〈도 1-Ⅱ-3〉 울주 검단리(檢丹里) 환호취락(釜山大學校博物館 1995 옮김)

한반도 중남부지역의 청동기시대의 취락유형의 변천 과정을 보면, 전기의 이른 단계에는 대략 5동 미만의 장방형주거지들로 이루어진 취락들이 상호 독립적으로 존재하다가 시간의 경과와 더불어 점차 단위 취락을 구성하는 주거지의 수가 증가하는 경향을 보인다. 환호가 등장하는 후기에 이르면 전술한 바와 같이 지석묘군의 규모 차이에서 나타나듯 단위 취락을 구성하는 주거지의 수에 있어서도 3~5단계 정도의 구분이 관찰되며, 이들 사이에는 정치·사회적 위계 관계가 존재하는 것으로 이해되고 있다. 위계상의 정도에 따라 취락의 구성 요소에서도 차이가 관찰되는데, 그 가운데 3단계의 위계 관계로 이해하는 견해(金範哲 2005 ; 李亨源 2009 : 238~241)가 일반적이다. 상위취락의 경우 주거공간 이외에 저장공간·분묘공간·수공업공간·의례공간을 갖추고 있는데 비해 중위취락은 주거공간·저장공간·분묘공간으로 구성되고 하위취락은 주거공간만으로 구성된 경우, 주거+저장공간, 주거+분묘공간, 주거+저장공간+분묘공간 등 다양한 편이다(이형원 2009).

취락 사이의 위계적 관계 파악을 위해서는 용어의 개념을 명확히 하는 것이 필요하다. 이와 관련하여 구미(歐美) 학계에서는 대략 가구(家口) 혹은 세대(世帶)로 번역되는 Farmstead · Household를 기층으로 하여 그 위에 복수의 가구 혹은 세대가 모인 기초·자연취락인 Hamlet이 있으며, 다시 그 위에 복수의 자연취락이 위계적 통합 관계를 구성하고 있는 것으로서의 Village가 있고, 복수의 빌리지가 위계적으로 통합된 Town · City 등이 최상위에 있는 것으로 이해하고 있다.

한편, 민족지자료를 토대로 취락의 규모를 구분한 내용(Bintliff 1999)을 보면, 인간 공동체가 자연환경 속에서 성공적으로 삶을 영위하는 데에는 일정 규모 이상의 인구(Minimal support group)가 필요한 데 그것은 대략 25인 가량이며, 내적 위계분화가 없이도 원활한 사회관계를 유지할 수 있는 인구 규모는 약 150~200인 가량 된다는 것이다. 이는 대면적(對面的) 관계를 유지할 수 있는 인간 두뇌용량의 한계에 기인된 것으로서 만약 그 이상으로 단일 집단의 규모가 커지면 내적인 위계가 형성되거나 아니면 집단의 분화가 일어난다는 것이다. 이러한 생물학적인 측면의 집단규모 임계치는 멜라네시아지역의 민족지 조사를 통해 확인된 공동체들의 규모 분포 내용과도 거의 같은데, 이 지역의 공동체는 대개 3개의 유형으로 나타난다는 것이다. 첫째 그룹은 집단규모가 150인 이하이고, 둘째 그룹은 인구 규모가 150~300명 정도이며, 세 번째 그룹은 그 이상의 인구를 가지고 있다는 것이다. 이러한 민족지상의 공동체 크기를 대상으로 첫째 그룹을 햄릿(Hamlet), 둘째 그룹을 빌리지(Village), 그리고 셋째 그룹을 대형 빌리지(Contiguous Village)에 대응시키고 있다.

이상의 개념을 적용할 경우 청동기시대 후기에 본격적으로 나타나는 환호취락은 그 위계상으로 대략 빌리지 단계에 해당되는 것으로 볼 수 있으며, 다수의 자연취락을 통합하는 구심적인 취락이라는 의미에서 중심취락이라 할 수 있겠다. 청동기 후기의 취락 위계를 3단계로 이해하는 경우의 상위 취락은 대형 빌리지로 비정할 수 있지 않을까 한다.

4. 지석묘 사회의 재편과 읍락사회

청동기 후기 지석묘 사회에 기원전 300년경을 전후하여 점토대토기문화인들이 유입되기 시작하면서 정치·사회적 변화가 야기된다.

한반도에 유입된 점토대토기문화는 길림(吉林)지역의 휘발하(揮發河) 유역 및 요하 중류의 심양 일대에 걸쳐 분포하고 있는 양천(凉泉)문화로 알려져 있는 것이지만, 그 연원을 거슬러 올라가면 기원전 800년을 전후한 시점(朴淳發 2004)의 노노아호산(努魯兒虎山) 동쪽지역의 '능하유존(凌河遺存)'에서 비파형동검 조기형과 공반되는 단계가 가장 이르며, 이후 기원전 500~300년 기간의 노노아호산 서부지역의 '수천유존(水泉遺存)' 혹은 '수천문화(水泉文化)'(趙賓福 2006)와 요하 동쪽의 양천문화에서 동시에 확인되고 있다. 능하유역 일대의 고고학문화에 대해 기원전 300년에 있었던 연(燕) 진개(秦開)에 의한 동호(東胡) 및 고조선(古朝鮮) 서방지역 공취와 관련된 맥(貊) 종족의 실체로 이해하는 견해(喬梁 2009)도 있다.

요서 및 요동지역이 전국 연의 영토로 편입되고 장성이 축조되면서 특히 요하 중류 및 길림 남부지역의 주민들이 한반도로 남하하게 되는데, 그 경로는 서해안을 통한 해로와 더불어 육로가 함께 활용되었던 듯하다. 상당한 수준의 사회적 통합이 진전되고 있던 청동기 후기사회에서 이들의 등장은 사회적 혼란 및 재편의 계기가 되었던 것이다. 강릉 방동리(芳洞里), 남양주 수석리(水石里), 화성 동학산, 안성 반제리(盤諸里), 보령 교성리(校城里), 합천 영창리(盈倉里) 등 지금까지 알려진 이른 시기의 점토대토기문화 취락이 거의 대부분 후대의 삼국시대 산성의 입지와 동일한 고지(高地)에 입지하고 있는 점으로 미루어 새로 유입된 점토대토기 문화와 토착 사회 사이에 있었던 마찰을 짐작할 수 있다(도 1-II-4). 그러나 시간이 경과하면서 점토대토기문화는 토착 사회에 수용되고, 점토대토기와 세형동검 등을 표지로 하는 새로운 고고학적 문화로 전환된다. 이 무렵의 사회재편의 일단을 대전지역의 경우를 예로 들어 보기로 하자.

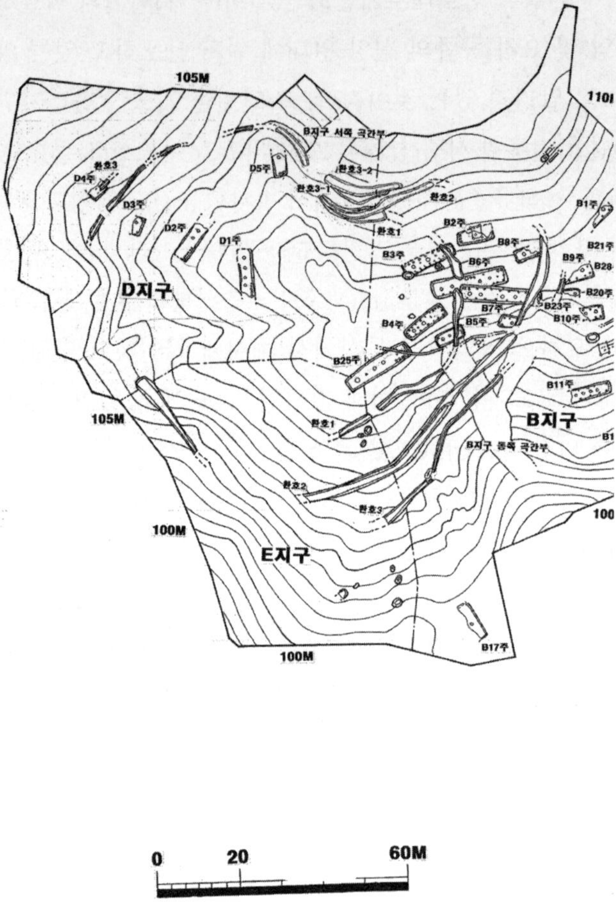

〈도 1-Ⅱ-4〉 화성 동학산 점토대토기 단계 환호
(畿甸文化財硏究院 2004 수정 게재)

점토대토기문화 등장 이전 대전지역의 청동기사회는 대략 2개 정도의 지역 공동체로 구성되어 있었다. 대전 분지 동쪽의 비래동(飛來洞) 지석묘군 및 신대동(新垈洞) 취락·분묘군으로 대표되는 공동체와 서쪽의 유성(儒城)·진잠(鎭岑) 등의 지석묘군으로 대표되는 공동체가 그것이다. 점토대토기문화가 이입되면서 보문산성(普文山城)과 같은 고지성 유적이 등장하나 곧 이어 노은동(老隱洞)이나 궁동(弓洞)과 같은 저평지에 취락 및 분묘가 등장한다. 그 후 세형동검을 비롯한 청동기를 출토하는 문화동(文化洞) 유적·탄방동(炭坊洞) 유적·괴정동(槐亭洞) 유적은 앞선 시기의 지역 공동체들의 중심지 사이에 위치하는 것으로서 새로운 사회 재편의 결과로 부상한 것으로 이해된다. 다수의 청동기를 부장한 괴정동의 피장자로 대표되는 세력은 대전분지 일원을 통합한 주체로 이해할 수 있는데, 그 범위는 대략 현재의 대전분지에 해당되는 직경 8~9km 정도이다(朴淳發 1997). 이와 다소의 시간차는 있으나, 『삼국지』 동이전 한조에 의하면 마한 사회는 '국'으로 표현된 54개의 정치체로 구성되어 있으며, 각 국에는 중심 취락인 '국읍(國邑)'이 있으며, 그 아래 크기나 인구 규모에서 위계적인 관계를 가지는 취락들이 있었을 것이다. 이러한 취락유형을 읍락(邑落)이라 부를 수 있다면, 점토대토기문화를 수용하여 재편된 당시의 취락유형을 초기 읍락사회라 해도 좋을 것이다. 한강유역을 비롯한 중서부지역의 경우 그 공간범위는 지석묘사회의 중심취락 2~3개를 포함하는 직경 10~15km 정도로 추정할 수 있다(朴淳發 1997).

읍락사회의 취락의 모습은 아직까지 고고학자료로 발견된 예가 없어 분명하지 않으나, 취락과 인접하여 조성되었던 것으로 볼 수 있는 분묘군은 최근 속속 드러나고 있다. 장수 남양리(南陽里), 부여 합송리(合松里), 당진 소소리(素素里), 완주 갈동(葛洞), 익산 신동리(信洞里) 등의 주초철기를 공반한 청동기 부장 무덤들이 그에 해당한다. 그 가운데 완주 갈동의 경우는 10여기 정도의 무덤이 모여 묘역을 이루고 있어 그와 멀지 않은 곳에 그들의 취락이 있었을 것으로 보아도 좋을 것이다.

5. 연맹왕국의 중심지, 성벽취락의 등장

기원전 100년을 전후한 시점부터 기원후 3세기 중엽경까지의 원삼국시대(原三國時代)는 낙랑(樂浪)으로 대표되는 한군현(漢郡縣)의 영향이 한강유역을 비롯한 한반도 남부지방에 직접으로 미치는 시기이다. 『삼국지(三國志)』 위서(魏書) 동이전(東夷傳) 등의 문헌사료에 의하면 대략 기원전 1세기 무렵에는 한반도 중남부지역에 마한(馬韓)·진한(辰韓)·변한(弁韓) 등의 삼한(三韓)이 존재하였던 것으로 이해된다. 삼한의 성립과 관련하여 그 간의 경과를 정리해보면, 기원전 2세기 초 위만조선 성립 및 준왕의 남하 무렵에 한강유역 이남의 남한지역은 '한'의 땅으로 인식되고 있었고 한은 곧 삼한으로 나뉘기 전의 순수 한으로서 마한을 가리키기도 한다. 마한의 서쪽에 위치한 '한국'이 있을 때 그에 소속되지 않은 한의 동쪽지역은 진한으로 불리게 되었으므로 마한과 진한의 구분은 기원전 2세기 초 무렵에 시작되었을 가능성이 있다. 그러나 삼한으로 세분된 시점은 현재로서는 분명치 않으나, 『사기(史記)』나 『한서(漢書)』에는 조선전(朝鮮傳)만 입전되어 있을 뿐 삼한에 대한 내용이 없는 반면에 『후한서(後漢書)』 및 『삼국지』에는 삼한에 대한 내용이 자세하게 기록되어 있어 대략 기원전 1세기 무렵에는 한 사회가 삼한으로 구분 인식되고 있었을 가능성이 크다(朴淳發 외 1998 : 236).

『후한서(後漢書)』 및 『삼국지』에는 마한·진한·변한은 각각 54국·12국·12국으로 표현된 소국(小國)으로 구성되어 있었다고 하는데, 그 시점은 대략 기원후 3세기 중엽경으로 이해된다. 소국의 정치·사회적 구조는 '신지(臣智)'로 대표되는 지배계층과 '하호(下戶)'로 표기된 피지배층으로 나뉘어져 있으나, 동일한 취락에 서로 잡거하고 있었던 것으로 보인다. 이 무렵의 취락유형은 취락유적보다는 그와 짝하였을 분묘군의 양상을 통해 어느 정도 파악이 가능하다.

청동기시대 후기의 지석묘의 분포와 취락의 분포가 밀접한 관련을 가진 것처럼 원삼국시대의 분묘군의 분포는 인접한 곳에 취락이 있었음을 말해주기 때문이다. 현재까지 알려진 것으로 보면, 원삼국시대 분묘군은 대략 지금의 면(面) 소재지 이상의 전통적인 인구 중심지에서 확인되는 정형성을 띠고 있다. 이는 지금의 취락이 그 무렵의 취락을 중복하여 점유하고 있음을 시사하는 것이며, 이러한 까닭으로 당시의 취락의 전모가 고고학적으로 확인되는 예는 극히 드물다.

원삼국시대의 취락유적은 다수 조사되었지만, 중심취락의 모습을 구체적으로 보여주는 사례는 거의 없다. 그 가운데 주목되는 것이 풍납토성(風納土城) 내부에서 확인된 3중 환호이다. 부분적으로 드러난 이 환호는 3세기 중엽경으로 비정되는 것인데, 환호를 두른 취락은 풍납토성이 축조되기 이전에 폐기된 중심취락으로 추정된다(사진 1-II-1 참조).

〈사진 1-II-1〉 풍납토성 내부 3중 환호

이와 거의 같은 시기의 유적인 하남시(河南市) 미사리(渼沙里)에서도 환호로 추정되는 유구가 확인된 바 있다. 미사리의 환호는 전체 평면형이 정사각형으로 추정되는 것으로서 조사 당시에는 그 2변의 일부만이 확인되었지만, 당초의 모습을 추정해보면 한 변이 약 53m 가량 된다. 이와 유사한 방형의 환호가 일본의 야요이(彌生) 시대에 수장(首長)의 거관(居館)으로 확인된 바 있어 주목된다(武末純一 1997).

풍납토성 내부 3중 환호나 미사리의 경우는 평지에 입지한 취락에 해당되지만, 원삼국시대의 환호취락 가운데는 구릉 정상부에 입지한 예들도 있다. 양산(梁山) 평산리(平山里)의 경우가 그에 해당된다. 하천변의 표고 145m의 구릉상에 입지하고 있으며, 환호와 함께 목책을 갖추고 있다(沈奉謹 1998). 평산리 환호취락의 점유 기간은 3세기 무렵의 단기간으로 이해되므로 이와 같은 고지성 입지 환호취락이 그 무렵의 일반적인 중심취락의 모습이라 하기는 어렵다.

평지 입지에 비해 상대적으로 방어력이 강화된 고지성 환호취락의 예는 마한지역에서도 확인된다. 충남 연기(燕岐) 응암리(鷹岩里)(사진 1-II-2), 대전 용계동(龍溪洞) 등이 그것이다. 3세기말~4세기 전반경으로 비정되는 이 환호취락들은 백제의 국가 성립 이후 마한지역으로 점차 영역을 확장하던 무렵의 사회적 분위기 속에서 등장한 것으로 이해된다.

한반도 중남부지역, 즉 삼한에 성벽을 두른 취락이 등장하는 시점은 3세기 중·후엽 무렵이다. 한강유역의 풍납토성과 몽촌토성이 그것이다. 성의 규모를 보면 몽촌토성이 총길이 2,285m, 내부 면적 216,000㎡(67,400평)이고 풍납토성은 총길이 약 3,500m, 내부 면적은 약 510,000㎡(약 154,500평)에 달한다. 풍납토성은 그 내부의 3중 환호취락이 폐기된 이후에 축조된 것이므로 환호취락과 성벽취락

사이의 시기적인 연속성을 잘 보여주고 있다. 환호취락이 성벽으로 바뀌는 이면에는 백제의 국가 성립이 있음은 물론이다(朴淳發 1998).

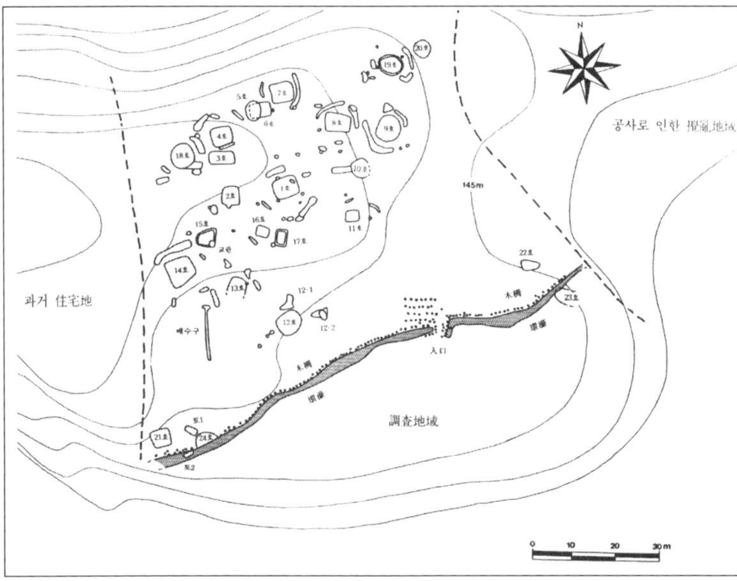

〈도 1-Ⅱ-5〉 양산 평산리 환호 취락(沈奉謹 1998 수정 게재)

〈사진 1-Ⅲ-2〉 연기 응암리 고지성 환호 취락(한국고고환경연구소 제공)

성벽의 축조는 대규모의 인력동원이 수반되어야 가능하며, 그에 따라 자원집중이나 인력 장악을 효율적으로 관리할 수 있는 행정조직이 뒷받침되지 않으면 불가능하다. 풍납토성의 경우 현존 성벽의 높이 8m, 기저부 폭 30m를 기준으로 할 때 성벽 축조에 소요된 총 축토량은 약 630,000㎥이다. 『통전(通典)』에 나와 있는 당대(唐代)의 축성 품셈의 기준에 의하면 한 사람이 하루에 수행할 수 있는 축토량은 0.6㎥ 정도이다. 이러한 작업량이라면 풍납토성을 축성하는 데에 소요된 연 인원은 약 1,050,000명으로 추산 된다.

이러한 규모의 인력동원이 가능한 사회는 앞선 시기의 그것과는 질적으로 다른 것으로서 국가사회 출현을 알리는 신호탄이다. 중국에서 성곽의 출현과 국가 사회의 성립 사이의 밀접한 관련성은 I절에서 이미 상론한 바 있지만, 한반도 역시 그러한 정형성을 보이고 있음을 확인할 수 있다.

3세기 중후엽 무렵 성벽취락을 축조할 수 있는 정도의 인력을 동원할 수 있는 정치·사회적 기반과 관련하여 주목되는 현상은 읍락사회의 해체와 촌락(村落)[2]으로의 재편 과정이다. 소국의 중심취락인 국읍(國

---

2 '촌락(村落)'이라는 용어는 중국에서 유래한 것으로서 중국 정사(正史)에 이것이 처음 나타나는 것은 3세기 전반경의 일을 기록한 것으로 보이는『삼국지(三國志)』 위서(魏書) 정혼전(鄭渾傳)의 기사이다(...入魏郡界 村落齊整如一...) (堀 敏一 1996 : 311). 이와 같은 '촌락'은 한대(漢代) 이전의 취락이 기본적으로 성곽으로 둘러싸인 것과 달리 전야(田野)에 위치하고 있는 것으로서 위진남북조(魏晉南北朝) 시대에 새롭게 등장하는 취락형태로 이해되고 있다.

한반도의 고대 취락과 관련하여 '촌락'이라는 용어가 처음 나타나는 것은 역시 『삼국지』 위서 동이전 동옥저조(東沃沮條)의 기사에서 이다(..冬月氷凍 船道不通 乃下居村落...). 이 기사는 북옥저(北沃沮)가 읍루(挹婁)의 하절기 배를 이용한 노략질에 대비하기 위해 여름에는 깊은 산의 동굴에 살다가 동절기 하천이 결빙되어 선박의 왕래가 불가능할 때에 비로소 산에서 내려와 '촌락'에 거주한다는 내용의 일부이다. 이 두 기사는 거의 같은 시기에 기록된 것이므로 '촌락'이라는 용어의 개념은 서로 다르지 않았을 것으로 볼 수 있는데, 공통점은 자체의 견고한 방어력을 갖추고 있지 않다는 점이 엿 보인다.

邑)이나 그에 통합되어 있던 거점 읍락들의 독립성이 소멸되면서 새로운 국가 사회의 촌락으로 위상이 격하되는 과정이 진행되었던 것이다. 이러한 모습은 3세기 후반~4세기 전반에 걸친 시기 동안의 한강유역 및 경기지역 분묘군의 묘제변화에 잘 나타나고 있다. 한강유역 및 충청지역을 포함하는 중서부지역에서는 3세기 후반~4세기 전반을 분기점으로 하여 분묘군의 축조가 중단되는 예들이 다수 관찰되기 때문이다. 전술한 바처럼 원삼국시기의 분묘군은 현재의 행정구역상으로 볼 때 면 단위 이상의 전통적인 인구 중심지에 위치한 것으로서 그 주변에는 소국의 중심취락인 국읍 혹은 거점 읍락이 있었을 것이므로 그러한 분묘군의 축조 중단은 해당 국읍 혹은 거점 읍락사회의 정치·사회적 위상 변화를 말해주는 것이다. 원삼국 후기의 분묘군의 축조 중단 및 새로운 백제 묘제로의 전환 등의 자료로 보면, 3세기 중·후엽~4세기 전반경까지의 백제의 직접지배 영역의 범위는 대략 반경 30km 정도로 추산된다. 풍납토성은 그러한 국가 단계 정치체의 중심지로서 등장한 것이며, 그와 더불어 새로운 토기 양식의 출현 및 확산, 석촌동·가락동 고분군과 같은 중앙 분묘군 내에 대형분의 집중화 등의 현상도 나타난다. 이러한 양상은 백제를 중심으로 하는 새로운 연맹왕국의 성립을 보여주는 고고학자료라 할 수 있다(朴淳發 2007).

한편, 한반도 고대 정치체의 자체 기록 가운데서 '촌'이 가장 먼저 사용된 예는 414년에 세워진 광개토왕비문(廣開土王碑文)에서 이다. 396년에 있었던 백제지역 정벌 결과 고구려가 취한 '58성·촌700(五十八城村七百)의 표현이 그것이다. 여기의 '촌'은 성을 구성하는 일반촌락을 의미하는 것으로 볼 수 있는데, 비문의 내용에 대응되는 백제측 기록인 『삼국사기』 백제본기 아신왕(阿莘王) 9년 조에는 '부락(部落)'으로 표현되어 있다(漢水北諸部落多沒焉)(盧重國 1988 : 236~239). 방어를 위한 성곽을 갖춘 '성'과 대비하여 병기된 점에서 '촌'은 역시 3세기대의 중국 및 동이전의 용례와 일정한 공통점을 가지고 있는 것으로 생각된다. 이상의 내용으로 볼 때 '촌락'은 중국의 위진남북조시대에 처음 등장한 성 밖의 취락을 지칭하는 용어에서 비롯된 것으로 이해할 수 있다.

성곽 취락과의 대비 이외에도 촌락은 국가사회의 중앙에 대응되는 지방의 행정단위를 구성하는 개별 취락으로 보는 견해(朱甫暾 1998 : 21) 일반적이다. 본고의 '촌락'은 이와 같은 의미로 사용한 것이다(朴淳發 2002a).

제 2 장

한성기의 도성

Ⅰ. 한성기의 도성제

Ⅱ. 한성기의 도성의 경관

Ⅲ. 풍납토성과 몽촌토성

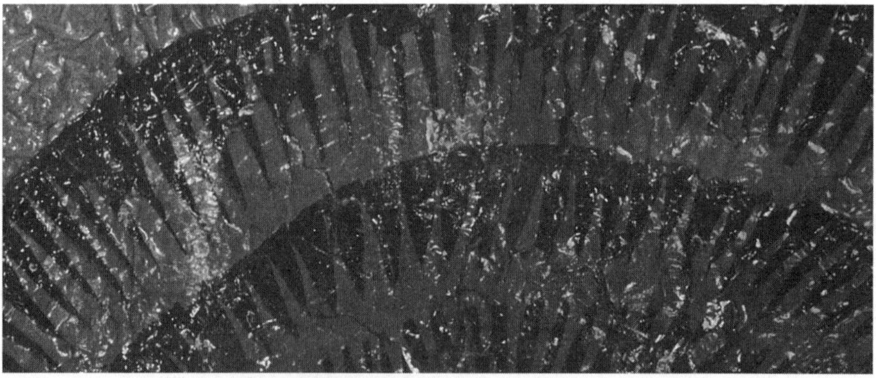

석촌동 고분군 출토 칠기 문양

제2장
한성기의 도성

I. 한성기의 도성제

1. 한성기 도성의 변천

(1) 백제 초도지 위례성을 둘러싼 혼란

백제의 첫도읍지가 지금의 서울 송파구(松坡區)·강동구(江東區) 일대라는 것은 이제는 상식이 되었으나, 지금도 충청남도 천안시 직산(稷山)의 위례산성(慰禮山城)을 주목하고 있는 사람들이 없지 않다. 삼국 가운데 유독 백제의 초도지(初都地)만이 그 위치를 둘러싸고 혼란이 있는데, 그러한 혼돈은 거슬러 올라가면『삼국사기(三國史記)』가 찬술되었던 고려시대 1145년 무렵까지 이른다.

『삼국사기』권 제37, 잡지(雜志)6 지리(地理) 4 백제조에는 백제의 역대 도성의 변천에 대해, 기원전 18년 온조가 첫도읍지를 '위례성(慰禮城)'에 정한 이후 389년이 경과한 근초고왕대에 고구려의 남평양(南平壤)을 취한 것을 계기로 '한성(漢城)'에 도읍을 옮기고 다시

105년이 지난 문주왕(文周王)대에 '웅천(熊川)'으로 천도하여 63년이 흐른 뒤인 성왕대에 '소부리(所夫里)'로 이도(移都)하여 국호를 '남부여(南夫餘)' 고쳤으며, 그 뒤 122년이 지난 의자왕 20(660)년에 신라의 김유신(金庾信)과 당의 소정방(蘇定方)에 의해 멸망되었다고 기록[1]하고 있다. 삼국사기 지리지에서 말하는 백제 역대 도성의 변천을 요약하면, 위례성→한성→웅천→소부리 순으로 된다. 그러나 같은 지리지에는 '위례성'을 삼국의 지명 가운데 그 위치를 알 수 없는 '미상지명(未詳地名)' 조에 포함시켜 놓아 삼국사기 찬술 시점에는 이미 그 위치를 모르게 되었던 것이다.

그러나 『삼국사기』보다 약 140년 가량 늦은 시기인 1281년 경에 편찬된 것으로 추정되는 『삼국유사(三國遺事)』에는 온조의 첫도읍지 위례성의 위치를 세주(細注)를 달아 당시의 '직산(稷山)', 즉 오늘날의 직산이라 하고, 온조왕 14년에 해당되는 기원전 5년인 병진(丙辰)년에 역시 세주를 달아 당시의 '광주(廣州)', 즉 지금의 경기도 광주인 '한산(漢山)'으로 옮겼다고 하고 있다[2]. 삼국사기 편찬 시점에는 미상이던 위례성의 위치를 직산으로 비정한 최초의 기록이지만, 그 근거에 대해서는 별다른 언급이 없어 궁금증을 자아낸다. 그럼에도 불구하고 직산 백제초도설은 조선전기에 편찬된 『고려사(高麗史)』 지리지, 『세종실록지리지(世宗實錄地理志)』, 『동국여지승람(東國輿地勝覽)』 등의 직산조에 언급되어 있다.

조선시대 후기에 이르면 백제 초도지 위례성의 위치를 경기도 광

---

1 按古典記 東明王第三子溫祚 以前漢鴻嘉三年癸卯 自卒本扶餘至慰禮城 立都稱王 歷三百八十九年 至十三世近肖古王 取高句麗南平壤 都漢城 歷一百五年 至二十二世文周王 移都熊川 歷六十三年 至二十六世聖王 移都所夫里 國號南夫餘 至三十一世義慈王 歷年一百二十二 至唐顯慶五年 是義慈王在位二十年 新羅庾信與唐蘇定方討平之(『三國史記』 卷 第37, 雜志6 地理4 百濟)

2 東明第三子 一云第二子 癸卯立 在位四十五 都慰禮城 一云蛇川 今稷山 丙辰移都漢山 今廣州(『三國遺事』 王曆 第一 百濟 第一溫祚王條)

주 혹은 용인 등으로 비정하는 기록도 등장하지만, 견실한 근거에 기반한 논증이 아니어서 여전히 혼돈의 지속이었다. 이에 종지부를 찍은 것이 다산(茶山) 정약용(丁若鏞)이다.

다산의 『아방강역고(我邦疆域考)』에 실린 「위례고(慰禮考)」는 『삼국사기』 백제본기, 『북사(北史)』, 『수서(隋書)』 등의 기사를 종합하여 위례의 위치를 비정하고 있는데, 그 가운데 논증의 주요 골자를 언급하고 있는 부분을 그대로 옮겨보면 다음과 같다.

□ 이때[삼국사기 백제본기 온조왕 8년]에 말갈과 낙랑이 해마다 침략했는데, 이는 위례성이 한수(漢水) 북쪽에 있어서 두 적과 가까이 인접해 있기 때문이었다. 여기에서 말한 말갈은 함흥(咸興)의 예인(濊人)이요, 낙랑은 춘천(春川)의 토착 지배자다. 위례는 한양 동북쪽에 있음이 분명하다. 위례(慰禮)라 함은 우리말에 광곽(匡郭)의 둘레를 울이라고 하는데, 이것이 위례와 발음이 비슷하다. 성책(城柵)을 세우고 흙을 쌓아 광곽을 만들었기 때문에 위례라고 한 것이다.

□ 온조왕 13년에 한수 남쪽으로 옮겼다. 바로 옛 광주읍(廣州邑)인데, 당시에는 하남위례성(河南慰禮城)이라고 했다.

□ 온조왕 당시에 분명히 한수 북쪽에서 한수 남쪽으로 옮겼으니, 위례성은 본래 한수 북쪽에 있었음이 확실해 의심의 여지가 없다.

□ [삼국사기 백제본기 온조왕 원년조에] 부아악(負兒岳)에 올랐다는 말 이하의 사실은 온조왕 13년의 일인데, 역사가가 도읍을 정하고 나라를 세운 것의 근본을 나중에 기록했기 때문에 원년(元年)에 기록된 것이다.

□ 정인지(鄭麟趾)의 지지(地志)에는 직산현(稷山縣)을 위례성이라고 했으니, 여지서(輿地書)를 이어받아 드디어 없어지지 않는 모범을 만들었다.

□ 가난한 선비가 높은 벼슬아치의 책이 틀렸다고 일일이 나무라는 셈이지만, 사실이 그렇다. (중략) 온조왕이 패수(浿水)·대수(帶水) 두 물을 건너 위례에 도읍했다는데, 직산 북쪽이 진실로 패수와 대수의 두 물인가? 또한 온조왕이 한수 동북쪽 백성을 뽑아 위례성을 수리했는데, 직산이 한수 동북쪽에 있는가? 온조왕이 말갈과 낙랑을 피하여 한수 남쪽으로 도읍을 옮겼는데, 그렇다면 직산이 말갈과 낙랑의 이웃이던가? 『북사』와 『수서』에 보면 백제의 시조가 옛 대방 땅에 나라를 세웠다고 분명히 말했으니, 이것[직산]이 어찌 또한 옛 대방 땅이겠는가?

만일 직산설을 따른다면 고금(古今)의 역사책에 기록된 것이 모두 틀렸을 것이니, 하나[직산설]를 고집하려고 백을 버릴 것인가? 그럴 수는 없다.

□ 정인지와 서거정의 기록이 진실로 잘못이라 하더라도, 그 옛 늙은 정승들의 말에는 반드시 근거가 있을 터이니, 그저 허망하다고만은 말할 수가 없을 것이다. 백제의 역사를 보면 개로왕(蓋鹵王)이 고구려의 침입을 예견하고 태자 문주(文周)를 먼저 남쪽으로 보내 도망치게 했는데, 개로왕이 해를 입자 문주가 웅진(熊津)으로 도읍을 옮겼다. 직산은 문주가 잠시 살았던 곳인 듯하다. 직산이 한성에서 남쪽으로 웅진까지 가는 도중에 있기 때문에, 여기서 잠시 머무르면서 북쪽으로 옛 도읍의 소식을 듣고, 남쪽으로 새 도읍의 일을 처리했음이 이치에 맞을 것이다.

백제의 건국지, 즉 첫 도읍지가 어디였는가를 둘러싸고 고려시대 13세기 무렵 『삼국유사』로부터 비롯된 혼동은 이처럼 다산의 고증에 이르기까지 약 600여년 동안 이어져 왔다. 고고학자료의 도움을 받을 수 있는 지금에는 백제의 건국지가 한강 하류의 옛 경기도 광주(廣州) 즉, 현재의 서울시 송파구·강동구 일원임은 분명하게 되었다. 고려~조선시대에 걸쳐 지식계 다수의 지지를 받았던 직산 위례성설은 고고학적 조사를 통해 사실과 다름이 확인되기도 하였다. 충남 천안 북면에 실재하고 있는 위례산성(慰禮山城)에서는 5세기 무렵의 백제토기편과 더불어 7세기 무렵의 사비시기 백제 삼족기 등이 출토되고 있어 한 때 백제의 산성으로 활용되었을 가능성은 충분하지만 백제의 초도지와는 거리가 먼 것임이 드러났다(충남대학교 백제연구소(편) 2003). 한성 함락 후 문주에 의해 잠시 활용되었을 것이라는 다산의 견해는 그러한 고고학자료와도 부합되는 탁견임을 새삼 알 수 있다.

(2) 한성기 백제 도성의 변천

앞서 본 바와 같이 『삼국사기』지리지에 의하면 한성시기의 백제

도성은 온조왕대의 위례성에서 근초고왕대에 한성으로 옮겼다. 그런데 『삼국사기』 백제본기 근초고왕 26(371)년조에는 왕과 태자가 정병(精兵) 3만을 거느리고 고구려의 평양성(平壤城)을 공격하여 고국원왕(故國原王)을 전사하게 하는 등의 전과를 거둔 뒤 퇴군하여 한산으로 도읍을 옮겼다는 기사가 있으므로 지리지의 한성은 한산과 같은 곳임을 알 수 있다.

한편 『삼국사기』 백제본기 온조왕 즉위년조의 기사와 온조왕 13년 및 14년조의 기사[3]를 대비해보면, 첫 도읍지 위례성은 하북(河北)에 있었으나 '낙랑'·'말갈' 등의 침입을 막아내기 어려워 불과 14년의 단기간이 경과한 다음 하남(河南)으로 옮기게 되었으며, 하남의 새 도읍의 이름이 하남위례성(河南慰禮城)이다. 새 도읍에 대응되는 것으로서 하북에 있었던 위례성을 그와 구분하여 하북위례성으로 부를 수 있을 것이다. 위에서 본 다산의 논증처럼 14년이 경과한 시점의 하남위례성이 온조의 즉위년의 사실처럼 기록된 데에는 후대의 사실이 소급 기록되었을 것이다. 하남위례성 천도를 마한에 알리면서 새로운 백제의 강역(疆域)을 획정하는 내용 역시 후대의 내용이 건국 초기의 사실로 잘 못 기록된 것이라는 점은 학계의 공통된 인식이다.

위례성의 의미에 대해서는 위에서 본 것처럼 다산은 사람 사는 곳의 주변에 둘러친 울타리와 음이 같아 성책을 의미한다고 보았지만,

---

3 ①遂至漢山 登負兒岳 望可居之地 沸流欲居於海濱 十臣諫曰 惟此河南之地 北帶漢水 東據高岳 南望沃澤 西阻大海 其天險之利 難得之勢 作都於斯 不亦宜乎 沸流不聽 分其民 歸彌鄒忽以居之 溫祚都河南慰禮城(『三國史記』 百濟本紀 溫祚王 卽位年條)
②國家東有樂浪 北有靺鞨 侵軼疆境 少有寧日 況今妖祥屢見 國母棄養 勢不自安 必將遷國 予昨出獵 觀漢水之南 土壤膏腴 宜都於彼 以圖久安之計 秋七月 就漢山下立柵 移慰禮城民戶 八月 遣使馬韓告遷都 遂劃定疆場 北至浿河 南限熊川 西窮大海 東極走壤 九月 立城闕(『三國史記』 百濟本紀 溫祚王 13年條)
③春正月 遷都(『三國史記』 百濟本紀 溫祚王 14年條)

『삼국사기』 백제본기 개로왕 21년조의 기사 가운데 한강을 가리키는 것으로서 '욱리하(郁里河)'나 역시 한강을 지칭한 『광개토왕릉비(廣開土王陵碑)』의 '아리수(阿利水)'의 음과 유사하다는 점에서 보면 '크다'는 뜻을 가진 것으로 이해되므로 위례성은 결국 큰 성(大城)을 의미하는 것(李道學 1992)으로 풀이된다.

한성기의 도성 명칭으로 등장하는 것 가운데 '한성(漢城)'이 있다. 한성이라는 표현은 『삼국사기』 백제본기 기사 가운데 한성 관련 기사는 모두 6곳이 확인되는데, 그 내용은 다음과 같다.

① 온조왕 14년 정월에 천도하고, 2월에 부락을 순무하면서 농사를 권무하다. 9월에 한강 서북에 성을 쌓고 한성의 백성을 나누어 거주케 하다[4].

② 이월에 왕궁의 우물이 넘치고 한성의 인가에서 말이 소를 낳았는데 머리 하나에 몸이 둘이었다[5].

③ (아신왕은) 침류왕의 원자로 처음 한성별궁에서 태어났다[6].

④ (전지왕은 아신왕의 원자로 아신왕 6년 태자의 신분으로 왜에 인질로 가 있는 중) 아신왕의 부음을 듣고 귀국을 청하니 왜왕이 호위병사 100명과 함께 돌려보냈는데, 백제 국경에 도착하여 입국하려 할 때 한성 사람 해충이 와서 고하길(아신왕의 막내 동생 '설례'가 태자가 귀국할 때까지 섭정하던 아신왕의 둘째 동생인 훈해(訓解)를 살해하고 스스로 왕이 되려하니 함부로 입국하지 말고 국인이 '설례'를 제거할 때까지 기다려 달라 함)[7]

---

4 春正月 遷都 二月 王巡撫部落 務權農事 秋九月 築城漢江西北 分漢城民(『三國史記』 百濟本紀 溫祚王 14年條)

5 春二月 王宮井水暴溢 漢城人家馬生牛 一首二身(『三國史記』 百濟本紀 溫祚王 25年條)

6 枕流王之元子 初 生於漢城別宮(『三國史記』 百濟本紀 阿莘王 旣位年條)

⑤ 9월에 해충을 달솔로 임명하고 한성의 조(租) 1천석을 하사하다[8].

⑥ 고구려 장수왕이 군사 3만으로 왕도 한성을 포위하다[9].

한성은 온조왕 14년 하남위례성으로 천도한 이후부터 개로왕대에 이르기까지 줄곧 나타나고 있으며, 구체적인 용례로 볼 때 지역명과 왕도의 명칭을 함께 의미하는 것으로 이해된다. 그러나 온조왕대에 용례가 보인 후 약 400년이 경과한 시점인 아신왕대의 기사에 다시 등장하고 있는 점이 주목된다. 한성별궁에서 태어난 아신왕은 침류왕의 원자이므로 침류왕대에 이미 한성이 존재하였음을 짐작할 수 있다. 한편 침류왕은 동진(東晋)에서 온 호승(胡僧) 마라난타(摩羅難陀)를 통해 불법(佛法)을 받아들이고 '한산(漢山)'에 불사(佛寺)를 창건하여 출가승 10인을 두었다[10]. 시기적인 인접성으로 미루어 여기의 '한산'이 근초고왕 26년에 천도한 '한산'과 동일한 것일 가능성이 높다. 그렇다면 한성은 근초고왕이 천도한 한산의 신도성을 의미하는 것으로 볼 수 있다. 앞서 이미 본 것처럼 『삼국사기』 지리 4의 기사에는 근초고왕 26년에 천도한 도성의 이름을 '한성'이라 표현하고 있어 한산과 한성이 다르지 않음을 짐작할 수 있다. 이러한 사실로 볼 때 한성은 한산으로 천도한 이후의 신도성을 의미하는 것으로 이해되며, 온조왕대의 한성은 강역 획정 기사와 마찬가지로 후대의 사실이 소급 기록된 데에 기인하는 것으로 보인다.

이처럼 『삼국사기』 백제본기 관련기사 및 지리지의 기사 내용을

---

7 腆支王 在倭聞訃 哭泣請歸 倭王以兵士百人衛送 旣至國界 漢城人解忠來告曰…(『三國史記』 百濟本紀 腆支王 旣位年條)

8 秋九月 以解忠爲達率 賜漢城租一千石(『三國史記』 百濟本紀 腆支王 2年條)

9 麗王巨璉帥兵三萬 來圍王都漢城(『三國史記』 百濟本紀 蓋鹵王 21年條)

10 ①秋七月 遣使入晉朝貢 九月 胡僧摩羅難陀 自晉至 王迎之致宮內禮敬焉 佛法始於此(『三國史記』 百濟本紀 枕流王 卽位年條)
②春二月 創佛寺於漢山 度僧十人(『三國史記』 百濟本紀 枕流王 2年條)

종합해 볼 때 한산과 한성은 그 실제 의미상으로는 다르지 않아 기사에 따라 혼용하기도 하였던 것으로 생각된다. 그렇지만 엄밀히 구분하면 한산은 자연지리적인 구분 명칭인데 반해 한성은 한산에 있는 도성을 의미하는 것으로 보는 것이(강종원 2003) 합리적이다.

지금까지 보아 온 내용을 정리해 보면 한성기의 도성은 처음 한강 이북의 이른바 하북위례성에서 온조왕 14년에 한강 이남으로 천도한 하남위례성을 거쳐 근초고왕 26(371)년에 한산의 한성으로 옮긴 것으로 이해된다.

2. 한성기의 도성의 위치와 구조

(1) 하북위례성

백제 최초의 도성인 위례성, 즉 하북위례성이 한수의 이북에 위치하고 있었던 사실은 『삼국사기』 백제본기 기사 가운데 하남위례성으로 천도한 온조왕 14년 이전의 '말갈' 및 낙랑과의 분쟁 관련 내용을 통해 짐작이 가능하다. 그러한 지리 정황을 근거로 다산은 구체적으로 한양의 동북쪽 삼각산 일대로 비정한 바 있음은 앞서 이미 본 바와 같으며, 그 이후 하북위례성 한강 이북 비정설은 학계의 통설이 되었다. 그러나 구체적인 지점과 관련해서는 세검동 일대, 상계동 일대, 중랑천 유역, 북한산성, 미아리·우이동 일대 등 다양하며(金起燮 1995), 어느 경우도 고고학자료 등 신빙성이 높은 근거에 의거하지는 못하고 있는 실정이다. 이는 새로운 고고학자료의 등장을 기다려 해결의 실마리를 얻어야 할 문제이지만, 도성으로서 역할한 기간이 짧을 뿐만 아니라 『삼국사기』 백제본기의 기년(紀年)에 입각할 때 성벽을 갖춘 취락의 형태를 기대하기도 어려워 난제가 아닐 수 없다.

한편 하남위례성으로 천도한 이후인 온조왕 17년에 낙랑이 내침하여 태운 '위례성'과 온조왕 41년에 한수 동북의 여러 부락의 15세 이상의 사람을 징발하여 수리한 '위례성'이 하북위례성을 가리킨 것(강종원 2003)이라면 하남 천도 이후에도 여전히 유지되고 있었던 것으로 볼 수도 있다. 하지만 개로왕 21(475)년 고구려 장수왕에 의해 한성이 함락될 당시의 상황을 전하는 『일본서기(日本書紀)』 기사[11]의 '위례'는 당시 백제 도성지역의 범칭(凡稱)임이 분명하므로 '위례성'이 곧 하북위례성을 의미하는 것으로 해석하기는 어렵다.

(2) 하남위례성

하남위례성은 『삼국사기』 온조왕 13년의 천도 후보지를 물색하고 7월에 '한산' 아래에 목책을 세워 위례성의 민호를 옮기고 9월에 '성궐', 즉 궁성의 문을 세운 다음 이듬해 정월에 천도를 하였다는 기사의 내용으로 볼 때 그 위치는 한산의 아래, 즉 지금의 남한산 아래의 한강변 충적지로 추정되며, 그 구조는 일반 민호(民戶)가 거주하는 곳으로서 목책을 두른 취락과 왕이 거주하는 궁성으로 이루어졌던 것으로 이해된다.

한산 아래로 비정되는 현재의 서울시 강남구·송파구·강동구 및 하남시 일원의 한강 남쪽 충적지 혹은 저평지에서 지금까지 알려진 취락유적의 규모로 볼 때 하남위례성의 가장 유력한 후보는 풍납토성 내부에서 확인된 3중 환호취락이다. 제 1장 II절의 <사진 1-II-1>에서 보는 바와 같이 환호의 일부분만이 확인되어 전체의 취락 규모는

---

11 百濟記傳 蓋鹵王 乙卯年 冬 狛大軍來 攻大城七日七夜 王城降陷 遂失尉禮 國王及大后 王子等 皆沒敵手(『日本書紀』 雄略紀 20年條 細注) 이 기사는 일본서기에 인용된 이른바 百濟三書 가운데 하나인 『百濟記』를 인용하고 있어 기사의 표기 용례는 백제 당시의 그것을 반영하고 있을 가능성이 높다.

정확하지 않으나, 환호를 갖춘 취락은 그 당시의 '소국(小國)'의 국읍(國邑) 혹은 거점 읍락(邑落)의 모습으로 보아도 좋을 것이다. 마한 지역 54~5개국의 하나였던 '백제국(伯濟國)'의 국읍이 온조왕 14(기원전 5)년 이래 이곳에 고정되어 있었는지에 대해서는 현재까지 드러난 고고학자료만으로는 잘 알 수 없으나, 조사된 지점의 자료로 보는 한 환호취락의 폐기시점은 기원후 3세기 중엽경이다.

취락과 분묘군은 그리 멀지 않은 공간 범위 내에서 항상 공존하는 것이 지금까지 드러난 당시의 취락유형임을 감안할 때 풍납토성 내부 환호취락 단계의 분묘군은 석촌동·가락동 일대의 고분군일 것으로 추정되는데, 이 고분군에서 현재까지 알려진 것 가운데 가장 이른 시기의 분묘도 3세기 이전으로 소급되기는 어렵다. 따라서『삼국사기』백제본기의 기년에 입각한 기원전후~기원후 3세기 이전까지의 하남위례성, 즉 '백제국' 국읍의 모습은 아직 실체를 알지 못한다.

'백제국'의 중심 취락 형태에 일대 변화가 있었던 시점은 3세기 중·후엽경이다. 이전의 환호취락이 성벽취락으로 변모한 것이다. 풍납토성 내부 3중환호가 폐기된 후 토축 성벽이 만들어 진 시점에 대해서는 2세기설과 3세기 중·후엽설 등이 있으나, 후자의 입장이 학계의 광범위한 지지를 받고 있다[12]. 그리고 이와 거의 같은 시점에 또 다른 성벽취락으로서 몽촌토성도 등장하고 있다. 성벽취락의 등장은 정치·사회적 복합도가 이전과 다른 사회의 성립과 관련된다는 점은 앞의 제 1장에서 자세히 살핀 바 있지만, 연맹왕국 수준의 국가의 성립, 즉 백제국이 국가 단계의 사회로 성장하였음을 말해주는 고고학적 증거가 된다.

3세기 중·후엽경에 백제가 국가 단계의 사회로 성장하였다는 것

12　본서 제 2장 제 III절 제 1항 참조.

이 곧 『삼국사기』 백제본기의 내용과 배치되는 것은 아니다. 혹자는 이러한 필자의 관점을 『삼국사기』를 부정하는 것으로 오해하기도 하나, 이는 사실과 다르다. 『삼국사기』 백제본기에서 온조왕이 건국하였다는 기원전 18년이 곧 국가단계 사회의 성립 시점을 말하는 것은 아니기 때문이다. 『삼국사기』 편찬자가 사용한 국가의 개념이 인류사적 관점의 정치·사회 발전 단계상의 국가(State)와 같지 않은 것임은 두말할 필요가 없다. 한편 『삼국사기』에서 말하는 백제의 건국 시점은 기원전 18년임이 분명하다. 지금은 알 수 없는 그 어떤 근거가 있었을 터이지만, 이를 고고학자료로써 접근하기는 거의 불가능하다. 온조왕 당시의 기록은 아닐지라도 어느 때인가 백제가 그들의 내력을 스스로 정리한 내용이 있었을 것이며, 그러한 내용이 『삼국사기』 편찬시에 반영된 것일 수 있다.

현전하는 최고의 문헌사료는 『삼국사기』이므로 그것을 근거로 백제의 건국시점을 따지자면 기원전 18년이 틀림없지만, 그렇다고 하여 그 무렵의 백제가 곧 온전한 고대국가의 모습을 의미한다는 보장은 없다. 백제가 국가의 모습을 갖춘 뒤 왕실의 계통을 온조에 구하고 온조가 고구려로부터 남하해온 시점이 기원전 18년이라는 사실을 전하고 있을 뿐이다. 그러므로 백제 왕실의 뿌리가 언제 어디에서 비롯되었는가라는 문제와 국가의 모습을 구비한 시점이 언제였는가 하는 문제는 같지 않음이 분명하다. 따라서 『삼국사기』가 백제의 성곽 출현 시점을 말해주지도 않으며, 풍납토성이나 몽촌토성 등의 백제의 도성지역 성의 출현 시점을 기원전 18년으로 비정하지 않는다고 하여 『삼국사기』를 불신하는 입장을 가지고 있다고 간주하는 것은 실소(失笑) 거리에 불과하다.

하남위례성의 구체적인 위치에 대해서는 풍납토성설과 몽촌토성설 등이 있으나, 위에서도 이미 말한 바와 같이 환호취락 단계와 성벽취락의 단계가 그대로 이어졌다면 현재로서는 풍납토성설이 유력하다. 그러나 뒤에서 다시 살펴볼 것처럼 풍납토성과 몽촌토성의 축조 시점이 거의 같지만, 현재의 자료상으로 풍납토성은 그 축조 상한이 3세기 중·후엽인데 비해 몽촌토성은 그 하한이 3세기말·4세기 초엽경이어서 정확한 축성 시점의 선후를 정하기가 어렵다[13].

(3) 한성

한성이라는 도성명은 전술한 바와 같이 진사왕대 이후에 분명히 존재하였음이 드러나지만, 거슬러 올라가면 근초고왕 26년에 천도한 한산의 도성 이름을 한성으로 볼 수 있으므로 한산과 한성은 지역명과 도성명의 서로 다른 표현이라 할 수 있다. 한산의 위치 비정과 관련해 한강유역의 북한산성, 남한산성, 이성산성, 몽촌토성 등이 여러 연구자에 의해 거론(金起燮 1995)되어 왔으나, 최근까지 알려진 고고학자료 및 문헌사료를 종합해 보면 몽촌토성이 가장 유력하다(田中俊明 1997 ; 余昊奎 2002).

그러나 한성이 371년 근초고왕의 천도 이후부터 도성으로 기능하였다고 하여 그 비정지인 몽촌토성의 축조 시점도 그 무렵으로 보기는 어렵다. 전술한 바와 같이 몽촌토성의 초축시점은 3세기말·4세기 초를 하한으로 하는 어느 시점으로 보아야 하기 때문이다. 후술할 것이지만 동북쪽 성벽의 절개조사 시에 발견된 중국제 전문도기(錢文陶器) 파편이 성벽 축조 이후 성내부에 퇴적된 토층에서 출토되었기 때문이다. 전문도기의 시기 비정 문제와 연계되어 있는 것이지만, 아무리 늦춰보아도 4세기 1/4분기 이후로 내리기는 어렵다.

한성이라는 명칭의 유래에 관련해서는, 위에서 이미 언급한 것처

---

13 본서 제 2장 제 Ⅲ절 제 1항 참조.

럼 한수·한강=욱리하·아리수이고 욱리·아리=위례이므로 결국 한성과 위례성은 모두 큰 성(大城)을 의미하는 것으로서 동일한 것이라 볼 수 있다(李道學 1992 ; 田中俊明 1997 ; 朴淳發 2001).

그러나 근초고왕 26년 '이도한산', 즉 한산의 새로운 도성으로 천도한 이후부터 대성이라는 일반적 의미보다는 특정 도성을 지칭하는 것으로 사용되었을 것으로 보이며, 그와 더불어 도성과 함께 공존하였을 풍납토성을 지칭하는 용어도 위례성 대신 '대성'으로 바뀌어졌을 것으로 이해된다. 이러한 추정은 개로왕 21년 고구려에 의해 한성이 함락되는 상황을 묘사하고 있는 두 기록인 『삼국사기』 백제본기 개로왕 21조의 기사[14]와 『일본서기』 웅략기 20년조의 기사[15]의 대비를 통해 가능하다. 이들 기사에는 개로왕 21년 무렵 백제의 도성에는 2개의 성이 있는 것으로 되어 있는데, 『삼국사기』의 경우에는 고구려의 공격이 먼저 7일간 북성(北城)을 대상으로 하여 성을 함락시킨 다음 왕이 있는 남성(南城)으로 옮겨 마침내 함락시키고 왕을 사로잡은 것으로 되어 있고, 『일본서기』는 대성을 7일 7야간 공격하여 함락하고 이어서 왕성을 공격하여 함락함으로써 마침내 위례를 잃었다고 하고 있다. 즉, 북성=대성, 남성=왕성인 것이다. 그리고 북성·대성과 남성·왕성을 포함한 도읍지 전체를 '위례'라 인식하고 있는 것이다. 이 때 풍납토성과 몽촌토성이 각각 북성·대성, 남성·왕성에 해당됨은 물론이다.

도읍지 전체를 지칭할 때 일반적으로 '위례'라고 부르는 습칭(習稱)이 남아 있기는 하였으나, 한성으로 천도한 이후부터는 종전의 위례성을 대성으로, 그리고 새로운 도성, 즉 왕이 상주하는 곳이라

---

14 攻北城七日而拔之 移攻南城中危恐王出逃 麗將…縛送於阿且城下戕之(『三國史記』 百濟本紀 蓋鹵王 21年條)

15 주11 참조

는 의미의 왕성(王城)을 한성으로 부르게 된 것이다. 이러한 표현은 또 다른 관점에서 보면 고유어를 한자식으로 표현한 것이기도 하여 4세기 후반 이후 한자식 표기가 성행하였던 것도 알 수 있다.

(4) 한성기 도성제의 특징

지금까지 드러난 고고학자료로 보면 한성시기 백제의 도성에는 풍납토성과 몽촌토성 2개의 성이 있었다. 이 두성 가운데 어느 것이 먼저 축조되었는지를 정확히 알 수는 없으나 백제가 국가로 성립하던 3세기 중·후엽경에 적어도 둘 중 하나의 성이 먼저 축조되었을 것이다. 성벽에 선행하는 삼중환호와 같은 유구의 존재로 보아 풍납토성이 만들어지기 이전에도 백제의 건국주도 집단은 환호취락 형태로 풍납동 일대에 자리 잡고 있었고, 그러한 선행 시기의 고고학자료가 풍납동지역에 더 많은 점으로 본 다면 풍납토성이 먼저 축조되었을 가능성이 있다. 한편 몽촌토성은 지금까지 확인된 바로는 3세기 말~4세기 초경의 유물이 가장 이른 단계의 것으로 보이는데, 아마도 그 무렵에는 이미 성이 축조되었을 것으로 보인다. 풍납토성과 몽촌토성의 축조 시점에 대해서는 뒤에서 다시 검토할 것이지만, 아무튼 4세기 초 무렵 이후에는 2개의 성이 공존하고 있었을 것이다.

한성시기 백제의 도읍지에는 2개의 성이 존재하는 셈인데, 이 두 성의 기능과 역할에 대해서는 아직 자세히 드러나지 않았다. 다만 위에서 이미 본 바와 같이 고구려의 내침으로 도성이 함락될 무렵의 사정을 전하는 『삼국사기』와 『일본서기』의 관련 기사를 통해 상대적으로 북쪽에 위치한 풍납토성은 '대성'으로, 남쪽의 몽촌토성은 왕이 기거하던 '왕성'으로 이해할 수 있다. 그러나 이러한 기능이 2성 체제로 된 4세기 초 이후 줄 곧 변함없이 유지되었는지에 대해서는 별도의 검토가 필요하다.

그러한 문제에 접근하기 앞서 우선 용어의 문제를 정리해 둘 필요가 있다. 『삼국사기』 백제본기의 기사에서 도읍지를 가리키는 용례를 보면, '국(國)', '도(都)', '도성(都城)', '왕성(王城)' 등이 있는데, 그 가운데 '국'은 온조왕 13년에 하남위례성으로 천도를 결심한 표현으로서 "必將遷國"[16]에만 보이는 것으로 이례적이다. '도'와 '도성'은 그 의미가 서로 다르지 않으나 '왕성'과는 다소 차이가 있을 수 있다. '도'와 도성을 일반적 의미의 도읍지라 한다면, '왕성'은 그 가운데 왕이 상시적으로 거주하는 거성(居城)의 의미로 이해할 수 있다.

전술한 바와 같이 한성시기 백제의 도읍지는 '위례' 혹은 '위례성'으로 불렸으며, 이를 한자 표현으로 옮긴 '한성'도 같은 의미로 보인다. 도읍지 '위례' 혹은 한성에는 2개의 성이 있었으므로 왕성은 그 가운데 하나였을 것이고, 적어도 한성이 함락될 시점의 왕성은 몽촌토성이었음은 위에서 본 바와 같다. 왕성의 구조를 구체적으로 밝힐 수 있는 자료는 아직 없으나, 미루어 짐작컨대 왕성의 가장 중요한 구성요소는 왕궁일 것이다. 왕성에는 당연히 정궁(正宮)이 있었을 것이지만, 그 밖에도 이궁(離宮)·별궁(別宮) 등이 있을 수 있으며, 이 경우에도 왕성 내부와 외부로 구분할 수 있을 것이다. 백제는 물론이고 한반도의 삼국시대의 왕궁이 고고학자료로 확인된 바가 없어 더 이상의 논의는 어렵지만, 『삼국사기』 백제본기 기사 가운데 아신왕이 태어난 곳으로 기록된 '한성별궁'[17]이 주목된다.

여기의 한성은 근초고왕 26(371)년 한산으로 천도한 이후의 신도성 즉, 새로운 왕성의 이름일 가능성이 높으며, 구체적으로 몽촌토성이 그에 해당된다. 그러나 몽촌토성 내에 정궁이 있고 그와 별도로 성내에 또 다른 별궁을 의미하는 것인지, 아니면 정궁이 있는 왕

16 주5의 ② 참조.
17 주8 참조.

성 이외의 장소에 있는 별궁을 말하는 것인지는 이 기사만으로는 여전히 판단하기 어렵다. 억측을 하자면, 한성으로 왕성이 옮겨진 후 여전히 대성으로 존속하던 풍납토성에도 왕궁이 있었을 가능성이 있고 이를 일컬어 '한성별궁'이라 하지 않았을까 한다.

한편, 도읍지에 2개의 성이 있는 예는 중국의 전국시대 각국 도성에서 공통되게 확인되는 특징이기도 하다. 하(夏)·상(商)·주(周) 시대의 도성제는 일반적으로 백성이 사는 외곽성의 내부에 궁성이 위치하고 있었다. 전국시대에 들어오면서 왕의 거성인 궁성이 곽성과 분리되는 경향이 나타나는데, 그 결과 곽성의 한 쪽에 치우쳐 궁성이 배치되거나 궁성이 곽성과 완전히 분리되어 2개의 성으로 구성되는 새로운 도성제가 등장한 것이다. 이러한 변화의 이면에는 신하나 국인에 의해 통치자가 시해되거나 권력이 찬탈되는 사례가 빈발함에 따른 것이라는 해석(李自智 2004)이 있다. 지금까지 알려진 전국시대 도성제[18]를 관찰해보면 궁성이 있는 성, 즉 왕성은 곽성에 비해 규모가 작은 것이 특징인데, 이는 대성인 풍납토성과 왕성인 몽촌토성의 규모 차이와 대비되어 흥미롭다.

시기적으로나 계통적으로 볼 때 한성기 백제의 도성제가 중국의 전국시대 도성제와 직접적인 연관성을 가지는 것으로 이해하기는 어렵겠지만, 유사한 정치·사회적 상황의 산물일 가능성은 배제하기 어렵다. 『삼국지(三國志)』 위서(魏書) 동이전(東夷傳)에서 묘사하고 있는 바처럼 '하호(下戶)'와 '거수(巨帥)'가 잡거(雜居)하던 '소국' 국읍(國邑) 단계의 취락유형에서 다수의 소국을 통합하여 국가 단계로 성장하면서 더욱 강화된 중앙집권적 왕권을 구현(具現)할 수 있는 형태로 변화 발전된 모습으로 이행되던 사정을 반영한 것으로 볼 수도 있겠다.

---

18 본서 제 4장 제 IV절 제 1항 참조.

Ⅱ. 한성기 도성의 경관

1. 도성의 거주 공간

한성의 경관을 구성하는 주요 시설은 풍납토성, 몽촌토성 등의 성과 그 남쪽에 위치한 석촌동 고분군이다. 성벽취락과 고분군으로 구성되는 취락유형은 한반도 고대국가 출현기의 공통된 양상 가운데 하나임은 제 1장에서 이미 살펴본 바와 같다.

풍납토성과 몽촌토성은 모두 한강으로 흘러드는 지천인 성내천(城內川)의 자연유로를 이용하여 그 인근에 축조되어 있다. 성내천은 2개의 작은 하천으로 갈라지는데, 북쪽 지천과 한강 본류로 감싸여진 부분에 풍납토성이 위치하고 있다. 풍납토성의 동성벽은 이 북쪽 성내천 지천을 해자로 이용하면서 그와 평행되게 축조되어 있으며, 서성벽은 한강의 자연제방 위에 축조하여 한강이 자연 해자 역할을 하도록 하였다. 동성벽 해자는 1999년 성벽 절개조사시에 확인된 바 있으며(尹根一 외 2002), 서성벽의 해자는 2002년도에 조사된 삼표산업 사옥 부지에서 드러난 한강변의 모습을 통해 추정이 가능하다. 탐색갱에 의해 확인된 퇴적층을 관찰해보면 조사 지점은 백제시대 이래 조선시대 전기에 이르기까지 하상(河床)의 가장자리 및 그와 연접된 자연제방의 하도측 사면퇴적층에 해당됨을 알 수 있다(윤광진 외 2005). 조사 지점에서는 성벽의 흔적이 확인되지 않았으나 조사 과정에서 드러난 자연사구 사면퇴적층 외측, 즉 한강 구하도의 반대편의 어느 지점에 성벽이 축조되었을 것으로 추정되며, 이 경우 한강의 구하도는 자연 해자로 활용되었을 것이다(사진 2-II-1).

〈사진 2-Ⅱ-1〉 풍납토성 서성벽 북측에서 드러난 한강의 구하도 및 자연제방
(사진의 좌측이 현재의 한강 방향이고, 우측이 풍납토성 방향임)

한성시기 도성지역에는 풍납토성·몽촌토성 등 2개의 성이 있어 그 내부에 왕을 비롯한 국가 운영의 핵심계층이 거주하였을 것임은 두말할 필요 없다. 그렇지만 성의 규모로 볼 때 당시 도성 주민 모두가 성내에 거주할 수는 없다. 성 밖에도 다수의 일반인 거주 구역이 있었을 것으로 보아야 한다. 급격한 도시화로 인해 현시점에서 고고학자료로 확인될 가능성은 극히 낮으나, 그간 드러난 고고학자료로 통해 성 밖에 있었던 거주지역의 흔적을 찾아 볼 수는 있다.

2004년 풍납토성 동벽 바깥에서 우물이 발견되었다(사진 2-II-2). 이 우물은 각목재(角木材)를 '정(井)'자 모양으로 결구한 것으로서 현재 남아 있는 부분은 우물의 하단부에 해당된다. 상단부와 당시의 생활면 등의 자료는 확실하지 않으나 이 우물이 동성벽 중심으로부터 약 70m 가량 떨어진 곳에 위치하므로 성의 해자 바깥에 해당하는 지점이다. 이 우물의 정확한 축조 시점은 정식 발굴조사 보고서의 간행을 기다려야 알 수 있지만, 대략 5세기대 무렵으로 생각된다. 우물의 사용자들은 당연히 성 밖에 거주하던 사람들일 것이므로 풍납토성 밖에도 주민들이 거주하고 있었음을 말해주는 근거가 된다.

〈사진 2-Ⅲ-2〉 풍납토성 동성벽 외부(풍납동 410번지) 재건축 부지 출토 백제 우물지

몽촌토성 밖의 주변지역에서도 한성시기의 주거지가 확인된 바 있다. 몽촌토성 남문지로부터 약 120m 정도 떨어진 곳에서 확인된 이 주거지는 평면형이 6각형인 전형적인 한강유역 백제 주거지 형

태를 하고 있다(국립문화재연구소 2004). 주거지가 확인된 지점은 몽촌토성의 기반이 되는 구릉지의 일부분이어서 하천변의 저지대를 제외한 비교적 배수가 양호한 지점에는 이와 같은 주거지가 분포하고 있었을 것으로 추정된다.

암사동(岩寺洞) 일원에도 역시 한성시기 주거 유적들이 분포하고 있었을 것으로 추정된다. 고고학조사를 통해 확인된 예는 암사동 선사유적 전시관 건립 부지에서 확인된 주거 관련 유구(任孝宰 1985) 밖에 없으나, 풍납토성에서 암사동으로 이어지는 한강변 충적지에서는 많은 백제시대 유물이 노출된 바 있다. 이러한 정황으로 미루어 이 구간의 충적지대는 도성 내의 최대 주거지역 가운데 하나였을 것으로 판단된다. 일제강점기 동안 한강유역에서 채집된 백제토기들이 서울대학교 박물관에 소장(崔鍾澤 1996)되어 있는데, 그 출토지는 풍납동, 암사동, 미사리 등지로 알려진 것이 대부분이다. 미사리는 그 후 발굴조사를 통해 원삼국시대~백제 한성시기에 걸쳐 대규모의 취락이 확인된 바 있어 암사동 일대에도 한성시기 도성 주민들의 주요한 거주구역임을 짐작할 수 있다.

그리고 석촌동 고분군과 바로 인접한 지점에도 주민들이 거주하고 있었을 가능성을 배제하기 어렵다. 1970년대 잠실(蠶室)지구 개발과 함께 매립된 한강 남쪽 하도의 강안(江岸) 퇴적층에서 가옥의 잔해가 발견된 바 있는데(金元龍 1972), 당시 원삼국시대의 것으로 보고되었으나 그것이 취락의 존재를 말해주는 것이라면 그 취락은 한성시기까지도 지속되었을 가능성을 배제하기 어렵다.

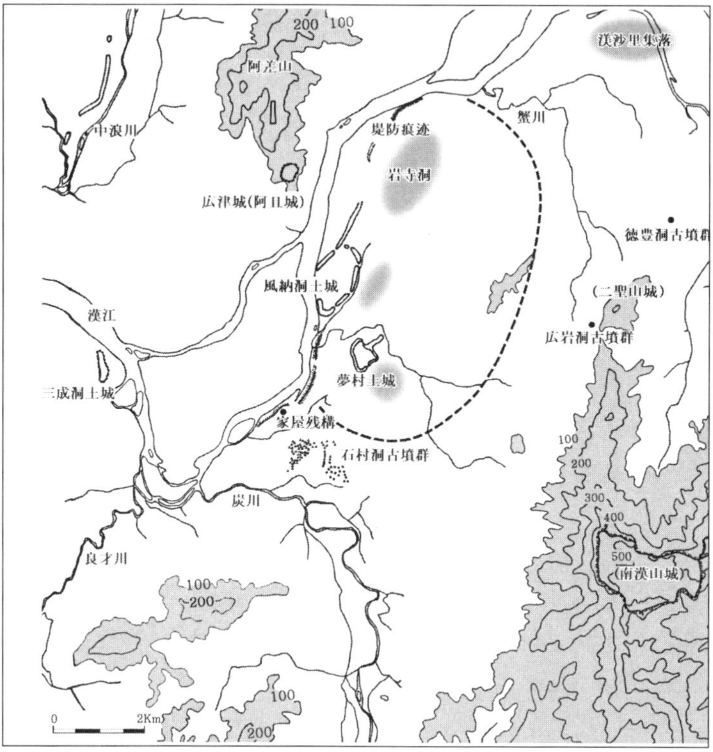

〈도 2-Ⅲ-1〉 한성기 도성의 경관(점선 내부 공간은 추정 거주역)

단편적인 자료이지만 이상의 자료로 볼 때 풍납토성 및 몽촌토성 내부 이외에도 한강변 충적지와 구릉성 저지대에는 당시 도성 거주인들이 거주하고 있었을 것으로 볼 수 있다. 거주지역의 형태가 구체적으로 어떠하였는지, 그리고 각 거주지역들이 기능적으로 혹은 사회적으로 상호 연계되어 도성이라는 하나의 도시 기능을 수행할 수 있도록 배치되어 있었는지 등에 대해서는 현재로써는 알 수 없으나, 적어도 당시의 거주지역의 분포 양상이 국가 성립 이전 단계부터 존재하던 토착 취락에 뿌리를 두고 발전된 것으로 보이지는 않는다. 지금까지 알려진 고고학자료로 보면, 원삼국시대 이른 시기부터 지속된 취락은 미사리 뿐이기 때문이다. 풍납토성 내부 환호취락은 이후 성벽취락으로 발전한 것으로서 원삼국시대 백제국의 국읍 혹은 중심취락이므로 논외로 하고, 암사동 등 그 밖의 지점들은 국가 성립 이후 도성지역 인구의 증가와 더불어 새롭게 형성된 주거 구역으로 보아야 할 것이다. 뒤에서 살펴 볼 도성지역 인근의 묘역 분포 및 해당 묘역 피장자 집단들의 거주역의 위치와 관련해서도 그러한 점이 엿보인다. 하남(河南) 광암동(廣岩洞) 고분군 피장자 집단들은 원삼국시대 이래 존재하던 취락의 주민들이 아니라 도성 인근에 새롭게 형성된 취락의 주민들로 보이기 때문이다.

2. 도성지역 묘역의 분포

한성시기 도성의 중심 묘역은 몽촌토성에서 남서쪽으로 약 2km 가량 떨어진 석촌동(石村洞) 고분군이다. 이 고분군은 일제강점기부터 그 존재가 잘 알려져 있었으나 서울의 급격한 도시화로 인해 미처 학술적인 조사를 거치지 못한 채 대부분이 멸실되어 전모를 파악하기 어려우나, 그간 이루어진 조사 내용을 정리해 봄으로써 대략적인 모습을 가늠해보고자 한다. 아울러 도성의 중심지로부터 5~6km 가량 떨어진 지점에서 최근 새롭게 확인된 한성시기 고분군들에 대해서도 그 피장자 집단의 취락의 위치 및 성격 등을 중심으로 살펴봄으로써 도성 주변의 사회적 경관을 이해해 보고자 한다.

(1) 석촌동고분군

행정구역상 서울시 송파구(松坡區) 석촌동 및 가락동(可樂洞)에 걸쳐 분포하고 있다. 1916년도에 발간된 『조선고적도보(朝鮮古蹟

圖譜)』 3권에 게재된 분포도에 의하면, 당시까지 지상에서 그 존재를 확인할 수 있는 분묘는 모두 90여기였다. 분포도 상에 '갑총(甲塚)'으로 표시된 것으로서 봉분이 토축으로 된 것이 23기, 적석으로 봉분이 조성된 '을총(乙塚)'이 66기였다(도 2-II-1 참조)[19].

이 고분군에 대한 발굴조사는 1911년 9월에 이루어진 이른바 '송파(松坡)의 고분' 조사가 처음이었다. 간략한 보고 내용에 의하면, 이 고분은 봉분의 경사가 완만한 원분(圓墳)으로서 봉분 표면에는 냇돌을 입혔으며, 매장주체부는 지표면 위에 목관만을 안치하고 흙을 덮은 모양으로, 주변에서 토기 파편 등이 발견되었다고 한다(谷井濟一 1912 ; 關野貞·谷井濟一·栗山俊一 1914). 그 후 1916년도에 조사된 석촌동 '제 일 적석총(第 一積石塚)'(朝鮮總督府 1917)은 높이 약 6m, 직경 약 27m의 규모로 기록되어 있을 뿐 그 밖의 내용은 알려져 있지 않으며, 1917년에 조사된 '석촌리 6호분'과 '석촌리 7호분'은 봉분이 서로 연결되어 있는데, 6호분은 매장주체부 위를 돌로 쌓아 봉토를 덮은 후에 다시 분구 표면을 깬 돌로 즙석(葺石)한 방대형(方臺形) 분이고, 7호분은 매장주체부에는 적석이 없으나 분구표면은 역시 할석을 이듯이 쌓았다(朝鮮總督府 1920 ; 野守健·神田惣藏 1935). 그러나 매장주체부의 구체적인 형태는 잘 알 수 없다고 한다. '가락동 2호분'도 이 때 같이 조사되었는데, 이 고분은 산사면에 입지한 횡혈식석실묘로서 중앙에 연도가 있다. 출토유물은 소개되어 있지 않아 잘 알 수 없다. 1975년도 잠실(蠶室)지구 유적 발굴조사의 일환으로 조사된 가락동 3~6호분(蠶室地區遺蹟發掘調査團 1975)과 같은 것으로서 6세기 중엽 이후의 신라 횡혈식석실묘로 보인다.

1969년도에는 봉토분인 가락동 1호분과 2호분이 발굴조사 되어,

---

19 도 2-II-1의 석촌동 고분군 표시 가운데 원점으로 표시된 것이 갑총이고 삼각점으로 표시된 것이 을총임.

이 고분군의 봉토분의 구조를 구체적으로 파악할 수 있었다(尹世英 1973). 목관이나 옹관으로 이루어진 다수의 매장주체부가 각기 서로 다른 시점에 조영된 후 나중에 하나의 봉분으로 합쳐지고, 그 표면을 즙석한 방식이었는데, 이는 앞서 본 1912년 조사 '송파 고분'의 구조와 같은 것이다. 1976년도에 봉분의 일부분만 조사된 석촌동 5호분과, 봉분이 파괴되어 매장주체부만 남아 있던 '석촌동 파괴분'도 이 부류에 해당된다. 석촌동 5호분에서 남쪽으로 약 200m 가량 떨어진 지점에 위치한 파괴분은 목관으로 판단되는 매장주체부 5기로 이루어진 다장묘(多葬墓)이다.

〈사진 2-Ⅲ-3〉 1974년도 석촌동 3호 적석총 모습
(서울大學校博物館·서울大學校考古學科1975 옮김)

1974년에는 일제강점기부터 잘 알려져 있던 석촌동 3호 및 4호 적석총에 대한 발굴조사가 있었다(서울大學校博物館·서울大學校考

古學科 1975). 3호분은 1983과 1984년에 정비 복원을 위한 2차례의 재조사가 더 이루어져 기단부의 규모가 55.5 × 43.7m에 달하는 최대급 기단식적석묘(基壇式積石墓)임이 확인되었다(사진 2-Ⅱ-3 참조). 후대의 교란이 심하여 매장주체부는 확인할 수 없었으나, 축조 기반층, 즉 무덤 조성을 위한 기초 다짐으로 판단되는 자갈 섞인 점토층에서 중국 동진대(東晋代)의 청자 반구호(盤口壺) 구경부편이 출토되어(石村洞 遺蹟發掘調査團 1984) 이 무덤이 만들어진 시기를 짐작할 수 있다. 구연부 전체 형태가 수평상으로 크게 외반하고, 목 지름의 상하폭이 대체로 같은 점 등은 322년에 축조된 남경(南京) 상산(象山) 7호묘나 347년에 축조된 곽가산(郭家山) M1호묘 등 4세기 전반 혹은 중엽 무렵 부장품과 닮았다. 그러므로 이 반구호는 4세기 중엽 이전에 제작된 것으로 비정할 수 있는데, 이는 3호분의 축조 상한 연대가 된다. 4세기 후반대에 조성되었을 가능성이 높아 재위 기간을 감안할 때 근초고왕(近肖古王)의 왕릉으로 비정하는 견해(金元龍·李熙濬 1987)가 유력하다(사진 2-II-4 참조).

4호분은 횡혈식석실묘와 매우 닮은 형태의 유구의 일부가 남아 있어 횡혈식석실묘를 상징적으로 표현한 것으로 보고(서울大學校博物館·서울大學校考古學科 1975)되었으나, 잔존 상태만으로 매장주체부의 모습을 추정하기는 쉽지 않다. 매장주체부가 횡혈식석실묘일 가능성을 배제하기는 어려우나 이 무덤만으로 판단하기는 주저된다. 이 무덤 옆에서 발견된 수혈 모양의 유구에서 와당을 포함한 다수의 기와편들이 출토된 바 있다. 집안(集安) 고구려 고분군 가운데 대형 적석묘에서 이와 유사한 출토예가 있는데, 기와는 무덤의 매장주체부 위를 덮었던 것으로 이해된다. 매장주체부 출토품은 아니지만 4호분과 관련이 있는 것으로 볼 수 있는 출토유물에는 한성시기의 늦은 무렵으로 볼 수 있는 직구단경호 파편 등이 있어 한성 II기(350~475년)의 비교적 늦은 시점인 대략 5세기대로 비정할 수 있다.

〈사진 2-II-4〉 석촌동 3호 적석총 동쪽 기단 하층 출토 중국 청자 반구호편

1986년도에는 석촌동 3호분 정비 복원을 위해 가옥이 밀집되어 있던 무덤의 동쪽 일대에 대한 발굴조사가 이루어졌으며, 그 과정에서 토광목관묘를 비롯한 여러 형태의 묘제가 알려졌다(서울大學校博物館 1986). 1987년도에는 앞서 본 석촌동 4호분과 남아 있는 유일한 원형 봉토분인 석촌동 5호분 사이의 정비 복원지역을 대상으로 조사가 이루어져 석촌동 1, 2호분 등의 적석묘와 함께 여러 형태의 유구가 드러났다(石村洞發掘調査團 1987 ; 서울大學校博物館 1989). 이러한 조사 내용을 이용하여 석촌동 고분군을 대표로 하는 한성시기 백제의 묘제는 토광묘, 옹관묘, 적석총, 즙석봉토분(葺石封土墳), 위석봉토묘(圍石封土墓), 토광적석묘(土壙積石墓) 등 다양하게 구성되어 있다는 견해(林永珍 1995)가 제시되기도 하였다. 토광적석묘는

몽촌토성에서도 그 존재가 확인된 것으로 보고된 바 있지만, 후술하는 바와 같이 이는 무덤으로 보기 어렵다[20]. 위석봉토묘는 당초 보고서(石村洞發掘調査團 1987 ; 서울大學校博物館, 1989)에서는 석곽묘로 파악하였으나, 석곽의 형태가 분명하지 않고 바닥에 돌이 깔리고 주변에 비교적 큰 돌이 놓여있다는 점을 주목하여 위석봉토묘로 고쳐 부른 것이다. 지금까지 알려진 한성기 백제묘제 자료로 보는 한 이와 비교될 수 있는 것은 없으므로 유구의 성격 규정에 많은 의문이 있다. 이른바 '위석봉토묘'는 모두 4기가 보고되어 있지만 모두 잔존 상태가 불량하여 과연 무덤인지 조차 판단하기 쉽지 않다. 그 가운데 완형으로 복원되는 토기나 관정(棺釘)·꺽쇠 등이 출토된 것은 원래 분묘였을 것으로 볼 수 있을 것이다. 이 경우는 기왕에 확인된 가락동 1, 2호분과 유사한 묘제로 이해할 수 있는데, 출토 토기로 보면 4세기말~5세기 전반 경에 축조된 것으로 판단된다. 이러한 점으로 볼 때 보고서에서 말하는 '위석봉토묘'는 전술한 가락동 1, 2호분에서 채택된 매장주체부와 다르지 않은 것이다.

즙석봉토분은 석촌동 3호 적석총 동쪽지역 조사에서 1기만 확인된 것인데, 이와 동일한 예는 일제강점기에 조사된 '송파 고분', 석촌동 6·7호분, 그리고 가락동 1, 2호분, 석촌동 파괴분, 석촌동 5호분 등이 있다. 목관을 매장주체부로 하고 그 위에 봉토를 덮은 점을 주목하여 필자는 목관봉토분(朴淳發 1998)로 부른다(사진 2-II-5 참조). 이러한 묘제의 등장 시점은 가락동 2호분에서 출토된 흑색마연토기 직구광견호 및 대경호(帶頸壺)(도 2-III-3 참조)등에 의해 3세기 중후엽 경으로 비정할 수 있다(朴淳發 1998).

20 본서 제 2장 제 III절 제 3항 참조.

〈사진 2-Ⅲ-5〉 석촌동 3호 적석총 동쪽 고분군 목관봉토묘 모습

기단식적석묘는 그 외형이 고구려의 기단식적석묘와 동일하여 백제의 건국세력이 고구려계통임을 말해주는 고고학자료로 주목하는 견해가 있다. 그에 따르면, 기단식적석묘의 출현 시기는 3세기 후반경이고, 그 가운데 적석 내부를 점토로 충전한 이른바 '백제식 적석총'은 토착집단 출신 왕비족의 무덤이라는 것이다(林永珍 1995). 그러나 기단식적석묘의 출현을 3세기 후반으로 비정하는 것은 문제가 있으며, 점토 충전 적석묘의 피장자를 토착 왕비족이라는 해석은 고고학자료 그 자체로써 증명되기 어려운 주장이다. 기단식적석묘의 등장시점은 현재까지의 자료로 보면 4세기 후반대로 비정되며(朴淳發 1994), 그 무렵 고구려계의 적석총이 백제의 왕실 묘제로 채택되는 배경에 대해서는 아직 분명하지 않은 점이 많다(朴淳發 1998).

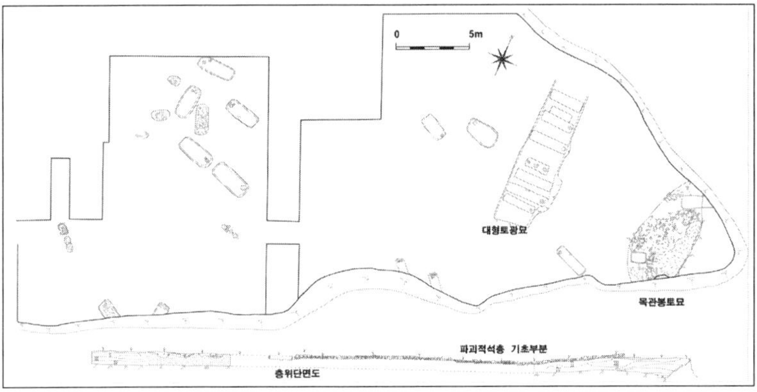

〈도 2-II-2〉 석촌동 3호분 동쪽지역 유구 분포 및 층위도
(서울大學校博物館 1986를 토대로 의해 필자 작성)

석촌동 3호 적석총 동쪽지역 조사 역시 이러한 적석총 출현 시점을 뒷받침하고 있다. 3호 적석총 조사를 통해 밝혀진 축조 공정은 구지표면에 약 40~50cm 가량 두께로 점토 다짐 성토한 후에 기단 주위에는 다시 20~30cm 가량의 두께로 자갈을 깔은 다음 적석하였다(石村洞 遺蹟發掘調査團 1984). 3호분으로부터 동쪽으로 약 20m 떨어진 지점에서 점토판축층이 드러났는데(서울大學校博物館 1986), 이는 동쪽에 인접한 '파괴적석총'의 축조을 위한 기반 정지토이다. 파괴적석총은 '즙석봉토분', '대형토광묘', 1~5호 '토광묘' 등 기존 분묘위에 약 20cm 두께로 성토한 다음 축조하였다(도 2-II-2 참조). 'A지역 인골' 및 토기는 파괴적석총에 선행하는 분묘의 흔적이며, 보고서에서 '중층'에서 출토되었다는 토기 역시 적석총 선행 분묘와 관련된 부장품임이 틀림없을 것이다. 보고서의 '중층' 출토 토기 가운데 직구단경호 등의 형태로 보면 대략 4세기 중엽을 전후한 시점으로 비정할 수 있다(朴淳發 2003a). 중층 출토 동진(東晋) 청자사이호는 공주 수촌리(水村里) 1호분 출토 청자사이호보다는 약간 늦은

형식이므로 4세기 중·후반경으로 비정할 수 있는데, 이는 직구단경호의 시기와 부합된다. 따라서 파괴적석총의 축조 시점은 5세기 전반경을 상한으로 하는데, 층위적으로 선행하는 10호 토광목관묘 등이 5세기 초·전반대로 비정되는 것에서도 뒷받침된다(朴淳發 1994). 이상으로 볼 때 기단식적석묘는 3세기 후반경에 등장한 것으로 보기는 어려우며, 전술한 석촌동 3호 적석총의 축조 기반층에서 출토된 동진청자편 등으로 미루어 4세기 중엽이전으로 소급되기는 어렵다.

석촌동 3호 동쪽지역에서는 횡구식석곽묘(橫口式石槨墓)도 1기 확인되었다. 신라 단각고배(短脚高杯)가 출토되어 6세기 중엽 이후 신라의 무덤임이 분명하다. 석촌동·가락동 고분군에서는 아직까지 한성기 백제의 석곽묘는 확인되지 않았지만, 화성 마하리(馬霞里) 고분군(金載悅外 1998 ; 李鮮馥·金成南 2004) 및 백곡리(白谷里) 고분군(韓國精神文化文化研究院發掘調査團 1994), 원주 법천리(法泉里) 고분군(宋義政·尹炯元 2000 ; 尹炯元 2002) 등에서는 한성기 백제의 석곽묘가 확인되고 있어 석촌동·가락동 고분군에 석곽묘가 없었다고 단정하기는 어렵다. 한성기의 지방 소재 석곽묘에 대해 필자는 4세기 중엽경 이후로 비정한 바 있는데(朴淳發 1994), 최근의 연구성과에 따르면 차령산맥 이북의 경우 대략 4세기 전후한 시점부터 5세기 전반 경까지 존속하고 그 이남지역은 5세기 전반부터 6세기 초반까지 이어지는 것으로(李晟準 2003) 이해된다.

석촌동·가락동 고분군에서 횡혈식석실묘가 확인되지는 않았지만 전술한 석촌동 4호분의 매장주체부가 횡혈식석실묘의 평면형과 유사한 점이 주목된다. 현재로서는 석촌동 고분군 내에 횡혈식석실묘의 존재 여부 논의는 더 이상 진척이 어려우나 도성 이외의 지역에서는 4세기 후반경에 횡혈식묘제가 등장하고 있다. 경기도 화성 마하리 1호분(李鮮馥·金成南 2004), 원주 법천리 4호분(宋義政·尹炯元

2000) 등이 그것이다. 그리고 최근 도성 인근지역에서도 횡혈식석실묘가 확인되고 있는데, 후술할 하남시 광암동(廣岩洞) 고분군(최정필外 2006)과 성남시 삼평동(三坪洞) 고분군이 그것이다.

지금까지 살펴본 바와 같이 석촌동 고분군은 한성시기 전 기간에 걸쳐 지속적으로 무덤이 축조되고 있었으며, 묘제의 구성으로 보아 최상위의 왕릉급에서부터 옹관에 이르기까지 다양하여 도성 거주 각 계층의 분묘가 함께 조영된 묘역으로 이해된다. 그리고 시간의 경과와 더불어 선행 분묘위에 다시 후대의 무덤이 만들어지기도 하였음을 알 수 있다.

(2) 도성 인근지역의 분묘역

석촌동고분군 이외 한성시기 백제 분묘군이 최근 경기도 하남시 일원에서 발견된 바 있다. 하남 광암동 고분군(최정필 外 2006)과 덕풍동(德豊洞) 고분군(畿甸文化財硏究院 2005)이 그것이다(도 2-II-1 참조). 이들은 모두 한강의 지천인 해천(蟹川)의 상류지역에 위치하고 있는데, 풍납토성 및 몽촌토성이 위치한 도성 중심지로부터 약 5~6km 가량 떨어진 지점이다. 거리상으로만 보면 도성 거주민들의 묘역으로 이해할 수도 있겠으나, 전술한 바와 같이 도성의 중심 고분군은 역시 석촌동 고분군임이 분명하다. 석촌동 고분군 피장자의 계층 구성이 단일하지 않은 점 등으로 보아 도성 주민의 계층별 묘역이 서로 달랐을 가능성도 거의 없으므로 하남시 일원에서 발견된 고분군은 역시 도성의 묘역과는 별도의 고분군일 가능성이 높다.

광암동 고분군은 이성산성(二聖山城) 북사면에 위치하고 있는데, 2005년도 도로공사 구간에 포함되어 발견되었다. 백제 횡혈식석실묘 2기와 함께 신라 횡구식석곽묘 11기가 혼재되어 있는데, 그 가운데 백제 석실묘는 출토 유물로 보아 4세기 말~5세기 전반 경으로 비정될 수 있으며, 신라 석곽묘는 6세기 후반 이후이다. 동일한 묘역을 사용하고 있는 점에서 백제 석실묘 피장자들과 신라 석곽묘 피장자들은 한성시기 이래 이 일대에 거주하고 있던 주민들일 가능성이 높다. 이 고분군은 신라가 한강유역에 진출한 뒤 설치한 신주(新州) 혹은 한산주(漢山州)의 치소가 위치한 이성산성에 인접한 최대 고분군인 금암산(金岩山) 고분군의 일부에 해당되는 것으로 보인다.

〈표 2-Ⅲ-1〉 원삼국시대~한성기 백제의 각지 고분군의 지속 및 묘제 변천 유형

구분	A 주구묘 단독	B1 주구묘 →토광묘	B2 주구묘→토광묘 →석곽묘→석실묘	B3 주구묘 →석곽묘→(석실묘)	B4 주구묘 →토광묘→석실묘	C 토광묘 →석곽묘→석실묘
Ⅰ (원삼국)	천안 청당동 아산 탕정리 부여 증산리 보령 관창리 서천 당정리					
Ⅱ (원삼국 ~5세기 전반)		**용인유형** (용인두창리, 오산 수청동, 천안신풍리→화성리, 대전궁동→구성동·용산동, 서천오석리)	**도기동유형**			
Ⅲ (원삼국 ~한성기 전기간)	**부장리유형** (서산 기지리 →서산 부장리)		**두정동유형** (마하리·용원리유형의 일부 : 청원 상평리→ 송대리→주성리)	**입점리유형** (서산 여미리 서천 봉선리 군산 산월리) 논산·전주유형	**신봉동유형** (청주 송절동→봉명동→신봉동)	
Ⅳ (4·5세기 이후 ~한성기 전기간)						**마하리·용원리유형** (화성 마하리 천안 용원리 금산 수당리 공주 수촌리 분강·저석리) **법천리유형** (원주 법천리)

한성시기의 횡혈식석실묘는 전술한 바와 같이 4세기 후반경에 출현하였다. 지금까지 알려진 예로 보면 횡혈식석실묘는 대체로 한성에 가까운 지역에서부터 나타나기 시작하여 점차 확산되는 시공간적 분포 양상을 보이고 있다. 금강 이북지역의 경우 경기도 화성 마하리 1호분(4세기 후반), 청원 주성리(主城里) 2호분(5세기 전반), 청원 부강리(芙江里) 2호분(5세기 초-전반), 원주 법천리 1호분(5세기 전반)·4호분(4세기 후반) 등이 있으며, 금강 이남은 공주 분강·저석리(汾江·楮石里) 12호분(5세기 전반), 익산 입점리(笠店里) 1호분(5세기 후반) 등이 그것이다.

앞서 석촌동 고분군에서 살펴본 바와 같이 한성시기의 왕묘 또는 왕족의 묘제로서 횡혈식석실묘가 채택되었는지 여부는 현재로서는 확정하기 어렵지만 웅진(熊津) 천도 이후부터 왕을 비롯한 왕실의 묘제로 등장하고 있다. 백제지역의 횡혈식석실묘는 중앙에서 먼저 채택된 후 지방으로 파급된 것이 아니라 지방의 수장층의 묘제로 출발하였을 가능성이 높다. 전술한 분포 확대 양상을 보면 중앙의 영향력이 미치면서 새롭게 지방으로 편제되는 지역의 수장층이 먼저 그들의 묘제로 채택하였을 것으로 이해된다. 다시 말하면, 횡혈식석실묘는 해당 지역의 중앙에 대한 정치적 위상이나 중앙과 지방의 관계 설정 과정과 밀접한 관련성을 가지고 있다. 횡혈식석실묘가 존재하는 지역은 그렇지 않는 지역에 비해 상대적으로 중앙 정치무대에서의 위상이 높은 곳이라 할 수 있다. 그러나 횡혈식석실묘의 출현 이후 대략 1~2세대 정도의 시간이 경과하면서 해당 고분군의 축조가 중단되는 모습이 많이 관찰되어 주목된다. 이는 해당지역에 대한 중앙의 지배양식의 변화 혹은 지방편제 과정상의 변화를 반영하고 있는 것으로 이해되는데, 횡혈식석실묘가 토착 수장의 묘제로 등장하는 단계는 대체로 수장을 통한 간접지배(間接支配)가 성립되는 무렵인데 비해 묘역이 소멸되는 시점 이후부터는 중앙의 직접지배(直接支配)가 완성된 단계로 이해할 수 있다(朴淳發 2001d).

이러한 사정에 비추어 볼 때 광암동 고분군의 위상은 비교적 높은 것으로 볼 수 있는데, 특이한 점은 횡혈식석실묘에 선행하는 묘제가 없다는 점이다. 물론 조사된 지점이 묘역의 전체가 아니라는 자료적 한계는 있으나, 후술할 경기도 성남시 삼평동에서도 횡혈식석실묘로만 구성된 고분군이 존재하고 있는 점으로 보면 광암동 고분군 역시 횡혈식석실묘로만 구성되었을 가능성을 배제하기 어렵다. 지금까지 알려진 한성시기의 백제 고분군들은 원삼국시대의 소국(小國) 중심집락 마다 조영되었던 주구묘군을 계승하고 있는 경우가 많은 점(朴淳發 2007)에 비추어 보면 광암동 고분군은 후술할 삼평동 고분군과 더불어 매우 특이하다. 원삼국시대의 선행 묘제가 없다는 것은 이 고분군 축조집단이 원래 이 지역 토착세력이 아니었음을 말해주는 것이다. 그럼에도 불구하고 여타 지방에서는 수장층의 묘제로 채택되는 횡혈식석실묘가 갑자기 등장하는 배경은 역시 인접한 도성과의 관련성을 배제하고 설명하기 어렵다.

잠시 <표 2-II-1>에 주목해보기로 하자. 원삼국시대~한성기 백제에 이르는 기간 동안 각 지역 분묘군의 지속 정도 및 묘제의 변화 유형을 나타낸 것이다. A는 원삼국시대의 주구묘로만 구성된 부류이고, B는 주구묘 이후 토광묘·석곽묘·횡혈식석실묘 등 시기적 선후 관계에 있는 일련의 묘제가 이어지는 부류로서 모두 원삼국 이래 존속하던 것이지만, C는 원삼국 단계의 주구묘가 없는 것으로 백제 이후에 새롭게 형성된 묘역이다. 그리고 분묘군의 지속성에서 I군(AI)은 이른 시기에 소멸된 원삼국 단계 소국 중심지에 해당하고, II군(B1II, B2II)은 백제 중앙에 인접한 소국들의 중심지, III군(B2III, B3III, B4III, AIII)은 백제에 의해 이미 소멸되어 버린 유력한 소국에 인접한 소국 중심지, 그리고 IV군(CIV)은 소국의 중심지가 아니었던 곳이지만 백제의 중앙세력에 의해 육성된 새로운 지방 지배 거점에 비정될 수 있다. 이러한 관점에서 보면 광암동 고분군은 바로 IV군에 해당함을 알 수 있다.

광암동 고분군에서 현재까지 드러난 석실묘 2기는 모두 4세기 말~5세기 전반 경에 축조된 것으로 비정되는 것으로서, 피장자들의 생존 시점은 그보다 이른 대략 4세기 후반 이후로 볼 수 있다. 광암동 고분군의 존재로써 추정되는 피장자들의 취락이 바로 그 무렵에 새롭게 형성되었을 것으로 볼 수 있다. 4세기 후반경은 낙랑·대방 등 중국 군현지역의 패권을 둘러싸고 고구려와 백제가 각축하던 때로서 한 때 근초고왕은 고구려의 고국원왕(故國原王)을 전사시키고 평양지역까지 진출하기고 하였다. 아마도 그러한 과정에서 구 군현지역의 기술자집단이나 주민들이 백제의 도성지역에 사민(徙民)되었을 가능성도 배제할 수 없다. 광암동 석실묘의 축조기법에 낙랑지역 특유의 동장(胴張)기법이 관찰되는 점은 그러한 추정을 가능하게 한다(사진 2-II-6 참조).

덕풍동 고분군에서는 한성시기 토광묘 2기와 7세기 후반 이후의 통일신라 횡구식석곽묘 5기가 조사되었다. 토광묘는 출토 토기로 보아 4세기 후반 무렵으로 비정될 수 있는데, 고분군의 전모가 드러난 것은 아니지만 일단 전술한 광암동 고분군에 비해 위상이 낮은 지역 고분군으로 추정된다. 토광묘에 선행하는 원삼국 단계의 묘제는 확인되지 않았지만 미사리 유적과 불과 1.5km 정도 떨어진 지점에 위치하고 있는 점으로 보면 두 유적 사이에는 밀접한 관련이 있을 것으로 판단된다. 미사리는 원삼국시대부터 한성시기 전 기간에 걸치는 취락임에도 불구하고 그간의 조사를 통해서 묘역이 확인된 바 없으므로 덕풍동 고분군이 바로 미사리 취락의 묘역에 해당될 가능성이 높다. 미사리는 풍납토성 내부 환호취과 더불어 백제 국가 형성기의 한 세력으로 볼 수 있는데, 만약 덕풍동 고분군이 이들의 묘역이라면 석촌동고분군을 묘역으로 이용하였을 풍납토성 환호 집락과는 묘역을 달리하고 있었던 셈이 된다.

삼평동 고분군은 판교(板橋) 신도시 건설부지 발굴조사를 통해 처음으로 알려져 2007~2008년에 걸쳐 조사되었다. 보고서는 아직 미간이지만 필자가 현장에서 관찰한 바에 의하면, 동장기법이 채택된 9기의 횡혈식석실묘로 구성된 고분군이다. 그 가운데 1기(9호묘)는 석실의 바닥과 벽면을 백회로 미장한 것이다. 이 고분군 4세기 후반~5세기 후반에 걸쳐 조영된 것으로 비정된다. 6호묘에서는 금판을 꽃잎 모양으로 만든 여성의 머리장식이 출토되었다. 이러한 화판형식(花瓣形飾)은 공주 금학동(金鶴洞) 고분군(柳基正·梁美玉 2002)의 2, 12, 24, 26호 묘와, 서천 추동리(楸洞里) 고분군(全鎰溶 외 2006)의 A-27호묘, 군산 여방리(余方里) 고분군(崔完奎 외 2001) 83호묘 등 웅진시기의 분묘에서 출토 예가 알려져 있었으나 한성시기 것으로는 삼평동이 처음이다(사진 2-II-7 참조). 낙랑지역에서는 4세기 중엽으로 비정되는 평양역전 2실분(과학원출판사 1958a) 출토품, 4세기말~5세기 초로 비정되는 태성리(台城里) 1호분(과학원출판사 1958b) 출토품 등이 알려져 있어 삼평동 6호묘 출토품과 시기적인 관련성이 높다. 석실 축조에 채용된 동장기법과 더불어 낙랑지역과의 친연성을 보여주는 자료이다.

삼평동 고분군은 풍납토성·몽촌토성을 중심으로 한 도성으로부터 약 12km 정도 남쪽에 위치하고 있어 도성 거주자들의 묘역으로는 볼 수 없다. 앞서 본 광암동 고분군과 마찬가지로 선행 묘제가 없이 횡혈식석실묘로만 구성된 고분군이어서 4세기 후반 이후 중앙세력의 개입으로 새롭게 등장한 지역 집단으로 보이는데, 석실의 동장기법이나 화판형식 등으로 미루어 낙랑·대방 등 군현지역과 연고가 있는 집단일 가능성이 있다.

그 밖에 횡혈식석실묘만으로 구성된 가락동, 방이동(芳荑洞) 고분군이 있다. 이들에 대해서는 그간 축조 시기 및 성격을 둘러싸고 논의가 분분하였으나 모두 6세기 중엽이후 신라 고분군임이 분명해졌으므로(崔秉鉉 1997) 더 이상 논의 대상이 못된다.

〈사진 2-Ⅲ-6〉 성남시 삼평동 판교 신도시 부지 7호 횡혈식석실묘에 보이는 동장기법으로 쌓은 벽면의 모습(사진의 향 우측 벽에 잘 나타남)

〈사진 2-Ⅲ-7〉 삼평동 고분군 출토 화판형식과 유사한 군산 여방리 출토 화형판식(崔完奎 외 2001 옮김)

III. 풍납토성과 몽촌토성

1. 풍납토성과 몽촌토성의 축조 시기

(1) 풍납토성 축조 시기 상향설의 문제점

1997년 이후 진행된 풍납토성 내부의 발굴조사(국립문화재연구소 2001) 및 풍납토성 성벽 절개조사(국립문화재연구소 2002) 등을 계기로 필자를 중심으로 하는 기존 한강유역 고고학 편년관(朴淳發 1998)에 대한 비판을 제기하는 견해들(申熙權 2001 ; 申鍾國 2002)이 있었다. 이들의 요지는 필자가 기원후 3세기 중·후엽으로 비정한 풍납토성의 축조 시기를 그보다 더 올려 보아야 한다는 것이며, 나아가 백제의 국가 성립 시점도 올려 보아야 한다는 것(申熙權 2002)이다.

그러나 그러한 주장의 고고학적 근거가 분명하지 않은 점이 문제인데, 여기서는 그와 같은 풍납토성 축조 시기 상향론이 가지고 있는 문제점들을 지적함과 동시에 안정적이고 견고한 편년체계를 제시하고자 한다.

먼저, 신희권(2001)은 출입구를 갖추고 있는 평면 6각형의 주거지를 '풍납동식 주거지'로 부르고 그 형성 및 변천과정을 4기로 구분하여 각 분기에 해당되는 유적들의 편년을 다음과 같이 제시하였다.

Ⅰ기(0-100년) : 말각장방형, 말각방형, 오각형 평면의 주거지.
하천리(荷川里) F-1, 2호 주거지, 수양개 8호 주거지, 미사리(渼沙里) 고려대 010호 주거지.

Ⅱ기(100-200년) : 세장 육각형 풍납동식 주거지.
풍납토성 가-2호 주거지, 미사리 한양대 A-1, 13호 주거지, 둔내(屯內), 중금리 2호 주거지, 수양개 11호 주거지, 永松里 3, 5호 주거지.

Ⅲ기(200-250년) : 세장도(細長度)가 완화된 풍납동식 주거지(부석식 노지 소멸, 부뚜막 시설 등장).
주월리(舟月里) 96-7호 주거지, 풍납토성 가-3, 5, 7, 나-7호 주거지, 미사리 서울대 A-2호 주거지.

Ⅳ기(250-300년) : 풍납동식 주거지 주변지역 확산기.
미사리 서울대 B-2호 주거지, 주월리 97-4호 주거지, 미사리 숭실대 B-1, 2, 5호 주거지, 미사리 고려대 033, 040호 주거지.

신희권의 시기 구분은 주거지의 평면 형태를 기준으로 한 것이어서 그러한 평면형태의 변화가 과연 시기적인 변화를 잘 반영하고 있는 지의 여부를 먼저 검토할 필요가 있다. 각 형태별 주거지에서 출토된 토기를 기준으로 시간적인 선후 관계를 검토하는 작업이 선행되어야 한다. 그러한 검토 없이 평면형태가 같은 주거지를 일괄하여 특정 시간대로 비정하는 것은 일반적인 고고학편년 방법론 상으로는 수용하기 어렵다. 실제로 그가 동일 시기로 묶은 주거지 출토 토기를 보면 서로 다른 시점의 것들이 뒤섞여 있어 문제점을 노출하고 있다.

예를 들어 그가 Ⅱ기로 비정한 풍납토성 가-2호 출토품은 미사리 한양대 A-1호 것과는 같지 않은 데 비해, Ⅲ기로 비정한 주월리 96-7호 출토 토기와도 차이가 없음을 알 수 있다(도 2-III-1 참조). 미사리 한양대 A-1호 주거지에서는 아직 심발형토기(深鉢形土器)가 보이지 않는데 비해 풍납토성 가-2호에서는 종래의 경질무문토기(硬質無文土器) 재질에 타날(打捺)이 가해진 심발형토기와 더불어 직구호(直口壺), 반형토기(盤形土器), 대옹(大甕) 등이 함께 나오고 있어 토기의 구성으로 볼 때 같은 단계로 볼 수 없다.

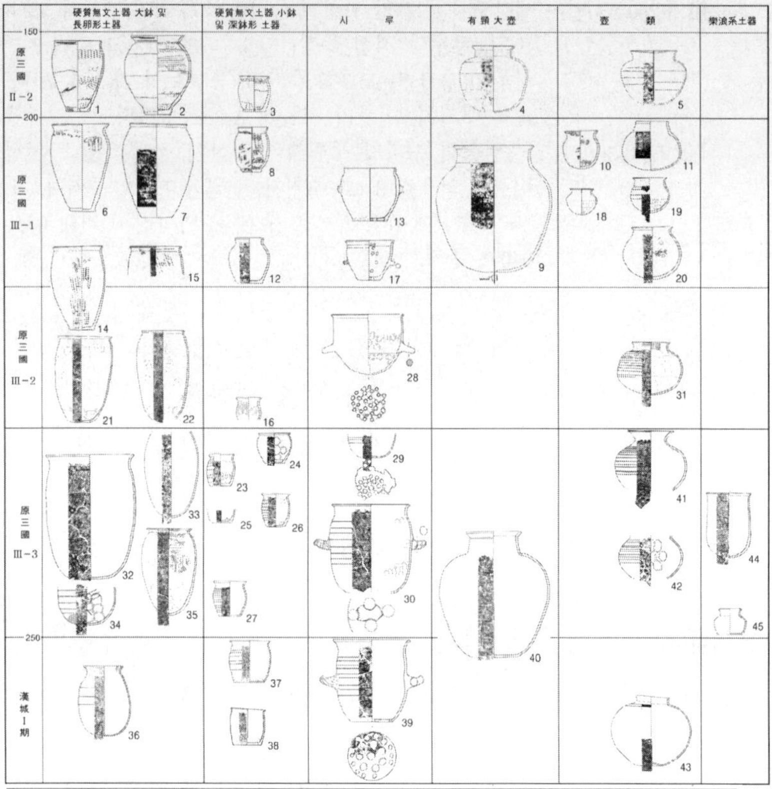

1・2・3・4・5: 渼沙里 A地區 1號 住居址(漢陽大 92)
6・7・8・9・10・11: 荷川里 F地區 1號 住居址
12: 舟月里 97-13遺構
13: 舟月里 2號 住居址(漢陽大 96)
14・15・17・20: 發安里 1號 住居址
16・27・26・29・41: 風納土城 나-8號 住居址
18・19: 清堂洞 20號
21・22: 長院里 19號墓 周溝埋納 3號 甕棺
23・30: 風納土城 가-2號 住居址
24・29・34: 明岩洞 1號 主居址 (清州博物館 99)
25・32・33・39・40: 舟月里 96-7遺構
31: 長院里 19號墓
35: 長院里 19號墓 周溝埋納 4號 甕棺
36・37・38: 馬霞里 木槨墓
42: 明岩洞 5號 主居址 (清州博物館 99)
43: 馬霞里 1號 石槨墓
44: 堂下里 F-1遺構
45: 馬場里 住居址

〈도 2-Ⅲ-1〉 한강유역 및 중서부지역 원삼국시대 Ⅱ기~백제 한성 Ⅰ기의 토기 편년

여기서 미사리 한양대 A-1호 주거지(裵基同·尹又埈 1994) 출토품을 구체적으로 검토해 보기로 하자. <도 2-III-1>에서 보듯이 이 주거지에서는 나온 토기는 타날문 호 2점을 제외하면 모두 경질무문토기인데, 방제경(仿製鏡) 1면(도 2-III-2 참조)이 함께 출토되어 그

시기를 파악할 수 있다. 풍납토성 축조시기 설정과 관련하여 관건이 되는 것이 바로 심발형토기의 출현 시점이다. 성벽 축조 이전 단계의 3중 환호 취락의 환호 내부 퇴적토 속에 심발형토기가 나오기 때문에 심발형토기의 출현시점은 풍납토성 성벽 축조 시점의 상한연대가 된다. 미사리 A-1호 주거지 출토 타날문 호의 편년적 위치와 관련하여 필자는 대략 200년을 전후로 한 시점으로 제시한 바(朴淳發 1998) 있는데, 여기서 필자의 편년 근거를 재론하면 다음과 같다.

미사리 방제경은 직경 7.3cm로서 유(鈕)의 주변에 이중의 방격(方格)이 있고 그 바깥에 4개의 유점(乳點)이 배치된 방격사유경(方格四乳鏡)의 주연부(周緣部)를 제외한 내구(內區)만을 방제한 것이다. 그러므로 이 방제경의 시기는 본이 되었던 방격사유 원경(原鏡)보다 늦은 것임은 물론이다. 현재까지 알려진 방격사유경은 대략 후한(後漢)~서진(西晉) 사이의 분묘유적에서 확인되고 있다(도 2-III-2 참조).

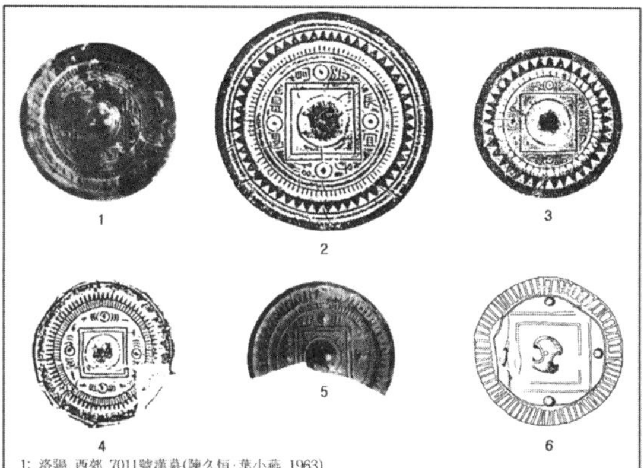

1: 洛陽 西郊 7011號漢墓(陳久恒·葉小燕 1963)
2: 禹縣 白沙 301號墓(安金槐·賀官保 1959)
3: 寶鷄 鏟車廠 M1號墓(馬俊 1981)
4: 黃岩縣 季嶺水庫 53號墓(朱伯謙 1958)
5: 大同江西 出土品(朝鮮總督府 1925)
6: 渼沙里 漢陽大 A-1號 住居址(裵基同·尹又埈 1994)

〈도 2-Ⅲ-2〉 미사리 방제경과 후한~서진대 방격사유경

<도 2-III-2>의 1은 하남성(河南省) 낙양(洛陽) 서교(西郊) 7011호 한묘(漢墓)에서 출토된 것으로 이 무덤은 왕망기(王莽期) 또는 그 보다 약간 늦은 후한대로 비정된다(陳久恒·葉小燕1963). <도 2-III-2>의 2는 하남성 우현(禹縣) 백사(白沙) 한묘 영동묘장구(潁東墓葬區) 301호 전실묘(塼室墓)에서 출토된 것이다(安金槐·賀官保 1959). 보고자는 이 무덤의 시기를 후한 중기로 비정 하였다. <도 2-III-2>의 3은 섬서성(陝西省) 보계시(寶鷄市) 산차창(鏟車廠) 한묘에서 출토된 것으로 유좌의 방격이 단선으로 표현된 점과 함께 앞의 1, 2경에서 보이던 길상문대 혹은 공권대(空圈帶)가 없는 점이 눈에 띈다. 공권대 없이 유좌의 방격 다음에 곧바로 평행집선대가 배치된 점은 뒤의 4, 5번경 및 미사리 방제경과 같다. 후한 만기(晩期)에 처음 출현하는 반룡경(盤龍鏡)이 함께 부장된 이 무덤의 연대는 후한의 늦은 시기에 해당한다(馬儉 1981). <도 2-III-2>의 4는 절강성(浙江省) 황암현(黃岩縣) 수령수고(秀嶺水庫) 53호 진묘(晉墓)에서 출토된 것인데, 서진 원강(元康) 9(299)년부터 동진(東晋) 초의 함강(咸康) 연간(335~342)에 걸치는 어느 무렵에 축조된 것으로 비정하고 있다(朱伯謙 1958). 그 가운데 53호묘는 후한대의 무덤과 유사한 구조적 특징을 가지고 있어 서진대로 이해된다. <도 2-III-2>의 5는 평양 대동강면(大洞江面)에서 출토된 것인데(朝鮮總督府 1925), 문양의 배치상태는 유점 좌우의 고사리 문양이 직선화된 것을 제외하면 앞의 4경과 동일하다.

미사리 방제경은 구체적인 형태나 문양상으로 보아 황암수고 53호묘 및 대동강면 출토품과 가장 가깝다. 후한 전, 중기의 것인 낙양 서교 7011호 한묘 출토품과 우현 백사 영동묘구 301호 한묘 출토품의 문양은 유좌 주변의 방격과 내구 최외곽의 집선문대(集線文帶) 사이에 무문의 원권대(圓圈帶)가 있으나, 그보다 늦은 시기의 황암

수고 53호묘 출토품과 대동강면 출토품에는 없다. 이와 같은 시기적 변화의 경향으로 볼 때 미사리 방제경의 모델이 되었던 원경은 적어도 후한 전, 중기 단계의 것은 아님을 알 수 있지만, 후한 만기 무렵에도 미사리 방제경과 같은 방격사유경이 제작 사용되었는지의 여부는 현재로서는 확실치 않다. 황암수고 53호묘의 무덤 구조가 후한대와 유사성이 있다는 점에 유의한다면 후한 말~삼국 초 사이의 어느 무렵에 공권대가 없는 방격사유경이 등장하였을 가능성이 있다. 대동강면 출토 예로 볼 때 미사리 방제경의 원경은 중국에서 먼저 낙랑지역으로 유입되고 그것이 한반도 원삼국시대의 토착 사회에 들어와 방제경의 원경이 되었을 것으로 생각된다.

이상의 검토를 통해 방제경과 함께 나오는 미사리 한양대 A-1호 주거지 출토 토기들의 시기는 후한 만기 이전으로 올려 볼 수는 없음을 알 수 있다. 필자의 기존 연대관과 마찬가지로 200년을 전후한 시점에 비정하는 것이 적당한데, 이 주거지는 아직 심발형토기나 장란형토기 등의 타날문 자비(煮沸) 용기가 출현하기 전 단계로서 평저의 경질무문토기 자비용기만 사용되던 시기에 해당된다.

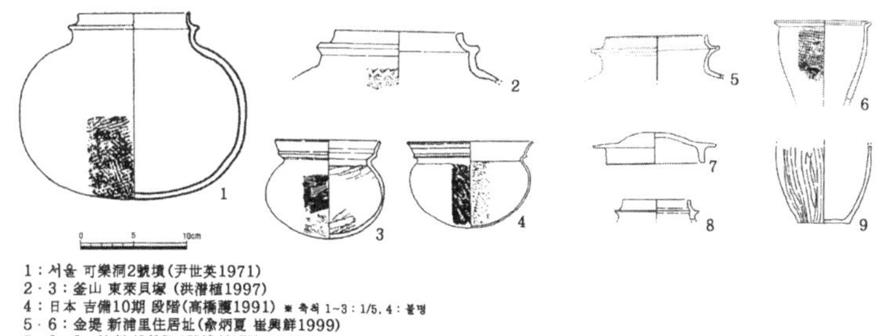

1 : 서울 可樂洞2號墳(尹世英1971)
2 · 3 : 釜山 東萊貝塚 (洪潽植1997)
4 : 日本 吉備10期 段階(高橋護1991) ※ 축척 1~3 : 1/5, 4 : 불명
5 · 6 : 金堤 新浦里住居址(兪炳夏 崔興鮮1999)
7 · 8 · 9 : 淸州 松節洞4號墳(趙詳紀1994)

〈도 2-Ⅲ-3〉 심발형토기 출현기의 교차연대 자료

그러므로 심발형토기의 출현 시점을 올려 볼 수 있는 근거가 없으며, 신희권이 Ⅱ기로 비정한 주거지 가운데 심발형토기가 나오는 풍납동 가-2호 주거지나 둔내 주거지 등은 토기상으로 보는 한 아직 심발형토기가 출현하기 이전인 미사리 A-1호 주거지와는 같은 단계(Phase)가 될 수 없다. 그리고 풍납동 가-2호 주거지를 200년 이전으로 비정하는 것 역시 성립될 수 없다.

이 주거지를 기원후 2세기 말 이후로는 내려오지 않는다고 본 신희권의 근거는 주거지 출토 직구호가 중도(中島) 1호 즙석식적석묘(葺石式積石墓) 출토품과 유사하고 이 무덤의 추정 연대를 2세기대로 볼 수 있다는 것이 전부이다. 이 무덤의 연대를 2~3세기 무렵으로 비정한 종전 필자의 연대관(朴淳發 1989)을 수용한 것으로 이해되지만, 이후 천안 청당동(淸堂洞) 18호 주구묘에서 중도 1호묘 직구호가 환두대도(環頭大刀) 등 3세기 전반대 이전으로 올려볼 수 없는 철기와 공반되고 있음이 드러나 중도 1호묘의 연대를 3세기 전반대로 수정한 바 있다(朴淳發 1989).

심발형토기의 구체적인 출현 시점은 중서부지역의 경우 대경호(帶頸壺)와의 공반 관계로 보아 3세기 전반으로 비정할 수 있는데, 한강유역 역시 이와 거의 같은 무렵에 출현하였을 것으로 이해된다(朴淳發 2001b ; 2001c). <도 2-III-3>에서 보는 바와 같이 경질무문토기 심발에서 타날문이 가해진 심발형토기로 이행되는 단계에 대경호가 같이 나오고 있는데, 동래패총(東萊貝塚)에서는 대경호와 일본산 하지키(土師器)가 공반되어 교차 편년이 가능하다. 동래패총 하지키계 토기의 연대는 늦어도 3세기 중엽 무렵을 하한으로 보고 있어, 결국 심발형토기의 출현 시점은 3세기 전반경으로 비정할 수 있다. 앞서 이미 살펴본 바와 같이 200년을 전후한 무렵의 미사리 방제경 출토 주거지에서는 아직 심발형토기가 없는 점을 고려하면,

200~ 250년 사이의 기간에 심발형토기가 출현한 것으로 이해된다.

신종국(2002)은 토기상(土器相)을 근거로 다음과 같은 편년안을 제시하였다.

Ⅰ기(백제토기 성립 이전기)

Ⅰ-1기(기원전 100 - 기원후 1세기 전엽 ?) : 경질무문토기, 타날문토기 공존.

Ⅰ-2기(기원후 1세기 전엽 - 1세기 말엽) : 심발형토기 등장.

Ⅰ-3기(2세기 전엽 - 2세기 후엽) : 장란형토기 출현. 부뚜막식 노지 등장.

Ⅱ기(백제토기 성립기)

Ⅱ-1기(3세기 전후 무렵, 2세기 말경 - 3세기 중후엽) : 경질무문토기 거의 소멸, 백제토기 등장, 풍납토성 축조 완료 시점.

Ⅱ-2기(3세기 중후엽 - 하한은 3세기 말엽) : 파주 주월리 유적이 대표.

Ⅲ기(백제토기 발전기)

Ⅲ-1(3세기 말엽 - 4세기 후엽·말엽) : 유개고배, 유개삼조기, 광구장경호 등 등장.

Ⅲ-2기(4세기 후엽·말엽 - 6세기 전엽) : 병 등장, 파상집선문 등장.

Ⅰ-1기는 경질무문토기와 타날문토기가 공존하는 단계로 설정하고 그 역년대(曆年代)를 기원전 100년부터 기원후 1세기 전엽까지로 비정하였다. 이는 한강유역에서 경질무문토기가 등장하는 시점을 기원전 100년경으로 비정하는 필자의 연대관(朴淳發 1998)을 수용한 것으로 보인다. 그러나 토기상의 변천과 관련하여서는 필자의 종전 편년안(朴淳發 1989)을 따라 경질무문토기와 타날문토기가 처음부터 공존하는 것으로 설정하고 있다. 현재까지 알려진 고고학자료로 보면 경질무문토기만 존재하던 시기의 설정이 필요하며, 타날문토기의 등장은 기원전후~기원후 50년 사이의 어느 무렵으로 이해되는데, 이에 대해서는 뒤에서 자세히 살펴볼 것이다.

심발형토기의 등장을 기준으로 한 I-2기의 역년대를 기원후 1세기 전엽~1세기 말엽으로 비정한 근거는 앞서 본 신희권의 경우와 마찬가지로 필자의 종전 연대관을 근간으로 한 것이다. 이에 대해서는 전술한 바와 같으므로 재론의 필요는 없을 것이다. Ⅰ-3기는 장란형토기의 등장을 기점으로 설정한 것인데, 현재까지 알려진 자료로 볼 때 장란형토기와 심발형토기의 등장은 거의 동시이다.

Ⅱ기는 '백제토기 성립기'로서 백제토기 등장과 풍납토성 축조 완료시점을 근거로 들고 있다. 백제토기를 국가 단계의 '백제'가 제작 사용한 토기로 설정한 필자의 개념과 다르지 않다면, 백제토기 성립기는 풍납토성이나 몽촌토성 등 성벽취락의 출현에 기점을 두어야 한다. 뒤에서 자세히 보는 바와 같이 풍납토성의 축조 시점을 3세기 중·후엽 경으로 보아야 하므로 백제토기 성립기를 2세기 말~3세기 중·후엽으로 설정하기는 어렵다.

(2) 한강유역 및 중서부지역 원삼국시대 편년안[21]

한강유역 및 중서부지역 원삼국시대 토기 편년에 대해서는 다수의 연구 성과(김성남 2004 ; 金武重 2004 : 2005 ; 朴淳發 2004c ; 韓志仙 2005)가 축적되어 있으나, 최근 새로운 자료의 증가와 함께 기존 편년안에 대한 문제점을 지적하는 견해(金一圭 2006 : 2007)도 제시되고 있다. 본고에서는 그러한 문제제기에 대해 필자의 편년안을 중심으로 재검토해보고 현재까지 알려진 자료에 부합되는 새로운 편년안을 모색 제시해보고자 한다.

① 경질무문토기의 기원과 계통

경질무문토기는 최초 풍납동토성 포함층에서 그 존재가 확인되어 '풍납동식조질무문토기(風納洞式粗質無文土器)'(金元龍 1967) 혹은 '풍납동식 무문토기(風納洞式 無文土器)'(金元龍 1986)로 부르

---

21 이 부분은 박순발 2009, 「중서부지역 원삼국시대 토기 편년의 재고(再考)」, 『토기특별전 백제, 마한을 담다』, 충청남도역사문화연구원, 내용을 부분 수정 게재한 것이다.

기도 하였으나, 그 후 춘천(春川) 중도(中島)유적에서도 다량 출토됨에 따라 중도식토기(中島式土器)(李健茂 外 1980)로 통칭되고 있다. 그러나 중도유적에서는 이 토기 이외에도 타날문토기, 회흑색무문양토기 등이 함께 나오므로 중도식토기라는 용어가 이들을 포괄하는 용어로 오인될 소지가 있다. 그래서 필자는 토기 재질의 특징을 나타내는 명칭으로서 경질무문토기(硬質無文土器)(金暘玉 1987)라는 용어를 선호하고 있다. 경질무문토기라는 의미에는 종래의 무문토기 제작 전통에 새로운 고화도 소성 기술이 더해진 것(金暘玉 1987)이라는 뜻이 포함되어 있으나 실제로는 무문토기와 거의 동일한 토기질이어서 '경질'이라는 용어가 무색할 수도 있다. 그러나 기벽을 나무주걱과 같은 도구로 문질러 보다 단단하게 정면한 점, 저부와 동체를 접합하는 방식에서 청동기시대 이래의 무문토기와 차이를 보이는 점, 그리고 일부의 예일지 모르나 필자가 관찰한 바에 의하면 기벽의 점토띠 부착 방식에서 청동기시대 이래의 무문토기와 달리 내향접합(內向接合)이 다수 채택되고 있는 점 등은 앞 선 시기의 무문토기와 구별되는 특징이다. 그러한 차이점을 강조하는 의미로써 경질무문토기라는 용어를 사용하는 것은 필요하다.

경질무문토기의 형성과정에 대한 필자의 기존 견해는 다음과 같다. 중국 동북지역의 구연 단면 원형점토대토기(圓形粘土帶土器)가 고조선과 전국(戰國) 연(燕)과의 무력충돌 과정에서 대동강유역 및 한강유역의 남한지역으로 파급되어 온다(朴淳發 1993b ; 2004a). 그리고 대동강유역 고조선지역에서 원형점토대토기는 삼각형점토대토기(三角形粘土帶土器)를 거쳐 마침내 점토대가 사라지고 구연이 외반된 명사리형토기(明沙里型土器)(都宥浩 1962)로 이행되었다.

황해도 신천 명사리 출토 옹관은 무문토기 심발(深鉢) 혹은 옹(甕)과 우각형파수[나무그루손잡이] 달린 호 등으로 구성되어 있는데,

필자가 지칭하는 명사리형토기는 이 둘을 모두 포함한다. 그 가운데 무문토기 심발의 구연형태에 대해 종래 필자는 삼각형점토대토기의 특징을 많이 간직하고 있지만 이미 외반구연 심발형토기로 전환된 것으로 이해하였다. 그리고 고조선지역에서 삼각형점토대토기가 실물로 확인되지는 않았지만 명사리형토기의 존재로 보아 그에 선행하는 삼각형점토대토기 단계가 있었을 것으로 추정(朴淳發 1993a)하는 한편, 그러한 정황을 토대로 삼각형점토대토기가 대동강유역에서 처음 출현하였을 가능성을 제기한 바(朴淳發 1993b) 있었다. 그 후 명사리형토기를 삼각형점토대토기의 후신으로서 외반구연 심발 단계로 설정하였으며, 한강유역을 비롯하여 남한지역에 등장하는 외반구연 심발은 고조선지역의 명사리형토기가 파급된 것으로 이해하게 되었다(朴淳發 1998). 그런데 북한유물특별전을 통해 알려진 명사리 옹관의 외반구연 심발의 구연이 삼각형점토대토기로 확인됨에 따라 이제 고조선지역에 삼각형점토대토기가 실재함을 알 수 있게 되었다. 따라서 명사리 출토 외반구연 심발을 근거로 설정한 필자의 명사리형토기 개념은 다소 수정이 필요하게 되었지만, 명사리형토기를 외반구연 심발형토기 단계로 이해하는 기존의 개념을 유지하여도 별 문제가 없을 듯하다. 삼각형점토대토기로 알려진 광주(光州) 신창동(新昌洞) 옹관(金元龍 1964) 가운데도 외반구연 심발이 다수 포함되어 있어 그와 거의 같은 맥락에 있는 명사리 유적에서도 기왕에 보고된 삼각형점토대토기 이외에 외반구연 심발 즉, 명사리형토기가 더 있을 가능성이 매우 높기 때문이다. 이로써 명사리나 신창동이 모두 삼각형점토대토기에서 외반구연 심발로 이행되는 과도기에 해당한다는 점이 더욱 분명해진 셈이다.

그러한 일련의 기형변화 양상은 전남 해남(海南) 군곡리(郡谷里)

패총에서도 확인된 바(崔盛洛 1993) 있으며, 낙랑토성지(樂浪土城址) 출토 토기(谷豊信 1986) 가운데도 명사리형토기로 판단되는 토기가 있으며(도 2-III-4 참조), 황해도 은율(銀栗) 운성리(雲城里) 토성 내부 주거지 출토 토기(리순진 1974a)에도 명사리 출토 토기와 같은 끝이 뭉툭한 우각형파수부 토기가 있다.

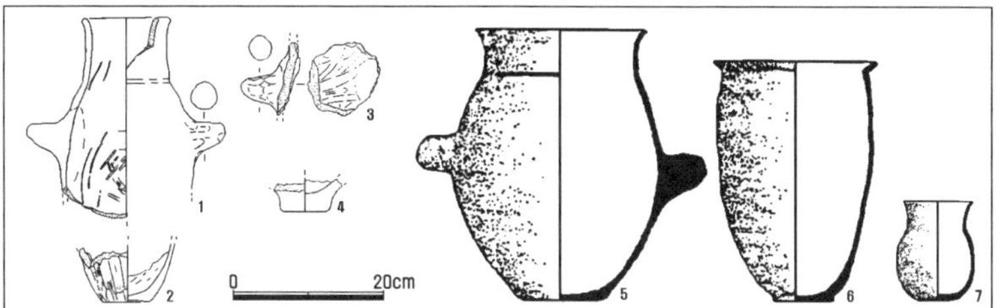

(1~4. 樂浪土城址出土: 谷豊信 1986, 5~7. 信川 明沙里 甕棺 및 副葬品: 都宥浩 1962)

〈도 2-Ⅲ-4〉 대동강유역 명사리형토기

이러한 사실로 보아 명사리형토기는 그 분포가 대동강유역 이남 전역에 걸쳐 있음을 알 수 있으며, 원형점토대토기→삼각점토대토기→외반 구연 심발의 명사리형토기에 이르는 변화는 대동강유역 이남의 한반도 전지역에 걸쳐 진행되었음을 짐작케 한다. 삼각형점토대토기가 남한지역에 등장하는 계기는 대략 위만조선(衛滿朝鮮) 성립 및 그에 따른 준왕(準王) 세력의 남분(南奔)으로 이해된다(朴淳發 1993b). 그리고 그에 후행하는 명사리형토기의 제작·사용 시기는 대략 위만조선 성립을 전후한 기원전 3세기 말에서 2세기 초경으로(朴淳發 1998 ; 李在賢 2003) 비정된다.

경질무문토기가 한강유역에 출현하는 과정은 결국 명사리형토기가 이 지역에 파급되는 과정으로 볼 수 있다. 명사리형토기가 한강유역에 나타날 수 있는 가능성은 그것이 대동강유역에 출현한 시점으로 추정되는 기원전 2세기 초 이후부터 상정할 수 있다. 그러나 한강유역에서 지금까지 경질무문토기와 공반되는 철기는 모두 발달된 한대(漢代)의 철기와 관련(李南珪 1982)되므로 그것이 한강유역에 등장하는 시점은 아무리 올려 보아도 위만조선 멸망 및 그에 따른 일련의 유이민 남하이거나 혹은 낙랑군 설치 및 그 영향이 도래하는 무렵으로 볼 수 있다.

한편, 경질무문토기를 송국리식토기의 후신으로 보고 그 출현 시기를 기원전 300년경으로 올려 보는 견해가 있다(李弘鍾 1991). 경질무문토기와 송국리식토기 사이의 형태적 유사성이나 시기적인 인접성을 고려할 때 그 가능성을 배제할 수는 없으나, 현재까지의 자료로 보는 한 송국리문화의 중심 분포권이 충남 및 경기 남부지역을 북한계로 하고 있어 경질무문토기 중심분포권과는 공간적으로 괴리가 있는 점 등의 문제가 선결되어야 한다. 그러나 최근 밝혀진 강원지역의 청동기시대 늦은 시기에 해당하는 '북한강유형(北漢江類型)'(김권중 2005) 혹은 '천전리유형(泉田里類型)'이 시기적으로 송국리유형과 병행하고 있으면서 토기의 양상 역시 외반구연의 호형토기를 다수 포함하고 있는 점 등으로 보아 한강유역 및 강원영동지역의 경우 경질무문토기와 청동기 만기의 호형토기 사이의 형태적 유사성을 주목할 필요가 있는 점은 사실이다. 이에 대해서는 뒤에서 다시 검토해 보고자 한다.

한강유역의 경질무문토기의 계통과 관련하여 두만강유역 및 연해주지역의 토기문화에 주목하는 견해(李健茂 外 1980 ; 盧爀眞 2004 ; 劉銀植 2004 ; Subbotina Anastasia 2005)가 있다. 특정 토기 기종과 같은 개별 문화요소 차원에서 유사한 점을 지적될 수는 있으나, 당시의 역사적 상황으로 볼 때 동북지역의 토기에서 경질무문토기의 기원을 찾는 일은 쉽지 않다. 후술하는 바와 같이 고성(高城) 송현리(松峴里) 등 강원 영동지역 북부에서 점토대토기문화가 한

시기를 차지하고 있을 뿐 아니라 그 이후 원산만 일대에는 현토(玄菟), 임둔(臨屯) 등 한사군과 낙랑(樂浪) 동부도위(東部都尉)의 소재지가 됨에 따라 두만강을 비롯한 연해주 일대의 토착문화가 남하할 여지가 거의 없기 때문이다. 현재까지 드러난 자료로만 보면 아무래도 동북지역보다는 서북지역의 영향이 지배적이었던 것으로 보지 않을 수 없다(沈載淵 2007).

그러면 이제 구체적으로 한강유역 및 그 이남지역에 경질무문토기가 등장하는 과정 및 시점 등에 대해 살펴보기로 한다. 이와 관련해 주목되는 자료가 전술한 고성 송현리(지현병 외 2007a), 강릉 방동리(芳洞里)(지현병 외 2007b) 등 점토대토기 관련 유적이다. 이들 유적에서는 점토대토기와 외반 구연의 호형토기가 공반되고 있는데, 외형상 경질무문토기와 유사하여 구분이 용이하지 않아 이를 경질무문토기의 조형(祖形)으로 상정하는 주장이 견해가 제시되기도 하였다. 그러나 점토대토기와 공반되는 외반구연 토기는 거의 대부분 호인 데 비해 원삼국시대의 경질무문토기의 경우에는 일부 구연이 내만(內彎)한 심발과 함께 외반구연 심발이 주종을 이루고 있어 기종 구성상에 차이가 있음을 알 수 있다.

점토대토기 단계와 그에 선행하는 청동기시대 만기 북한강유형 단계의 기종 구성을 보면 북한강유형의 공렬(孔列) 심발을 대신하여 점토대토기 심발이 등장하고 있을 뿐 외반구연 호형토기는 그대로 지속되고 있다. 이러한 토기상은 점토대토기의 기원지인 중국 동북지역의 그것과는 차이를 보이는 것이어서 결과적으로 송현리나 방동리 취락의 경우는 점토대토기문화와 청동기 만기 이래의 토착토기문화가 복합된 것으로 보아야 할 것이다.

이러한 관점에서 경질무문토기 단계와 점토대토기 단계의 토기상의 차이는 결국 외반구연 심발의 존재 유무가 된다. 점토대토기

단계에 비록 외반구연 토기가 존재하지만 그것은 호형토기에 국한되는 데 비해, 경질무문토기 단계에는 외반구연 심발이 점토대토기를 대신하여 등장한다는 것이다. 따라서 경질무문토기의 출현 시점은 점토대토기가 사라지고 그에 대신하여 외반구연 심발이 등장하는 무렵이 된다.

그러면 이제 송현리와 방동리 출토 점토대토기의 변화를 통해 외반구연 심발의 등장 시점을 찾아보기로 하자. 점토대토기의 시기적인 변화 양상은 대략 동최대경이 중간에 있다가 아래로 이동하는 것으로 보는 것이 일반적이지만, 세부적으로는 아직 분명하지 않은 점이 많다. 필자가 관찰한 바로는 점토대가 부착된 구연부의 각도 역시 시기적인 변화를 보인다. 구연 바로 아래 지점의 내벽면이 밖으로 꺾여 외반 기미를 보이는 것이 그렇지 않은 것에 비해 후행하는 것으로 보이는데, 전자는 삼각형점토대토기의 구연부 특징이기도 하여 그러한 추정을 뒷받침 한다. 이러한 변화 추세에 근거하여 보면 송현리와 방동리 출토 점토대토기의 변천은 <도 2-III-5>와 같이 대략 3단계로 구분할 수 있다.

1단계는 방동리 C-8 주거지·송현리 B-6 주거지와 같이 최대경이 동체 중간에 있는 점토대토기가 외반구연 호와 공반되는 단계이다. 이 무렵의 역연대는 비파형동검 퇴화형 혹은 세형동검 초기형으로 볼 수 있는 김천(金泉) 문당동(文塘洞) 토광목관묘(박정화·이정화 2008) 출토 동검에 의해 추정이 가능하다. 이 동검은 전국 말·한 초의 기원전 3세기 4/4분기로 비정될 수 있는 요녕(遼寧) 본계(本溪) 상보촌(上堡村) 석관묘(魏海波·梁志龍 1998) 출토 청동검에 선행하는 단계이므로 기원전 3세기 전·중엽 경으로 비정할 수 있다.

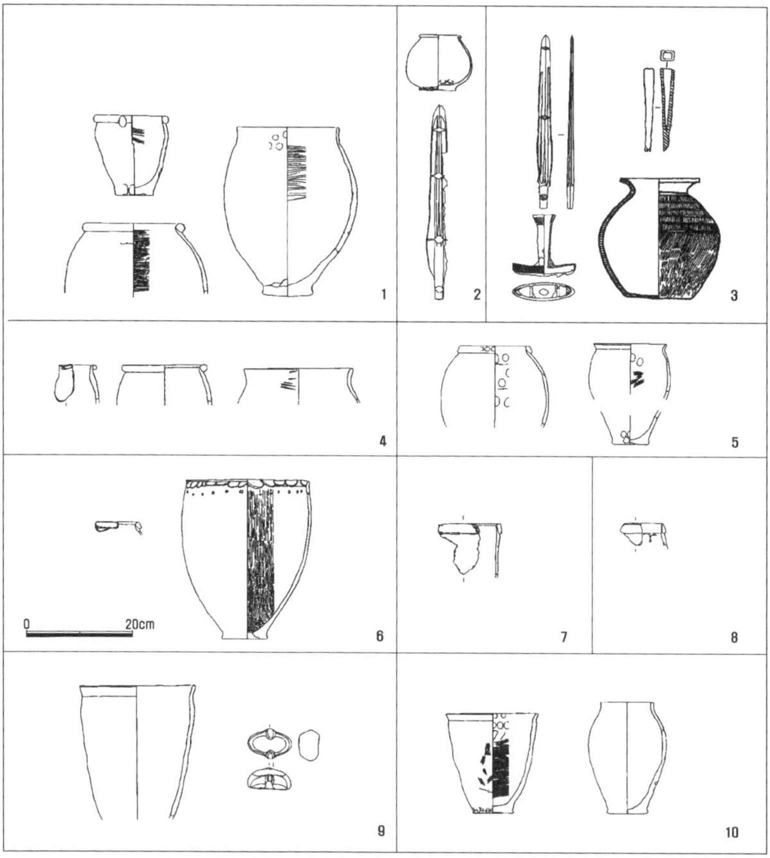

1. 江陵 芳洞里 C-8 주거지(지현병 외 2007a) 2. 金泉 文塘里 木棺墓(박정화 외 2008)
3. 遼寧 本溪 上堡村 M1호묘(魏海波 · 梁志龍 1998) 4. 高城 松峴里 B-6 주거지(지현병 외 2007b)
5. 江陵 芳洞里 C-15 주거지(지현병 외 2007a) 6. 高城 松峴里 C-23 주거지(지현병 외 2007b)
7. 江陵 芳洞里 C-21 주거지(지현병 외 2007a) 8. 高城 松峴里 D-12 주거지(지현병 외 2007b)
9. 高城 松峴里 D-7 주거지(지현병 외 2007b) 10. 江陵 芳洞里 A-10 주거지(지현병 외 2007a)

〈도 2-Ⅲ-5〉 강원지역 초기철기시대 토기의 변천

2단계는 방동리 C-15 주거지·C-21 주거지·송현리 C-23 주거지·D-12 주거지 출토품으로서 점토대토기 구연 직하 내측에 각이 진 것을 특징으로 한다. 이러한 특징은 삼각형점토대토기의 구연부와 동일한 형태인데, 한강유역 및 강원 영동지역에서 삼각점토대토기가 보편적이지는 않지만 대체로 그와 병행하는 시기의 것으로 추정된다. 송현리 C-23호 주거지에서는 구연 내측이 각을 이루면서 외반한 공렬토기가 공반되고 있어 토착 토기와 점토대토기의 융합 현상을 보여주고 있기도 하다. 삼각형점토대토기를 위만조선 이전의 준왕조(準王朝)[22] 고조선의 토기로 비정할 수 있으므로 대동강유역의 경우는 대략 기원전 3세기 후반 경부터 기원전 3세기말·2세기 초[23]까지의 기간에 해당되나 한강유역 및 강원 영동지역으로의 파급 시점은 그보다 다소 늦을 것이다.

3단계는 송현리 D-7 주거지·방동리 A-10 주거지 출토품으로 대표되는데, 이제 점토대토기는 보이지 않으며, 외반구연 심발과 함께 외반구연 호형토기기가 공반된다. 이 무렵은 대동강유역에서 명사리형토기가 성행하는 기원전 200년경 이후~기원전 100경에 병행하는 시기로 볼 수 있다.

대동강유역에서 낙랑이 등장한 이후 낙랑지역으로부터 이주한 주민들에 의해 낙랑문화가 직접적으로 한강유역에 미치기도 하는데, 가평(加平) 달전리(達田里)(朴成熙 2003)의 경우가 대표적이다. 달전리의 시기에 대해서는 기원전 1세기 후반으로 비정하는 견해

---

22 『삼국지(三國志)』 위서(魏書) 동이전(東夷傳) 한조(韓條)에 인용된 『위략(魏略)』에 의하면, 기원전 246년 진(秦)이 천하 통일한 뒤 몽염(蒙恬)이 요동(遼東)에 장성을 쌓은 시점에 "부(否)"가 조선 왕이 되었으며, "부"가 죽고 그 아들 "준(準)"이 왕이 된 뒤 20여년이 지난 209년에 이르러 진승(陳勝)과 항우(項羽)가 기병하여 천하가 어지러워졌다 하므로, 준왕의 치세는 기원전 229년 무렵부터 위만에게 찬탈된 기원전 195년 전후 시점까지가 되고, 부왕의 치세는 기원전 246년 이후의 어느 시점부터 기원전 229년경까지가 된다. 필자가 말하는 "준왕조" 고조선이란 부와 준의 치세를 포함하는 것으로서 위만조선 직전의 고조선을 일컫는 것이다. 편의상 그 기간을 대략 기원전 250부터 기원전 200년까지로 설정하고자 한다.

23 위만이 조선에 온 시점은 사료에 따라 다소 다른데, 『삼국지』 위서 동이전 한조에 인용된 『위략』에 의하면 한(漢) 연왕(燕王) 노관(盧綰)이 흉노로 망명하던 시점인 기원전 195년이 되지만 『후한서(後漢書)』 동이전의 기사("陳涉起兵 天下崩潰 燕人衛滿避地朝鮮")에 의하면 기원전 209년이 되므로, 대략 기원전 200년을 전후한 시점으로 볼 수 있다.

(김일규 2007)도 있으나 필자는 기원전 1세기말~기원후 1세기 전반경으로 비정하는 것이 적당할 것으로 생각한다. 달전리 유적의 시기 비정은 한강유역에서 타날문토기가 등장하는 시점과도 관련이 있는데, 그에 대해서는 후술하고자 한다. 아무튼 기원전 1세기대에 들어 낙랑지역의 토기제작 기술이 한강유역에 영향을 미치기 시작한다. 경질무문토기의 출현 자체를 이 무렵 낙랑토기의 영향으로 보는 견해(김일규2007)도 있으나 위에서 살펴본 바와 같은 점토대토기이래의 토기 전개과정으로 미루어 그러한 가능성은 상정하기 어렵다. 그렇지만 기존의 경질무문토기 제작 기법에 낙랑의 화분형토기(花盆形土器)에 보이는 내형기법(內型技法)의 흔적이 확인되는 예가 있어, 기원전 1세기 말 이후 한 차례의 낙랑 토기 제작기술의 파급이 있었을 가능성이 높다. 경질무문토기에 내형기법이 적용된 예로는 1983년 강원대학교 박물관이 조사한 둔내(屯內)유적 출토된 토기편(사진 2-III-1 참조)을 들 수 있다. 경질무문토기의 구연부 및 동체 상부에 해당하는 것으로서 동체부와 구경부를 접합한 지점에 포흔(布痕)이 찍힌 부분이 남아 있어 동체를 먼저 내형기법으로 제작한 후 목과 구연부를 접합하는 방식으로 제작되었던 것으로 추정된다.

지금까지 살펴 본 내용을 정리하여 한강유역 및 강원 영동지역의 경질무문토기의 계통과 그 출현 시점을 요약해보면 <표 2-III-1>과 같다. 경질무문토기는 원형점토대토기→삼각형점토대토기에 이어 등장하는 것으로서 대동강유역에서는 명사리형토기가 곧 그에 해당되지만, 한강유역가 강원 영동지역에서는 삼각형점토대토기 단독기가 분명하지 않다. 경질무문토기는 한강유역에서는 기원전 100년보다 다소 소급할 가능성이 있으며, 강원 영동지역은 다시 그보다 얼마간 더 올라간 기원전 150년경까지 소급될 가능성을 열어 둔다.

〈표 2-Ⅲ-1〉 한강유역 및 강원 영동지역 경질무문토기의 계통 및 출현 시점

연대	중국 동북지역	압록강·청천강유역	대동강유역	강원지역 영서(한강유역)	강원지역 영동	시대
B.C400 B.C300	점토대토기			북한강유형	북한강유형	청동기시대 만기
B.C200	세죽리 연화보 유형	세죽리 연화보 유형	원형점토대토기 삼각점토대토기	점토대토기	원형점토대토기 삼각점토대토기(?)	초기철기시대
B.C100			명사리형토기	점토대토기		초기철기시대
A.D1		낙랑토기(화분형토기)	낙랑토기(화분형토기)	경질무문토기	경질무문토기	원삼국시대

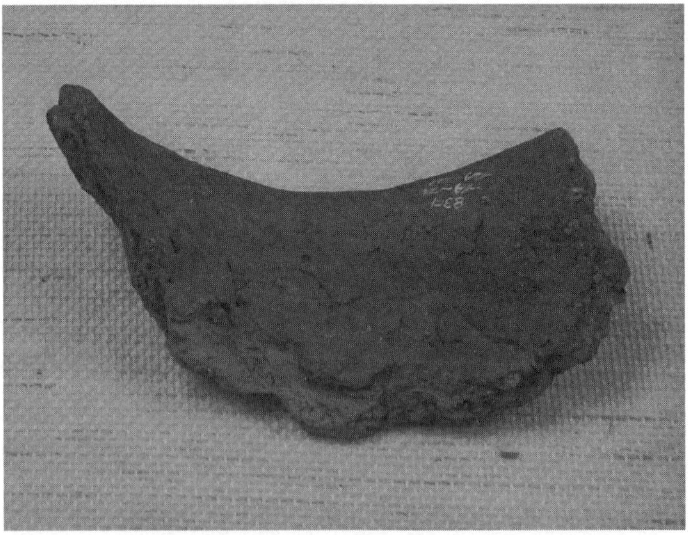

〈사진 2-Ⅲ-1〉 둔내 유적 출토 추정 내형기법 제작 경질무문토기
(강원대학교 박물관 소장)

② 경질무문토기의 변천

경질무문토기 자체에 대한 형식분류가 시도된 적(李相吉 1991 ; 오세연 1995)이 있었으나 경질무문토기의 시기적 변화 양상을 파악하는 데에 주안이 두어진 연구는 드물었다. 이는 경질무문토기의 형태적 변화가 뚜렷하지 않을 뿐 아니라 양호한 편년 근거 자료가 적다는 것을 반증하는 것이기도 하다. 최근 자료의 축적과 더불어 경질무문토기의 변화를 파악해보려는 노력(韓志仙 2003 ; 金一圭 2006)이 진행되고 있는데, 여기서는 그러한 연구 성과를 토대로 필자의 생각을 정리해두기로 한다.

경질무문토기는 전체 기형을 기준으로 할 때 대략 4가지의 기종으로 구분할 수 있다(도 2-III-6 참조). 구연부가 안으로 오므라진 내만 구연 심발, 구연부가 밖으로 곧거나 밖으로 벌어진 외반 구연 심발, 그리고 짧은 목이 형성된 호형토기, 그리고 완형토기 등이다. 이들 각 기종의 출현 시점은 얼마간의 차이가 있다. 내만구연 심발은 청동기 만기부터 확인되고 있다. 그러나 점토대토기 가운데 내만한 기형이 있어 점토대만 탈락하면 내만 구연 심발과 동일한 것들은 있어 내만 구연 심발의 계통이 청동기시대 만기에 연결되는지 아니면 점토대토기와 연관되는지는 갑자기 판단하기 어렵다. 호형토기와 완형토기는 청동기 만기의 북한강유형에도 존재하던 기종이므로 점토대토기 단계를 거쳐 경질무문토기의 기종으로 이어지는 것으로 볼 수 있다. 외반 구연 심발은 전술한 바와 같이 원형점토대토기→삼각점토대토기를 거쳐 등장하는 명사리형토기와 같은 것이므로 새로운 기종이라 할 수 있다. 그러나 호형토기와 경질무문토기 외반 구연 심발은 얼핏 보면 비슷하여 구분이 용이하지 않을 수 있는데, 외반 구연 심발은 최대동경이 구연 혹은 그 직하에 있는데 비해 호형토기는 최대 동경이 대략 동체의 중간에 있으면서 구경 혹은 목지름이 동최대경의 2/3 이하로 작은 점 등으로써 구분할 수 있다. 이들 기종 가운데 시기적인 변화가 비교적 잘 나타나는 기종이 외반 구연 심발이므로 여기서는 이를 기준으로 경질무문토기의 변천 양상을 살펴보기로 한다.

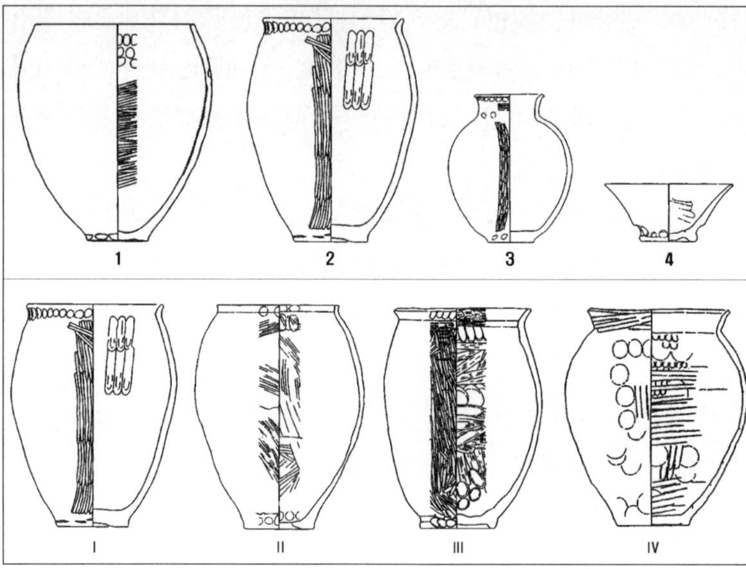

기종 : 1. 內灣口緣 深鉢 2. 外反口緣 深鉢 3. 壺 4. 盌

〈도 2-Ⅲ-6〉 경질무문토기 기종 구성 및 외반 구연 심발의 형식

<도 2-III-5>와 <도 2-III-7>에서 보듯이 비교적 긴 시기폭에 걸쳐 외반 구연 심발의 형태를 관찰해보면 구연부의 변화가 시간적인 선후 관계를 반영하고 있는 것을 알 수 있다. 초기철기시대 3단계에 해당하는 송현리 D-7 및 방동리 A-10 주거지 출토품, 그리고 삼각형 점토대토기로 보고된 토기와 함께 나오는 동덕리 주거지 출토품을 보면 구연이 바로 서거나 직선적으로 외반한 것임에 비해 200년을 전후한 시점으로 비정되는 미사리 한양대 A-1호 주거지 출토품에서

는 외반구연 직하에 곧은 목이 형성되어 있어 그 차이를 쉽게 알 수 있다. 구연부의 형태는 기본적으로 제작기법 혹은 기술의 차이를 반영하는 속성이므로 그러한 차이는 결국 제작기법의 변화 발전을 말하는 것이다. 기술의 변화는 비교적 긴 시간에 걸쳐 진행되었을 것이므로 미세한 시간적 변화를 파악하기에는 적합하지 않을 수 있으며, 그 변화가 정향적(定向的)이라 하더라도 생산과 유통 과정에 대한 구체적인 파악이 전제되지 않으면 그를 통한 편년에는 한계가 있는 것도 사실이다. 그럼에도 현 단계에서 달리 대안을 찾기 어려우므로 구연부의 형태 속성에 근거하여 접근해보고자 한다.

이상의 예비적인 관찰을 토대로 필자는 경질무문토기 외반구연 심발의 구연 형태를 다음과 같이 4가지로 구분하고자 한다(도 2-III-6 참조).

첫째는 구연부가 짧고 곧게 외반한 것인데, 이러한 구연을 가진 외반구연 심발을 I 형식이라 부르기로 한다.

둘째는 구연부의 길이는 첫째 부류와 거의 같으면서 직립한 구연을 가진 것으로서 이를 II 형식이라 한다.

셋째는 짧고 직립한 목이 형성되고 구연부가 외반한 것으로서 이를 III 형식이라 한다.

마지막으로 목이 좀 더 길어지고 구연부가 외반한 것으로서 IV 형식이라 부른다.

전술한 바와 같이 예비적인 관찰을 통해 보면 외반구연 심발의 변화 경향은 I→IV 형식 순으로 이행되고 있음을 알 수 있다. 그 변화는 결국 단순 외반에서 경부(頸部)가 형성된 유경 외반으로 요약할 수 있다. 경부의 형성은 동체와 구경부를 분리 제작한 후 접합하였던 제작 기법의 채택과 연관이 있을 것으로 추정되는데, 전술한 바 있는 둔내 출토 경질무문토기에서 보았던 내형기법의 존재가 주목된다. 동체부를 먼저 내형기법으로 제작한 후 구경부를 접합하는 과정의 산물로 여겨지지 때문이다. 구경부를 접합하는 과정에는 또한 회전력을 이용하여 기형을 조정할 필요가 있으므로 상대적으로 토기 제작 기술의 진보를 의미하는 것이기도 하다.

그러나 외반구연 심발의 각 형식들은 출현 순서에 있어 I→IV 형식으로의 변화는 비교적 분명하나 각 형식들의 존속 기간이 상호 중복됨에 따라 개별 주거지 출토품 가운데서도 복수의 형식이 공반되는 예가 많다. 이러한 현상은 유물의 속성의 변화를 토대로 수립하는 편년체계에서 흔히 관찰되는 것이기도 하지만, 특히 제작집단이 많으면 많을수록 전문화의 정도가 낮으면 낮을수록 더욱 그러하다. 따라서 이는 경질무문토기의 생산체제가 그만큼 전문화의 수준이 높지 않은 다수 집단에 의해 유지되었음을 보여주는 것이기도 하다.

이제 외반 구연 심발 각 형식의 시간적인 분포 양상에 대해 살펴보기로 하자. 경질무문토기 심발 각 형식의 출현 시점과 지속 기간을 판단함에 있어 근거가 될 수 있는 자료는 <표 2-III-2>의 각 유적 및 유구들이다. 역년대를 비정할 수 있는 공반 유물을 통해 경질무문토기의 시간적 위치를 짐작할 수 있기 때문이다. <표 2-III-2>의 각 유적 및 유구의 시기에 대해 구체적으로 살펴보기로 한다.

경질무문토기 I 형식의 상한은 전술한 바와 같이 한강유역에서는 기원전 100년 이전으로 소급될 가능성이 크며, 하한은 <표 2-III-2>에서 보는 바와 같이 가평 대성리 A-9호 주거지 시점까지 내려온다. 그런데 I 형식만 있는 철원 와수리(瓦水里) 26호 주거지(池賢柄 外 2006)의 시기를 통해 성행 시점의 역연대를 짐작해 볼 수 있다.

〈표 2-Ⅲ-2〉 한강유역 및 강원 영동지역 경질무문토기 심발 각 형식의 시간적 분포

유 적 명	Ⅰ	Ⅱ	Ⅲ	Ⅳ	공 반 유 물	역연대
강릉 강문동1호 주거지	○					
철원 와수리26호 주거지	○				2조凸대주조철부, 무경만입삼각철족, 철경동족	A.D1세기 중엽
강릉 동덕리 주거지	○	○			"삼각점토대토기"	
강릉 초당동 강릉고1호 주거지		○			후한 건무오수(建武五銖)	1세기 중·후엽
강릉 안인리 2호 주거지	○	○			낙랑토기 호	2세기 전반
가평 대성리 A-12호 주거지			○		낙랑토기 호	〃
가평 대성리 A-9호 주거지	○				낙랑토기 호, 승문타날호	〃
하남 미사리 고려대88-1호 주거지			○	○	승문타날호	2세기 중엽
가평 대성리 A-19호 주거지			○		야요이 고배	2세기 말
하남 미사리 한양대 A-1호 주거지				○	방제경, 무경만입삼각철촉, 격자타날호	2세기 말·3세기 초
강릉 안인리 1호 주거지				○	광구장경호	4세기 전반

와수리(도 2-III-7 참조)의 시기 비정에 대해서는 철경동촉(鐵莖銅鏃)이 한반도 남부지역으로 확산되는 시점이 기원전 1세기~기원후 1세기대(鄭仁盛 2002)이므로 대략 이 무렵으로 비정하는 견해(金武重 2006)와 함께 기원후 2세기 후반대로 내려 보는 견해(김일규 2007)가 있다. 와수리 철부 가운데 공(銎) 입구 외면에 2조의 철대(凸帶)가 있는 것은 부분만 남아 전체 형태를 잘 알 수 없지만 또 한 점은 철대가 없는 주조철부이다. 무철대 주조철부는 전한 말 왕망의 신대(新代)에 해당하는 요녕(遼寧) 흑성(黑城) 출토품이 있어 그 시기적인 위치를 짐작할 수 있는데, 왕망기 이후에 비로소 소형화된 2조 철대의 주조철부가 등장하는 점(村上恭通 1988)을 고려할 때 와수리의 2조 철대 주조철부 파편은 바로 그 무렵에 출현한 소형 2조 철대 주조철부일 가능성이 매우 높다. 이러한 주조철부는 이후 한반도 남부지역으로 확산되어 원삼국시대 전기에 주로 부장품으로 등

장한다. 와수리 철부의 연대를 김해(金海) 양동리(良洞里) 2호 목관묘나 함안(咸安) 말산리(末山里) 3호 목관묘와 같은 한반도 남단의 부장품화된 주조철부의 시기와 비교하여 늦추어 보는 것은 납득하기 어렵다. 또한 무경만입삼각철촉을 영남지역의 철촉 형태와 비교하여 그보다 늦은 것으로 간주하여 연대를 늦추는 점도 근거가 희박하다. 오히려 와수리 철촉이 가장 고식[24]의 형태라 할 수도 있으므로 적어도 영남지역에서 그러한 철촉이 나오는 시점보다는 선행하는 것으로 보아야 할 것이다. 이러한 점으로써 보면 와수리 26호 주거지의 역연대는 기원후 1세기대로 비정하는 것이 적당하며, 필자는 1세기 중엽 이전으로 잠정해 두고자 한다.

II 형식은 강릉 초당동(草堂洞) 강릉고(江陵高) 부지 1호 주거지(강원문화재연구소 2005) 및 안인리(安仁里) 2호(白弘基 1992)의 시기를 통해 출현 시점 및 존속기간을 알 수 있다. 강릉고 부지 1호 주거지에는 II 형식 심발과 함께 오수전(五銖錢)이 공반되었다. 이 오수전은 윤곽의 형태나 자체(字體)로 판단할 때 후한의 건무오수(建武五銖)(기원후 24년 주조)일 가능성이 높으므로 기원후 1세기 중·후반 무렵으로 비정할 수 있다. 안인리 2호 주거지에는 낙랑토기 호 2점이 공반되었는데, 이 낙랑토기는 가평 대성리 A-9 및 A-12호 주거지 출토품과 거의 같은 단계이다(도 2-III-7 참조). 대성리 A-9호 주거지의 시기를 3세기 1/4분기로 비정하는 견해(金一圭 2006)가 있으나 공반된 낙랑토기 호로 보아 2세기 전반경으로 올려 보아야 할 것이다. 최대동경이 동체 상부에 있어 어깨가 생긴 호는 낙랑 III기부터 나타나지만 대성리 출토품과 낙랑 IV기의 호와 매우 닮았다. 낙

24 최근 경기도 안성 만정리 유적에서 무경만입삼각철촉이 동일한 형태의 석촉, 동촉과 공반된 사례가 확인되었다. 현재까지는 이 철촉이 가장 이른 단계에 해당되며, 공반된 무경만입석촉이 점토대토기와 흔히 공반되는 점으로 미루어 그 시기는 기원전 100년경까지 소급될 가능성도 배제하기 어렵다.

랑 IV기는 1세기 말~2세기대(高久健二 1995)에 해당된다.

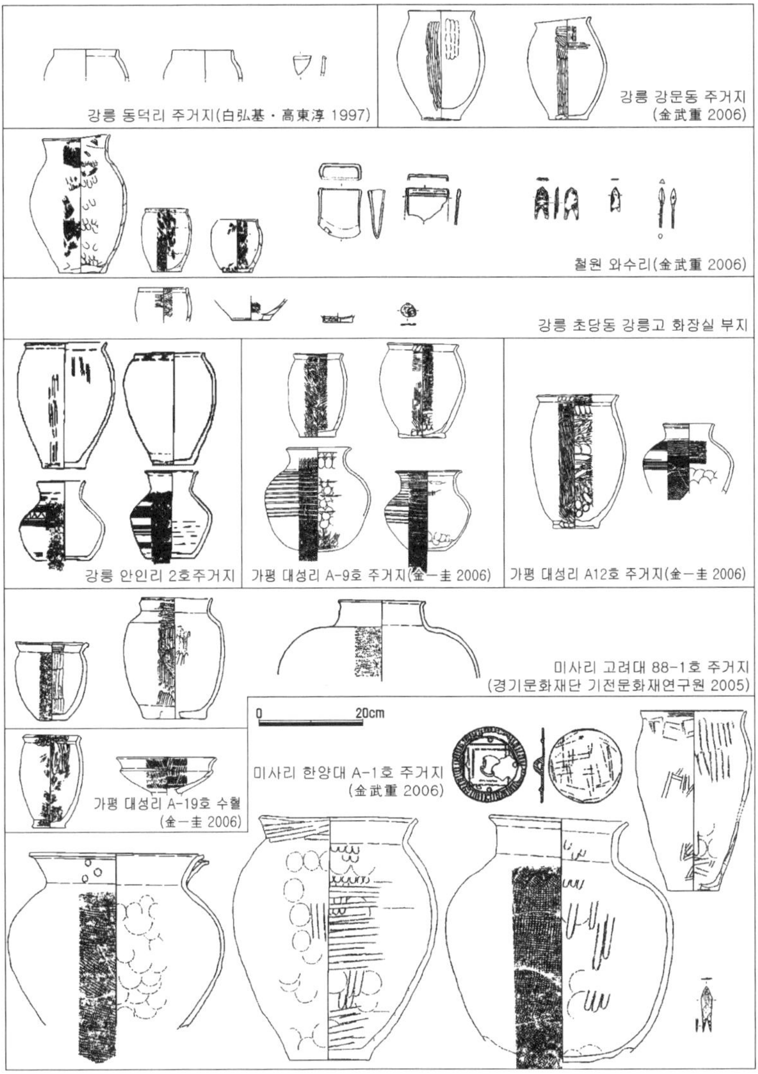

〈도 2-Ⅲ-7〉 경질무문토기 외반 구연 심발의 변천과 공반 유물

III 형식의 시점은 대성리 A-12호 주거지 및 대성리 A-19호(金一圭 2006) 출토품을 통해서 알 수 있다. 대성리 A-19호에서는 야요이(彌生) 후기 고배가 공반되었다. 이 고배의 시기에 대해 기원후 2세기 후반~3세기 초로 비정하는 견해(金武重 2006)와 3세기 1/4분기로 비정하는 견해(金一圭 2006)가 있는데, 이 고배는 북부 큐슈(九州)의 야요이 IV양식 고배이므로 그 시점은 150~200년(柳田康雄 1989) 사이의 어느 무렵이 되는데, 구연부의 외반 정도가 약한 점 등은 상대적으로 이른 특징이므로 200년 이후로 내려 잡을 수는 없고, 2세기 말경이 적당할 것으로 판단된다.

IV 형식의 출현 시점은 미사리 한양대 A-1호 주거지(裵基同·尹又埈 1994)의 연대를 통해 짐작할 수 있다. 이 주거지의 연대에 대해서는 2세기 후반으로 비정하는 견해(李在賢 1995)가 제시된 바 있으며, 최근에는 3세기 후반으로 늦춰보는 주장(金一圭 2007)도 있다. 앞서 자세히 살펴 본 바와 같이 필자는 기원후 200년을 전후한 무렵으로 비정하고 있다. 이 주거지는 동일한 형태의 격자타날 대호가 출토된 중원(中原) 하천리(荷川里) F-1호 주거지(尹容鎭 1984)와 거의 시간차가 없는 것으로 보아야 하는데, 하천리 F-1호 주거지에서는 또한 2세기 후반~3세기 초로 비정되는 포항(浦項) 옥성리(玉城里) 115호 목곽묘 출토 주조철부와 동일한 주조철부가 공반되어 200년을 전후한 시점보다 더 늦춰보기는 어렵다.

경질무문토기의 심발의 하한에 대해서는 아직 분명하지 않은 점이 많으나, 한강유역보다 강원 영동지역에서 더 늦게 지속되고 있는 것으로 드러난다. 강릉 안인리 1호 주거지에서는 IV 형식의 심발과 함께 광구장경호(廣口長頸壺) 2점이 나왔는데(도 2-III-8 참조), 이 토기는 4세기 전반~중엽으로 비정 가능하다. 이와 거의 같은 시점의 경질무문토기 심발은 강릉 강문동(江門洞) IV-1호 주거지에서도 확인되는데, 동체 상부가 결실되어 구체적인 형식은 알 수 없으나 격자문이 타날된 장란형토기와 함께 일본의 하지키(土師器) 호가 공반되어(도 2-III-9 참조) 4세기 중엽경(金武重 2006)으로 비정된다. 이러한 점으로 미루어 강원 영동지역의 경질무문토기 심발은 4세기 중엽경까지 지속되었던 것으로 볼 수 있다. 그러나 백제 국가 성립의 무대가 된 한강하류지역에서는 3세기대를 마지막으로 경질무문토기는 소멸되었을 것으로 보이며, 강원 영서지역을 포함한 한강상류유역이나 중서부지역의 경우도 대략 3세기 말·4세기 초 이후 소멸되었을 것으로 판단된다.

이로써 경질무문토기 외반 구연 심발 각 형식의 출현 시점 및 지속 기간을 정리하면 다음과 같다.

I 형식은 초기철기시대의 늦은 단계인 기원전 2세기 후반경에 이미 등장하였을 가능성이 있으나, 그에 대해서는 장차 양호한 근거자료를 기다릴 필요가 있으나 현재까지의 자료로 보는 한 영동지역이 영서지역 및 한강유역에 비해 다소 선행할 가능성이 있다. I 형식은 이후에도 안인리 2호 주거지 시점인 기원후 2세기 전반경까지 지속되고 있다.

II 형식은, I 형식만 나오는 철원 와수리 26호 주거지의 시기가 기원후 1세기 중엽경에 해당되는 점이나 초당동 강릉고 부지에서 후한 건무오수전과 공반되는 점 등으로 미루어 기원후 1세기 중·후엽경에 등장하는 것으로 볼 수 있다. II 형식 역시 지속 기간이 길어 2세기 전반경의 안인리 2호 주거지 단계까지 이어진다.

III 형식은 가평 대성리 A-12호 주거지 단계인 기원후 2세기 전반에 등장하여 2세기 중엽경에 걸쳐 확인되나, 지속 기간은 향후의 자료 증가에 따라 다소 길어 질 수 있을 것이다.

IV 형식은 2세기 후반경부터 등장하여 III 형식과 공존하는데, 강원 영동지역의 경우 4세기 중엽까지 지속되기도 한다.

③ 한강유역 및 중서부지역 원삼국시대 편년안

한강유역 원삼국시대의 편년은 일찍이 필자에 의해 I, II기로 구분한 바(朴淳發 1989) 있다. 경질무문토기(硬質無文土器), 타날문토기(打捺文土器), 회흑색무문양토기(灰黑色無文樣土器) 등 3가지 기술적유형(技術的類型)으로 구성된 토기상의 변화를 토대로 경질무문토기와 타날문토기 공존하는 전기(기원전후-200년)와, 경질무문토기가 소멸되고 타날문토기와 회흑색무문양토기로 구성된 후기(200-300년)로 구분한 것이었다. 그 후 자료의 증가와 더불어 원삼국시대 전기를 I기와 II기로 세분한 3분기 편년안이 제시되었다(李康承外 1996). 원삼국시대 I기는 경질무문토기 단순기로서 그 시작은 기원전 100년까지 소급 가능하고, II기는 경질무문토기와 타날문토기가 공존하는 토기상으로서 타날문토기의 등장은 기원전후로 잠정되며, III기는 심발형토기와 장란형토기 등 산화소성된 타날문토기가 등장하면서 경질무문토기가 소멸되는 토기상으로서 백제토기가 등장하는 250년경을 하한으로 한다는 것이었다.

이러한 수정 편년안에 대해, 그 연대관은 수용하면서 경질무문토기 단순기 설정과 관련해서 부정적인 입장을 제시한 견해(崔秉鉉 1998)가 있다. 원삼국시대 타날문토기의 계통이 전국계(戰國系)이고 그러한 전국계 타날문토기가 수용되는 계기가 세죽리·연화보유형(細竹里·蓮花堡類型) 문화의 서북한지역으로의 파급인데, 이 무렵 재지의 토기문화로 보이는 명사리형토기와 타날문토기 사이에 시차를 인정하기 어려우므로 한강유역의 경질무문토기는 처음부터 타날문토기와 공존하였다는 것이다.

〈도 2-Ⅲ-8〉 강릉 안인리 1호 주거지 출토유물(金武重2006 수정 게재)

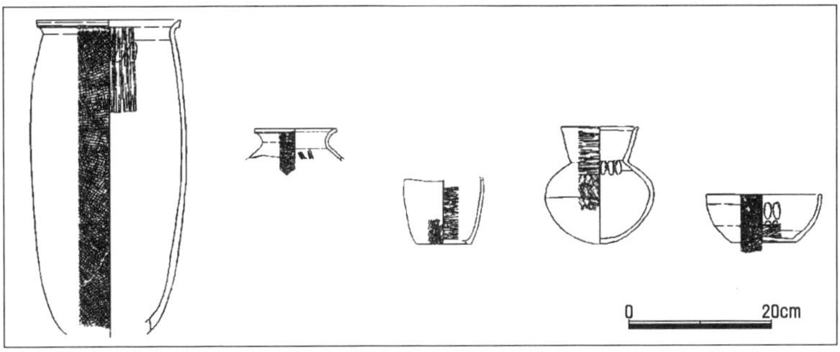

〈도 2-Ⅲ-9〉 강릉 강문동 Ⅳ-1호 주거지 출토 土師器 및 공반유물(金武重 2006 수정 게재)

명사리형토기의 시간적 위치에 대해서는 상술한 바 있지만 그러한 주장에 대해 다시 한 번 살펴보기로 하자. 필자는 명사리형토기는 크게 보아 세죽리에서 전국계 타날문토기가 나오는 이른바 '고대문화층' 이전에 해당되는 것으로서 기원전 3세기 말경으로 비정한 바(朴淳發 1993a) 있다. 전국계 철기문화가 파급되기 이전에 해당되는 요동반도의 윤가촌(尹家村) 하층(下層)문화와 연관시키는 견해(谷豊信 2002)나, 세형동검의 이른 단계에 병행하는 토기문화로 보는 견해(後藤直 1971) 등도 명사리형토기를 전국 철기문화 이전으로 보는 필자의 견해와 동일하다. 명사리형토기를 세죽리·연화보유형과 병행관계로 보기는 어렵다.

한편 전술한 있듯이 명사리형토기를 낙랑 설치 무렵 내지는 그 직후로 내려 보아야 한다는 주장(김일규 2007)도 있다. 그 근거는 명사리형토기가 늑도 유적 출토 옹관과 형태적으로 유사하다는 것인데, 남해안지역과 서북지역 사이를 연결할 수 있는 교차연대 자료가 불충분한 상황에서 남해안지역의 늑도(勒島) 유적의 연대관을 그대로 적용하는 것은 적절하지 않다.

명사리형토기의 한강유역 판이 곧 경질무문토기이므로 경질무문토기의 한강유역 등장 시점의 상한 연대는 위만조선의 성립시기인 기원전 200년을 전후한 무렵이 되나, 한강유역 및 주변지역에서 확인된 유적의 C14 연대와 함께 공반된 철기의 계통을 감안할 때 명사리형토기의 한강유역 출현 시점은 낙랑군 설치 이후로 봐야 할 것으로 판단하여 기원전 100년경을 경질무문토기 출현 시점으로 잠정하였던 것이다. 그러나 위에서 이미 보았듯이 점토대토기 유적에서 나타나는 토기상의 전개로 미루어 강원 영동지역의 경우 기원전 2세기 후반경까지 소급될 가능성도 배제할 수 없으며, 한강유역 역시 기원전 100년 이전으로 거슬러 올라갈 가능성이 있다.

경질무문토기가 한강유역에 출현한 이후 타날문토기가 추가될 때까지의 기간을 필자는 경질무문토기 단순기로 설정하였다. 그 근거는 당시까지 한강유역에서 확인된 유적 가운데 경질무문토기만 출토하는 예가 실재하기 때문이었다. 미사리 고려대 020, 022호 주거지(尹世英·李弘鍾 1994), 강릉 강문동 1호 주거지(池賢柄 1997), 중원 하천리 F-2호 주거지 등이 그에 해당된다. 경질무문토기 단순기에 해당되는 주거지의 평면형태가 경질무문토기 출토 주거지 가운데 가장 이른 단계에 해당하는 것으로 보고 있는 평면 장방형계(尹世英·李弘鍾 1994 ; 池賢柄 1996 ; 2000)라는 점 역시 단순기의 설정을 뒷받침하는 것이다.

그런데 경질무문토기 단순기에 대해, 토기 형식에 대한 검토 없이 미리 상한과 하한을 정해 놓은 채 경질무문토기만 출토하는 유적을 단순기로 취급하거나 시기를 올려보려는 경향이 강하다는 비판(김일규 2007)이 있다. 경질무문토기 자체에 대한 구체적인 변화 양상을 자세히 검토하지 못한 점은 인정되나, 이는 당시까지 알려진 자료의 한계에 기인된 것이기도 하다. 이러한 문제점을 보완하기 위하여 전술한 바와 같이 경질무문토기 외반구연 심발의 형식분류와 함께 그 역연대를 다시 비정한 것이다.

경질무문토기 단순기는 존재하며, 그 하한 시점은 철원 와수리 26호 주거지 시기로 볼 수 있다. 와수리 26호 주거지의 역연대는 전술한 바와 같이 기원후 1세기대로 비정하는 것이 적당한데, 그 가운데서도 1세기 중엽 이전으로 비정해 둔다.

다음은 한강유역에서 타날문토기의 출현시점에 대한 문제이다. 기존의 필자 편년안에서는 타날문토기는 기원전후 시점에 등장하는 것으로 보았다. 이와 관련해 주목되는 것이 영남지역에서의 타날문토기가 등장하는 시점이다. 대체로 기원후 1세기 전반대이에 타날문토기가 등장하고 있는데, 그 출현의 계기는 낙랑지역으로부터 파급된 평저(平底) 단경호와 같은 타날문토기의 제작기술의 유입일 가능성이 크다. 한강유역 역시 낙랑지역으로부터의 타날문토기 제작기술의 영향을 받아 자체 제작되었을 것으로 보아야 할 것이다.

한강유역에 낙랑의 영향이 미치는 시점을 알 수 있는 고고학자료는 가평 달전리 유적이다. 목곽묘에서 출토된 내형기법으로 만들어진 화분형토기와 복(卜)자형 철극(鐵戟)이 단서가 된다. 달전리와 비교될 수 있는 내형기법 화분형토기 출토예는 정백동(貞柏洞) 62호 이혈합장 목곽묘, 정백동 81호 목곽묘, 정백동 84호 동혈합장 목곽묘(이상 사회과학원 고고학연구소 전야공작대 1978), 단장 목곽묘인 부조예군묘(夫祖薉君墓)(리순진 1974b) 등이 있다. 이들은 낙랑 I~ III기에 해당되는 것으로 기원전 1세기 전반~기원후 1세기대로 비정된다(高久健二, 1995). 卜자형 철극 유례(類例)는 정백동 53호 이혈합장목곽묘(사회과학원 고고학연구소 전야공작대 1978), 황주(黃州) 순천리(順天里) 상동 목곽묘(과학원출판사 1959), 석암리(石巖里) 1호 목곽묘, 석암리 9호 목곽묘(사회과학원 고고학연구소 1983) 등이 있다. 황주 순천리에서는 동종(銅鍾), 즉 대부동호(臺附銅壺) 1점이 공반되었는데, 전체 형태나 제작수법이 평양 선교리(船橋里) 출토 영광3년(永光三年 : 기원전 41년)명 한(漢) 효문묘(孝文廟) 동종과 유사하여 기원전 1세기 중·후엽경으로 볼 수 있으며, 정백동 53호는 낙랑 II기, 석암리 9호는 낙랑 III기에 해당하여 대략 기원전 1세기 후반~기원후 1세기대인 낙랑 II~III기에 걸쳐 있다. 卜자형 철극과 내형기법 화분형토기가 함께 나온 부조예군묘는 기원전 1세기 말~기원전후로 비정될 수 있다. 부조예군묘의 피장자는 "부조장인(夫租長印)" 동인(銅印)과 "고상현인(高常賢印)" 은인(銀印)이 공반된 정백동 2호분(사회과학원 고고학연구소 1983)의 피장자의 경우와 유사한 역사적 배경으로 평양지역에 이주한 것으로 보고, "영시3년(永始三年 : 기원전 14년)"명 청동 개궁모(蓋弓冒)가 출토된 정백동 2호와 거의 같은 시점으로 비정(리순진 1964)할 수 있다.

이와 같은 점들을 고려할 때 가평 달전리 목곽묘는 기원전 1세기 말~기원후 1세기 전반경으로 비정할 수 있을 것이다. 이 무렵은 왕망의 신나라와 대체로 일치하는 것인데, 그러한 정치적 변환기를 맞이하여 낙랑지역으로부터 다수의 군현민이 한반도 남부 토착사회로 유입되었던 것으로 이해되며, 이러한 과정을 통해 타날문토기 제작기법이 한강유역에 수용되었을 가능성이 높다.

한강유역에 처음 등장하였을 타날문토기의 모습은 영남지역의 그것과 대체로 유사할 것으로 추정되는데, 그 내용은 <도 2-III-10> 과 같다. 영남지역에 초출하는 평저 단경호에는 승문(繩文)이 타날된 것인데, 동최대경이 하반부에 있는 등의 특징이 나타난다. 이어서 기원후 2세기 이후가 되면 동최대경이 거의 동체의 중심에 있으면서 격자문(格子文)이 타날된 새로운 타날토기가 등장한다. 격자타날의 등장 계기를 낙랑 등 군현지역으로부터의 새로운 제도기술의 파급으로 이해하고 있으나(李盛周 1999 ; 安在皓 2000), 그 근거로 여겼던 토성동 45호 출토 격자문토기는 낙랑지역에서 제작된 것이 아니라 중국의 강남지역에서 수입된 것으로 보아야 한다는 지적(鄭仁盛2006)이 있어 이 무렵의 타날문토기 출현 배경에 대한 검토가 과제로 남아 있다.

한강유역에는 아직까지 초현기의 승문 타날토기는 확인되지 않고 있으나 2세기대로 볼 수 있는 예로는 가평 대성리 A-9호 주거지 출토품(도 2-III-7 참조), 미사리 고려대 88-1호 주거지(尹世英·李弘鍾 1994) 출토품(도 2-III-7 참조) 등이 있다. 대성리 A-9호 주거지의 시기는 앞서 이미 검토한 바와 같이 전술한 바와 같이 2세기 전반경으로 비정된다. 이 시점은 『삼국지』 동이전 한조에 의하면 이 무렵은 후한의 통제력이 점차 약화되어 낙랑지역으로부터 토착사회로 유이민이 유입되는 이른바 '환령지말(桓靈之末)'의 시기이다. 이러한 사태는 공손강(公孫康)이 건안(建安) 연간(196~220)에 둔유현(屯有縣) 이남의 황무지를 분할하여 대방군(帶方郡)을 창설하면서 일단락된다.

미사리 고려대 88-1호 주거지 출토 승문 타날 호는 대성리 A-9호 승문 타날호 다음 단계에 해당되는 것인데, 이 토기의 시점에 대해 필자는 2세기 전반경으로 비정한 바(朴淳發 2004c) 있으나 대성리와 시차를 고려할 때 아무래도 2세기 중엽으로 비정하는 것이 적당할 것으로 판단된다.

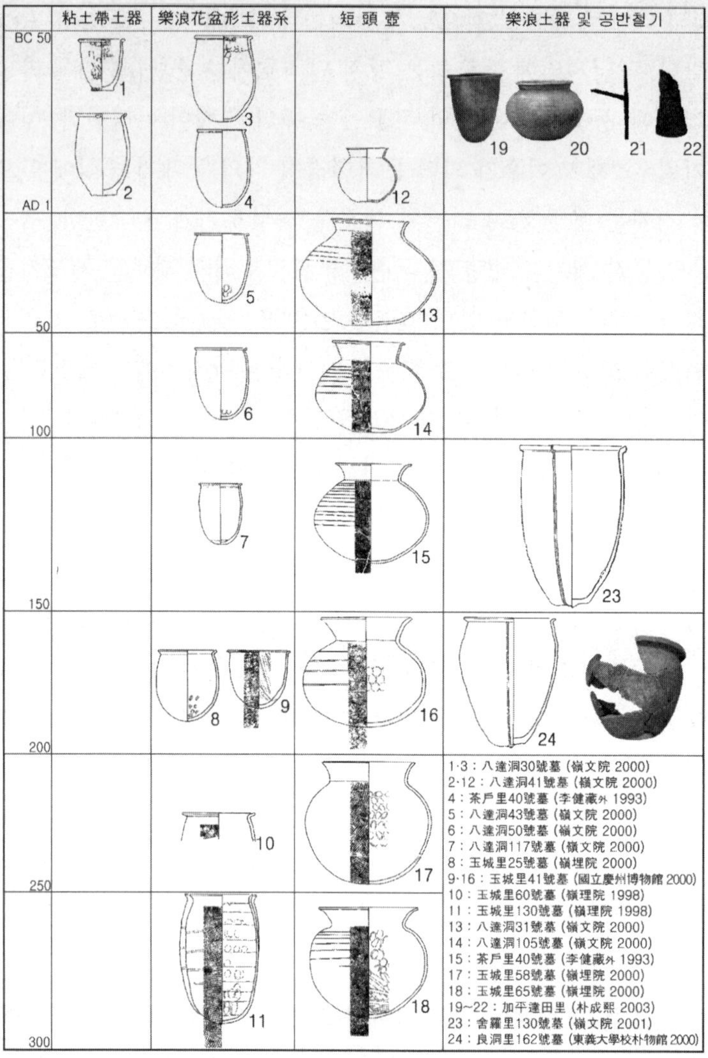

〈도 2-Ⅲ-10〉 영남지역 원삼국시대 단경호 및 자비용기의 변천

〈표 2-Ⅲ-3〉 한강유역 및 중서부지역 원삼국시대 편년안

분기		역연대	토기상	주요유적
원삼국 Ⅰ기		BC100 AD1~50	경질무문토기 (한대 철기)	가평 달전리 목곽묘 철원 와수리 26호 주거지
원삼국 Ⅱ기	1	AD150	경질무문토기 승문타날 단경호	가평 대성리 A-9호 주거지 미사리 고려대 88-1호 주거지
	2	AD 200	경질무문토기 격자타날 호류	미사리 한양대 A-1호 주거지
원삼국 Ⅲ기	1		경질무문토기 : 발, 평저 시루 격자타날 : 심발형토기,유경호류	중원 하천리 F지구 1호, 화성 발안리 1호 등 주거지. 천안 청당동 20호 묘
	2	AD 225	경질무문토기 : 발, 원저 시루 격자타날 : 심발형토기, 장란형 토기, 유경호 평행타날 호류	청주 명암동1호주거지 청주 송절동93B-1,2,3호 묘 공주 장원리 19호 묘 진천 요지 1단계.
	3	AD250	격자타날 : 장란형토기, 심발형 토기 승문타날 : 장란형토기, 심발형 토기(한강류역) 승문+격자타날 : 심발형토기, 원저시루(한강류역) 평행타날+격자 단경호 평행타날 단경호 락랑계 토기	풍납토성 나-8호·가-2호 주거지 청주 명암동 99-5호 주거지 파주 주월리 96-7호 주거지 중도 1·2호 주거지 청원 송절동 93A-6호 묘 화성 기안리 유적 중도, 양평리 1, 2호, 연천 학곡리 등 즙석식적석묘
한성 Ⅰ기			승문+격자 : 장란형토기 승문타날 : 심발형토기(깎기수법), 평저 시루 평행타날 단경호, 심발형토기 한성양식 기종 등장 : 고배, 직구단경호, 흑색마연 직구광견호 등	도화리 즙석식적석묘 송대리 6호 묘 진천 요지 2~5단계 마하리 목곽묘, 가락동 2호분 등 봉토목관묘 풍납토성, 몽촌토성

격자타날 토기는 기원후 200년 전후 무렵인 미사리 한양대 A-1호 주거지에서 처음으로 확인된다(도 2-III-7 참조). 격자타날이 영남지역에서는 2세기 후반부터 나타나고 있는 점에 비추어 미사리 A-1호 단계보다 이른 시점의 격자타날토기가 장차 확인될 가능성은 높다. 한강유역 원삼국시대의 타날문토기는 가평 달전리로 대표되는 낙랑 유이민에 의해 유입된 승문 타날토기 제작기법의 현지화를 계기로 출현하여 이후 2세기 중엽경까지 지속되다가 2세기 후반의 어느 무렵부터 격자문 타날토기가 유행하기 시작하였던 것으로 이해된다.

한강유역 원삼국시대의 마지막 단계는 심발형토기와 장란형토기와 같은 새로운 자비용기의 등장을 시작으로 한다. 이러한 신 기종은 전술한 미사리 A-1호 주거지에서는 없었으므로 기원후 200년 이후에 출현하였을 것으로 보인다. 한강유역에서 자비용기에 타날문이 나타나는 시기는 중원 하천리 F지구 1호 주거지 단계이다. 경질무문토기 심발과 동일한 기형에 격자문이 타날된 것으로서 심발형토기가 경질무문토기 심발과 공반되고 있다. 하천리 F 지구 1호 주거지의 시간적 위치에 대해 종래 필자는 공반 철기의 연대를 참고하여 대략 기원후 2세기대로 비정한 바(朴淳發 1989) 있으나, 이는 당시까지 알려진 자료의 한계에 말미암은 잘못이다. 이 주거지 출토 격자 타날 대호(大壺)는 전술한 미사리 A-1호 주거지 출토품과 거의 같으나 약간 동체가 길어졌다. 이러한 점으로써 미사리 A-1호 주거지보다 병행하거나 약간 늦은 3세기 초 무렵으로 비정할 수 있다.

심발형토기 등의 등장으로 경질무문토기는 점차 소멸의 길로 접어들게 되지만, 백제 국가 성립의 무대가 되었던 한강하류 이외 지역에서는 경질무문토기가 얼마동안 더 지속되었던 것은 전술한 바와 같다. 이상 검토한 한강유역의 기존 필자의 편년안에 대한 보완사항을 요약하면 <표 2-III-3>과 같다.

(3) 풍납토성과 몽촌토성의 축조 시기

① 풍납토성 축조 상한 연대

풍납토성은 평면 형태가 가운데가 부풀은 타원형에 가까운 장방형으로 성벽 전체 길이가 3,470m에 이른다. 1925년 대홍수로 인해 한강에 가까운 서쪽 성벽이 거의 유실되어 남아 있으나 나머지 성벽은 비교적 원상을 유지하고 있다. 성벽 기저부의 최대폭이 43m, 남아 있는 성벽의 최대 높이는 약 11m로서 성 내부의 면적은 약 759,000㎡(약 230,000평)에 달한다. 이러한 성의 규모는 동시대 경주 월성(月城 : 성벽 총연장 1,841m), 집안(集安) 국내성(國內城 : 성벽 총연장 2,686m), 평양 낙랑토성(樂浪土城 : 성벽 총연장 1,935m) 등을 능가하는 규모이다. 1925년 대홍수 시에 청동초두(靑銅鐎斗) 등 유물이 출토되어 주목을 받았으나, 1964년 고 김원용의 주도로 서울대학교 고고학과가 한 차례 발굴조사 한 이후 1997년도 아파트 건립 공사장에서 우연히 백제 유물포함층이 다시 확인되기 전까지 관심에서 멀어져 있었다. 2008년 현재 풍납토성 내부 혹은 인접지점에 대한 발굴조사가 이루어진 곳은 모두 11개 지점에 이르는데, 이는 성 내부 전체 면적의 약 10%에 해당된다.

그간의 발굴 조사 성과 가운데 이 성의 축조 시점을 알려주는 것은 풍납토성 축조 이전에 있었던 환호취락의 존재와 성벽 절개조사 결과이다. 환호에 폐기된 토기와 성벽 축조토에 혼입된 토기 가운데 주목되는 것이 심발형토기이다. 이는 한강유역 원삼국시대 III기에 처음으로 나타나는 것이므로 환호가 폐기되고 난 뒤에 쌓은 성벽은 결코 3세기 중엽 이전보다 이를 수는 없다. 그 이후 구체적으로 어느 때에 축조되었는지를 특정하는 것은 현재의 자료로서는 어렵지만 적어도 3세기 중엽을 소급할 수 없음은 분명하다.

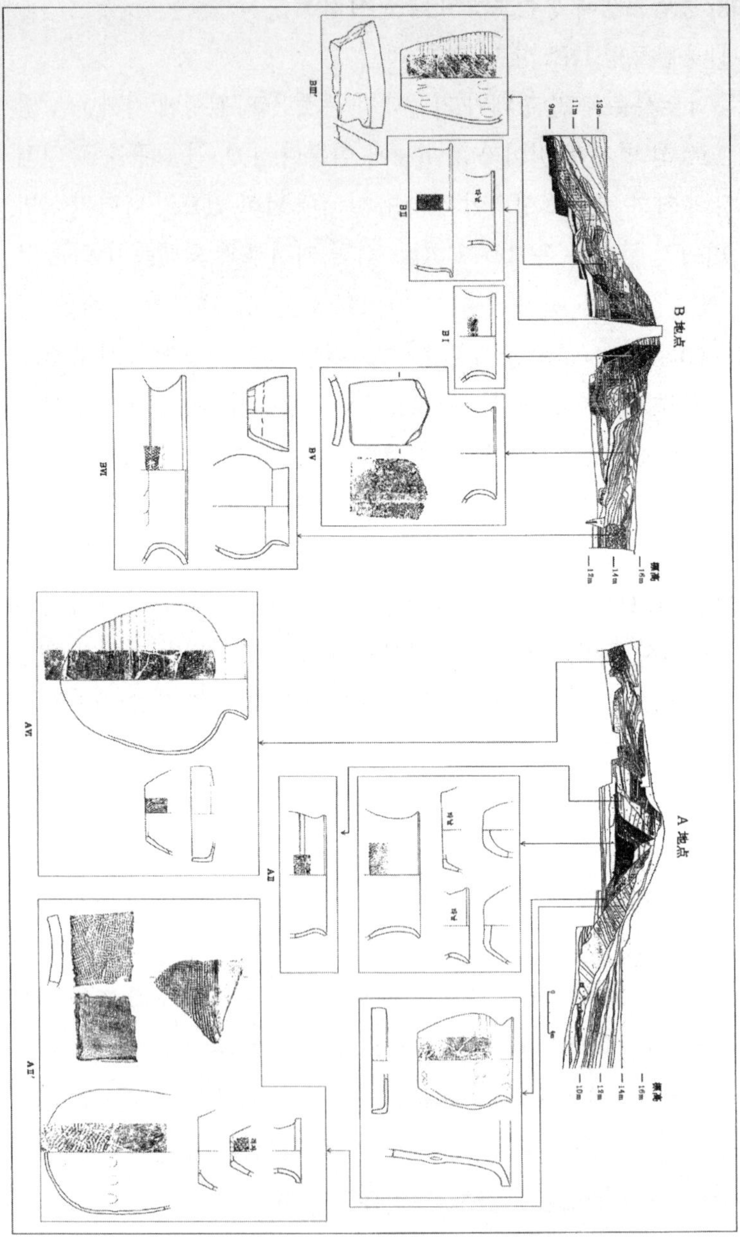

〈도 2-Ⅲ-11〉 풍납토성 성벽 절개 지점 출토 유물

② 몽촌토성 축조 시점

몽촌토성은 『고려사(高麗史)』, 『신증동국여지승람(新增東國輿地勝覽)』 등 조선 전기의 문헌기록에 "몽촌(夢村)"이라는 지명과 함께 "고원성(古垣城)"으로 기록되어 있었으나, 학계에 소개된 것은 1916 ~1917년 조선총독부 식산국(殖産局) 산림과에 의해 실시된 전국 임야에 남아 있는 고적 조사(朝鮮總督府 1942)였다. 1975년 고 이기백(李基白)에 의해 하남위례성 후보지로 거론된 것을 계기로 학계의 주목을 받으면서 마침내 1988년 서울 올림픽 준비 과정에서 1983~ 1989년에 걸쳐 발굴조사가 이루어졌다. 자연 지형을 최대한 활용하여 다짐 성토 방식으로 축조한 성벽은 전체 길이가 2,285m, 성벽의 높이 12~17m이며, 성내의 총면적은 216,000㎡(약 67,400평)으로 확인되었다.

몽촌토성의 축조 시점은 1985년도 발굴조사시 동북지구 성벽 절개지점의 동서 탐색갱(N11E12-14)에서 확인된 성 내측 퇴적토에서 출토된 전문도기(錢文陶器)를 근거로 대략 3세기경으로 비정한 바(夢村土城發掘調查團 1985) 있으며, 1988년도 조사 후 토기에 대한 검토를 통해 3세기 말·4세기 초엽경(金元龍·任孝宰·朴淳發 1988)에 축조된 것으로 보았다. 이러한 연대관은 그간 다수의 연구자들에 의해 수용되어 왔으나, 동남지구 성토층(S14E22 지점)에 혼입된 토기를 근거로 몽촌토성의 축조 상한 연대를 4세기 중엽 이후로 비정하는 것이 타당하다는 주장(申鍾國 2002)도 제기되어 재검토의 필요가 있다.

먼저, 동북지구 성벽 절개지점 출토 전문도기에 대해 살펴보기로 한다. 전문도기편은 성벽이 침식되어 성내측에 쌓인 퇴적토 속에서 출토되었으므로 성벽의 최초 축조 시점은 전문도기의 폐기 시점보다 이른 것이 된다(도 2-III-13의 A 지점 참조). 전문도기는 3세기 중엽 경부터 4세기 1/4분기까지 중국의 장강(長江) 중하류지역에서 성행하던 것으로 알려져 있는데, 풍납토성·몽촌토성 등 백제지역 전문도기의 시기를 동진대로 보는 견해(賀雲翺·馮慧·李洁 2008)를 감안하면 4세기 초·전반으로 내려올 수도 있다. 토기나 도자기의 내용(耐用) 기간이 그리 길지 않을 것이므로 대체로 4세기 전반경 이후에 성벽 내부 폐기되었을 가능성이 높은데, 이 시점을 성벽의 축조 하한 연대가 될 수 있다.

몽촌토성의 초축 시점을 4세기 중엽 이후라고 주장의 근거는 동남지구 S14E22 지점에서 확인된 성토층 출토품이다. 이 지점은 망루지(望樓址)의 흔적으로 추정되는 동남지구 토단(土壇)으로부터 약 40m 가량 성내측으로 들어온 지점이어서 성벽의 내측에 해당한다(도 2-III-12의 B 지점 참조). 여타의 성벽 절개 지점에서는 성벽 축조토 속에 유물이 혼입된 예는 없었던 점에 비추어 보면 이 지점은 성의 수즙(修葺)과 관련하여 성토가 이루어진 것으로 보아야 한다. S14E22 지점 성토층 혼입 유물은 <도 2-III-12>의 B지점 출토품들이다. 그 가운데는 중국 남조(南朝) 청자병편을 비롯하여 승문계 심발형토기 등 비교적 늦은 시점의 유물들이 포함되어 있다. 청자병은 잔존한 목의 길이가 5cm를 넘는 세장한 목의 형태로 보아 5세기 이후로 비정된다. 따라서 이 지점의 성토 시점은 몽촌토성의 초축 시기라 주장한 4세기 중엽보다 늦다.

현재까지의 알려진 고고학자료로 볼 때 몽촌토성의 초축 시점은 그 하한 연대만을 말할 수 있다. 전문도기의 연대 비정 결과와 연동되지만, 늦게 보는 입장을 따라도 4세기 전반 이전에 축조되었다. 그리고 5세기 초·전반경에 적어도 한 차례 수리가 있었다.

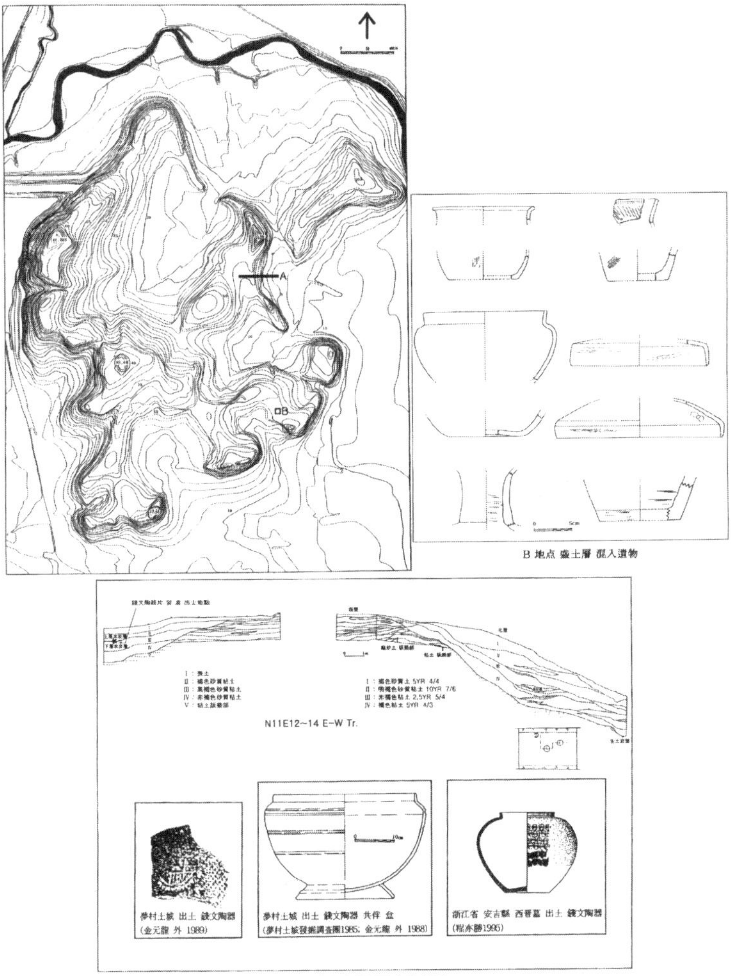

〈도 2-Ⅲ-12〉 몽촌토성 축조 시점 비정 관련 자료

2. 풍납토성의 구조와 주요 유구의 성격

(1) 풍납토성의 공간 구성

1925년 대홍수 시에 용수병수제각청동초두(龍首柄獸蹄却靑銅鐎

斗) 1점, 횡장병수제각청동초두(橫長柄獸蹄却靑銅鐎斗) 1점, 금동과대금구 등 유물이 수습되어 백제의 하남위례성으로 비정하는 일본인 아유카이(鮎貝房之進 1934)의 견해가 제기되었으나, 『삼국사기』 백제본기 책계왕(責稽王) 즉위년(286) 기사에 나타나는 고구려 공격에 대비한 방수성(防戍城)인 "사성(蛇城)"으로 보는 견해(李丙燾 1939)가 지배적이었다. 이런 가운데 1964년 10월 19일~11월 4일까지 17일간에 걸쳐 서울대학교 고고인류학과 김원용 교수에 의해 성내부에 대한 탐색조사(金元龍 1967)가 실시되었다. 이 조사를 통해 백제시대 생활층의 존재가 부분적으로 확인되었다. 이를 근거로 평상시에는 일반민이 살고 있었던 반민반군적인 읍성일 것이라는 견해를 제기하는 한편, 『삼국사기』 개로왕 21(475)년조의 한성 함락과정에 등장하는 왕도의 '북성'으로 비정하고 있어 사성설을 사실상 수용하지 않고 있다. 당시까지의 고고학 편년관에 의해 토성의 축조연대를 "삼국사기의 기록대로 그 초축을 기원전 제1세기경으로" 추정하였다. 나아가 당시 기사내용을 그대로 믿을 수 없다는 것이 학계의 상식으로 통하였던 백제 및 신라의 건국 관련 『삼국사기』 기사에 대한 신빙 가능성을 제기하고, 고고학 편년체계 상에 '원삼국시대' 개념을 주창하게 된다. 삼국사기의 기록상으로는 백제나 신라가 건국한 것으로 되어 있으나 아직 완전한 국가에는 이르지 않은 국가성립의 과도기라는 의미다.

풍납토성을 군사적 성격의 방수성이 아닌 도성의 대성이었던 북성, 즉 일반인들도 함께 기거하던 곳으로 이해하는 실마리는 이 때 이미 찾았으나 본격적인 조사는 다시 약 30년의 기간이 경과한 1997년에 아파트 공사를 위한 터파기 공사과정에서 백제시대 유구와 유물이 고스란히 남아 있음을 확인한 다음부터였다. 앞서 2장 I절에서 자세히 살펴본 바와 같이 풍납토성은 한성기의 도성 가운데 하나임이 분명하다. 그러므로 여기서는 성문의 배치, 성내부의 공간 구획 등 도성의 전반적인 구조를 중심으로 살펴보기로 한다.

① 성문의 배치

현재 풍납토성에는 북성벽에 1개소, 동성벽에 4개소 등 통로가 있으나 일찍이 홍수로 유실된 서성벽의 사정은 알 수 없으며, 남성벽에는 통로가 없다. 지금의 통로가 모두 당시의 성문이 아님은 물론이지만, 당초의 성문이 후대의 통로로 이용되는 예는 흔히 있으므로 우선 이를 주목할 필요가 있다. 그런데 현재의 북성벽 통로는 1937년도에 발행된 풍납토성 안내 평면도(京城電氣株式會社 1937) 상에서는 확인되지 않는다. 1964년 내부 포함층 조사시에 확인한 성벽 평면도 상에 처음으로 통로가 표시되어 있으나, 성내에 주민들이 거주하면서 그들에 의해 만들어진 것이다(金元龍 1967). 한편 동성벽의 통로는 1937년도 평면도 상에는 3개소가 관찰되며, 1964년 시점에 작성된 실측도 상에서도 3개소가 보이나 보고서의 설명에서는 거의 등간격으로 4군데가 크게 뚫려 있다고 한다. 이들은 북벽의 경우와 달리 원래부터 있었던 통로라 하므로 4개의 성문 흔적으로 추정된다. 요컨데 풍납토성에는 동벽에 4개의 성문이 있었으며, 남벽과 북벽에는 성문이 없었다.

서성벽의 경우는 2006년도 발굴조사를 통해 전체 서성벽의 대략 중간 위치에서 성문으로 추정되는 유구가 1개소 확인되었다. 아직 보고서가 미간이어서 확실한 내용은 알 수 없으나 조사지점 일대에는 안팎 2개의 성벽이 있었을 것으로 추정되어 외성벽은 성문을 둘러싸는 옹성 기능을 하였을 것으로 판단된다. 발견된 서성벽 성문은 동성벽의 성문과 대체로 대응하고 있는 점으로 보아 원래 서성벽에도 동성벽의 경우와 마찬가지로 4개소에 성문이 있었을 가능성이 높다. 현 단계에서는 어디까지나 추정의 범위를 벗어나기 어렵지만 가설적인 성문의 배치를 도상으로 제시해보면 <사진 2-III-2>와 같다.

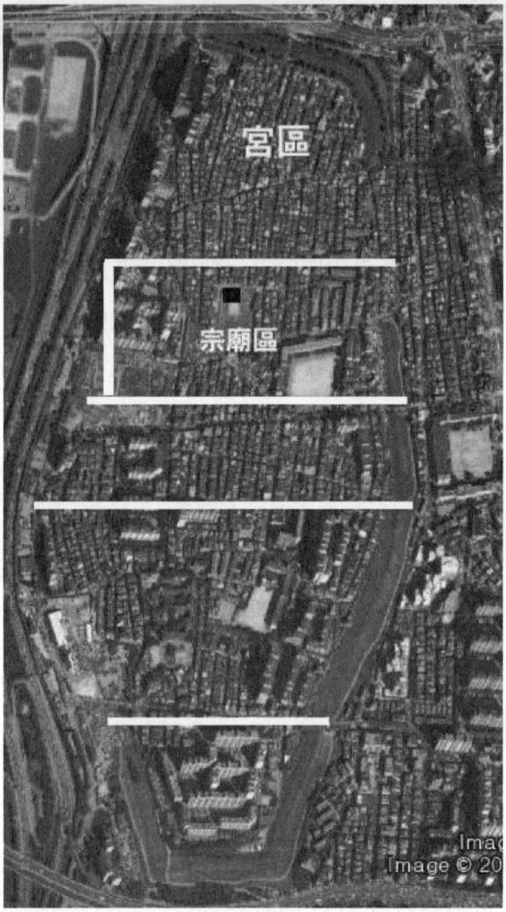

〈사진 2-Ⅲ-2〉 풍납토성 성문의 배치와 내부 공간 구획 추정도
(구글 위성사진을 이용하여 필자 작성. 검은 사각형 표시는 경당지구 44호 건물지임.)

② 도로와 성내 공간 구획 양상

성문의 배치와 성내의 도로망은 밀접한 관련이 있음은 물론이다.

동성벽의 성문을 편의상 북쪽으로부터 동1문, 동2문, 동3문, 동4문이라 하고 서성벽에도 그에 대응하는 문이 있을 것으로 추정한다면, 동2문과 대응되는 것이 전술한 서성벽에서 발견된 문이므로 이는 서성벽 제2문에 해당된다. 인접한 지점에서 도로유구도 확인되었는데, 최근까지의 발굴조사 결과를 종합해 보면 서성벽과 병행하게 남북으로 진행되는 도로와 서성벽 제2문에서 동성벽 제2문으로 연결되는 도로가 이 지점에서 ╠ 모양으로 교차하고 있었던 것으로 이해된다. 도로면에는 잔자갈이 깔려 있는데, 그 폭은 약 5m 가량 된다(사진 2-Ⅲ-3 참조).

〈사진 2-Ⅲ-3〉 풍납토성 Ⅱ 구역과 Ⅲ 구역을 가르는 동서 도로 모습

남북도로는 위의 지점이외에 더 이상 추정할 자료가 없으나, 전술한 동서방향의 도로가 각각 동서의 대응 성문을 연결하고 있었을 가능성이 매우 높으므로 4개의 동서도로가 성내에 개설되었을 것으로

추정해 볼 수 있다. 그렇다면 성내의 공간은 이들 4개의 동서도로에 의해 모두 5개의 구획으로 구분되었을 가능성이 높다. 편의상 북쪽부터 I 구역, II 구역, III 구역, IV 구역, V 구역이라 부르고자 하며, 현재까지 각 구역에서 확인된 유구나 유물의 내용을 통해 그 성격의 일단을 추정해 보기로 한다.

먼저, 1999년도 조사에서 확인되었으나 미처 조사를 완료하지 못한 채 복토되었다가 2008년에 다시 조사된 대형건물지인 경당지구 44호 건물지가 주목된다. 자세한 내용은 장차 발간될 보고서를 기다려야 하겠으나 필자가 현장에서 실견한 바를 토대로 보면, 이 건물지의 평면형은 일반적인 한성기 백제 주거지와 동일한 '몸' 자형이지만 수혈식인 일반 주거지와 달리 바닥면을 당시의 구지표면 상에 축조한 지상식 건물이다. 입구에 해당하는 전실은 폭이 약 5m 가량, 길이 6m 가량 되며, 후실은 북쪽부분이 현대 건물의 콘크리트 옹벽에 의해 차단되어 길이는 확인할 수 없으나 남아 있는 부분은 약 18m 이고 폭은 18m 가량 되는 매우 큰 규모의 건물로서 주위에는 폭 1.5m, 깊이 1m 가량 되는 도랑을 돌려놓았다(사진 2-III-4 참조). 도랑의 바닥에는 판석을 깔았고 도랑의 양벽은 판재를 대어 마감하였던 것으로 보인다.

특이한 구조와 규모로 미루어 보면 일단 일상 거주용 건물은 아닐 것으로 추정되는데, 남쪽으로 바로 인접한 지점에 위치한 경당지구 9호 제사유구(權五榮·權度希·韓志仙 2004)와 성격이 유사한 제의용 건물로 추정된다. 출토유물이 거의 없어 정확한 시기 비정이 어려우나 대체로 한성 I기에 해당될 것으로 보인다. 정확한 성격에 대해서는 장차의 연구를 기다려야 할 것이나 도성 내부에 위치한 건물에서 이루어진 제의라면 종묘(宗廟) 등과 관련된 것일 가능성이 있다. 『삼국사기』 백제본기에는 동명묘(東明廟)나 국모의 사당 등이 보이고 있으므로 종묘의 존재는 충분히 상정할 수 있다.

〈사진 2-Ⅲ-4〉 풍납토성 Ⅱ 구역 경당지구 44호 제의 건물지 모습
(북에서 남으로 봄)

종묘는 궁과 더불어 국가의 핵심적인 시설인데, 중국의 역대 왕조의 경우를 참고하면 춘추시대 이전에는 종묘와 궁이 모두 궁성(宮城)의 내부에 위치하는 이른바 궁묘(宮廟) 일체형 배치를 보이지만 그 이후 종묘는 궁과 분리되어 궁성의 외부에 배치되는 것이 원칙이다. 이러한 점을 감안할 때 백제의 경우도 종묘는 궁전 구역 밖에 위치하였을 것으로 추정된다. 따라서 44호 건물지가 종묘라 한다면 이를 통해 왕궁의 위치도 추정해볼 수도 있다.

중국 전한(前漢) 전기의 경우 종묘는 도성에 위치한 대묘(大廟), 지방의 군현이나 제후국의 치성(治城)에 위치한 군국(郡國) 종묘, 그리고 무덤에 위치한 원묘(原廟) 등으로 나뉘어 설치되어 있었으나 비용과 제사의 번잡함 때문에 원제(元帝기원전 49~기원전 33년) 대에 군국 종묘는 철폐되고, 이후 도성의 대묘 혹은 태묘(太廟)가 종묘의 중심이 된다. 종묘에 입사(入祠)되는 대상에 대해서는 논의가 분분하였으나 황제의 경우 7묘(廟)가 대세로 자리 잡게 되었다. 왕망(王莽) 대에는 9묘제가 일시 시행되기도 하였으나 동한(東漢)에 들어 다시 7묘제로 회복되어 이후 정착되었다. 한편 7묘를 각기 따로 단일 건물로 분산하는 이른바 이건(異建) 방식과 동일 건물에 두되 묘실만을 달리하는 동당이실(同堂異室) 방식을 놓고 이견이 분분하였으나, 동한대에 동당이실이 처음으로 한 차례 시도된 이후 약간의 우여곡절을 거친 뒤 서진대(西晉代)부터 일묘 동당이실제가 정착된다. 태묘의 위치를 보면, 한 장안성의 경우는 성 밖의 남쪽에 두었고, 조위(曹魏) 낙양성에서는 궁성의 정문에서 남으로 이어지는 중축선 도로의 동쪽에 위치하고 있다. 태묘의 서쪽 맞은 편에는 사직(社稷)이 위치한다(傅熹年 2001).

전술한 바와 같이 삼국사기 등의 기록에 보이는 동명묘나 국모묘(國母廟)가 각기 이건된 것인지 혹은 동당이실이었는지는 잘 알 수 없으나, 동명묘는 온조왕 원년에 "입동명왕묘(立東明王廟)"하였고 국모묘는 온조왕 13년에 국모가 죽은 뒤 그 4년 후에 "입묘(立廟)"하였다는 표현으로만 본다면 적어도 국모묘는 동명묘와 별도로 세워진 이건방식이었을 가능성이 있다. 그러나 그 이후 역대 왕들의 묘도 그러한지는 이로써만 판단하기 어렵다. 이건 방식이라 하더라도 도성내의 특정 구역에 모여져 있었을 것이므로 44호 건물지가 종묘라면 그것이 구체적으로 동명묘이든 국모묘이든 이 일대가 당시 백제의 대묘가 위치한 장소로 보아도 좋을 것이다. 그렇다면 왕궁은 그 북쪽에 위치하고 있을 것으로 볼 수 있는데, 앞서 본 공간구획 추정도 상에서 보면 44호 북쪽에는 동성벽 1문에서 서성벽의 제1문으로 연결되는 추정 동서도로가 위치하게 되므로, 이 도로를 경계로 그 북쪽에 해당하는 I 구역이 바로 궁전 구역이 될 것이다.

44호 건물지가 위치한 II 구역에는 전술한 바 있는 9호 제사유구, 206호 우물지, 196호 저장 유구 등이 함께 분포하고 있다. 9호 제사유구는 장축 13.5m, 단축 5.2m의 타원형 평면의 구덩이로서 가장 깊은 곳은 2.4m에 달하는 구덩이 형태이다. 내부 퇴적 토층에서 말뼈, 물고기뼈, 운모, 음각으로 '대부(大夫)'명 직구단경호(사진 2-Ⅲ-6의 우 참조), 고배, 삼족기, 이배(耳杯) 등의 각종 토기 등이 깨어진 채 출토되었다(權五榮·權度希·韓志仙 2004). 9호 유구의 시기에 대해서 보고자들은 직구단경호의 늦은 형식이 출토되는 점에 주목하여 한성기의 늦은 시기로 비정하고 있으나, 4세기 전·중엽보다 더 내려보기 어려운 중국제 시유도기 및 자기들도 출토되고 있어 그렇게 늦춰만 보기 어렵다. 보고자들은 이들을 제의라는 특수한 행위와 관련된 오랜 전세(傳世)의 가능성을 언급하고 있으나, 이곳에서 이루어진 제의의 구체적인 형태, 즉 제의 후 파괴 매장의 양상이나 층위의 형성 과정에 대한 검토가 필요하다. 출토된 유물의 연대로만 보면 4세기 전반~5세기 중후엽에 걸치는 기간 동안에 반복적으로 제의가 행해지면서 제물이나 제기의 파쇄·매몰, 재굴토·파쇄·매몰 등이 반복되었던 것으로 이해된다.

206호 우물지는 동서 10.5m, 남북 11m, 깊이 3m의 구덩이를 파고 내부에 하방(下方) 상원(上圓)의 우물을 축조하면서 주변을 인위적으로 다져 매운 형태로 축조되었다. 우물의 깊이는 약 3m 가량 되는데, 아래쪽은 목재를 '井' 모양으로 결구하였고 상부는 할석을 이용하여 4각의 모서리를 점차 줄여 원형을 이루도록 쌓아 올렸다. 우물의 바닥에 해당하는 목재 결구부분에서 200여점의 완형 토기가 겹

겹이 쌓인 채로 출토된 점으로 미루어 모종의 제의행위가 있었던 것으로 판단되는데, 백제 중앙 양식의 토기뿐 아니라 영산강유역을 포함한 지방 양식의 토기도 함께 나오고 있어 해당 지역과 백제 중앙 사이의 어떤 정치적 관계를 반영하고 있을 가능성이 있다. 하단의 토기가 이 우물이 인위적으로 매립될 때의 것으로 보아야 할지 아니면 우물의 사용시점에 이루어진 제의의 결과로 보아야 할지가 분명하지 않으나, 토기의 시기가 대체로 5세기 전반 경으로 압축될 수 있는 점으로 보면 그 무렵에 우물이 인위적으로 폐쇄 매립된 것으로 판단된다(사진 2-Ⅲ-5 참조).

〈사진 2-Ⅲ-5〉 풍납토성 Ⅱ 구역 경당지구 206호 우물의 모습

196호 저장 유구는 길이 약 10m, 폭 6m 가량되는 장방형의 수혈 형태이다. 일상 주거지의 경우에 흔히 보이는 부뚜막 시설이 없는

점으로 미루어 창고와 같은 시설로 추정되는데, 내부에서는 다량의 중국제 회유도기를 비롯하여 대형 저장 토기인 옹 등이 다량 출토되었다(사진 2-Ⅲ-6 좌 참조). 토기들은 모두 높은 온도의 불에 의해 파손되었으나 복원이 되는 경우가 많아 본래의 기능을 유지하는 가운데 불의의 화재로 소실 폐기된 것으로 보인다. 중국제 전문도기(錢文陶器)와 함께 나온 흑색마연토기, 장란형토기, 심발형토기, 어깨에 거치문 등의 도인(陶印)이 찍힌 대형 옹 등의 일련의 백제토기들을 통해 백제토기의 중요한 편년 근거 자료가 되기도 한다. 이러한 출토유물의 내용으로 보아 대략 3세기 말~4세기 초엽 경에 해당할 것으로 판단된다. 이상의 유구들은 II 구역의 중간 지점에 해당되지만 서 성벽에 가까운 서쪽지점에서도 呂 자형의 초대형 수혈주거지가 확인되어 이 구역의 특수한 성격을 잘 보여주고 있다(사진 2-Ⅲ-7 참조).

〈사진 2-Ⅲ-6〉 풍납토성 Ⅱ 구역 196호 저장 유구 출토 중국제 회유도기(좌), 9호 제의유구 출토 '대부'명 직구단경호(우)

〈사진 2-Ⅲ-7〉 풍납토성 Ⅱ 구역 서쪽 초대형 주거지 모습
(출입구 부분은 도로부분에 해당되어 조사가 이루어지지 않았음)

그러나 1997년도에 조사된 Ⅳ 구역에서는 3세기 중엽경의 원삼국 단계 3중환호 취락 위에 중복된 주거지들이 다수 확인되었다. 이들은 모두 출입구의 방향을 남쪽에 배치하고 있어 일정한 규칙성이 감지된다. 주거지의 크기는 전술한 Ⅱ 구역에 비해 규모가 것들이어서 각 구역별로 주거지 규모상에 일정한 차이가 있었을 가능성이 높다. 이는 구역별 거주자들의 신분상의 차이를 반영하고 있는 것으로 볼 수 있다. 이러한 점은 출토유물의 양상에 의해서도 나타난다. 지금까지 확인된 풍납토성 출토 중국제 도자기는 모두 Ⅱ 구역에서 나온 것인데 반해 Ⅳ 구역에서는 출토예가 없다. Ⅱ 구역의 초대형 주거지는 일상 주거용이 아니라 공공집회나 제의 등을 위한 장소로 사용된 건물인데 비해 Ⅳ 구역의 주거지는 일상 주거용으로 이해된다. Ⅲ 구역의 경우는 확인된 자료가 없어 그 성격을 단정하기 어려우나 상대적인 위치로 보면 Ⅳ 구역보다는 신분이 높은 중앙 귀족 계층의

거주역이었을 것으로 추정해 본다.

(2) 풍납토성의 도성사적 위치

풍납토성의 축조 시점은 전술한 바와 같이 기원후 3세기 중·후엽 경이다. 한성기의 도성제는 풍납토성과 몽촌토성 등 2개의 성으로 구성되어 있음도 이미 자세히 살펴본 바 있다. 규모나 입지적 특성으로 볼 때 몽촌토성 쪽이 군사적 방어력이 뛰어날 뿐 아니라 규모 역시 작은 점에서 왕의 전용 성일 가능성이 높은데, 일반민을 포함한 성에서 왕 전용 성이 독립되는 예는 중국의 경우 대체로 춘추시대 이후의 현상이어서 얼핏 그 무렵의 도성제와 유사성이 있어 보인다. 그러나 시기적인 차이는 물론이고 구체적으로 살펴보면 다른 점이 적지 않다.

우선, 일반인들도 함께 거주하였을 것으로 보이는 풍납토성의 경우 위에서 본 바와 같이 도로에 의해 몇 개의 구역으로 구분되어 있으면서 왕궁을 포함하고 있다는 점이다. 물론 현재로서는 어디까지나 추정의 추정을 거듭하는 것이어서 확실성을 담보하기 어려우나, 전술한 바와 같이 왕궁과 종묘 등의 주요 시설이 이 성내에 있었다고 전제한다면 왕궁, 귀족 저택, 그리고 일반 사서인들의 거주역이 같은 성내에 포함되어 있다는 점을 주목할 필요가 있다. 이와 같은 성곽취락의 형태는 대체로 조위(曹魏) 업성(鄴城) 이후에 등장하는 형태라 할 수 있다[25]. 한대에도 도성 내에 황제 이외의 일반인들의 거주역이 있긴 하나 전체 면적에서 차지하는 비중이 극히 일부분일 뿐 아니라 거주자들의 신분이 황실 구성원 혹은 귀척(貴戚)들 뿐이다. 이런 점으로 보면 풍납토성의 공간 구성은 중국의 3세기 이후의 도성제와 유사성을 지적할 수 있다.

---

25 본서 제 4장 제 Ⅳ절 제 1항 참조.

〈사진 2-Ⅲ-8〉 풍납토성 Ⅱ 구역 출토 중국 자기편과 완형 비교 자료
(우상 : 천안 화성리 출토 반구호, 우하 : 천안 용원리 9호묘 출토 흑자 계수호)

그와 함께 주목되는 점은 왕궁의 위치가 성의 북쪽에 위치하고 있다는 점이다. 이점 역시 아직은 가설에 지나지 않으나 현재까지의 정황으로 보아 그 가능성이 높다. 1925년 대홍수 시에 청동제초두를 비롯한 위세품이 발견된 지점도 앞서 본 공간 구분상으로 보면 I 구역에 해당되고 있는 점 역시 그러한 가능성을 높여주는 자료이다.

초두는 한대에 등장하여 남북조시대에 특히 성행하다가 당대에 이르러 점차 소멸된 기종으로서 군대의 취사기의 일종으로 보는 견해가 있으나, 최근 차(茶)를 달이는 데에 사용되었을 것이라는 주장(吳小平 2008)도 있다. 형태상으로 'S' 모양으로 휘어진 용수병(龍首柄)과 짐승의 다리와 발굽 모양의 수제각(獸蹄刦)이 달린 부류와 다리 없이 횡으로 긴 자루가 달린 횡장병(横長柄) 초두로 나뉘는데, 풍납토성에서는 두가지 모두 출토되었다. 풍납토성 출토품을 이외의 한반도 출토 예로는 원주 법천리 1호 석실묘 출토 용수병 초두, 낙랑시기 평양 출토 횡장병 초두, 경주 식리총 출토 용수병 초두 그리고 경주 황오동 16호분 출토 횡장병 초두, 고구려의 집안(集安) 칠성산(七星山) 96호묘 출토 용수병 초두 등 몇 점에 불과하다(朴淳發 2005a). 풍납토성 출토 초두 2점은 남조(南朝)의 유송(劉宋) 시기의 것으로서 5세기 후반 무렵으로 비정된다(사진 2-Ⅲ-9 참조).

〈사진 2-Ⅲ-9〉 풍납토성 출토 용수병수제각청동초두

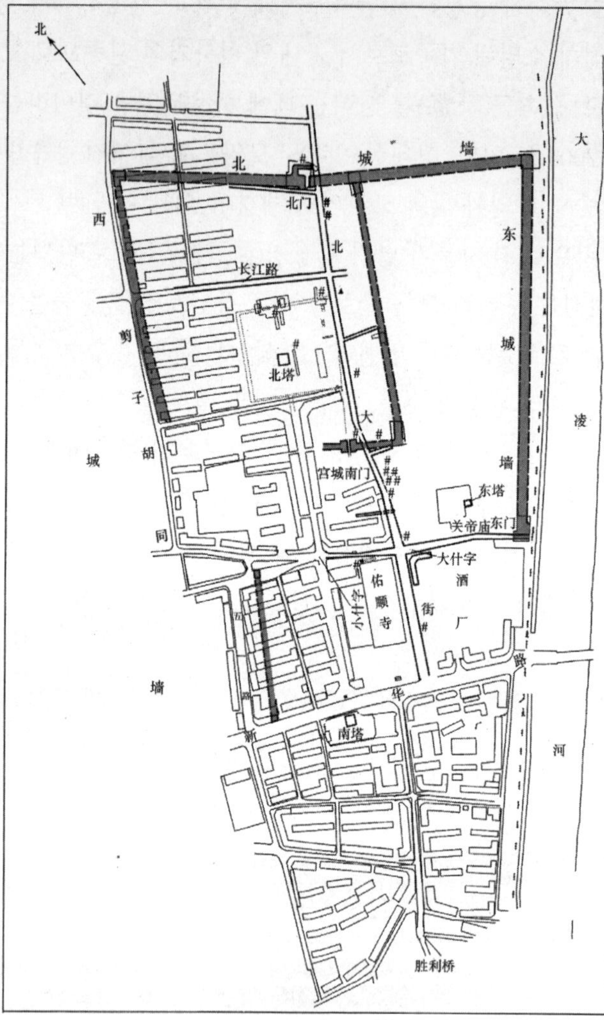

〈도 2-Ⅲ-13〉 요녕 조양 용성 평면도(田立坤 外 2007 일부 수정)

한국 고대 삼국 가운데 궁성의 모습의 확인된 예가 없어 구체적인 모습을 가늠하기 어려우나, 최근 발굴조사된 요녕(遼寧) 조양(朝陽) 삼연(三燕) 시기 용성(龍城)과 유사한 점이 관찰된다. 조양 용성은

2003~2006년 사이에 조사되어 동·북·서 성벽과 더불어 궁성의 동성벽 및 남성벽의 3분의 2 가량이 확인되었다(田立坤 外 2007). 궁성의 평면형은 남북으로 긴 장방형으로서 남성벽의 가운데 부분에 1문 3도(道) 형식의 성문이 개설되어 있다. 조양 용성은 341년 전연(前燕 : 31~370년 존속)이 처음 조영한 이후 후연(後燕 : 384~409년 존속)이 다시 개수하여 사용하였는데, 궁성을 도성의 북쪽에 배치한 점 등에서 조위 업성의 영향이 확인된다. 후연이 북위(北魏)에 멸망되면서 용성은 영주(營州) 창려군(昌黎郡)의 치소(治所)로 격하되는데, 이때 궁성 남문의 3도 가운데 중앙만을 남기고 양쪽을 막아 1문 1도식으로 개조하였다. 궁성의 정문은 1문 3도식을 채택하는 것이 원칙이었음을 잘 보여주고 있어, 이후 발견될 풍납토성 내 궁성 문의 구조를 추정하는 데에도 도움이 된다(도 2-III-13 참조).

3. 몽촌토성의 주요 유구와 유물[26]

(1) 조사와 발견

몽촌토성이 학계의 주목을 받기 시작한 것은 국가로서의 백제의 생활근거지, 즉 도성이 어디인가를 논의하는 과정에서 고 이기백(李基白)의 견해에서라 여긴다. 1975년 10월 공주사범대학에서 개최된 백제의 웅진천도 1,500주년 기념 학술대회 토론석상에서 이기백은 석촌동 고분군에 대응하는 생활 근거지는 그 형태적 특징으로 보아 풍납토성이라기보다는 얕은 구릉을 이용해 축조한 몽촌토성이 적당하다고 거론한 것이다. 경주의 월성·대구의 달성·청도의 이서국성 등에 비교되는 성읍국가 단계의 백제국의 성으로 이해하고

26 이 부분은 朴淳發 2008, 「몽촌토성」, 『漢城百濟史 3』(서울특별시사편찬위원회) 가운데 일부분을 체제에 맞도록 일부 수정한 것이다.

있었던 것으로 보인다(公州師範大學 百濟文化硏究所 1975). 이후 1980년대 초반의 학계 의견은 대체로 몽촌토성을 백제국의 도성인 하남위례성으로 보는 데에 모아지는 경향을 보이고 있었다.

〈사진 2-Ⅲ-10〉 1972년도 몽촌토성 전경

굴토를 수반한 고고학적 조사는 1983년 11월에 와서 처음으로 이루어지게 된다. 1988년 서울올림픽을 위한 경기장 시설들이 몽촌토성 주변에 설립될 계획의 일환으로서 문화재보호구역의 범위를 설정하기 위한 기초조사의 성격이었다. 따라서 이때의 조사는 대략 동·서·남·북 4개 지점에 걸쳐 성벽의 절개조사를 위한 탐색 트렌치를 설치하는 것이 조사의 전부였다. 서울대학교 박물관이 주도한 이 조사는 11월 2일부터 19일에 이르는 보름 남짓의 짧은 조사였다. 이 조사를 통해 발견된 것은 성벽 외측면에서 옹관묘 2기, 목책의 흔적으로 추정되는 기둥구멍 등에 불과한 것이었으나 이는 이후 1989년까지 이어지는 발굴조사의 시작으로서 의미가 크다.

1984년도에는 성의 규모, 성벽 축조 방법, 그리고 성내부 시설물 등을 확인하기 위한 조사가 실시되었다. 그해 7월 9일부터 약 한달 반가량 지속된 이 조사는 서울대·숭전대·한양대·단국대 등 4개 대학이 각기 1구역씩 맡아 모두 4개의 구역으로 나누어 이루어졌다(夢村土城發掘調查團 1984). 마름모 모양의 몽촌토성의 동서남북 꼭지점에 해당하는 지점을 기준으로 4분한 이 구역은 I구역(서북지구, 서울대 담당), II구역(동북지구, 숭전대 담당), III구역(동남지구, 한양대담당), IV구역(서남지구, 단국대 담당) 등으로서 이후 성내부 전면조사의 단위로 줄곧 사용되기도 한다.

이해 조사를 통해 서북지구에서는 조선시대 건물지가 확인되었고, 유물로는 원통형토기, 즉 원통형기대가 처음으로 모습을 드러냈다. 이 토기는 당시로서는 처음 보던 것이어서 그를 두고 일본의 '하니와(埴輪)'와 닮았다는 견해와 토목공사 용도의 원통일 것이라는 견해가 나오기도 하였으나 백제토기의 특징적인 기대로 판명되었다. 그 밖에 중국 동진대의 자기편도 이 때 처음으로 알려져 몽촌토성의 위상을 시사하기도 하였다. 그리고 서북지구의 탐색갱조사를 통해 지금의 올림픽공원 수변무대 일원이 본래 해자였을 가능성을 확인하기도 하였다. 동북지구에서는 북문지에 대한 조사가 있었으나 깊은 퇴적토의 제토 과정에 지하수의 용출 등의 어려움이 많아

지하 3m까지 굴토하다가 중단하기도 하였다. 동남지구에서는 고지대에서 냇돌 무더기들이 확인되어 그 성격을 두고 궁금증이 일기도 하였다. 이른바 '토광적석묘'로 추정하여 고구려식의 적석묘가 백제지역의 토광묘와 습합된 묘제라는 견해가 이후 제기되기도 하였으나 분묘라는 확실한 근거가 없으며, 그 입지가 성벽과 이어지는 고지대라는 점이나 구의동 보루 유적 등에서 투석용 적석 무더기가 확인된 점 등으로 미루어 필자는 투석용(投石用) 무기로 보는 견해를 따르고 있다.

1984년도 조사 결과 몽촌토성의 구체적인 규모가 확정되었다. 동서남북의 4모서리를 가진 마름모꼴 모양의 성벽의 남북 최장 길이는 730m, 동서 최장 길이는 540m, 그리고 성벽의 총 연장은 2,285m에 달하며, 성내부의 면적은 성벽 정상부를 기준으로 할 때 216,000㎡로 밝혀졌다.

1985년도 조사는 성내부에 대한 본격적인 조사를 목적으로 시행되었다. 공동조사의 어려움을 감안하여 서울대학교 박물관 단독으로 약 6개월간 실시한 이 조사를 통해 성내부에 대한 체계적인 유구탐색이 처음으로 이루어졌다(夢村土城發掘調査團 1985). 전년도 조사 시의 각 대학별 분담구역을 토대로 성내부를 10m 그리드로 구획하고 50m 간격으로 탐색갱 조사를 하다가 유구가 확인되면 그 일대를 확대·조사하는 방식으로 진행되었다. 이 조사를 통해 처음으로 성내부에서 수혈, 저장공 등의 백제시대 유구가 확인되었으며, 그때까지 낯설던 삼족기, 직구단경호 등의 백제토기의 여러 가지 종류와 더불어 전문도기, 금동제 과대금구, 뼈로 만든 갑옷 등의 중요한 유물도 드러났다. 그리고 서북지구에서 '토광묘'로 인식된 유구가 확인되었는데, 이는 이후 유구의 성격을 둘러싸고 논란의 여지를 많이 남기게 된다.

전문도기는 동북지구의 성벽절개 지점의 성내부 퇴적토층에서 수습된 것으로서 이를 통해 몽촌토성의 축조 하한 연대를 추정할 수 있는 중요한 자료가 되었다. 당시로서는 전문도기를 중국의 서진(265~316년 존속) 시기의 것으로 이해하고 있는 입장이었는데, 이는 최근의 중국측 자료 축적이나 연구 성과에 비추어 다소 수정되어야 할 부분도 있으나 기본적으로 올바른 관점이라 할 수 있다. 금동제 과대금구는 발견 된 후 처음에는 그 용도를 잘 알지 못한 채 이른바'유문금구(有紋金具)'로 불리면서 당초문과 유사한 문양을 통해 낙랑지역과의 관련성이 제기되기도 하였으나, 그 후 1996년 필자에 의해 과대금구임이 밝혀졌는데 이에 대해서는 뒤에서 다시 자세히 다룰 것이다.

전문도기는 중국의 장강(長江)유역의 동오(東吳)(222~280년 존속)지역에서만 제작되던 것이어서 몽촌토성의 축조 시기 비정 문제에서 뿐 아니라 백제와 중국 강남지역과의 원거리 교섭의 가능성을 제기하고 있다. 이에 대해서도 뒤에서 다시 살펴보고자 한다. 1985년도 발굴조사 결과 몽촌토성에 대한 종합적인 성격을 다음과 같이 규정하기도 하였다.

> "몽촌토성은 그 위치, 규모, 유물, 유구 등으로 보아 백제 한성시대의 군사적, 문화적으로 매우 중요한 거성(居城), 수성(戍城)으로서, 그러면서 목책, 해자와 같은 방어시설과 수 많은 저장혈의 존재를 통해 보다 군사적 면이 강조되는 인상을 주고 있다. (중략) 백제와편이 발견된 사실을 보면 이들 지배세력집단이 거주했던 와가구역도 있었을 것이 분명하며 이 성이 당시의 수성(首城)이 아니었다 하더라도 일단 위급시에는 정부의 최후 거점이 되는 백제왕가의 보루같은 존재가 아니었던가 생각되는 것이다."

1985년도 조사 결과를 토대로 성벽, 목책, 해자, 토루, 문지 등에 대한 기본 정비 복원 방안이 제시되고, 성내부에 산책로의 개설이 결정되어 그 결과가 지금의 올림픽공원의 모습으로 구현되어 있다.

1987년도 조사는 그해 4월 25일부터 약 3개월간 서울대학교 박물관이 담당하였다. 1985년도 조사시 유물 출토 빈도가 높은 동북지구를 대상으로 전면적인 발굴조사를 실시한 것이다. 성내에 개설된 산책로와 잔디가 식재된 저평지를 제외한 고지대 중심의 조사를 통해 주거지 5기, 저장공 9기, 옹관묘 1기 등이 조사되었다. 유구의 내용은 앞선 조사를 통해 드러난 유물의 위상에 걸 맞는 것이 되지 못하여 몽촌토성의 성격을 충분히 규명하기에 여전히 부족하였으나, 중국 남조의 자기 벼루편, 연화문 와당편 등 한성시기 백제의 문물을 엿볼 수 있게 하는 유물의 출토는 이해에도 이어졌다.

1988년도 조사는 올림픽이 있기 직전의 분주한 마무리 준비 기간이었던 그해 3월 1일부터 5월 30일까지의 3개월에 걸쳐 이루어졌다. 필자가 몽촌토성과 본격적으로 인연을 맺은 것이 바로 이때이다. 동남지구에 대한 전면조사를 통해 백제시대 수혈 주거지 4기, 저장공 7기, 적석유구 등이 확인되었다(金元龍·任孝宰·朴淳發 1988).

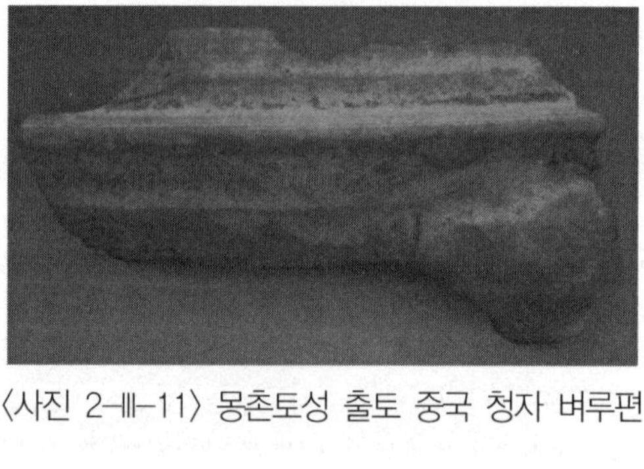

〈사진 2-Ⅲ-11〉 몽촌토성 출토 중국 청자 벼루편

이해 조사를 통해 알려진 것 가운데 중요한 것은 역시 고구려토기의 존재를 확인한 것이라 하겠다. 조사 현장에서는 미처 토기 등 유물을 체계적으로 정리할 겨를이 없었으나, 12월부터 이듬해 3월까지 진행된 보고서 발간 작업을 통해 광구장경사이호(廣口長頸四耳壺) 등 전형적인 고구려토기를 복원해내면서 475년 한성 함락 이후 몽촌토성에서 벌어졌던 사건의 일단에 다가갈 수 있었다. 사실 이 무렵 한강유역을 비롯한 남한지역에서 고구려토기가 나오리라는 생각은 누구도 가지고 있지 않았다. 1977년도에 조사된 강북의 구의동(九宜洞) 유적에서도 고구려토기가 나온 바 있었지만 유적의 성격을 고분으로 잘못 파악하고 나아가 이들을 백제토기로 이해하였을 뿐이었다. 이러한 까닭에 1988년도 몽촌토성 보고서에서는 구의동유적에서 나온 것과 동일한 일련의 특징적인 토기를 일단 '구의동유형'이라 하여 백제토기인 '몽촌유형'과 구분하는 작업부터 시작하였던 것이다. 아무튼, 구의동유형으로 명명된 토기는 고구려토기임이 분명해졌으며, 아울러 고구려토기가 출토되는 몽촌토성은 한성 함락 후 일정 기간 동안 고구려 군대가 주둔하였던 것으로 새롭게 인식할 수 있게 되었다(사진 2-III-12 참조).

〈사진 2-Ⅲ-12〉 몽촌토성 출토 고구려토기 광구장경사이호

동문지와 남문지 사이의 성벽과 연접한 고지대에는 1984년도 조사 당시 망루지로 추정한 유구가 있는데, 그 일대의 성내측 부분을 탐색조사하면서 다수의 유물이 혼입된 성토층을 확인하기도 하였다. 성토층에서는 남조 청자편 등이 한성 II기의 백제토기편과 함께 나오고 있어 이 부분의 성토 시점이 5세기 전반경 이후임을 알 수 있었다. 이를 근거로 몽촌토성의 축조 시기가 늦다는 주장을 펴는 견해도 있으나, 전술하였듯이 1985년도 조사 시에 이미 확인된 것처럼 전문도기 등에 의해 추정된 초축과 무관한 것으로서 5세기 전반경의 한 차례 개수와 관련된 것으로 이해하여야 할 것이다[27].

이러한 조사결과를 토대로 필자는 몽촌토성을 하남위례성일 가능성을 제기하기도 하였다. 물론, 문헌사료를 통해 접근한 동일한 견해는 1980년 초반부터 제기되어 온 터였으므로 그 자체가 새로운 것은 아니나, 고고학적 조사 결과를 근거로 하였다는 점이 유의될 수 있을 것이다.

1989년도는 서남지구에 대한 전면적인 조사를 목적으로 이루어졌다. 이해 5월 30일부터 약 100일간의 조사를 통해 온돌이 있는 건물지, 적심석이 있는 지상건물지, 판축이 정연하게 이루어진 대지(臺地)와 더불어 연못지 2개소 등이 확인되었다(金元龍 외 1989). 이러한 조사 내용은 앞선 조사에서는 확인된 바 없는 것으로서 그간 추정해온 몽촌토성의 위상과 비교적 어울리는 유구이어서 주목을 받았다.

적심석이 있는 건물지는 한성기 백제 유적에서 나온 것은 이때가 처음이어서 그 정확한 성격을 갑자기 알기 어려웠다. 필자를 포함한 보고서의 공식 입장은 백제의 건물지로 이해하였으나, 최근의 자세한 분석결과 이 건물지는 고구려 점령기의 것으로 보아야 한다는 견해도 제기되어 재검토의 여지가 있다. 연못지는 적심 건물지와 인접

27 본서 제 2장 제 III절 제 1항 참조.

한 것으로서 온돌이 있는 건물지 바로 근처에서 1개소, 그리고 남문지 부근의 저지대에서 1개소가 각각 확인되었는데, 고지대 연못지는 탐색갱을 통하여 일부만이 확인되었을 뿐이다. 그러나 그 시기는 인접한 판축대지와 거의 같은 한성 II기(350~475년)에 해당되는 것으로 밝혀졌다. 연못의 규모는 남북 길이 30m, 동서 길이 15m 가량의 타원형 모양으로 추정되었으며, 가장 깊은 곳이 현재의 표토하 약 2.5m 정도였다. 고지대에 위치한 만큼 인위적인 굴착에 의해 만들어진 조경지일 가능성이 높다. 저지대 연못은 남문지 부근에서 확인되었는데, 장경 18.5m·단경 16m 가량의 타원형 평면이고 깊이는 가장 깊은 곳이 약 1m 가량 된다. 주변의 호안시설은 발견되지 않았으며, 연못의 바닥은 가장자리부터 점차 경사져 가운데가 가장 깊은 형태이다. 내부에서 다량의 토기, 동물뼈 등이 출토되었다.

(2) 몽촌토성의 주요 유구 분포

지금까지 조사를 통해 밝혀진 몽촌토성의 규모부터 보자. 몽촌토성은 남북 최대 길이 730m, 동서 최대 길이 570m의 마름모꼴 평면으로 되어 있으며 성벽의 길이는 성벽 정상부를 기준으로 서북벽 617m, 동북벽 650m, 서남벽 418m, 동남벽 600m로 총연장은 2,285m에 달한다. 그리고 동북벽에 연이어 동북쪽으로 약 270m 가량 뻗어나간 성벽이 있는데 이는 일종의 치(雉)와 같은 역할을 할 수 있는 시설로 보인다.

성 내부의 면적은 성벽 정상부를 기준으로 하면 216,000㎡(총 67,400평) 가량 되며, 성벽 높이는 지형에 따라 다소 차이가 있으나, 절개조사된 서북벽, 동북벽 등 2개 지점은 구지형을 기준으로 할 때 성벽 상부폭 7.5~10.5m, 성벽 하부폭 50~65m, 높이는 12~17m 가량 된다.

성벽 축조방법에 있어서는 표고 44.8m의 잔구상 자연구릉을 이용하여 만든 것이어서 구지형에 따라 차이가 있지만 대략 다음과 같이 요약된다.

첫째, 구지형이 다른 지점보다 낮은 부분은 판축기법과 유사하게 성질이 다른 토양을 교대로 쌓는 성토방법을 이용하여 성벽을 만들었다.

둘째, 자연구릉이 연결되지 않은 지점에도 판축기법으로 성벽을 쌓아 양쪽 구릉 말단부가 서로 이어지도록 하였다.

셋째, 자연지형이 그대로 성벽으로 이용된 지점의 경우 성의 외벽면은 삭토하여 급경사면과 단을 이루도록 만들었다. 이러한 급경사면과 단은 당초의 자연지형에 따라 차이가 있으나 성벽 정상부에서 기저부에 이르기까지 대체로 2~3회 정도 반복되고 있으며, 성의 아래 부분에 가까운 단에는 목책을 설치한 경우도 있었다.

넷째, 치와 유사한 기능을 가진 이른바 외성 역시 자연지형을 거의 그대로 이용한 것인데, 그 북 사면은 본성의 외벽과 마찬가지로 인공을 가했으며 정상부에는 목책을 설치하였다.

그밖에 성벽과 관련된 부대시설로는 해자와 목책 등이 확인되었다. 해자는 서북벽과 동남벽 아래에서 각각 그 흔적이 드러났는데, 대체로 성벽 외측기부의 현지표하 3m지점에서 수성퇴적토인 뻘흙이 노출되는 점으로써 확인할 수 있었다. 이들 지점은 성벽 정상부로부터는 약 30m 떨어져 있는 위치에 있었으나, 해자의 폭이나 깊이 등에 대해서는 조사범위가 제한되어 있어 자세히 밝힐 수 없었다. 몽촌토성 해자는 완전한 인공 축조라기보다는 성 주위를 감싸고 흐르고 있는 한강 지천인 성내천의 유로를 이용한 것으로 보인다. 이러한 조사 결과를 가지고 당시 해자의 모습을 추정해 보면 남문 부근을 제외한 성벽의 삼면을 둘러싸고 있었던 것으로 보인다. 전술한 것처럼 그 폭과 깊이는 잘 알 수 없는데, 경주 월성(月城) 해자의 경우는 폭 40m, 깊이 약 2m 정도인 것으로 밝혀져(文化財硏究所 1985) 몽촌토성 해자의 규모 추정에 참고가 된다.

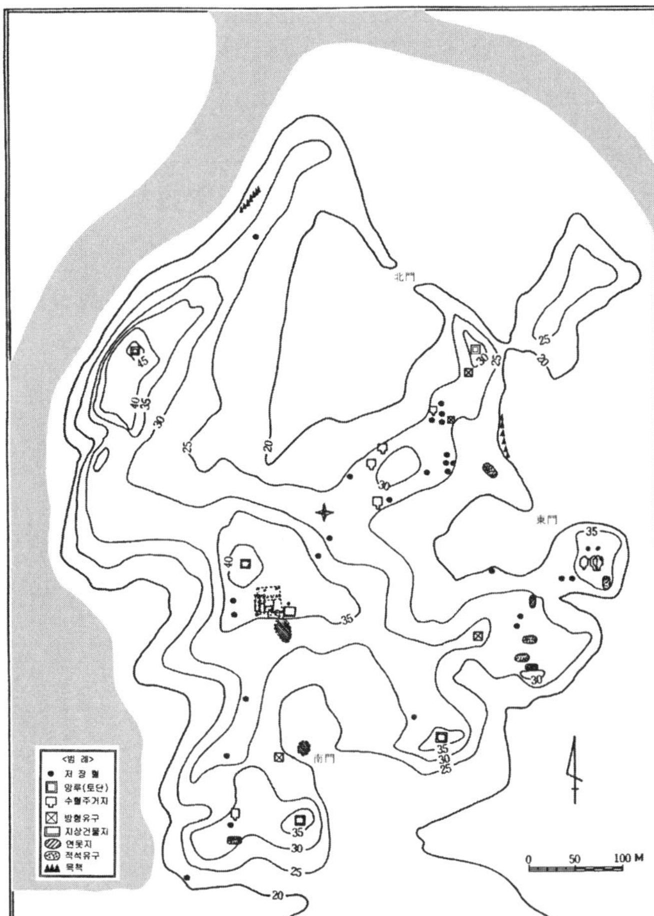

〈도 2-Ⅲ-14〉 몽촌토성 내에서 발견된 유구의 분포

목책은 본성 서북벽, 동벽, 그리고 치성(雉城) 등 3개 지점에서 확인되었다. 본성의 경우는 외벽면 단상 지점에 설치되어 있었으며,

치성에는 성벽 정상부에 설치되어 있었다. 조사시 드러난 목책의 구멍을 통해 그 구조를 추정해보면 약 1.8m 간격으로 직경 40~50㎝의 중심기둥을 깊이 30~90㎝가량 박아 배열한 다음 그 주위에 다시 보조 기둥을 세워 지탱하는 방식이었던 것으로 보인다. 제한된 조사로 인해 목책공이 드러난 지점은 성벽 절개 조사가 실시된 전술한 3개 지점에 불과하나, 당시 성벽 외사면에는 이러한 목책이 설치된 곳이 더 있었을 것으로 추정된다.

1984년부터 성내의 시설물에 대한 조사가 본격적으로 이루어지면서 1985·1987·1988·1989년도까지 확인된 몽촌토성 내에서 발견된 유구의 내용을 요약하면 <도 2-III-14>와 같다. 조사의 여건상 저평지에 대한 조사가 진행되지 못해 발굴을 통해 드러난 유구는 거의 대부분 고지대에 국한되었으므로 이러한 분포가 과연 이 성이 점용되고 있을 무렵의 사정을 얼마나 잘 반영하고 있는 지는 의문이다. 아무튼 그 내역을 살펴보면 다음과 같다.

망루지(望樓址) : 모두 4개소에서 확인되었다. 이들에 대한 조사는 1984년도 조사 시에 주로 이루어진 것인데, 각 방향의 성벽 가운데 본래의 지형이 가장 높은 곳을 선택하여 일부 인위적인 성토를 한 토단 형태로 되어 있다. 서북지구의 표고 45m 지점, 동북지구의 표고 30m 지점, 동남지구의 표고 35m 지점, 서남지구의 표고 35m 지점 등이 그것인데, 동남지구와 서남지구의 망루는 남문지의 좌우에 각각 배치되어 있다(사진 2-III-13 참조).

수혈주거지 : 모두 9기가 확인되었다. 동북지구의 구릉지에서 4기, 서남지구의 성벽에 인접한 고지대에서 1기 등은 남아 있는 상태가 좋지 않아 본래의 평면 형태를 잘 알 수 없으나, 동남지구의 동문지 남쪽 고지대에서 발견된 것 가운데 2기는(88-2, 88-3호 주거지) 출입구가 달린 평면 6각형의 이른바 '呂'자형이고, 나머지 2기 가운데

1기는(88-4호) 먼저 있던 '呂'자형 주거지를 폐기한 후 다시 만들어진 것이어서 발굴 당시 그 형태를 잘 파악하기 어려웠다. 동남지구 발견 나머지 1기(88-1호 주거지)는 '呂'자형 주거지보다 먼저 있었던 평면 장방형의 수혈주거지인데, 긴 벽의 한쪽에 화덕이 달린 모습이다(도 2-III-15 참조).

〈사진 2-Ⅲ-13〉 몽촌토성 동남지구 망루 및 적석유구

〈도 2-Ⅲ-15〉 몽촌토성 동남지구 수혈주거지 중복 모습

적석(積石)유구 : 1985년도 보고서에서 '적석토광묘(積石土壙墓)'로 불렀던 것으로서 모두 7개가 확인되었다. 모두 성벽에 연접되는 고지대에서 발견되었는데, 동북지구 1개, 동남지구 5개, 서남지구 1개 등이다. 이 유구의 성격에 대해서는 뒤에서 다시 검토하기로 하지만, 무덤으로 보는 견해는 설득력이 약하다(사진 2-III-13 참조).

저장혈 : 31기가 확인되었다. 분포 상황을 보면 서북지구 1기, 동북지구 13기, 동남지구 9기, 서남지구 8기 등이다. 성내부의 고지대 및 성벽과 연접된 지역에 주로 분포하고 있는 특징을 보이고 있다.

지상건물지 : 서남지구의 표고 35m의 고지대에 집중 되어 발견되었다. 적심 건물지· 온돌건물지· 판축대지 등으로 구성되어 있는데, 적심건물지와 판축대지는 건물의 축이 서로 어긋나지 않아 동시기 혹은 동일한 조성 계획에 의해 배치되었을 가능성이 있다. 이들에 대해서는 뒤에서 다시 살펴볼 것이다.

연못지 : 서남지구의 고지대와 남문지 부근 저지대에서 각각 1개소씩 발견되었다. 고지대 연못지는 전술한 지상건물지 조성 시점에 매몰된 것으로 확인되었다.

분묘 : 몽촌토성 내부에서 발견된 것으로 알려진 무덤으로는 전술한 '적석토광묘'외에도 '목곽묘'로 이름 붙여진 것이 있다. 성이 본래의 기능을 하고 있으면서 성내에 무덤이 만들어지는 것은 도저히 상정하기 어려우므로 이 무덤을 몽촌토성이 폐기된 이후로 보는 견해가 제기되기도 하였으며, 나아가 이 유구에서 출토된 토기의 시기를 늦추어 보게 되는 결과를 낳기도 하였다. 이는 백제토기 편년 수립에 매우 중요한 사안이므로 이에 대해서는 뒤에서 다시 살펴보기로 한다.

(3) 몽촌 토성 주요 유구의 성격

① 분묘의 문제

몽촌토성에서 확인된 분묘는 옹관묘 5기, '적석토광묘' 4기, '토광묘' 2기 등이 보고되어 있다(夢村土城發掘調査團 1985 ; 金元龍·任孝宰·林永珍 1987). 그 가운데 옹관묘는 분묘임이 분명하나 나머지에 대해서는 그 성격을 재검토할 필요가 있다. 먼저 옹관묘는 동남지구의 성벽 바깥 사면에서 2기가 확인되었고, 북문지 바깥의 성 외부에서 1기가 발견되었다. 이들은 모두 성의 바깥에 해당되나 서북지구에서 발견된 나머지 1기는 성벽과 연접된 내측 고지대에 해당된다. 85년도 보고서에서 3호 옹관묘로 이름 붙여진 것과 87년도에 조사된 옹관묘 1기 등이 그것인데, 85-3호 옹관으로 사용된 장란형토기의 구연부 생김새로 보아 대략 4세기 대의 것으로 판단된다. 이 시기는 몽촌토성의 기능이 유지되고 있던 시점이므로 성내에도 옹관묘가 축조되었을 것으로 보지 않을 수 없다. 옹관묘는 유소아를 묻는 묘제로서 선사시대 이래 주거지의 주변에 만들어진 예를 볼 수 있다. 어린아이의 시신을 솥으로 쓰던 장란형토기에 넣어 간단히 매장하는 이러한 묘제는 몰래 이루어질 수 있으며, 혹은 묵인되었을 가능성이 있을 것으로 여겨진다.

그러나, 이른바 '적석토광묘'나 '토광묘'의 경우는 과연 그것이 분묘인가가 의심된다. '적석토광묘'에 대해 백제의 토광묘 묘제에 고구려의 적석 전통이 더해져 나타난 것이라는 견해(林永珍 1995)가 제시된 바 있으나 그러한 추론의 타당성을 따지기에 앞서 유구의 성격 자체에 대한 검토가 선행되어야 할 것이다. 이와 관련해 몽촌토성 85년도 조사 보고서에서는 이른바 '3호 석총'에 대해 다음과 같이 설명하고 있다.

"길이 4.5m, 폭 2m 규모의 천석으로 이루어진 3호석총은 거의 동서방향의 타원형을 이루고 있어 형태, 규모 모두 1호와 비슷하다. 중앙부분이 동서방향으로 약간 함몰되어 있어 함몰부의 적석을 들어내고 조사해 본 결과 2호와 마찬가지로 토광을 파고 3~7겹으로 천석을 볼록렌즈 형태로 덮은 것으로 토광 바닥에 군데군데 목탄섞인 부식토가 있었다. 이곳에서는 적석내부와 외곽주변의 토양을 채취하여 인(P) 성분분석을 해 본 결과 적석내부토양의 농도(0.070ppm)가 적석외부의 농도(0.041ppm)보다 거의 두 배가 높은 것으로 나타나 토광의 구조, 적석중앙부의 함몰상태 등과 함께 이 적석유구가 매장시설이었음을 말해주고 있다."

이러한 분석 내용은 일견 그럴 듯하지만 몽촌토성 일대의 토양 속에 포함된 인의 평균 농도가 먼저 측정되어야 하며, 인체를 포함한 동물사체의 매장에 따른 인의 증가량이 어느 정도인지에 대한 기본적인 비교 자료가 있어야 판단이 가능하다. 토양 중의 인의 축적은 강우 등에 의해 확산 희석되는데, 만약 강우가 차단되면 해당 지점의 인의 농도가 주변에 비해 상대적으로 높아진다. 그러므로 적석된 곳은 그렇지 않은 주변에 비해 얼마간의 인 농도가 높게 나타나는 것은 당연한 현상이라 할 수 있다. 따라서 인의 농도를 비교하여 매장시설이라 단정하는 것은 근거가 박약하다. 그렇다면 매장을 위한 토광의 존재는 확실한가에 대해 살펴보자. 1985년도 보고서에 제시된 도면으로 보는 한 그러한 모습은 관찰되지 않는다. 1호 석총으로 명명된 경우는 오히려 적석부분이 주변에 비해 높은 편이고, 2호 석총의 경우는 적석이 비교적 많은 부분만 약간 함몰되어 있다. 즉 굴착의 흔적으로 볼 수 있는 명확한 굴광선이 없는 점으로 보아 적석의 하중에 의한 자연적인 함몰일 뿐이다. 이러한 부분적인 함몰은 적석의 중량에 의해 충분히 일어 날 수 있다. 따라서 몽촌토성 내에서 발견된 적석유구가 분묘일 가능성은 상정하기 어렵다.

필자는 이 적석유구를 투석용 돌을 모아 놓은 것으로 이해한다. 이와 같은 투석용 돌무더기는 1977년도에 조사된 고구려의 보루유적인 구의동 유적에서도 분명하게 밝혀진 바 있어 그러한 추정을 가능하게 한다. 1987년도 조사된 적석유구는 주거지가 폐기된 이후 만들어진 것도 있어 고구려 점유시점에 이러한 투석용 적석이 이루어졌을 가능성이 있다.

다음은 이른바 '토광묘'로 불렸던 유구에 대해 살펴보기로 하자. 1985년도 조사시에 1호와 2호로 이름 붙여진 2기의 유구 가운데 우선 85-2호를 보자. 1985년도 보고서에는 이 유구에 대해 다음과 같이 기술하고 있다.

> "결국 이 토광은 …(중략)… 생토층을 파서 폭 1.7~1.8m, 길이 3.3~3.4m, 깊이 55(동)~75(서)cm 크기의 장방형 토광을 …(중략)… 만들고 토광바닥에 약 5cm 두께의 적갈색점질토를 깐 후 중앙에 대형 삼족기 2점을 포개서 뒤집어 놓은 다음, 그 옆에 대부유개소호 2점을 나란히 눕혀 놓고 토광을 만들기 위해 파낸 생토 흙을 그 위에 덮으면서 삼족토기, 파배 등의 토기류를 밖에서 깨뜨려 그 파편들을 주로 광내 서북과 동남쪽에 던져 넣은 것으로 보인다."(夢村土城發掘調査團 1985)

우선 토광의 한 가운데에 삼족기 등의 토기가 놓여 있는 점이 주목된다. 이 유구가 무덤이라면 이 부분은 당연히 시신이 놓여 있어야 하는 곳이므로 이 자체가 무덤일 가능성이 없음을 말해주는 것이기도 하다. 지금까지 이와 같은 토기 부장양상은 백제시대는 물론이고 원삼국시대 토광목관묘나 목곽묘에서도 그 유례가 없기 때문이다. 그리고 토기를 매납하면서 완전히 파쇄하여 묘광에 던져 넣은 점 역시 지금까지 무덤에서 관찰되는 부장 양상과는 거리가 멀다. 이와 유사한 토기 파쇄행위는 부안 죽막동(竹幕洞) 제사유적(國立全州博物館 1994) 등의 제의관련 유적에서 전형적으로 관찰됨을 상기할 필요가 있다. 아무튼, 이와 같은 토기 출토양상으로 보아 적어도 이 유구가 분묘일 가능성은 극히 희박하다. 그리고 나아가 만일

이 유구가 분묘라고 한다면 그 부장품 내용에 의문이 생긴다. 지금까지 한강유역의 백제분묘에서 삼족기가 부장품으로 매납된 예가 이를 제외 하고는 한 예도 없기 때문이다.

그렇다면 이 유구의 성격은 무엇인가. 필자는 이 유구를 어떤 제의행위와 관련된 것으로 생각한다. 위에서 말한 것처럼 토기를 파쇄하여 던지는 행위는 고대의 제사유적에서 일반적으로 나타나는 전형적인 행위이기 때문이다. 몽촌토성이 성으로서 기능을 하고 있을 한성기 어느 동안에 무언가의 목적으로 제의행위가 있었던 결과로 형성된 유구로 보아야 할 것이다.

85-1호 '토광묘'는 동북지구 고지대에서 발견되었는데, 장방형 구덩이의 바닥은 폭 0.4~0.5m이고 깊이는 1.7m로서 한 쪽이 다른 한 쪽에 비해 약간 넓은 평면형이다. 바닥에 비해 굴광의 어깨부분은 길이 2.1m, 서쪽 폭 1.2m, 동쪽 폭은 0.8~1m 가량 된다. 이로써 잘 수 있는 것처럼 굴광의 시작부분과 바닥은 비교적 완만하게 경사를 이루고 있어 일반적인 무덤의 묘광과는 형태를 달리하고 있다. 그리고 토광 내부에 퇴적된 층위와 출토유물의 양상을 보면 표토 바로 아래에 '적갈색점토질층(II 층)'에 이어 '회갈색점토층(III 층)'으로 되어 있는데, 이 층들에서 각각 장경호의 윗부분 파편, 고배, 심발형토기, 뚜껑 등이 출토되었으며, 바닥에서는 중앙부분의 남쪽에서 병이 1점 비스듬히 기울어진 상태로 나왔다고 한다. 구덩이의 형태나 토기편이 섞여 있는 퇴적층의 모습으로 보아 일시에 인위적인 매몰의 결과라기보다는 순차적인 자연퇴적의 결과로 보아야 한다. 묘광의 내부를 채울 때 나타나는 층위 양상은 작은 단위의 토양층이 단속적으로 교차 중복되는 양상을 띠게 되는 것과는 거리가 멀기 때문이다. 한편 이 유구가 무덤이라면 완형으로 복원되지 않는 토기 파편이 다수 존재하는 점도 이상하다. 이러한 까닭으로 필자는 이 유구를 무

덤으로 볼 수 없으며, 몽촌토성이 성으로서 기능을 유지하고 있던 시점에 저장공과 같은 기능을 하던 구덩이가 폐기된 후 주변의 유물이 혼입된 자연층위가 형성된 결과로 이해하고 있다.

② 수혈주거지

몽촌토성에서 수혈주거지로 보고된 것은 모두 9기이지만, 1988년도 조사 시에 '방형유구'로 보고된 수혈을 포함하면 10기가 된다. 그 가운데 잔존상태가 비교적 양호하여 당초의 평면 형태를 알 수 있는 것은 1988년도에 조사된 1호 및 2호 주거지이다(도 2-III-15 참조). 88-1호 주거지는 장방형으로서 긴 변에 연접하여 화덕이 설치되어 있으며, 88-2호 주거지는 6각형으로서 짧은 벽의 한 가운데 즉, 육각형의 꼭지점 부분에 출입구가 달려 있는 '呂'자형 주거지이다. 화덕은 출입구에서 볼 때 우측에 치우친 중간지점에 수혈 벽선을 연접하여 설치되어 있다. 이처럼 화덕을 갖추고 있는 수혈은 주거지로 볼 수 있겠으나, 화덕시설이 없이 평면 방형에 가까운 수혈들도 있다. 85-1호·87-4호·87-5호 등이 그에 해당된다. 한 변의 크기가 2m 전후의 것과 5m 가량 되는 것들로서 이와 거의 같은 형태의 유구는 1988년도에 조사되어 '방형유구'로 명명된 것이 있다. 1988년도 보고서에서는 화덕이 없는 점으로 보아 이들을 주거용의 유구가 아닌 저장 등 특수한 목적의 유구로 파악하였다. 그 밖에 화덕은 남아 있으나 중복등 교란이 심하여 당초의 평면 형태를 잘 알 수 없는 것들이다. 그 가운데는 남아 있는 부분의 형태로 보아 원래 출입구가 달린 '呂'자 혹은 '凸'자형의 주거지로 추정되는 것도 있는데, 85-3호·87-1·87-2호 등이 그에 해당되는 것으로 보인다.

이상의 양상으로 보아 몽촌토성 내에서 발견된 수혈주거기 혹은 수혈유구는 다음과 같은 몇 가지 유형으로 구분될 수 있겠다.

첫째, 장방형 평면에 벽에 붙은 화덕 시설이 있는 수혈주거지 : 88-1호 주거지.

둘째, 평면 육각형 혹은 사각형에 출입시설이 있으며, 벽에 이어지는 고래가 있는 화덕을 갖춘 주거지, 즉 '呂'자 혹은 '凸'자형 주거지 : 85-3·87-1·87-2·88-2·88-3·4호 주거지.

셋째, 화덕은 있으나 남아 있는 상태가 극히 불량하여 구조를 알 수 없는 주거지 : 87-3호 주거지.

넷째, 화덕이 없는 것으로서 방형 혹은 장방형의 수혈 : 85-1·85-2·87-4·87-5·88 방형유구.

셋째 부류의 유구는 주거지임에는 틀림없으나 현재로서는 형태를 알 수 없을 뿐이어서 별도의 유형으로 구분하는 것은 의미를 가지기 어렵다. 87-3호 주거지의 경우 화덕은 판석을 세워 아궁이 혹은 고래를 만든 것으로서 이는 둘째 부류의 주거지와 공통된다. 이러한 점에 유의한다면 이 부류의 주거지는 당초 둘째 부류에 해당되는 것으로 보아도 좋을 것이다. 이러한 추정이 가능하다면 결국 몽촌토성 내에서 발견된 수혈주거지는 위의 첫째 부류에 해당되는 장방형 주거지와 둘째 및 셋째로 구분된 '呂'자 혹은 '凸'자형 주거지로 나눌 수 있으며, 넷째 부류는 거주용의 주거지가 아닌 저장용의 수혈유구로 정리할 수 있다. 이제 이들 각각의 시기 및 성격에 대해 살펴보기로 하자.

먼저, 장방형 주거지이다. 남북 장변 5m, 동서 단변 3m 가량의 장방형으로 화덕은 긴 변의 중앙에서 약간 북쪽으로 치우친 지점에 생토를 굴착하여 만들었다. 주거지의 북반부는 88-2호 주거지 축조시에 삭평되어 남아 있지 않아 출입구의 위치를 확인할 수 없었다(도 2-III-15 참조). 그러나 최근까지 알려진 이와 유사한 형태의 주거지들로 보아 출입시설은 화덕의 위치와 대응되는 동쪽 장변에 있었을 가능성이 높다. 만약 당초 출입시설이 있었다면 이 주거지 역시 뒤에서 살펴 볼 '呂'자형 혹은 '凸'자형 주거지와 같은 범주로 볼 수 있을 것이다. 주거지의 평면이 횡장방형으로 된 '凸'자형 주거지는 경기도 남양주 진접읍 장현리 취락유적에서도 보이고 있어 그러한 추정을 가능케 한다.

〈사진 2-Ⅲ-14〉 경기도 남양주 장현리 원삼국시대 취락 출토 횡장병형 凸자형 주거지
(중앙문화재연구원 2007년도 조사현장 필자 촬영)

88-1호 주거지 출토 토기로는 단추형의 천공 뚜껑, 파상문 직구단경호편, 장란형토기편, 심발형토기편 등이 있는데, 이들은 대체로 4세기 전반~5세기 전반경에 걸치는 것으로 비정된다. 주거지의 위치가 동문지에 접하고 있는 고지대이어서 일반적인 주민의 거주용이라기보다는 수병(戍兵)이 거주하던 군사적 용도였을 것으로 추정된다. 이 주거지 폐기이후 들어선 88-2호 주거지가 뒤에서 보는 바와 같이 군사적인 성격이 강한 점에서도 뒷받침된다.

다음, 88-2호 주거지로 대표되는 '呂'자형 혹은 '凸'자형 주거지에 대한 것이다. 출입시설이 있는 이러한 주거지는 한강유역에서는 원삼국시대 이래의 보편적인 형태로서 풍납동, 미사리 등 다수의 유적에서 확인된 바 있다. 일반적인 취락에서는 대체로 규모가 큰 주거지가 '呂'자형으로 되어 있어 상대적으로 거주자의 사회적 위상이 높았을 것이라는 추정도 있으나 취락내의 소규모 주거지도 역시 출입시설을 갖추고 있어 당시의 일반적인 주거지 형태로 보아도 좋을 것이다. 그러나 몽촌토성에서 발견된 이들 주거지는 그 입지가 모두 고지대의 특히 성벽이나 성문에 인접한 지점이어서 일반적인 취락에서와 동일한 기능을 가진 것으로 보기는 어렵다. 앞서 본 장방형 주거지와 마찬가지로 수병들이 거주하던 막사와 같은 용도로 추정된다. 이러한 점은 출토유물을 통해서도 뒷받침되고 있다. 88-2호·88-3호·88-4호 등의 수혈주거지는 성내에서 발견된 여타의 수혈주거지보다 규모가 클 뿐 아니라 철모(鐵鉾), 물미(鐵鐏), 철도(鐵刀) 등의 무구류가 다수 출토되고 있기 때문이다.

주거지 내부에는 기둥구멍이 없으면서 벽면을 따라서는 상당히 촘촘하게 배치함으로써 보다 넓은 내부 공간 확보를 의도하였던 것으로 생각된다. 그리고 하중을 많이 받는 모서리 부분에는 굵은 기둥을 둔 반면 그 사이에는 가는 기둥을 세웠는데, 이로 보아 여기의 기둥들은 천장부의 하중을 지탱하는 역할과 함께 벽체를 구성하는 골조 기능도 하였던 것으로 보인다. 이러한 특징적인 구조는 다수의 인원이 거주하기 적합한 것으로 볼 수 있다. 이와 동일한 구조의 주거지는 고구려의 보루유적으로 확인된 구의동유적(華陽地區遺蹟發掘調査團 1977)에서도 확인된 바 있어 참고가 된다.

토기를 중심으로 '呂'자형 혹은 '凸'자형 주거지 출토 유물의 양상을 살펴보면 한성시기의 백제토기만 출토된 것과 백제토기와 더불어 고구려토기가 같이 나온 예들이 있다. 물론 백제토기와 고구려토기가 함께 나온 다는 것이 곧 그들이 같은 시기의 것이라는 의미는 아니다. 보고서에 기술된 해당 주거지 출토유물은 평면적으로 수혈주거지의 굴광 범위 안에 퇴적된 각 층에서 나온 것을 말하는 것이어서 주거지 폐기 시점과 동시성을 가지는 유물을 선별하는 일은 결코 쉽지 않다. 이를 확인하기 위해서는 각 층 출토 유물들을 대상으로 접합 복원하는 과정에서 동일 개체의 층위별 분포 양상 등 후퇴적과정에 대한 평가가 전제되어야 하기 때문이다. 1988년도 보고서에서 이러한 분석이 시도된 바 있다. 이에 대해서는 뒤에 살펴 볼 저장공에서 다시 말하겠지만, 결론적으로 주거지나 유구 내에 퇴적된 각 층 출토 유물은 층의 퇴적순서와 정합적인 폐기순서를 보이고 있지 않다는 것이다. 다시 말하면, 동일 개체의 파편들이 서로 다른 층에 분산되어 퇴적되어 있어 하층 출토 유물이 상층 출토 유물보다 반드시 먼저 사용되었거나 혹은 먼저 폐기되었다고 볼 수 없다는 것이다.

아무튼, '呂'자형 혹은 '凸'자형 주거지 출토 토기의 내용을 요약하면 다음과 같다.

백제토기만 나오는 주거지 : 87-2호 주거지

백제토기와 고구려토기가 같이 나오는 주거지 : 85-3·87-1·88-2·88-3·88-4

이러한 유물 출토 양상으로 보아 군사용의 '呂'자형 혹은 '凸'자형 주거지들은 몽촌토성이 백제에 의해 점유되고 있을 무렵부터 사용되었으며, 한성함락 이후 고구려 군사가 진주하던 무렵에도 일부는 그대로 사용되었거나, 폐기되었더라도 아직 주거지 내부가 완전히 퇴적토로 채워지지는 않은 상태였을 것으로 볼 수 있다. 이러한 정황으로 보아 필자는 몽촌토성내의 '呂'자형 혹은 '凸'자형 주거지는 백제 점유기의 군사용 건물로 보고자 한다. 뒤에 볼 지상건물지 가운데 온돌 건물지처럼 명백히 고구려 점유기에 해당되는 시설이 확인되는 점, 구의동 등 한강 이북의 고구려 보루유적에서 확인된 건물지의 화덕이나 고래시설이 몽촌토성 내에서 발견된 '呂'자형 혹은 '凸'자형 주거지의 화덕이나 고래가 얼마간 차이를 보이는 점 등에서도 그러하다.

③ 지상건물지

지상건물지는 지금까지 조사된 몽촌토성 내의 여타지점에서는 확인된 바 없었으나 1989년도 조사 시 서남지구의 고지대에서 집중 확인되었다(도 2-III-16 참조). 그 가운데 적심 기초의 지상건물지가 발견된 지점은 본래 기복이 있는 지형으로서 최하층에는 청동기시대의 무문토기 포함층이 있고 그 위에 자연 지형을 약 1m이상 성토하여 면을 고른 뒤 조성한 것으로 드러났다. 이 건물지는 지름 5~10cm 가량의 작은 강자갈을 2~3겹 다져서 기단 및 기둥의 적심으로 만든 특이한 방식의 기초로 되어 있으며, 남아 있는 것으로만 볼 때 건물의 규모는 정면 3칸 이상, 측면 2칸의 동향 건물로 판단된다(사진 2-III-15 참조). 이 건물의 동쪽 약 25m 가량 떨어진 지점에는 뒤에서 설명할 판축대지(版築臺地)가 마주하고 있어(사진 2-III-16 참조) 거의 같은 시점에 서로의 존재를 의식하고 배치된 것으로 판단된다. 이와 같은 정연한 배치와 견고한 기초방식의 적용 등으로 볼 때 이 건물은 범상한 것이 아님을 짐작할 수 있는데, 주변에서 기와가 출토되지 않아 본래 기와집은 아니었음을 알 수 있다.

〈사진 2-III-15〉 몽촌토성 서남지구 적심석 주초 건물지

〈사진 2-Ⅲ-16〉 몽촌토성 서남지구 판축대지

이 건물지의 축조면보다 약 50cm 아래에서도 장방형의 건물지 기단의 일부로 추정되는 석렬이 확인되었다. 석렬의 방향으로 보아 적심 기초의 건물과는 약간 방향이 다른 동북향의 건물로 추정되며, 발굴 당시 정확한 규모는 파악하지 못하였으나 단변 약 3m, 장변이 최소 15m가량 되는 지상건물지로 추정된다. 이러한 정황으로 미루어 이 일대는 몽촌토성 내에서는 오랫동안 격이 높은 건물이 들어섰던 곳임을 알 수 있으며, 뒤에 설명할 조경용의 연못의 존재는 그러한 모습과 잘 어울린다 할 것이다.

이 건물지의 시기와 성격에 대해서는 아직까지 한성시기에는 비교될 수 있는 자료가 없어 갑자기 알기 어렵다. 1989년도 보고서에서는 이 적심 기초 건물지를 일단 백제 점유기로 생각하였으나 이후 층위적인 검토를 통해 이 건물은 고구려 점유기의 것일 가능성이 높다는 지적(최종택 2002)이 있었다. 이를 제외하고는 한성시기는 물론이고 사비시기에도 이와 같은 방식의 냇돌로 적심한 예는 찾아 볼 수 없는 점으로 보아 역시 백제 건물지일 가능성은 극히 낮다(도 2-III-17 참조).

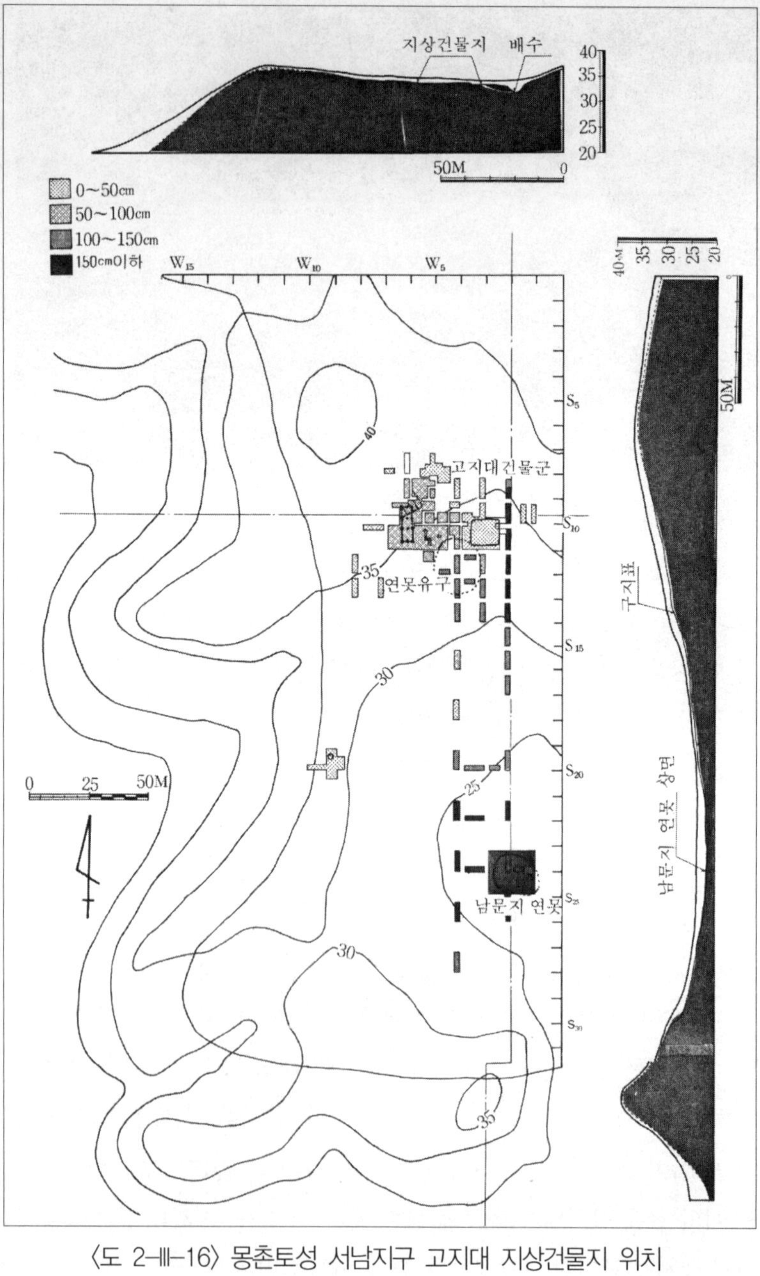

〈도 2-Ⅲ-16〉 몽촌토성 서남지구 고지대 지상건물지 위치

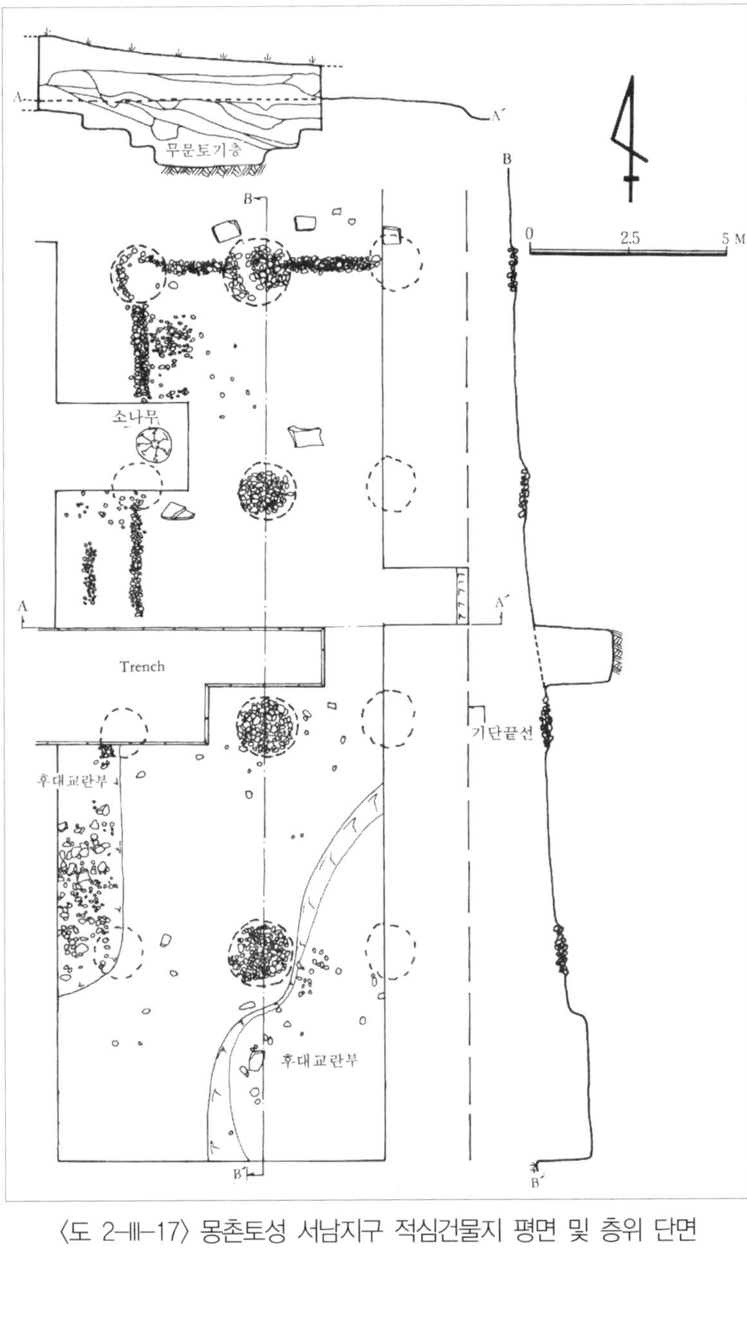

〈도 2-Ⅲ-17〉 몽촌토성 서남지구 적심건물지 평면 및 층위 단면

판축 성토대지는 전술한 것처럼 적심 기초 건물지로부터 동쪽으로 약 25m가량 떨어진 지점에 있으며, 평면 형태는 동서 및 남북 방향이 각각 10m 가량 되는 방형이다. 사변의 방향이 앞의 적심 기초 건물지 각 변과 평행하게 배치되어 있어 서로 마주 보도록 배치된 것으로 이해된다. 축조기법은 지금까지 알려진 예가 없는 것으로서 먼저 기반토인 암반풍화토를 파낸 다음 점성이 강한 점토와 암반풍화토를 교대로 다져 마치 판축과 유사한 성토 방식이다. 조사 당시 드러난 대지의 상면은 오랜 침식으로 인해 현지형과 같이 남쪽으로 경사져 있었지만 원래는 수평을 이루었을 것으로 보인다. 그러나 조사 당시 남아 있는 상태만으로는 판축처럼 성토된 대지의 당초의 높이는 알 수 없었다. 이 유구의 축조시점은 한성 I기 말, 즉 기원후 4C 후반 경을 상한으로 하고 있다. 이 유구가 축조되기 전의 구지표층의 일부가 판축 성토를 위한 터파기 시에 파괴된 지점이 확인되었는데, 남아 있는 동일한 층에서 나온 토기들로써 알 수 있었다.

온돌이 있는 건물지는 적심 기초 지상건물지와 판축대지 사이에 위치하고 있다. 후대의 교란이 심하여 아궁이와 온돌 고래 및 굴뚝 등의 구조 이외의 건물지 윤곽은 남아 있지 않았다. 아궁이에서 남북방향으로 약 2m 가량 직선으로 고래가 이어지다가 직각으로 동서방향으로 꺾여 3m 가량 서쪽으로 나가다 다시 남북방향으로 직각으로 꺾여 3.5m 가량 이어져 굴뚝의 기저부로 된 구조이다. 'ㄱ'로 모양으로 된 아궁이와 온돌 고래 부분이 건물의 실내 공간이라 볼 수 있다면 남아 있는 건물의 규모는 동서 장변 3.5m, 남북 단변 2.5m 가량으로 추정할 수 있다. 그러나 인접한 곳에 고래의 잔존부로 보이는 유구가 더 있어 적어도 2개 이상의 실내 공간으로 구성된 건물지로 판단된다.

온돌 건물지는 바로 앞에 있었던 연못지를 매립한 후 만들어진 것으로서 온돌의 특이한 구조와 함께 층위적 위치로 보아 고구려 점유기의 것으로 판단되었다. 인접한 적심 기초 건물과 판축대지와의 정확한 시기적 관계는 분명하지 않은 점도 있으나 대체로 적심 건물지보다 앞선 것일 가능성(최종택 2002)이 제기되고 있다.

④ 연못지

연못지는 앞에서 이미 말한 것처럼 서남지구에서 2개소가 확인되었다. 그 중 1개소는 앞의 적심 건물지 및 판축대지와 더불어 고지대에 위치하고 있고, 또 다른 하나는 남문지 부근의 저지대에 위치한다.

고지대의 지당지는 긴 곳의 길이가 약 30m, 짧은 곳의 직경이 약 15m 가량 되는 타원형을 이루고 있다. 깊이는 일정치 않으나 가장 깊은 곳은 약 2m가량 된다. 전모를 밝히지는 못하였으나 앞에서 본 적심 건물지나 판축대지 등과 인접하고 있어 조경용으로 판 연못으로 추정할 수 있다. 이 일대가 표고 30m 가량 되는 고지대인 점으로 보아 자연적으로 형성될 수 있는 가능성은 상정할 수 없기 때문이다. 연못을 팠다는 기록은 『삼국사기』 백제본기 진사왕(辰斯王) 7년(391)조[28]에 보이고 있는데, 발굴조사 시에 연못 내부의 퇴적토에서 수습된 토기의 연대로 보면 대략 시기적으로도 가까운 점이 주목된다. 이 연못은 몽촌토성이 고구려에 의해 함락된 이후 고구려가 조성한 온돌건물지가 만들어지는 과정에서 일시에 매립된 것으로 보이는데, 그러한 폐기 과정에서 없어졌는지는 알 수 없으나 호안석축과 같은 여타시설물은 전혀 확인하지 못하였다.

남문지 부근 저지대 연못지 역시 그 일부분만이 조사되었는데, 평면 형태는 동남-서북을 장축으로 하는 부정형에 가까운 한 변 길이

28 『三國史記』 百濟本紀 辰斯王 7年 "春正月 重修宮室 穿池造山 以養奇禽異花"

약 20m의 방형으로 되어 있다. 연못의 가장자리에서 완만한 경사를 이루면서 점차 깊이가 깊어져 중심부의 깊이는 약 1m 가량 된다. 당초부터 없었는지 알 수 없으나 호안석축 등의 시설은 역시 확인되지 않았다.

내부 퇴적토에서 출토된 유물로 보아 이 연못은 몽촌토성이 고구려에 장악된 이후에도 그대로 존속하고 있었던 것으로 추정되며, 자연매몰에 의해 완전히 평지화된 시점은 조선 초 무렵으로 판단된다.

이 연못은 앞의 고지대 지당과 달리 인공축조가 아니었을 가능성이 있는데, 몽촌토성 각 문지는 인마의 통로 뿐 아니라 지형 구조상 성내에서 집수된 빗물등의 배수로 역할도 겸하였을 것이므로 문지 부근에는 일종의 유수지가 형성될 가능성이 높기 때문이다. 특히, 남문지 부근은 북문지, 동문지 등과 달리 문지 부분이 성내부 저지대보다 약간 높을 뿐만 아니라 부근에 해자가 없기 때문에 성내에서 집수된 빗물이 그대로 성 밖으로 배수되기 어렵다. 이처럼 자연적으로 형성된 유수지에 약간의 인공을 가해 만들어진 연못이었을 것으로 추정된다.

⑤ 저장공

저장공 혹은 저장혈이라고 부르는 유구는 대개 구덩이의 평면형태가 원형이고 위가 좁고 아래가 넓은 모양의 수직 구덩이 형태가 가장 일반적이다. 몽촌토성 안에서는 이러한 형태의 유구가 모두 31기가 확인되었지만, 구체적으로 무엇을 저장하였는지 또는 그 정확한 용도가 무엇인지는 현재까지의 조사 내용만으로는 여전히 분명하지 않는 것이 사실이다. 그럼에도 불구하고 저장공이라 하는 것은 내부에 거주의 흔적이 없는 점, 땅을 판 구덩이 속의 온도가 바깥보다 일정하게 유지될 수 있다는 점 등으로 미루어 비교적 항온을 요하는 물질의 보관에 유리하다고 여길 수 있는 일반적 유추가 가능하기 때문이다.

이와 같은 형태의 수혈의 시작은 대전 둔산 유적등 멀리 신석기시대까지 거슬러 올라가는데, 이후 청동기시대 전기의 흔암리유형 단계의 주거지 주변에도 다수의 저장공이 나타난다. 또한 청동기시대는 주거지는 별로 없으면서 저장수혈이 다수 분포하고 있는 예도 많은데, 이러한 유적은 그 입지로 보아 마을 간의 물자 교환과 같은 유통 관련 시설로 이해되기도 한다. 원삼국시대에도 이와 같은 저장공이 밀집된 예들이 최근 속속 확인되고 있다. 아산 갈매리(葛梅里)유적, 군산 내흥동(內興洞) 등이 대표적이라 할 수 있다. 이들 역시 교역과 같은 지역 간 물자교환과 관련이 깊을 것으로 볼 수 있다.

삼국시대에 들어오면 이러한 수혈이 산성과 같은 관방(關防)시설에 부수된 예들이 많아진다. 전주 봉동의 배매산유적은 한성기말~웅진기에 걸치는 산성인데 여기서는 다수의 저장공이 확인되었다. 이와 동일한 양상은 대전의 월평동 유적에서도 찾아 볼 수 있다. 월평동유적은 백제와 고구려가 번갈아 점유한 유적인데, 최근 남한지역의 깊숙이 전진 배치된 고구려 관방유적인 청원 남성골유적(차용걸 외 2004)에서도 많은 저장공이 확인되어 백제, 고구려 공히 군사적 거점에는 그러한 저장용 수혈을 구축하였던 것을 알 수 있다.

몽촌토성에서 발견된 저장공도 이와 같은 맥락의 기능을 가진 것으로 추정되지만, 그 가운데는 백제뿐 아니라 고구려 점유기에 만들어진 것들도 있을 것이다. 이러한 문제에 접근하기 위해서는 내부에서 출토되는 유물의 계통과 시기를 비정하는 일이 필요하다. 1988년도 발굴조사 시에 내부 충전 퇴적층별로 유물을 채집하여 분석해본 결과를 보면, 동일한 토기 개체가 상하의 서로 다른 층에 걸쳐 분산되어 있는 예가 많아 퇴적층이 순서에 의해 포함 유물의 시기적 선후관계를 판단하는 것은 의미가 없음이 드러났다. 일반적으로 내부 퇴적층에 혼입된 유물을 통해 유구의 시기를 판단할 때에 최하층, 즉 유구의 바닥에서 출토된 것을 기준으로 삼는 경우가 통용되지만, 이와 같은 결과를 보이는 몽촌토성 내의 유구는 그러한 접근이 타당하지 않다는 것이다. 실제로 유구 내부 가장 아래층 출토 유물과 최상층 유물이 접합되는 예나 유구 내부 퇴적층의 유물이 유구 바깥 인근 지점의 파편과 접합되는 예도 확인되었다. 그러므로 각 저장공의 사용 혹은 최후의 폐기 시점을 출토유물만으로 접근하는 것은 위험하다. 그렇지만 출토유물 전체로 볼 때 백제 유물만 나오는 것이 있는가 하면 백제 유물과 함께 고구려 유물이 함께 나오는 경우도 있어 최종 사용 혹은 폐기 시점이 고구려 점유기 이후인 것과 그렇지 않은 것을 가려 볼 수는 있는데, 그 내용을 살펴보면 다음과 같다.

백제유물만 출토되는 저장공 : 85-2·85-4·85-7·85-8·85-9·85-10·85-12·87-2·87-3·87-4·87-5·87-6·88-2·88-3·88-7

백제유물과 고구려유물이 함께 나온 저장공 : 85-3·85-5·85-6·87-1·87-8·87-9·88-1·88-4·88-5·88-6·89-1호

한편 보고서 상에 수혈주거지로 기술되어 있으나 앞에서 이미 본 바와 같이 화덕이 없고 평면형이 방형에 가까운 수혈유구도 저장용 유구로 볼 수 있는데, 이들의 출토유물을 살펴보면 다음과 같다.

백제유물만 나오는 경우 : 85-1호 '주거지'

백제유물과 고구려유물이 함께 나온 경우 : 85-2호 '주거지'·87-4호 '주거지'·88-방형유구

이상 살펴본 것처럼 백제유물과 고구려유물이 함께 나오는 저장용 수혈은 그 사용 시점 혹은 폐기 시점이 고구려토기가 혼입될 수 있는 상황에 있었던 것으로서 그 시기는 구체적으로 몽촌토성이 고구려에 의해 점유되었던 475년 이후로 볼 수 있다. 그럼에도 불구하고 그간 유적형성과정에 대한 구체적인 검토 없이 보고서의 출토유물 기술만을 근거로 백제의 한성시기에는 백제토기와 고구려토기가 공반되는 단계가 있는 것으로 오해한 견해(定森秀夫 1989 ; 白井克也 1992)가 제기되기도 하였으나 이는 잘못이다.

1. 유송대의 주전 틀 (상하이 박물관 소장)

2. 석촌동 4호분 출토 전문와당

〈사진 2-Ⅲ-17〉 주화 전범과 전문와당

(4) 몽촌토성 출토 주요 유물의 의의

① 와당

몽촌토성에서 출토된 와당은 모두 4개체인데, 문양의 내용과 제작기법 등으로 보면 3가지 부류로 구분할 수 있다. 첫째 부류는 와당면을 '+'자형 모양으로 4구획 한 다음 원문을 배치한 것으로 1개체가 있으며, 둘째 부류는 선조(線彫)에 의해 시문한 연화문 와당으로 역시 1개체가 있다. 나머지 부류는 마름모 모양을 배치한 능형문(菱

形紋) 와당으로 2개체가 있다. 이와 비교할 수 있는 예가 현시점에서 그 국적을 분명히 하기는 어려우나 높은 주연부의 형태로 보면 고구려계통의 와당일 가능성이 가장 높다(사진 2-III-18의 1 참조). 한편 연화문 와당 역시 비교자료가 마땅하지 않아 갑자기 그 계통이나 시기를 특정하기 어렵지만 후술하는 바와 같이 한성기의 백제와당으로 보아도 좋을 듯하다.

첫째부류에 해당하는 예로는 몽촌토성 서남지구 출토품이 있는데, 그와 동일한 것이 석촌동 4호 적석총 옆 주거지에서 출토된 바(裵基同 1982) 있다. 와당면의 문양은 전범(錢範)의 모양과 흡사하여 아마도 그것을 모방한 것이 아닐까 한다(사진 2-III-17 참조). 이와 관련해, 동오~동진 사이에 있었던 빈번한 교류를 통하여 당시의 주전(鑄錢) 실물이나 전범을 잘 알고 있었던 백제가 독자적으로 창안한 것이라는 견해(門田誠一 2002)가 제시되어 있다. 전문와당이 동오 등 장강(長江) 중하류지역의 전문의 성행과 관련 있을 것이라는 생각은 중국측 연구자(馮慧·賀雲翱·路侃 2005)들도 제시한 바 있다. 문제는 백제와 중국의 장강유역에 위치한 동오 사이의 공식적인 교섭을 뒷받침할 수 있는 문헌사료를 찾기 어렵다는 것이다. 전문도기의 존재로써 응당 유추할 수 있는 바처럼, 중국 강남지역과의 교섭과 관련하여, 서진 말기의 '팔왕(八王)의 난'등에 의해 북중국이 전화에 휩싸이면서 그것을 피해 백제의 대중국 교섭이 장강유역의 동오지역으로 이동되었을 가능성(朴淳發 1999)도 배제하기 어렵다. 또 다른 가능성은 그와 같은 당시의 북중국 정세 속에서 상대적으로 정치적인 독자성을 확보할 수 있었던 낙랑군, 대방군 등의 교섭 상대가 강남지역 정권으로 바뀌고, 그 과정에서 중국 군현지역으로 유입된 문물이 다시 백제로 전해졌을 가능성도 있다. 몽촌토성 출토품이나 석촌동 4호분 주변 출토품과 같은 전형적인 전범 모양과는 약간 다른 문양의 와당들도 최근 풍납토성 조사를 통해 다수 알려졌다. 초화문 와당으로 부르기도 하는 것이지만, 이 또한 변형된 전문으로 보이므로 전문와당의 범주에 포함시켜도 좋을 것이다. 초화문이라는 소재가 중국은 물론이고 낙랑지역에서도 그 유래를 전혀 찾을 수 없기도 하거니와 꽃봉오리와 풀잎을 표현한 것으로 보이는 원형부분과 직선부분은 전범의 주화 거푸집 및 용탕(鎔湯) 유입구(流入溝)의 모습과 유사하기 때문이다(사진 2-III-18의 2 참조). 이러한 추정이 가능하다면 이른바 초화문 와당은 전형적인 전문와당 문양 본래의 의미가 몰각되면서 형태적으로 해체되는 과정에서 나타난 것이라 여긴다.

둘째 부류의 연화문 와당은 전술한 것처럼 이와 비교될 수 있는 마땅한 자료가 거의 없다. 중국에서 연화문 와당이 출현하는 시기가 5세기 후반 이후이므로 한성시기의 와당이 아닐 것으로 보는 견해(權五榮 2003)도 있다. 그러나 최근 연구 성과에 의하면 연화문이라는 소재가 와당에 나타나는 시기는 남경을 비롯한 중국 남조지역의 경우 동진의 늦은 시기부터 유송의 초기에 해당되는 5세기 전반 무렵이고, 북조지역 역시 420년 무렵으로 알려져 있다(賀云翱 2003). 이러한 사실로 보아 몽촌토성 연화문 와당은 일단 5세기 전반으로 시기가 올라갈 가능성은 거의 없을 것이다. 그런데 몽촌토성 연화문 와당은 연판의 형태가 복판(複辦)으로 되어 있는 것이 특징이다. 연화문 와당에서 복판의 등장은 남조보다 북조가 이르기 때문에 이 와당의 계통은 당시의 북조 북위(北魏)와 연관이 있을 것으로 생각된다. 복판 연화문은 남북조시기의 조기~중기 무렵에 북방지구에서 유행하기 시작하며, 남방지역에서는 유송대에 해당되는 하남성 등현(鄧縣)의 화상전묘(畵像塼墓)에 장식된 화상전에서 처음으로 나타난다. 그러나 남제(南齊 : 479~502년 존속) 이후가 되면 복판 연화문은 더 이상 보이지 않는다고 한다(賀云翺 2003). 이러한 점들로 보아 몽촌토성 출토 연화문 와당은 북위를 통해 들어 왔을 가능성이 높으며, 그 계기는 『삼국사기』 백제본기에 보이는 개로왕 18(472)년에 있었던 북위와의 외교 교섭을 빼놓고 생각하기 어렵다[29]. 몽촌토성 연화문 와당을 보면 와당의 배면에 주연부가 남아 있는데, 이러한 제작기법은 풍납토성에서 출토된 전문와당과 같아 한성기 백제에서 자체 제작된 것임을 알 수 있다. 복판을 표시하는 조각 솜씨가 조잡한 점은 그러한 사정과 관련이 있을 지도 모른다. 형태적으로 동일하지는 않으나 복판 연화문의 모티프는 북위 낙양성 출토품과 유사한 점을 찾아 볼 수 있다. 그리고 지금까지 한성기의 백제와당이 아닌 것으로 여기던 광장동 채집 와당의 연화문 역시 이와 유사하여 한성기 백제 와당일 가능성이 있다(도 2-III-18의 4 참조).

1. 몽촌토성 출토 능형문 와당

2. 풍납토성 출토 변형 전문와당

〈사진 2-Ⅲ-18〉 몽촌토성 및 풍납토성 출토 와당

---

29 북위와 백제의 공식적인 외교교섭은 472년이지만, 그러한 외교가 갑자기 가능했을 것으로 보기는 어렵다. 전연·후연·북연 등 삼연(三燕)이 북위에 멸망되는 과정에서 백제로 유입된 유이민의 존재를 상정할 수 있다. 마구나 와당 등에서 관찰되는 북방적 요소는 그러한 배경과 관련이 있을 것이다. 삼연계 인물들은 그 이후 백제와 북위의 공식외교 과정에서도 일정한 역할을 하였을 것으로 볼 수 있다.

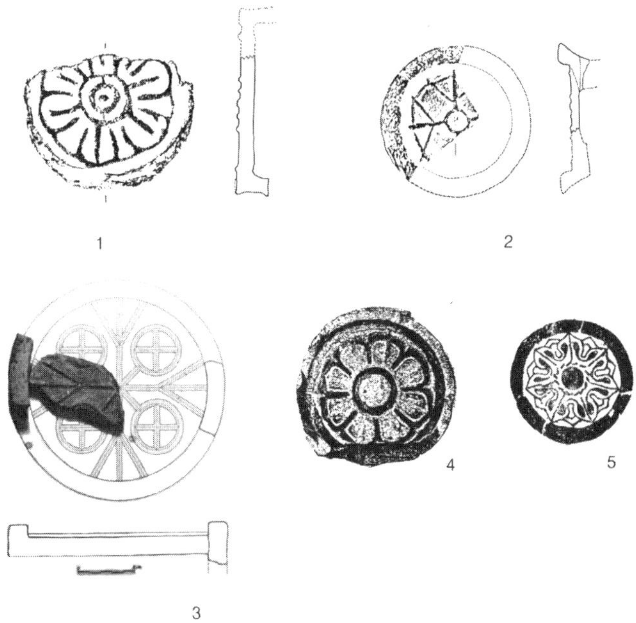

1. 몽촌토성 동북지구 출토
2. 풍납토성 출토품
3. 몽촌토성 연못유구 출토
4. 서울 광장동 출토
5. 北魏洛陽城 출토

〈도 2-Ⅲ-18〉 몽촌토성 출토 와당 및 비교 자료

② 금동과대금구

몽촌토성 출토 금동과대금구는 1985년도 발굴조사에서 발견되어 한성기 백제의 금공품으로 주목된 바 있다(사진 2-III-17 참조). 당시에는 유사한 예를 몰라 그 용도는 물론이고 정확한 시기 비정도 용이하지 않았다. 이것이 과대금구로 밝혀진 계기는 중국의 호북성(湖北省) 한양현(漢陽縣) 웅가령(熊家嶺)의 동진시기 무덤에서 동일한 것이 출토되었음을 확인하면서이다(도 2-III-19 참조).

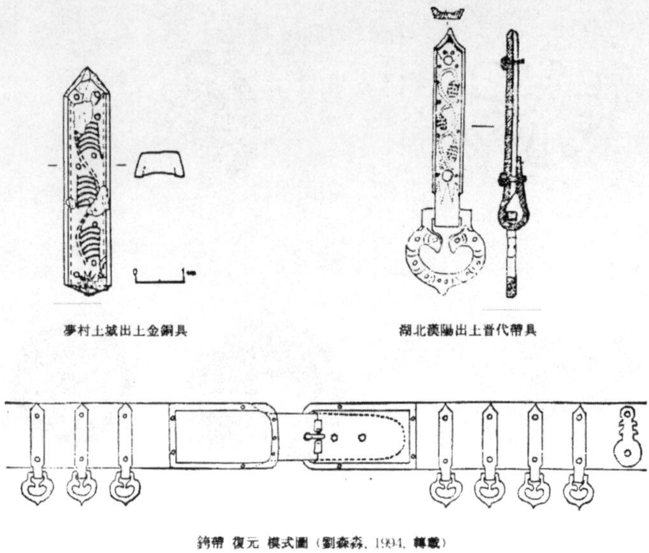

〈도 2-Ⅲ-19〉 몽촌토성 규형과대 금구 및 비교자료

필자는 이 과대의 문양이 서진 말의 강소(江蘇) 의흥(宜興) 주처묘(周處墓 : 피장자 297 사망) 출토품이나 광주(廣州) 대도산(大刀山) 동진묘 출토품 등에 비해 문양이 사실적인 점을 감안하여 4세기 초엽경으로 비정하는 한편, 안악 3호분 동수묘(佟壽墓) 벽화에 묘사된 '장하독(帳下督)'의 과대모습과 흡사한 점에 주목하여 이러한 과대를 패용한 주인공을 대략 제 3품관의 속관(屬官) 정도에 해당되는 고급무관이었을 것으로 추정한 바(朴淳發 1996a) 있다.

그 후 1972년에 남경시 남경(南京)대학 북원(北園) 동진묘에서도 동일한 형태의 과대금구가 출토된 것을 확인하면서 기왕의 필자 생각에 대한 일부 수정의 필요성과 아울러 과대금구가 담고 있는 한성시기 백제의 대중국 대외교섭 전개상의 중요한 의의를 새삼 인식하는 계기가 되었다(사진 2-III-17 참조).

〈사진 2-Ⅲ-17〉 몽촌토성 과대금구와 비교 자료

좌 : 남경 강녕(康寧) 상방(上坊) 손오(孫吳)묘 출토 은제 규형 과대 금구(王志高 外 2008에서 옮김), 중 : 몽촌토성 규형 과대 금구, 우 : 남경대학 북원 동진묘 출토품

몽촌토성 출토품과 동일한 형태의 이른바 심엽형수하식부규형과(心葉形垂下飾附圭形銙)가 포함된 과대의 출토예는 광주 대도산 동진묘, 남경 남경대학 북원 동진묘, 호북 한양 진묘 출토품, 그리고 몽촌토성 등 모두 4예가 있다. 이들의 재질은 모두 금동제이어서 그 착용자의 신분이 높았음을 짐작할 수 있는데, 이와 관련해서 남경대학 북원묘 출토품이 매우 중요한 단서가 된다. 모두 세 사람으로 밝혀진 이 무덤의 피장자는 동진의 원제(元帝 : 322년 몰, 323년 안장) 및 우(虞) 황후(312년 몰, 320년 안장), 그리고 명제(明帝)의 생모인 예장군군(豫章郡君) 순씨(荀氏 : 335년 몰, 안장)라는 견해(王志高 2003)와, 동진 성제(成帝 : 342년 몰, 안장) 및 두(杜) 황후(341년 몰, 안장), 그리고 애제(哀帝)의 생모인 주장태비(周章太妃 : 363년 안장)라는 견해(吳桂兵 2003)로 엇갈리고 있으나, 어느 경우든 황실과

관련된다는 점은 분명하다. 이 무덤은 명대(明代) 건물지 초석 아래에서 발견되어 교란이 심하고 당초의 부장위치를 확인할 수 없는 경우도 많아 문제의 금동과대가 어느 피장자와 관련되는 것인지가 확실하지 않지만, 과대 착장자가 남성이라는 전제에서 보면 금동과대는 결국 황제의 것인 셈이다. 그러나 동일한 재질의 규형과대금구가 나온 호북 웅가령이나 광주 대도산묘의 피장자는 황제가 아니므로 현시점에서 금동제 규형과대의 정확한 위상을 설정하기는 쉽지 않다. 일단 황제를 포함한 고위 품계의 관료들의 착장용이었을 것으로 보는 데에는 문제가 없을 것이다.

전술한 바와 같이 필자는 몽촌토성 출토 금동과대금구로 꾸민 과대는 왕 바로 다음의 최고위 중앙귀족으로 추정한 바 있는데, 그 논거로 삼았던 것은 안악 3호분의 벽화에 등장하는 장하독의 신분이었다. 이 장하독은 3품 관작인 평동장군(平東將軍) 동수의 속관인 고급 무관임은 앞서 말한 바이다. 문헌사료 상 백제가 372년 처음으로 동진과 통교하면서 근초고왕이 받은 진동장군(鎭東將軍)의 위상과 평동장군은 동일하므로 결국 장하독이 패용한 과대는 3품관 이하의 위상을 나타내는 것이라 본 것이다. 전술한 바와 같이 남경대학 북원묘 출토품으로 보면 황제도 금동규형과대를 착용하였으므로 이 과대의 위상을 3품 이하의 관작에만 한정시켜 볼 필요는 없어졌다.

안악 3호분 장하독 착용 과대의 재질이 정확히 무엇인지는 현재로서는 말하기 어려운데, 실제로 2008년에 발견된 동오 시기의 전실묘에서 출토된 규형과대에는 문양이 없을 뿐 아니라 은제(사진 2-Ⅲ-17 좌 참조)로 되어 있는 점으로 보면, 신분에 따른 재질의 차이를 상정하여야 할 것이다. 안악 3호분 장하독의 경우 금동제 과대가 아닐 가능성이 크므로 몽촌토성의 금동과대와는 격의 차이가 있을 수도 있다. 이 무덤의 피장자는 3세기 후반 무렵의 동오 만기 황족 가운데 왕으로 책봉된 사람으로 추정되고 있다(王志高 外 2008).

한편, '장하독'이라는 관직의 위상을 반드시 3품이하 관작의 속관으로 한정할 필요가 없게 되었다. 1품에서 5품에 이르는 폭넓은 범위의 관작의 속관으로 나타나고 있기 때문이다(孔錫龜 1998).

몽촌토성 출토품과 유사한 중국의 금동과대의 시기적인 분포는 대체로 4세기 1/4분기에 집중되고 있어 몽촌토성 출토품의 시기는 4세기 전반 경으로 올려 볼 수도 있다. 과대와 같은 착장 위세품은 조공과 책봉과 같은 공식적인 외교 과정과 관련되므로 이 과대의 시기 비정 결과에 의해 백제의 동진을 대상으로 하는 공식적인 교섭의 개시 시기도 연동된다. 전술한 바와 같이 문헌사료 상으로는 371년에 견사하고 372년에 근초고왕이 진동장군으로 제수된다. 따라서 몽촌토성 금동과대의 시기 비정 문제는 매우 민감하고 중요한 문제 가운데 하나이다.

그리고 전술한 바와 같이 몽촌토성 금동과대를 착장할 수 있는 사람의 신분은 왕을 비롯한 왕족급 귀족으로 볼 수 있다. 이 점은 몽촌토성의 위상을 설정함에 있어 매우 중요하다. 한성 도읍기의 남북 2성 가운데 '왕성'으로 표현되던 무렵의 위상에 어울리는 유물이다.

제 3 장

웅진도성

Ⅰ. 한성기의 지방지배 전개와 웅진 천도의 배경

Ⅱ. 웅진도성의 경관

Ⅲ. 공산성 및 도성 내 주요 유적

무녕왕 왕관 장식 전후면

제3장 웅진도성

I. 한성기의 지방지배 전개와 웅진 천도의 배경

잘 알려진 것처럼 웅진 천도는 고구려에 의한 한성의 함락과 왕의 사망 등 백제 개국 이래 최대의 난국을 수습하기 위한 긴급 천도라는 데는 이견이 없다. 하지만 비록 응급적인 상황에서 단행된 것이라고 해도 웅진이라는 구체적인 천도 후보지 선정과 관련해서는 그 배경이 무엇인지에 대한 규명이 필요하다. 이와 관련하여 한성기 동안의 웅진지역에는 유력한 재지세력의 존재가 확인되지 않는 반면 천안, 청주, 논산, 부여 등으로 대표되는 웅진 외곽에는 토착세력이 분포하고 있어 결국 천도 당시로서는 일종의 공백지역을 도읍지로 선정하였다는 견해가 발표된 바(李南奭 1997a) 있다. 최근까지 드러난 한성기의 지방지배 양상 및 진전 과정으로 볼 때 과연 공주 일원이 그러하였는지에 대해서는 면밀한 검토가 필요하다.

1. 한성기의 지방지배 전개[1]

원삼국시대 이래 각 지역 분묘군의 지속 정도나 묘제변천 양상과, 각 고분군에 부장된 중국제 수입 자기 등의 위세품의 내용을 종합해 보면 한성시기 동안 진행된 백제의 지방지배 전개 과정이 엿보인다.

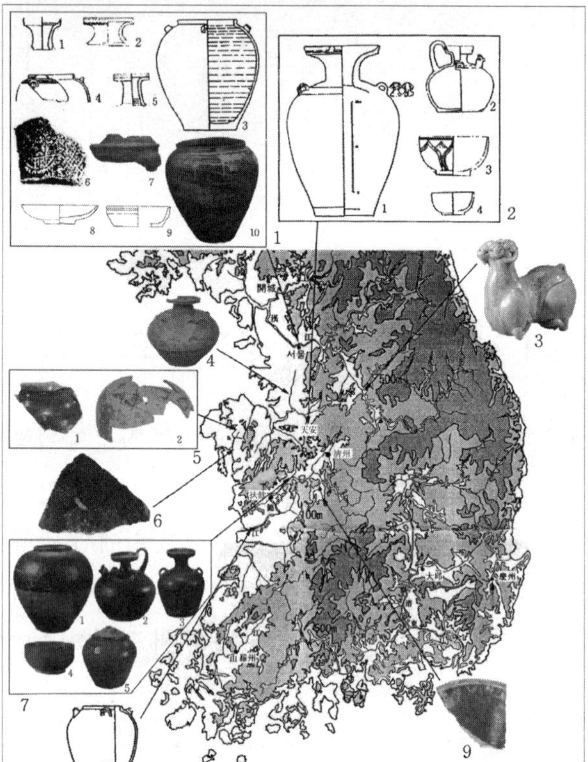

1-1~3. 서울 石村洞古墳群 (1:87-2號 石槨墓, 2:3호분 積石部, 3:86-8號 土壙墓 外部), 1-4~9. 서울 夢村土城 (4,5:85-3號 貯藏孔, 6:85-NE6-13 EWTr., 9:87-1號 貯藏孔), 1-10. 서울 風納土城, 2-1:天安 花城里 地表採集, 2-2:天安 龍院里 9號石槨墓, 2-3~4:天安 龍院里 橫穴式石室墓, 3. 原州 法泉里 2號墳, 4. 烏山 水淸洞, 5-1~2. 瑞山 富長里(1:試掘地表, 2:6號 墳丘墓 周溝 內), 6. 洪城 神衿城 百濟遺蹟, 7. 公州 水村里(1~4:4號 石室墳, 5: 1號 土壙木槨墓), 8. 益山 笠店里 86-1號 石室墓, 9. 錦山 水塘里 2號 石槨墓

〈도 3-Ⅰ-1〉 한성기 백제 출토 중국 자기 분포

---

1 이 부분은 박순발 2007, 「墓制의 變遷으로 본 漢城期 百濟의 地方 編制 過程」, 『韓國古代史硏究』 48 논문 가운데 본서의 내용과 관련되는 부분을 체제에 맞도록 수정한 것이다.

백제지역에서 출토된 중국 자기는 시기적으로 한성기에 집중되어 있다. 백제 중심지의 생활유적 출토품을 제외하고는 거의 대부분 유력한 지방 세력자의 무덤에서 나오고 있는데, 그 시기는 대략 4세기 중·후엽경부터 5세기 후반에 걸치고 있다. 분포 범위는 제사유적인 부안 죽막동을 예외로 한다면 금강유역까지로 국한[2]되어 분포적 시기적 특징이 비교적 뚜렷하다(도 3-I-1 참조).

기종 구성을 보면 남경(南京)을 비롯한 육조의 중앙지역의 그것과 대체로 유사하나 몇몇 기종이 결여되어 있는 모습도 확인된다. 출토지가 분명한 자료로 볼 때 육조의 중심지역과 차이를 보이는 기종은 준(樽), 반(盤) 또는 세(洗), 등(燈), 향로(香爐) 등을 제외한 나머지 기종은 모두 확인된다[3]. 지금까지 알려진 중국 자기 가운데 한성기에 해당되는 예들의 기종 분포는 <표 3-I-1>과 같다(朴淳發 2005b).

백제지역 출토 중국 자기의 기종 구성에서 주목되는 점은 그것이 남경 등 당시 중국의 중심지의 상류층 분묘 부장품의 내용과 거의 같다는 것이다. 이는 당시 변방지역이었던 중국의 광동(廣東)지역과 비교해보면 더욱 뚜렷해진다. 광동지역에서 육조시기 자기를 부장한 무덤의 피장자들은 대개 장강유역 출신 이주집단의 후예들이므로 생활 습속상의 차이는 크지 않다. 그럼에도 불구하고 자기의 기종 구성이 다르다는 것은 정치적 혹은 사회·경제적 지위의 차이와 관련되는 것으로 볼 수 있다. 그에 반해 백제지역 출토 자기의 기종 구성은 육조 도성지역의 황족이나 귀족들의 그것과 거의 같아 매우 높은 격을 짐작하게 한다. 물론 당시 중국 귀족들의 생활습속과 관

2 2009년도 9월 전북 고창 봉덕리(鳳德里) 1호분에서도 중국제 청자 반구호 등이 출토되어 그 분포권은 노령산맥까지 남하하게 되었다(圓光大學校 馬韓·百濟文化研究所 2009).

3 호자(虎子)는 개성 출토품으로 전하는 것이 있으며, 타호(唾壺)의 파편으로 추정되는 것은 금산(錦山) 수당리(水塘里) 고분군에서 출토된 바 있다.

련되는 여러 기종들이 모두 백제지역의 단일 무덤에 부장되어 있지는 않은 점으로 보아 백제의 생활습속이 중국의 귀족들의 그것과 동일하다고는 할 수 없으나, 황실 및 귀족들의 생활에 소요되던 세드에 속했던 것임은 분명하다.

〈표 3-Ⅰ-1〉 한성시기 백제지역 출토 중국자기 기종 구성

기 종	도성 및 생활유적	분 묘	계
반구호(쌍이부)	9(21.9)	5(23.8)	14(22.6)
이부호(양이, 사이)	6(14.6)	5(23.8)	11(17.7)
옹(전문도기 포함)	22(53.6)	2(9.5)	24(38.8)
음식기(완, 소완 등)	3(7.3)	5(23.8)	8(12.9)
계수호		2(9.5)	2(3.2)
타호		1(4.8)	1(1.6)
양형기		1(4.8)	1(1.6)
벼루	1(2.6)		1(1.6)
기타(기종미상 포함)	8	4	12
계	49	25	74

( )속은 백분비. 백분비는 기타를 제외한 수치임.
計의 백분비는 기타를 제외한 해당 기종 전체 수치임.

백제지역 출토 자기의 기종 구성의 격은 당시 육조 중심지의 실생활에서 그것이 어떻게 사용되었는지를 참고할 때 더욱 분명해질 것이다. 계수호는 다구(茶具)의 일종일 가능성이 매우 높은 것인데, 동진대의 음차 습속은 왕실 및 사족(士族) 들의 기호로서 널리 유행하고 있었다. 당시의 차 마시기 과정은 대략 이러하였다. 먼저 찻잎을 채집하여 다병(茶餠)으로 만든다. 다병은 찻잎과 쌀풀을 섞어 만드는데, 차를 마실 때는 다병을 볶아 붉은 색이 되도록 한다. 다음에 볶은 다병을 빻아 분말로 만들고 이를 자기 그릇에 넣고 뜨거운 물을 붓는다. 이때 파, 생강, 귤 등을 곁들이는데 이를 '다갱(茶羹)'이라 한

다. 다갱을 마시면 술이 깨고 정신이 맑아진다는 것이다. 계수호는 다갱을 담아 따르는 용도라는 것이다.

계수호가 부장된 무덤은 육조의 중심지에서도 신분이 높은 자들의 것이며, 당시의 북조지역에서는 거의 확인되고 있지 않다. 계수호의 그러한 용도를 백제의 왕실이나 귀족들이 모르지 않았을 터이므로 결국 계수호의 존재는 그러한 육조 왕실 사족들의 음차 습속의 수입을 시사하는 것이라 볼 수 있다. 아무튼, 계수호는 액체를 담아 따르는 것과 관련된 것은 분명하므로 그것이 술이든 다갱이든 당시 육조 중심지의 음다·음주 습속이 백제에도 널리 수용되었을 것으로 보아도 좋을 것이다. 그리고 청자 양형기는 그 기능에 대해 의견이 일치되어 있지 않으나, 초를 꽂는 촛대라는 견해가 유력하다. 당시의 초는 밀랍으로 만든 것으로서 운남(雲南)지역의 동한대 무덤에서 실물이 확인되기도 하였다고 한다. 납촉 역시 귀족들의 생활습속과 관련된 것이므로 양형기는 당연히 그들의 무덤에 부장되고 있다. 동오 서진대에는 양형기와 함께 사자형기(獅子形器)도 유행하나 동진 전기에 들어 양형기만 보이며, 동진 중·만기 이후에는 소멸되고 있다. 백제지역에서는 아직 원주 법천리 출토 일례에 불과하여 당시 동진의 납촉이 양형기와 함께 들어와 실생활에 사용되었는지는 알 수 없으나, 빈번한 교류가 있었던 육조지역의 사용맥락을 모르지는 않았을 것이다.

이처럼 백제지역에서 다량의 중국 자기가 출토되고 있는 점에 주목하여 그 입수 과정과 관련하여 최근에는 '무역(貿易)'이라는 용어를 사용하기도 하는데(成正鏞 2003), 이 경우 조공이나 견사와 같은 외교적 교섭에 수반된 것이라기보다는 국가 간의 순수한 경제적 교환행위를 염두에 두고 있는 것 같다.

이러한 측면에 대해 살펴보기 위해서는 건강(建康)을 중심으로 하는 육조 중심지역의 물자교환 체제에 대한 이해가 필요하다. 관련 연구들(羅宗眞 1990 ; 施光明 1998)에 의하면 자기 등의 수공업 제품의 생산 및 유통과 관련한 육조의 수공업 및 상업 경제는 황실이나 문벌사족의 가장 중요한 경제기반이었다. 광업 및 금속 제련업, 병기제조, 금은세공, 염업, 토목건축, 와전, 조선 등 주요 수공업은 관부(官府)가 장악하고 있었으며, 종사하는 장인들은 모두 관부 공장(工匠)으로서 이들은 세습되고 있었다.

이들 제품의 유통과 관련하여 당시 육조 도성 건강에는 상업이 매우 발달하였다. 상업과 관련한 점포 등의 설비는 모두 관부에서 공급하였으며, 시장을 관리하기 위해 시령(市令), 시승(市丞), 시괴(市魁), 시리(市利) 등 관원을 두었다. 이들의 직무는 시장의 정상적인 교환활동이 가능하도록 시장의 질서를 유지하는 것과 함께 상행위에 대한 징세이다. 당시 시장 상거래에 부과되던 세금은 매매와 관련한 세와 건강 시장으로 들어오는 도진에서 걷는 일종의 관세 등 2가지로 나뉜다. 매매세는 우마, 전택, 노예 등 거액을 수반하는 경우 반드시 문권으로써 거래를 보증하는 때에 부과되는 '수고(輸估)'와 그 밖에 문권 없이 거래되는 때의 '산고(散估)'로 구분하여 매기는데, 전자는 거래액 1만전에 대해 400전(파는 자 300전, 사는 자 100전), 후자는 교역가 100에 4를 부과하였다. 결국, '수고'나 '산고' 모두 매매세는 4/100인 셈이다. 관세는 화물의 1/10을 징수하는데, 시장에서 매매되는 모든 화물은 일반적으로 문서로써 시세를 부과하였다.

그런데, 북조지역과 거래하는 남북호시(互市)나 대외무역은 모두 관부가 장악하고 있었다. 이 경우 구체적인 주체는 위로는 황제부터 아래로는 각급 지방관리에 이르는데, 대개 이들은 직접 상거래를 하는 경우가 많았다.

이러한 당시의 시장경제 질서로 미루어 백제지역에 들어 온 자기들은 일반시장에서 구입할 수 있는 것은 아니다. 도자기의 경우 일반 시장에서도 거래가 이루어지진 하였으나 위에서 살펴본 바와 같이 백제지역 출토 중국 자기는 그 품격이 높다. 그러한 고급 사치품은 황실을 비롯한 귀족들의 소비품으로서 시장에서는 거래가 되지 않았다고 한다(許輝·李天石 2003). 이러한 사정에 비추어 볼 때 백제지역 도자기는 관부를 통하여 이루어진 국가 간 공적 무역의 결과로 이해된다. 그러한 공적 무역이 가능하였던 계기는 다양하였을 것이지만, 문헌기록에 나타나는 백제의 대중국교섭은 총 69회로 알려지고 있다(兪元載 1995). 이를 평균해보면 매 4년여 기간마다 1회 정도 중국에 왕래하였던 셈이 된다. 그 구체적인 동기나 내용은 조공, 견사, 각종 청구 등인데, 그러한 기회를 이용하여 이른바 조공무역이 이루어졌을 것으로 볼 수 있다. 조공이나 견사의 경우 방물(方物)을 헌상하는 것이 필수적이었을 것이며, 그 상대는 중국의 황제나 관부였을 것이다.

조공과 회사(迴賜)로 알려진 이 과정에 시장 교환의 경우와 같은 엄격한 등가 교환이 적용되었을 것으로 보기는 어렵겠지만, 어느 정도의 대가성은 배제할 수 없을 것이다. 그렇다면, 당시 도자기의 가격은 어느 정도였을까. 이에 대한 직접적인 자료는 아직 찾지 못하였으나 당시 벽돌에 대한 가격은 대략 1~5전으로 추정되므로[4] 적어도 그보다는 훨씬 비쌌을 것으로 볼 수 있다.

그러한 고가의 도자기와 교환될 수 있는 백제측 방물의 내용 역시 알려진 자료가 없으나, 『삼국지』 위서 동이전의 기록으로 미루어 보면, 예(濊)지역에서 나는 반어피(班魚皮), 표(豹), 과하마(果下馬) 등

---

4 『북사(北史)』 위임성왕운전(魏任城王雲傳)에는 벽돌 200개가 견(絹) 1필과 같은 것으로 나온다. 견 1필 값은 시기별로 차이가 있으나 대략 1000~200전이라 한다(王仲犖 1998). 인제대학교 趙胤宰 교수의 후의로 관련 자료를 입수할 수 있었다. 후의에 감사한다.

과 더불어 인삼[5] 등도 그 후보가 될 가능성이 높다. 그 밖에 '변한포(弁韓布)'[6]로 알려진 포 역시 낙랑 포로 반환에 사용되고 있는 것으로 보아 지역 간 교환의 수단이었음을 알 수 있다. 그리고 금은 어느 시대에나 교환 수단으로 중요시되었을 것으로 짐작되지만, 『삼국지』 위서 동이전 한조에는 금·은을 귀하게 여기지 않는 다는 기록이 있어 원삼국시대에는 금의 그러한 기능을 상정하기 어려우나 대략 4세기 후반대 이후 백제의 중앙지역에서 금공품의 생산과 분배가 진전되고 있었을 가능성과 함께 그 무렵 백제의 영역으로 편제된 경기·충남·충북지역에 사금산지가 많은 점(成正鏞 2001) 등에서 당시 금이 중요한 교환 수단으로서 등장하였을 것으로 이해된다.

지금까지 백제지역에서 출토되는 중국 도자기는 중앙에서 들여와 지방으로 분여한 것으로 이해하고 있으며, 그러한 사여를 통해 해당 지역과 백제 중앙과의 정치적 관계가 형성되었던 것으로 보는 견해(權五榮 1988 ; 2002 ; 朴淳發 1996)가 지배적이었다. 그러한 점은 사실이었을 것이지만, 중앙의 분여 혹은 사여에 상응하는 대가를 상정하지 않으면 안 될 것이다. 유력한 지역의 정치체 지배자에게 호감을 사기 위한 무상 사여도 있을 수 있으나, 중국제 도자기가 부장된 무덤에서는 한성양식의 토기나 관모 등 위세품도 함께 나올 뿐 아니라 앞서 본 바와 같이 묘제의 변화와도 연동을 보이고 있어 이미 백제 중앙에 예속이 진행되고 있던 단계로 보아야 하기 때문이다. 도자기는 무상 사여가 아니라 그 입수 과정인 대중국 조공에 소

---

5 도홍경(陶弘景 : 456~536 생존)의 『본초경집주(本草經集注)』에는 백제 인삼이 고구려에 비해 약효가 좋은 것으로 소개되어 있다.

6 진한(辰韓) 우거수(右渠帥) 염사치(廉斯鑡)가 낙랑으로 가는 도중에 만난 낙랑 포로의 존재를 낙랑군에 알리면서 빚어진 포로 생환 및 죽은 포로에 대한 배상 과정에 변한포 1만 5천필을 낙랑에 변상한 기록이 있다(『삼국지』 위서 동이전 한조).

요되었을 방물을 중앙에 공납한 대가로 보아야 할 것이다. 특정 지방이 백제 중앙에 공납하였을 구체적 내용은 현 시점에서 잘 알 수 없으나 원삼국단계부터 이미 알려져 있던 것으로서 위에서 언급된 물품들은 그에 포함되었을 가능성이 클 것이다.

이러한 관점에서 중국 도자기의 분포는 결국 그 시점의 대중국 조공에 소요된 방물을 공납한 지역들을 말해주는 것이고 그 시기적 분포 양상은 백제의 지방지배의 진전 과정을 반영하고 있는 것으로 볼 수 있다. 백제가 국가로 성립될 무렵의 대서진 교섭을 전해주는 『진서(晉書)』 마한조에는 아직 '백제(百濟)'라는 국명이 보이지 않으나 '마한주(馬韓主)'로 표기된 지배자가 '견사입공방물(遣使入貢方物)' 하고 있는데, 이는 바로 연맹왕국 단계에 이른 한강유역의 백제가 연맹관계를 맺고 있던 주변의 정치체들과 함께 방물을 입공하는 모습으로 볼 수 있을 것이다.

한성기 각 분묘군 출토 중국 수입 도자기의 시기별 분포를 보면 시간의 경과와 더불어 점차 그 분포가 확대되는 양상을 보이고 있는데, 그를 통해 한성기 동안 진행된 지방지배의 전개과정을 정리하면 다음과 같다(도 3-I-2 참조).

도성을 중심으로 대략 반경 30km의 범위 내에는 중국 자기가 출토되는 지방 분묘군이나 취락이 확인되지 않는다. 3세기 중·후엽경 연맹왕국으로 성립된 백제의 직접지배 공간범위가 대체로 이 정도의 공간범위였을 가능성이 높다.

4세기 전반 경에는 백제 중앙의 주도로 대외교섭권이 일원화되고 그에 참여하는 지역집단들은 백제 중앙에 방물을 공납하고 그 대가로 중국 자기 등 위세품을 회사 받는 방식의 정치·경제적 관계가 성립된다. 이 과정과 관련된 자료는 홍성 신금성(神衿城)유적 출토 전문도기 등을 들 수 있는데, 이 무렵 홍성 세력의 자발적 참여의 결과

인지 백제측의 전략적 필요성에 의해 강제된 것인지는 분명하지 않다.

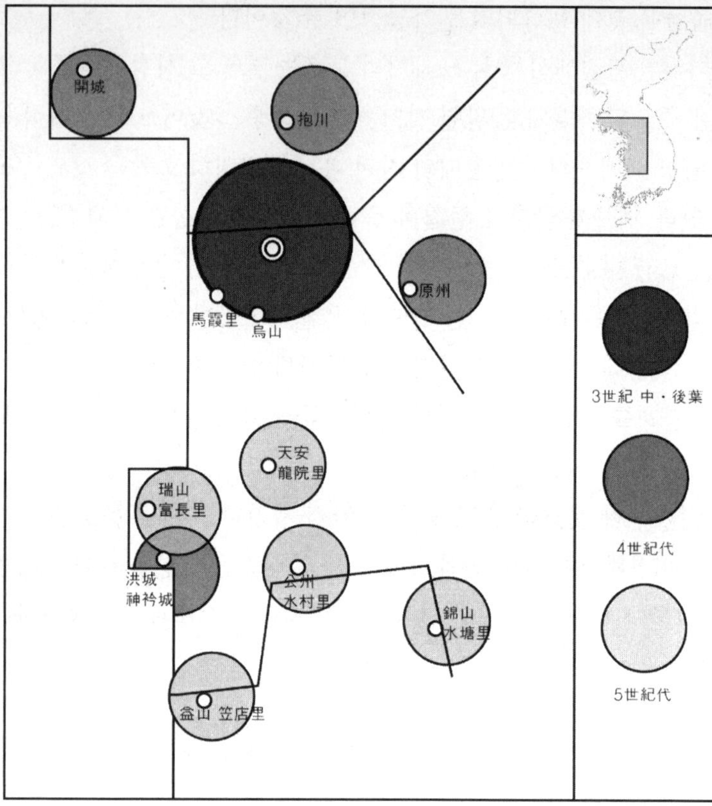

〈도 3-1-2〉 중국 도자기 출토로 본 한성기 지방지배 전개 과정 모식도

4세기 중·후엽이 되면 대중국교역의 규모가 더욱 확대되면서 국내적으로 중앙과 지방 사이의 방물의 진공과 회사 체계는 더욱 광역화된다. 이 무렵 지방지배의 거점으로 천안 용원리나 원주 법천리, 공주 수촌리 등의 세력의 위상이 강화되었을 것임은 이들 분묘군에서 나오는 중국 자기 등의 위세품이나 금동관모·금제이식·장식대도

등 착장위세품으로 잘 알 수 있다. 분묘군은 확인되지 않았으나 포천 자작리(自作里) 취락유적 출토 동진 청자편은 그 무렵 북방지역의 지방 편제도 동일하게 진행되고 있었음을 보여준다.

5세기에 들어와 묘제의 지속성으로 보아 상대적으로 강고하였던 서산 부장리(富長里) 등의 충남 서해안지역 세력이 그러한 편제에 포함되고, 나아가 가야와 백제의 변경에 해당되는 금산 수당리 등도 백제의 지방으로 편제된다. 이후 5세기 중후반경에는 금강 이남의 지방 편제를 위하여 익산 입점리(笠店里) 세력을 백제 중앙의 영향권으로 편제하기에 이른다. 최근 발견된 고창 봉덕리 세력 역시 대체로 이 무렵에 백제의 간접지배 영향으로 들어가게 되었을 것으로 보인다.

2. 웅진 천도 배경

웅진(熊津)이라는 지명에서도 잘 나타나듯 지금의 공주는 금강을 건너 차령이북으로 통하는 도진(渡津)으로서의 기능이 있었을 것이나, 현재까지 알려진 고고학자료로 보는 한 그 흔적이 뚜렷하지 않은데, 청동기시대 이래 유적의 분포는 지금의 공주시내를 벗어난 외곽지역에서만 확인되기 때문이다. 그런데 일찍이 공산성 추정왕궁지 주변 조사과정에서 출토된 동경이 있어 주목된다. 이 거울은 백제시대 토광유구 안에서 출토되어 백제 동경으로 보고되었으나(安承周·李南奭 1987), <도 3-I-3>에서 보는 것처럼 전한경식(前漢鏡式)의 훼룡문경(虺龍文鏡)이 틀림없어 재검토의 여지가 있다.

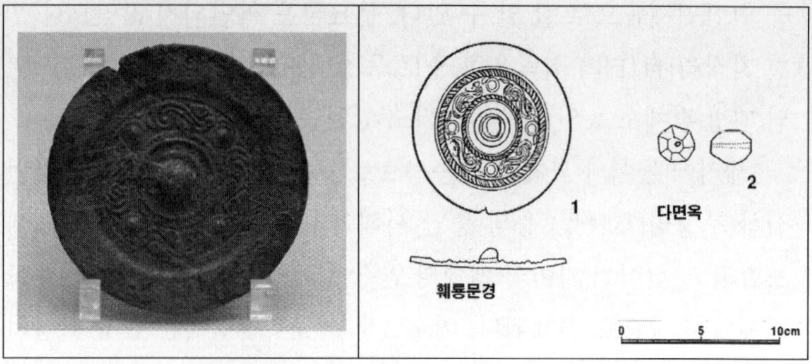

〈도 3-Ⅰ-3〉 공산성 방형구덩이 출토 훼룡문경과 유리제 다면옥
(安承周·李南奭 1987에서 수정)

당초의 보고내용을 보면 동경이 출토된 유구는 1.1×0.9m의 크기로 깊이는 1.76m 가량 되는 비교적 깊은 구덩이 였는데, 바닥에서 20cm 높이의 벽면 하단에는 약 5cm씩 움푹 파인 부분이 마치 테를 두른 모습을 하고 있었다고 한다. 내부의 토층상태는 표토로부터 0.9m, 1.5m 지점을 경계로 각각 달라서 맨 위는 적갈색 황토이고 그 다음 1.5m 지점까지는 사질 황토, 그리고 바닥으로부터 약 20cm 가량은 불에 그을린 듯한 회흑색사질토로 되어 있었다. 동경이 출토된 지점은 바닥면에 가까운 지표하 1.6m인데, 벽면 하단의 약 5cm 부분이 사방으로 돌아가면서 움푹 파져 테 모양을 이루고 있다는 보고서의 설명(安承周·李南奭 1987)으로 보아 본래 이 지점을 경계로 또 다른 선행 유구가 있었으나 시간의 경과와 함께 퇴적이 이루어지고 이것이 백제시대 다시 굴토되면서 그 벽면상에 위치하게 된 선행 유구 부분이 움푹 파인 모습으로 드러난 것으로 이해된다. 그렇다면 선행 유구의 규모는 평면형태나 백제시대 굴광과 겹친 방향에 따라 다르겠으나 적어도 최소폭은 백제 굴광 하단 단변 길이(보고서 게재 실측도 계측 결과는 약 63cm 가량임)보다 컸을 것이다. 이러한 추정규

모와 함께 동경과 같은 층에서 출토된 방추차나 격자타날된 회색 연질 호편 등의 공반유물의 내용으로 미루어 이 유구는 토광(목관)묘였을 가능성이 매우 높다.

이 훼룡문경에 대해 필자는 기원전 1세기경의 거울로 파악하고 당시 대 중국 군현 교역로상의 공주의 위상을 반영하고 있는 것으로 이해한 바(朴淳發 2001e) 있다. 전한경식인 훼룡문경이 물론 후대에도 복제될 수 있으나 함께 나온 '유리제' 다면옥은 원삼국시대에 유행하던 형태이어서 훼룡경 역시 그 무렵일 가능성이 높다. 다면옥 또한 보고서에서는 '유리제'로 인식하고 있으나 유리를 다면으로 처리한 예는 찾아보기 어려우므로 수정제 다면옥일 가능성이 있다. 이들이 원삼국시대의 유물이라면 출토 유구의 성격은 전술한 바와 같이 토광목관묘일 것으로 추정되며, 그 시기는 다면옥과의 공반으로 보아 당초의 기원전 1세기보다 다소 늦은 기원후 1세기 어느 무렵으로 잠정할 수 있을 것이다.

아무튼, 공산성 출토 훼룡문경은 익산 평장리(平章里) 반리문경(蟠螭文鏡)(全榮來 1987)에 이어 마한지역에서는 두 번째 알려진 전한경으로서 중요하며, 나아가 이 일대가 원삼국 전기단계의 마한지역과 중국 군현 사이의 교섭에 있어 하나의 거점이 되었음을 시사하는 것으로 볼 수 있다.

이 지역의 위상이 그 이후 어떻게 전개되었는지를 보여주는 것으로는 분묘자료가 있다. 인접한 분강·저석리(分江·楮石里) 고분군(李南奭 1997b)에서 횡혈식석실묘가 등장하는 무렵인 대략 5세기 전반경에는 공주일대가 백제의 간접지배 영역으로 편입되었을 것(朴淳發 2001d)으로 이해된다. 횡혈식석실묘의 등장과 지방지배의 전개에 대해서는 앞서 본 제 2장 II절에서 이미 설명한 바와 같으므로 여기서는 재론 하지 않지만, 웅진 천도 이전의 공주지역의 지정학적 위상은 그 후 발견된 공주 수촌리(水村里) 고분군의 조사를 통해 더욱 분명해졌다(이훈 2004). 조사된 지점이 전체 고분군의 일부분으로 추정되므로 전모를 파악할 수는 없으나, 적어도 횡혈식석실묘 등장을 전후하여 백제 중앙으로부터 공급받았을 것으로 보이는 다량의 위세품이 출토되고 있어 이 지역 수장과 중앙세력과의 관련성을 잘 보여주고 있다.

한편, 한성기 백제의 영역화 과정은 대체로 토착 수장을 통한 간접지배 단계를 거친 후 보다 직접적인 지방지배로 나아가고 있었던 것으로 이해된다. 그러한 지배방식과 관련되는 것이 왕족이나 고급관료를 특정 지역의 왕 또는 후로 봉하는 이른바 왕·후제(王·侯制)이다. 익산·전주지역의 경우를 보면, 간접지배단계의 토착 수장의 무덤으로 이해되는 입점리 1호분과 거의 같은 시점에 인접한 전주 봉동의 배매산성에는 한성양식의 토기를 출토하는 목책성에 이어 웅진기 이후 토축성이 연속되고 있다(윤덕향 외 2002). 산성은 군사적인 거점임은 물론인데, 주목되는 것은 이 지역이 바로『남제서(南齊書)』백제전에 왕을 봉한 것으로 나오는 '아착(阿錯)'으로 비정될 수 있다는 점이다(朴淳發 2001f). 이를 통해 당시 왕·후제가 실시된 지역에는 일정한 군사적 거점도 존재하고 있었음을 짐작할 수 있으며, 나아가 간접지배 이후의 지방 지배의 실상 어떠하였는지를 엿볼 수 있다. 한성기 동안의 남방경영과 관련된 산성의 또 다른 예로는 충북 음성군 삼성면과 경기도 안성군 일죽면의 경계지점에 위치한 망이산성(檀國大學校 中央博物館 1996)이 있다. 토축성인 이 산성은 나말여초 시기 산성과 일부 겹쳐진 것으로 추정되는데, 출토 토기로 보아 한성 II기의 비교적 이른 시기에 해당된다.

이처럼 인접한 익산, 전주지역에서 지방지배가 전개되던 과정을 참고하면 공주지역에도 대략 5세기 전반대로 비정되는 분강·저석리 횡혈식석실분 등장 이후 그리 멀지 않은 시점에 보다 직접적인 지배 방식으로의 전환 가능성은 충분히 예상된다. 전술한 원삼국시대의 전한경의 존재에서 잘 나타나듯 지금의 공주는 고대 교통로상의 중요한 도진에 해당되므로 이 단계에 군사적인 거점이 설치되었을 가능성은 배제하기 어렵다.

이러한 관점에서 비록 필자의 논지와는 다르나 천도 이전 공산성에 군사적인 시설이 이미 존재하였을 것이라는 안승주의 견해는 주목된다. <도 3-I-4>에서 보는 바와 같이 실제 공산성내에서 출토된 토기들 가운데 한성기 말로 비정될 수 있는 예들이 없지 않아 그러한 추정을 가능하게 한다.

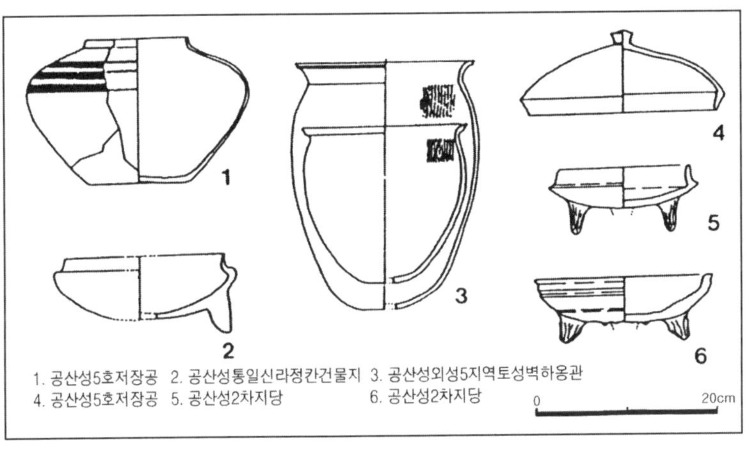

〈도 3-I-4〉 공산성 출토 한성기 말 토기들

이 가운데 옹관으로 전용된 장란형토기는 공산성 내에서 가장 높은 지점인 표고 110m 고지일원에 위치하고 있는 이른바 외성 제 5지역 성벽 아래에서 출토된 것(安承周·李南奭 1990)으로서 이 지점 토축성의 축조 상한 시기를 추정하는 데에 매우 중요한 자료인데, 5세기 후반대로 비정할 수 있다. 그리고 공산성이 금강에 면하고 있는 공북루(拱北樓)와 만하루(挽河樓) 사이의 구릉상에 위치한 5호 저장공 출토 직구단경호 및 뚜껑, 백제시대 지당내부에서 출토된 삼족기, 통일신라시대 건물지에서 채집된 삼족기 등(安承周·李南奭 1992)도 5세기 중후반경의 한성양식 토기로 판단되는데, 특히 <도 3-I-4>의 2, 6과 같은 둥근 어깨 삼족기 및 무개삼족기는 몽촌토성, 풍납토성, 신금성 등 모두 한성기 유적에서만 확인된다(姜元杓 2001).

현재의 공주시 일원은 일찍이 고대 교통로상에 위치한 중요한 도진이었으며, 이 지역에 백제의 영향력이 미치기 시작하는 시점은 대략 5세기 초-전반경으로 보인다. 이 시점에 해당하는 유적으로는 강남의 분강·저석리 고분군 및 강북의 공주 수촌리 고분군을 들 수 있다. 그리고 이 무렵과 가까운 시기의 한성양식 토기들이 전술한 것처럼 공산성내에서 출토되는데, 이는 입지적인 정황으로 보아 공산성에 있었던 관방시설과 관련된 흔적으로 이해하여도 좋을 것이다. 공산성 산정부의 이른바 외성의 축조 시기는 축조구지표면에서 출토된 장란형토기써 대략 그 상한이 5세기 후반경까지 올라갈 가능성이 있으며, 관방시설에서 흔히 관찰되는 저장공에서 한성기 토기가 출토되는 점 등으로 미루어 한성기 말경에 축조되었을 가능성을 배제하기 어렵다.

이상은 아직 추정의 범위를 넘지 못하는 내용도 포함하고 있으나, 현재의 공산성으로 판단되는 웅진성의 초축 기사가 웅진기의 문헌사료 기사에는 전혀 보이지 않은 채 갑자기 사비기에 들어 온 526년에 수리한 기사가 나타나는 점이나, 뚜렷한 선주세력의 존재가 고고학적으로 확인되지 않아 일종의 공백지역으로까지 추정될 정도임에도 이곳을 새로운 도읍지로 정한 까닭은 아무래도 한성기에 진행된 금강이남지역으로의 지배확산과 더불어 늦어도 한성기 말경에는 공산성에 군사적인 거점이 마련되어 있었던 데에 있지 않을까 한다.

〈사진 3-Ⅰ-1〉 1980년대 공산성 및 주변 지역 모습(서쪽에서 동쪽을 봄)

Ⅱ. 웅진도성의 경관

1. 도성의 묘역 분포와 나성설

현재의 공주 시가지 주변에서 확인된 웅진 시기 고분군들은 공산성을 삼각형 저변의 가운데로 가상할 때 대략 이등변의 외곽에 분포하고 있는 모습이다(도 3-II-1 참조). 이는 또한 시가지를 둘러싸고 있는 산지의 분포와 일치하고 있기도 하다.

서쪽에 위치한 고분군으로는 교촌동(校村洞) 고분군, 송산리(宋山里) 고분군, 웅진동(熊津洞) 고분군 등이며, 금학동(金鶴洞) 우금치 고분군을 꼭지점으로 하여 동남쪽으로는 금학동 남산 고분군, 금학동 고분군, 금학동 능치 고분군, 신기동(新基洞) 고분군, 옥룡동(玉龍洞) 월성산 고분군, 옥룡동 보통골 고분군 등이 있다. 이들 가운데 금학동 능치 고분군과 신기동 고분군 등은 현재의 공주 시가지를 둘러싸고 있는 능선의 남쪽, 즉 배사면(背斜面)에 위치하고 있어 도성 내 거주민들의 분묘로 보기 어려운 점도 있다.

이상의 고분군 가운데 최상위 고분군은 역시 무녕왕릉이 포함된 송산리 고분군으로서 왕실의 묘역임이 분명하다. 이와 인접한 교촌동 고분군은 시가지에서 가장 가까울 뿐 아니라 송산리 고분군과 이어지고 있는 점이나 전축묘(塼築墓)가 존재하는 점 등으로 미루어 비교적 높은 위상의 분묘군으로 판단된다.

송산리 고분군 다음에 해당하는 위상의 고분군으로는 금학동 고분군을 들 수 있다. 한성시기의 성남시 삼평동 횡혈식석실묘에서 나온 바 있는 금제 화관형식을 비롯한 금제품이 부장된 무덤이 다수 존재하는 점으로 미루어 귀족 묘역으로 판단된다. 그 밖의 고분군들은 그 위상에서 별반 차이가 없이 대체로 유사하여 도성 거주 사서인(士庶人)들의 묘역으로 볼 수 있다.

이상의 웅진시기의 고분군의 분포는 한성기와 비교하여 얼마간의 차이가 있다. 물론 한성시기 고분군의 자료가 양호하지 않아 직접적인 비교는 어렵지만, 석촌동고분군과 같은 중심 고분군에 여러 계층의 무덤이 혼재하는 양상과 비교할 때 웅진기의 묘역은 왕실, 귀족 등 확실히 위계적인 공간 구분이 진전되고 있음을 알 수 있다.

또하나 주목되는 점은 각 고분군의 위치이다. <도 3-II-1>에서 보는 것처럼 현재의 공주시가지 가운데를 관통하는 제민천(濟民川) 유역의 저평지 및 공산성과 연결되는 주변의 구릉을 피하여 그 외곽에 배치되어 있다는 점이다. 분묘와 취락 공간의 구분 배치가 비롯된 것은 한반도의 경우 대략 청동기시대 후기의 송국리유형 단계인데, 앞서 한성기의 경우에서도 이미 보았듯이 성벽취락의 내부 공간에 해당되는 곳에는 물론이고 그로부터 일정한 범위 내에는 분묘가 위치하지 않는다. 한성기의 경우 풍납토성과 몽촌토성 등 2개의 성벽취락 외부에도 일반민들의 거주구역이 분포하고 있었을 것으로 생각되지만 분묘역과 취락 거주역 사이의 뚜렷한 구분은 가시적이지 못하였던 데에 비하면 웅진시기의 분묘역은 현저하게 일정한 공간 범위 외곽에 집중되어 있다고 할 수 있다.

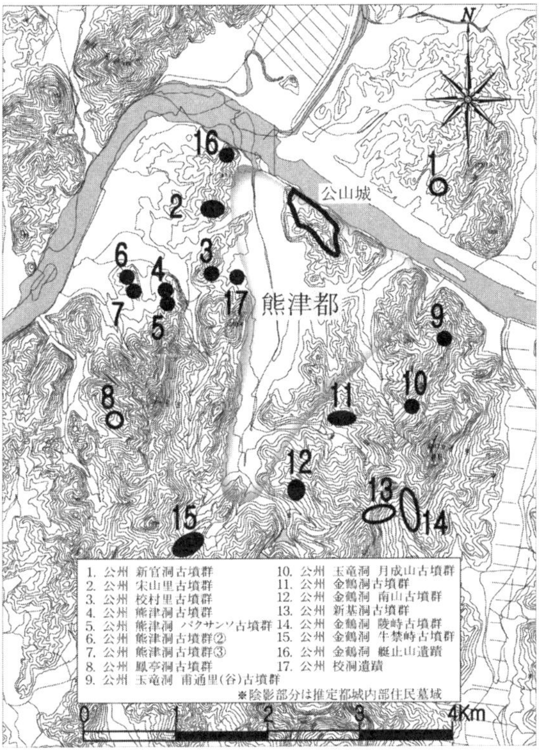

〈도 3-Ⅲ-1〉 웅진도성의 묘역 분포

이들 분묘군 거의 대부분이 웅진 천도 이후부터 조성되기 시작하였던 점으로 미루어 그와 같은 분포상의 특징은 당시의 도성 거주역의 범위 인식을 반영하고 있다. 다시 말하면, 분묘군에 둘러 싸인 그 내부가 도성의 거주 공간으로 인식되고 있었다고 할 수 있다. 제4장에서 살펴볼 사비도성의 경우는 나성이라는 성벽에 의해 도성의 거주역이 분묘역과 명확히 구분되고 있는데 비하면 묘역과 거주역의 공간 구분의 엄격성이 다소 떨어진다고 할 수 있지만, 한성기의 양상과 비교하면 매우 진전된 모습임은 틀림없다. 이런 점에서 웅진도성의 묘역 분포는 한성기와 사비기의 과도적인 양상을 잘 보여준다고 할 수 있다.

한편, 웅진도성에 나성이 있었을 것으로 추정하는 견해(輕部慈恩 1971)도 일찍이 가루베지온에 의해 제기된 바 있다. 가루베의 기본적인 인식은 분묘는 도성의 거주역 밖에 위치하여야 한다는 것으로서, 교촌동 일대의 분묘가 축조 후 폐기되거나 도중에 조성을 중단한 까닭을 나성의 축조에서 찾고자 하였던 것이다. 원상태를 유지하지 않은 폐고분을 근거로 축조가 중단되었다고 판단하는 것 자체가 용이하지 않을 뿐 아니라 그 가운데는 6호분과 같이 그 구조로 보아 시기적으로 사비기에 비정되는 고분도 포함되어 있어 자료적 토대가 취약하다. 그가 제시한 나성의 평면형태는 도상으로 남아 있으나 (도 3-II-2 참조), 실제 답사과정에서 그 실체가 확인된 바가 없어(成周鐸 1984) 웅진 나성설은 성립되지 않는다.

그러나 전술한 바와 같이 웅진도성의 분묘역이 현재의 공주 시가지 일원을 포위하듯 일정한 정형성을 보이면서 배치된 모습에서 당시의 도성 거주역을 추정할 수 있을 정도이므로, 비록 도성의 외곽으로서 나성은 아직 나타나지 않았지만 사비도성에서 나성으로 가시화되는 경역 인식의 맹아가 이미 웅진기에 있었음을 인정할 수는 있겠다.

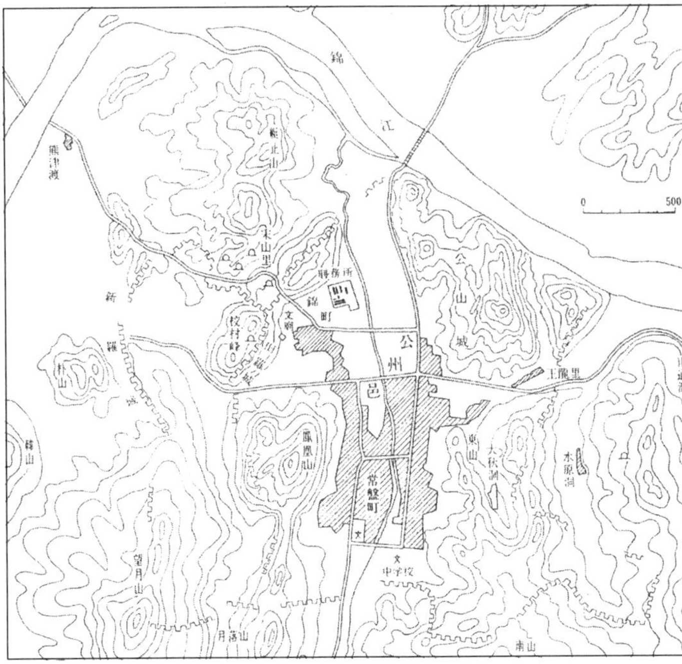

〈도 3-Ⅱ-2〉 웅진도성 나성 평면도(輕部慈恩 1971에서 옮김)

2. 웅진도성의 구조

웅진시기 도성의 구조와 관련하여 중요한 문제 가운데 하나는 왕궁의 위치인데, 구체적인 위치 비정을 두고 공산성 내부설(安承周·李南奭 1987 ; 徐程錫 2000 ; 심정보 2002)과 외부설(金永培 1965 ; 成周鐸 1980 ; 1997 ; 朴淳發 1996b)로 나뉜다. 지금의 공산성이 당시에도 성으로 활용되고 있었음은 의심의 여지가 없으나, 그 입지가 고지인 점과 더불어 후술할 바와 같이 현재까지 성내에서 확인된 유구 가운데 마땅히 왕궁으로 비정할 만한 것이 없다는 점에서 평상시의 왕궁은 공산성 남쪽의 현재의 공주 시가지 일원에 있었을 것으로 보아야 할 것 같으나, 새로운 자료가 확보되기 전에는 이 문제에 대한 해결은 쉽지 않을 전망이다.

왕궁의 위치 문제는 잠시 접어두고 우선 웅진 도성의 전체적인 구조를 파악해보기로 하자. 이 점과 관련해 주목되는 것이 『삼국사기』 동성왕(東城王) 20(498)년조에 보이는 '웅진교(熊津橋)' 축조이다. 그리고 그에 앞서 동성왕 13(491)년에는 홍수로 인해 '왕도(王都)'의 민가 2백여가가 표몰한 사실도 있다. 현재의 공주시가지를 가로질러 흐르는 하천인 제민천은 금강 본류의 수위가 상승할 경우 범람할 가능성이 매우 높은데, 동성왕 13년의 상황도 바로 그러한 예에 해당될 것이다. 아무튼, 이러한 홍수 기사를 통해 도성의 민가가 제민천 변의 지금의 공주 시가지 일원에 밀집되어 있었음을 알 수 있다. 따라서 협소한 도성 공간을 효율적으로 활용하기 위해서는 시가지를 관통하고 있는 제민천의 교량 설치가 절실하였을 것이고, 아마도 그러한 필요에 부응하여 동성왕 20년에 비로소 웅진교를 건설한 것으로 이해된다.

웅진교의 정확한 위치를 지금으로서는 알기 어려우나, 그 이후 526년에 제민천 서쪽에 대통사(大通寺)가 창건되는 정황으로 보아 대체로 지금의 대통사지와 가까운 곳에 위치하였을 것으로 추정된다. 홍수에 표몰한 민가가 밀집된 곳은 지형적인 여건으로 볼 때 제민천이 금강 본류에 합수되는 지점과 비교적 가까운 저지대일 가능성이 높으며, 상대적으로 높은 지점에는 귀족이나 관부 등이 입지하였을 것이다. 웅진교 개설 이전에는 아무래도 제민천의 동쪽이 주로 활용되었을 것이고, 그 이후 점차 서쪽으로 도성 공간이 확대되었을 것으로 추정된다.

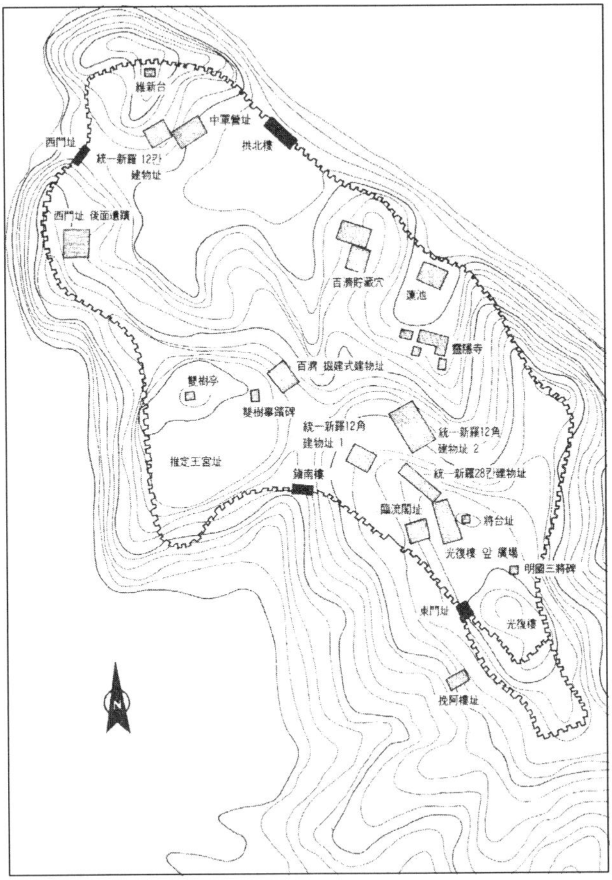

〈도 3-Ⅱ-3〉 공산성 내 유구 분포도(서정석 2007 옮김)

한편, 도성 내에는 '웅진시(熊津市)'도 개설되어 있었다. 시장은 왕궁·관부·종묘·사직 등과 더불어 도시적 취락형태로서의 도성의 필수적인 시설 가운데 하나임은 『주례(周禮)』 고공기(考工記) 장인영국(匠人營國) 조의 내용을 통해서도 잘 알 수 있다[7]. 한성의 경우 시장에 대한 구체적인 내용을 전하는 기록이 남아 있지 않으나, 웅진

7 본서 제 4장 제 Ⅳ절 제 1항 참조.

도성의 시장은 『삼국사기』 백제본기 삼근왕(三斤王) 2(478)년조의 기록이 남아 있다. 병관좌평 해구(解仇)의 난을 진압하는 과정에서 공모자인 연신(燕信)이 고구려로 도망하자 그 처자를 웅진시에서 참(斬)하였다는 내용이다[8].

다음은 왕궁에 대해 살펴보도록 한다. 현재 확인 가능한 왕궁 관련 기록은 『삼국사기』 백제본기에 전한다[9].

a. 문주왕 3(477)년 봄 2월에 궁실을 중수하였다.

b. 동성왕 8(486)년 가을 7월에 궁실을 중수하고, 겨울 10월에 궁남에서 대열(大閱)하였다.

c. 동성왕 11(489)년 겨울 11월에 남당(南堂)에서 군신들과 연회하였다.

d. 동성왕 22(500)년 봄에 임류각을 궁의 동쪽에 세우니 높이가 5장이었으며, 못을 파고 진귀한 짐승을 길렀는데, 그 잘못됨을 간하여도 듣지 않은 채 다시 간하는 자가 있을까 두려워 궁문을 잠궜다.

위 내용 가운데 왕궁의 위치 비정과 관련하여 주목되었던 것이 d 기사이다. 임류각이 궁동에 있었다 하므로 임류각의 위치를 알 수 수 있다면 왕궁의 위치도 짐작할 수 있기 때문이다. 임류각의 위치 파악의 단서는 '류(流)'자 명문(銘文)이 있는 기와편의 출토지에서 찾고 있다. '류'는 곧 임류각을 의미한다고 전제에서이다. 지금까지

8 擊殺解仇 燕信奔高句麗 收其妻子斬於 熊津市(『三國史記』 百濟本紀 三斤王 2年條)

9 a. 春二月 重修宮室
b. 秋七月 重修宮室. 冬十月大閱於宮南
c. 冬十一月 宴群臣於南堂
d. 春起 臨流閣 於 宮東 高五丈 穿池養奇禽, 諫臣抗訴不報 恐有後諫者 閉宮門

'류'명 기와가 출토된 지점은 공산성의 동남부에 해당하는 이른바 외성(外城) 밖의 만아루지(挽阿樓址), 장대지(將台址), 그리고 추정 임류각지 등이다(安承周 1982)(도 3-II-3 참조). 그 밖에 일제강점기에 '임류각(臨流閣)'이라는 명문이 있는 기와가 성의 동벽 바깥에서 발견되기도 하였다 한다(東潮·田中俊明 1989). 이처럼 '류' 또는 '임류각' 명 기와는 서로 다른 위치에서 채집되고 있으므로 그 수습위치 만으로써 임류각지를 비정하는 것은 문제의 소지가 크다. 그럼에도 불구하고 지금까지 알려진 임류각 관련 명문와는 공산성 내부이므로 그러한 명문이 임류각에 즙와된 것이라는 전제가 성립된다면, 임류각이 공산성 내에 있었을 가능성은 높다. 웅진기 이전은 물론이고 사비기 이후에도 기와의 소용처를 명문으로 남긴 예는 극히 드문데, 지금으로서는 대통사에 소용되었을 것으로 추정하는 '대통(大通)' 명 기와가 유일한 예이다.

그런데 '류' 명 기와는 명문을 새긴 방법이나 형태로 보면 '대통' 명의 그것과 차이가 있어 과연 백제시대의 기와인지를 판단하는 문제부터 해결되어야 할 것으로서 필자는 통일신라시대의 것으로 보고 있다. 물론 백제 때의 이름이 높았던 건물을 이어 받아 후대에도 습칭(襲稱)할 가능성은 배제하기 어려우므로 설사 '류' 명와가 통일신라시대의 것이라 하더라도 백제 임류각의 위치를 나타낼 수 있는 여지는 완전히 부정되지는 않는다.

발굴조사 결과에 의해 임류각지로 추정되는 건물지는 후술하는 바와 같이 평면적 109㎡에 달하는 5×6칸의 적심석 주초로 되어 있다(安承周 1982). 조사 당시에는 백제시대 건물지의 모습이 거의 알려져 있지 않았으나 최근까지 확인된 백제 건물지의 주초 가운데 적심석 방식으로 된 것은 한 예도 없다. 왕궁의 정전(正殿) 급에 해당하는 관북리 추정 왕궁지 대형건물이나 익산 왕궁유적의 대형 전각 등은 토광을 파고 다짐 성토한 토상(土磉) 형태의 적심으로 되어 있는 점[10]으로 보아 추정 임류각지는 백제시대의 건축물로 보기 어렵다.

왕궁 위치 비정의 출발점이 되는 임류각지 자체의 확인이 난관에 봉착한 만큼 그 서쪽에 있었을 것으로 판단되는 왕궁의 위치 비정은 갈 길이 먼 셈이다. 안승주의 견해에 따르면 왕궁지는 추정 임류각지로부터 직선거리로 약 200m가량 서쪽에 있는 쌍수정(雙樹亭) 광장이 되는데, 발굴조사결과 백제시대의 건물지들이 확인되어 유력한 왕궁 비정지로 알려져 있다(安承周·李南奭 1987).

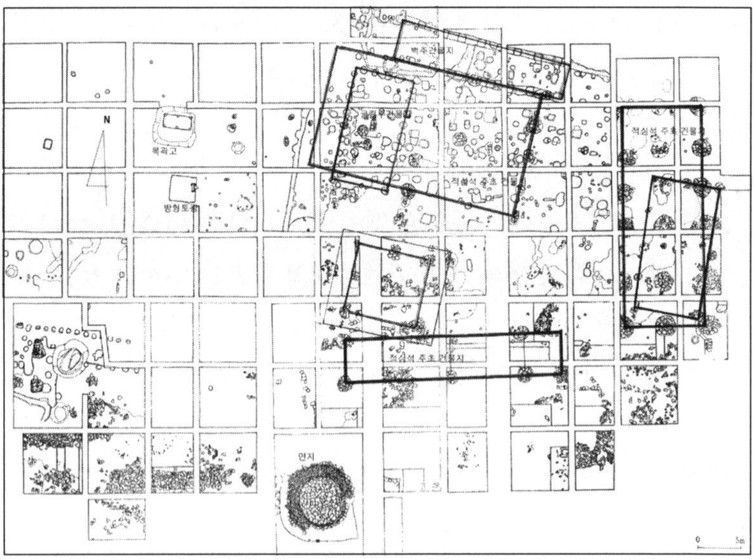

〈도 3-Ⅱ-4〉 공산성 추정 왕궁지 건물지 및 기타 유구 분포
(安承周·李南奭 1987을 토대로 수정)

그러나 추정 왕궁지에서 드러난 건물들은 굴립주건물지 혹은 벽주(壁柱) 건물지와 적심석 주초 건물지들이 서로 방향을 달리하여

---

10 본서 제 4장 제 Ⅲ절 제 2항 참조.

중복되어 있는 양상이어서 높은 기획성이 기대되는 왕궁의 모습과는 거리가 있어 보인다. 물론 지금까지 백제 왕궁의 모습이 고고학적으로 확인된 바는 없으나, 전술한 사비기의 관북리 대형 전각이나 익산 왕궁유적의 대형 건물지의 모습과 비교하면 초라하기 그지없다. <도 3-II-4>에서 보는 바와 같이 적심석 주초 건물은 그 시기가 백제로 볼 수 없을 뿐 아니라 설사 그 시기를 문제 삼지 않더라도 적심석을 갖춘 건물지 2기의 방향이 서로 비틀어져 있어 동시에 존재하였던 건물로 보기 어렵다. 특정 시점에 존재하였을 건물은 결국 2×5칸 또는 3×6칸 정도의 단위 건물에 지나지 않게 되어, 궁의 동쪽에 있는 추정 임류각지보다 훨씬 작은 규모일 수밖에 없다.

추정 임류각지나 추정 왕궁지는 공산성 내에서의 상대적인 위치로 보아 그 입지적 우월성이 인정될 뿐 아니라 지금까지 알려진 건물지 가운데서는 규모면에서 앞선다. 그럼에도 불구하고 전술한 바와 같은 문제를 내포하고 있다. 이 문제에 접근하기 위해서는 왕궁을 공산성 내부에 국한해 보려는 관점에서 벗어날 필요가 있다고 생각한다. 왕궁과 임류각의 상대적인 위치 관계만을 보여주는 『삼국사기』의 기사로 보는 한 왕궁이 공산성 바깥에 위치하였을 개연성은 충분하다. 임류각지 위치 비정 자체가 미해결 상태이긴 하지만 공산성 내부에 있었을 가능성은 배제하기 어렵다. 이에 대해서는 다시 후술할 것이나, 임류각은 왕궁의 후원(後苑)에 위치한 전각일 것이므로 왕궁이 공산성 밖 남쪽 어디엔가 있다면 그 후원은 공산성을 포함한 일대가 될 것이기 때문이다.

사실 지금의 공산성 남문인 진남루(鎭南樓) 남쪽의 성 아래 지점을 왕궁의 유력한 후보지로 비정하는 견해가 있었다. 이 일대에서 대형 주초석이 발견된 것이 단초였다. 그러나 백제시대 대형 건물지의 주초석이 원상태를 유지한 채 발견된 사례는 극히 드물어 초석의 형태로써 그 시기를 판정하기는 어렵다. 다만 익산 왕궁유적 등에서 드러난 것으로 보면 거대한 초석과는 거리가 있다. 그러므로 기왕에 공산성 남쪽에서 발견된 대형초석에 집착하는 것은 문제해결의 올바른 실마리라 하기 어렵다. 억측해보자면 웅진기의 왕궁은 토상식 적심이거나 굴립주 건물이었을 것이므로 기왕의 유력한 후보지로 주목되었던 진남루 남쪽에서 흔적을 찾지 못하였다(李勳 1998) 하여 왕궁이 공산성 밖에 있지 않다는 결론으로 회귀할 필요는 없을 것이다.

현 단계에서 누구도 단정하기는 어려우나 지금까지 검토해본 결과 웅진도성의 구조는 공산성이라는 산성과 그 아래 저평지에 위치한 왕궁으로 구성되어 있었을 가능성이 높다. 이러한 웅진도성의 구조는 앞서 제2장에서 살펴본 한성의 경우와는 다른 것이다. 군사적 방어력이 높은 산성을 왕궁의 배후에 배치하는 방식은 사비도성이 취하는 전형적인 도성 구조이므로 웅진도성은 그 시원형에 해당된다 할 수 있다. 흔히 도피산성과 평지 거성(居城)의 조합으로 이루어진 도성제는 고구려 도성제의 전형으로 이해되어 왔다. 그렇지만 웅진도성에서 나타나는 이러한 구조가 고구려와 직접적인 관련을 가진 것으로는 보이지 않는다. 그보다는 오히려 웅진이라는 구체적인 지형조건과 함께 국가 성장에 따른 중앙집권력의 증대로 인한 도성의 도시적 기능의 확대 등의 정치·사회적 여건에서 비롯된 것으로 이해된다. 비록 도성 전체를 감싸는 외곽으로서 나성은 없으나 지형상 주위의 산지로 둘러싸인 곡간 저평지와 공산성으로 구성된 웅진도성의 모습은 부소산성과 나성으로 이루어진 백제 특유의 사비도성의 출현을 예고하는 전조(前兆)라 할 만하다.

Ⅲ. 공산성 및 도성 내 주요 유적

1. 공산성

개로왕 21(475)년 한성이 함락되면서 그해 문주왕 겨울 12월에 웅진으로 천도하면서 웅진기가 시작된다. 웅진이 현재의 공주시 일원임은 두말할 필요가 없는데, 『신증동국여지승람(新增東國輿地勝覽)』에 따르면, 그 지명이 웅진, 웅주(熊州)를 거쳐 공주(公州)로 된 것은 고려 태조 23(940)년이다.

공주 일원에서 가장 주목되는 웅진도성 유적은 공산성이다. 이 성에 대해서 『동국여지승람』 공주목 성곽조에서는 "…백제때의 옛성(百濟時古城)…"으로 파악하고 있고, 『대동지지(大東地誌)』 공주 성지조에서도 "쌍수산성은 북쪽으로 2리 즈음에 있는데, 백제 성왕 4년에 수리한 웅진성이 이것(雙樹山城 北二里 百濟聖王 四年修 熊津城者是…)"이라 비정하고 있다. 조선 인조(仁祖) 2(1623)년 이괄(李适)의 난을 피하여 임금이 이 성에서 10일간 머무른 사실에서 알 수 있듯이 공산성은 조선시대에도 요충지로 기능하고 있었다.

그러나, 공산성의 축조가 언제였는지를 알려주는 축성 기록은 남아 있지 않으며, 다만 성왕 4년인 526년에 수축한 사실만이 『삼국사기』에 전하고 있어 초축 시점은 적어도 그 이전임을 짐작할 수 있을 뿐이다. 『삼국사기』에 관찰되는 웅진기의 축성이 동성왕 8(486)년 이후 증가하고 있는 점으로 미루어 보면 도성의 중요한 산성인 공산성은 적어도 그 이전에 이미 완성되었을 것으로 보는 것이 합리적이다. 앞서 I절에서 살펴본 바와 같이 한성시기에 이미 마련되어 있던 군사적인 거점을 토대로 더욱 확대하였을 가능성이 크다.

1987~1988년에 걸쳐 공산성 동남부 성벽에 대한 복원 공사에 수

반한 성벽 절개 조사가 있었다. 그 결과를 보면, 백제 때의 성벽은 지형에 따라 성 외측만 성벽을 쌓아올린 편축식(片築式)과 성벽의 안팎을 함께 쌓아 올린 협축식(俠築式)이 모두 보이고, 축성재료로 보면 토석혼축(土石混築)으로 되어있다. 일부 석축으로 된 경우는 그 내부를 판축 성토로 채우는 방식으로 되어 있다(安承周·李南奭 1990)고 한다. 그러나 현재까지 알려진 웅진기의 축성 기법의 실태는 분명하지 않아 이들이 과연 그 무렵의 축성법을 대표할 수 있는지는 불확실하다.

『삼국사기』 기사에 의해 동성왕 21(499)년에 축성 된 가림성(加林城)은 지금의 부여군 임천면 소재 성흥산성(聖興山城)이다. 이 성은 웅진기말에 축성된 유일한 예에 해당되므로 웅진기 축성법의 구체적인 모습을 알 수 있는 자료이다. 그간 이 성의 축조 기법은 자세히 알 수 없었으나 2009년 10월 성벽 보수와 관련하여 붕괴구간 성벽에 대한 절개조사를 통해 마침내 가능하게 되었다(도 3-III-1 참조).

성벽은 토축 내탁부와 그 외측의 석축부로 이루어져 있는데, 내탁 토축부는 석축부와 함께 쌓아 올렸다. 이와 같은 성벽의 재질 및 축조 방식은 제4장에서 살펴볼 사비도성의 나성 축조법과 동일하여 웅진기에 시작된 새로운 축성법의 정형화된 모습을 이해할 수 있다.

한편, 공산성의 축성시기 비정과 관련하여 주목되는 것이 동남부 외성 축조 구지표면에서 출토한 옹관이다. 이에 대해서는 본장의 I절에서도 이미 말한 바 있는데, 옹관으로 전용된 장란형토기의 시기는 대략 5세기 후반대로 비정된다. 이로써 보면 외성지역의 토축 성벽은 그 상한이 5세기 후반이 되는데, 이러한 토축 성벽이 최초의 공산성 성벽 모습일 가능성이 높다. 한편, 외성 축조 이전의 구지표면에 조성된 옹관의 존재는 바로 인근에 피장자 집단의 생활터전이 있었음을 말해준다. 이 경우 한성기 말에 조성되었을 것으로 추정되는 군사적인 거점이 그에 해당될 가능성이 높다.

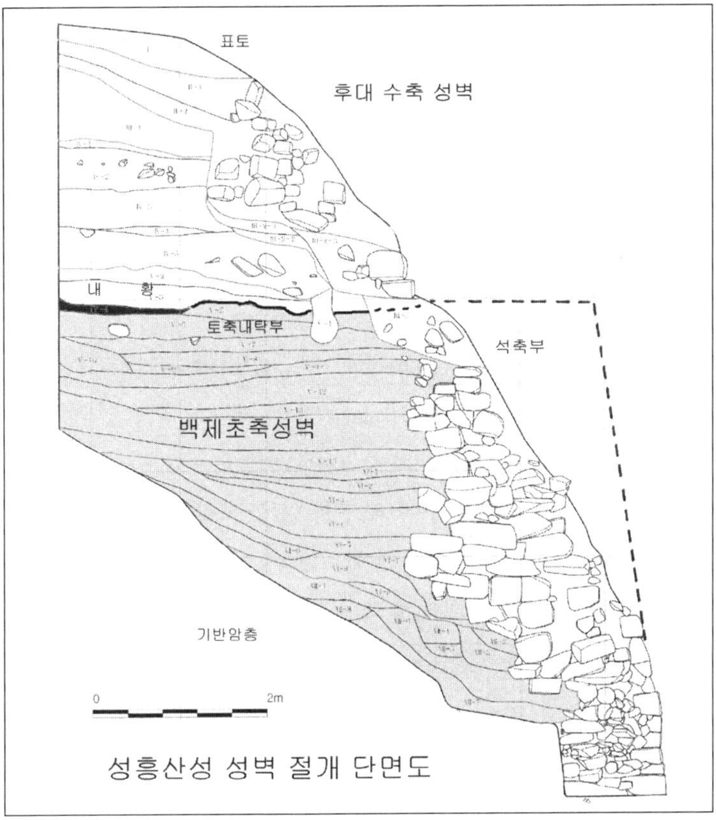

〈도 3-Ⅲ-1〉 성흥산성 축조 기법(부여문화재조사센터 2009를 토대로 작성)

문헌사료 및 고고학 조사 결과를 종합해보면 공산성은 한성기 말 도진의 군사거점에서 출발하였는데, 외성지역의 옹관 출토 지점의 토축성이 바로 그 무렵에 해당되는 성벽일 가능성을 배제할 수 없다. 토축성은 공산성의 동남부 산정상 주변에 분포하고 있는데, 천도 이후 이를 확대하여 지금의 공산성 평면처럼 확대되었을 것으로 추정된다. 이 과정에서 축성된 성벽의 모습은 시기적인 근접성으로 보아 성흥산성의 그것과 유사할 가능성이 있으며, 특히 성왕 4년의 수즙 과정에서 축성된 성벽은 성흥산성 성벽과 다르지 않았을 것이다.

공산성은 표고 110m의 공산(公山)의 지형을 이용하여 축조한 포곡식(包谷式) 산성의 범주에 든다. 성의 전체형태는 서북과 동남이 장축을 이루는 부정형인데, 실측 결과 성벽의 총연장은 2,660m이다. 이 가운데 외성으로 불리는 토성 467m를 제외한 본성은 그 길이가 2,193m가량 된다(도 3-II-3 참조). 성벽의 폭과 높이는 지점별로 차이가 매우 큰 편이지만, 진남루 부근을 기준으로 하면 성벽의 기부 폭은 4~6m가량 되고, 상단 폭은 1.5m정도 된다. 성벽의 높이는 가장 높은 경우는 약 7m 정도인 곳도 있으나 2m 정도에 불과한 곳도 있다.

공산성의 성문은 동서남북 사방에 각1개씩 모두 4개가 있는데, 그 가운데 남문인 진남루와 북문인 공북루는 조선시대 후기 이후에 축조된 것이고 동문과 서문은 근래에 복원된 것이다. 그러나 성의 평면이 확정된 것이 백제시대라면 각 문의 위치 역시 백제시대의 것과 전혀 무관하지는 않을 것이다.

현재 남아있는 각 성문들의 형태 및 규모는 다음과 같다.

남문 진남루 : 공산성의 주문으로서 평면은 정면 3칸, 측면 2칸이다. 1920년에 해체 복원된 후 다시 1971년에 보수하였다.

북문 공북루 : 금강에 바로 인접한 성의 북벽에 붙어 있다. 정면 5칸, 측면 2칸의 2층 누각으로 진남루보다 규모가 크다. 1603년에 산성 수리와 더불어 건립된 것으로 알려져 있으나 그 이후 여러 차례 개보수되었다.

서 문 : 『여지도서(輿地圖書)』에 "서문루삼간(西門樓三間)" 이라는 기록이 있고, 『공주구읍지(公州舊邑誌)』에도 "동문서문 이층삼간(東門西門 二層三間)"으로 나와 있어 문루가 있었음은 분명하나,

발굴조사를 통해 그 흔적을 찾지는 못하여 동문지의 크기를 참고하여 근래에 복원한 것이다.

동 문 : 문루의 명칭은 전해오는 바가 없으나, 발굴조사 결과 통로 폭 2.46m, 통로 길이 6.45m의 조선시대 문지 흔적이 남아 있어 그를 토대로 1988년에 복원한 것이다.

이 밖에 은밀히 성 밖의 금강으로 통하는 암문(暗門) 1개소 확인된 바 있다(安承周·李南奭 1992).

2. 추정 임류각지

임류각은 동성왕 22(500)년에 궁의 동쪽에 세워진 누각으로 그 높이가 5장에 이르렀다는 장대한 건물임은 앞서 II절에서 살펴본 바와 같지만, 공산성의 동남쪽 산정부에 위치한 광복루의 서쪽 약 150m 지점의 산중턱 경사지 일대는 임류각을 의미한다고 여기는 '류'명 기와편이 수습되어 임류각터 후보로 주목되어 온 곳이다. 추정 임류각지 일대의 면적은 약 500㎡가량 되는데, 1980~1981년 사이에 실시된 발굴조사 결과 이곳에서 서북~동남 방향의 장축을 가진 5×6칸의 건물지가 확인되었다. 건물의 평면적은 109㎡가량으로서 초석배치와는 달리 10.4×10.4m의 정방형을 이루고 있다(安承周 1982). 출토유물의 내용으로 보면 통일신라, 고려, 조선시대에 걸쳐 여러 차례 변천을 거쳐 왔던 것으로 보인다.

임류각지를 이곳으로 비정하는 것과 관련한 문제점이나 해결과제 등은 앞서 II절에서 언급한 바 있으므로 재론하지 않지만, 임류각이 과연 어떤 성격의 전각인지에 대해서 잠시 생각해 볼 필요가 있다. 그 성격과 관련하여 주목되는 것이 바로 못을 파고 진귀한 짐승을 길렀다는 삼국사기 기사 내용 이다. 다시 말하면, 임류각은 단순한 전각이 아니라 못을 파서 조경하고 그 주변에 짐승도 키우는 원유(苑囿)의 한 부분에 세운 전각임을 짐작할 수 있다.

백제에서 왕궁과 관련하여 '천지조산(穿池造山)' 및 '양기금이화(養奇禽異花)' 한 사례는 이미 한성기의 진사왕 7(391)년에 있었지만, '임류각'이라는 구체적인 전각의 이름이 함께 등장하는 점이 주목된다. 임류각(臨流閣)의 의미는 '류'를 앞에 두고 있는 전각이라는 것인데, 여기의 '류'는 단순한 물의 흐름을 뜻한다기보다 '유상곡수(流觴曲水)'를 지칭할 가능성이 있기 때문이다(權五榮 2009). 당시 백제와 밀접한 관계를 유지하고 있었던 중국 남조 역대 도성인 건강성(建康城)의 궁성 뒤에는 '화림원(華林苑)'이라는 후원이 위치하고 있었고, 화림원의 정전인 화광전(華光殿) 및 청서전(淸暑殿) 앞에는 모두 유상곡수를 두었으며, 건강성의 바깥에 위치한 낙유원(樂遊苑)의 임광전(林光殿) 내에도 유배거(流杯渠)를 두었던 점(傅熹年 2001) 등으로 보아 당시 궁중의 후원에서 유상곡수하는 것이 매우 성행하고 있음을 짐작할 수 있다.

흔히 유상곡수하면 353년에 왕희지(王羲之) 등이 회계(會稽) 산음(山陰) 난정(蘭亭)에서 계음(禊飮)한 것을 떠올리나, 민간에서 3월 상사(上巳)일, 즉 삼짇날에 물가에 모여 연음(宴飮)함으로써 한해의 불상(不祥)을 떨어내던 풍속은 후한말 무렵에 비롯되었으며, 궁중에서도 유배거를 만들어 계음하기 시작한 것은 조위(曹魏)의 명제(明帝)가 낙양성의 궁성 후원인 화림원(華林苑) 천연지(天淵池) 남쪽에서 군신들과 연음한 것이다. 이후 동진과 남조 시기에는 매년 빠지지 않는 중요한 행사의 하나로 정착되었다(傅熹年 2001). 계음을 위한 필수 시설인 유배거는 각 왕조의 궁중 후원 혹은 원림에서 찾아 볼 수 있는데, 청대의 것으로는 북경 자금성(紫禁城) 건륭화원

(乾隆花園) 계상정(禊觴亭)이 대표적이다(羅哲文 1999).

임류각의 성격을 단정할 만한 문헌사료나 고고학적 발견이 없는 상황에서 더 이상의 논의는 어렵겠지만, 당시의 중국 남조의 궁중 원림 속 전각들의 기능이나 주변 시설 등의 정황으로 볼 때 백제에도 왕이 군신들과 계음하는 유배거가 있었을 가능성이 있으며, 임류각의 이름에 포함된 '류'는 유상곡수할 수 있는 시설로서의 유배거를 가리킬 수도 있다.

3. 공산성내 기타 유구

(1) 원형 저수지

추정 왕궁지 건물군으로부터 남쪽으로 약 20여m 떨어진 위치에 있다. 윗부분의 직경이 7.3m, 바닥의 직경이 4.78m, 깊이 3m의 대접 모양의 석축 호안 저수지이다(도 3-II-4 참조). 내부의 퇴적층에서 다수의 유물이 수습되었는데, 그로 보면 대략 5세기말~6세기초 무렵에 처음 조성되었을 것으로 추정된다. 그리고 폐기 후 퇴적층에서는 통일신라시대의 토기편이 출토되어 8세기 무렵에는 이미 연못이 완전히 매몰되었을 것으로 추정된다.

(2) 목곽고(木槨庫)

추정 왕궁지 건물지군의 서쪽 약25m 지점에서 확인되었다. 기반 풍화암반토를 약 2.9m가량의 깊이로 파낸 뒤 평면 3.1×1.45m의 목곽을 설치한 것인데, 목곽을 설치하기 위하여 파낸 굴광의 크기는 그보다 훨씬 넓은 4.6×4.2m 이다. 굴광과 목곽 사이에는 다짐기법으로 점토를 채워 놓았다. 목곽고는 폭13~15㎝되는 두꺼운 판재로 쌓고 4 모서리와 장벽의 가운데에 통나무 기둥을 세워 지탱하는 구조로 되어 있다.

목곽고는 대전의 월평동 유적, 홍성 신금성, 금산 백령산성 등 비교적 고지에 입지한 관방유적의 용수 저장 시설로서 만들어진 경우가 많으나, 부여 관북리 일대에서 확인된 목곽고 내에서는 참외 씨앗 등이 다수 남아 있는 점으로 보아 채소나 과일 등 신선도를 유지할 필요가 있는 식품이나 물품을 저장한 것도 있다. 공산성 목곽고는 내부에서 나온 유물로 미루어 대체로 사비기 무렵에 폐쇄된 것으로 추정된다.

4. 대통사지

웅진도성 내부에 위치한 것으로서 중요한 것 가운데 하나가 대통사지(大通寺址)이다. 『삼국유사』에는 남조의 양(梁) 대통원년(大通元年 : 526년) 양무제를 위해 세웠다고 전하고 있어 성왕4년에 세운 것임을 알 수 있다. 지금의 공주사대부속중학교 바로 동쪽에 위치한 반죽동 일대에서 '대통(大通)' 명 기와편이 다수 발견된 적이 있어 이 일대가 대통사지일 것으로 보고 있다. 통일신라시대의 당간지주(幢竿支柱)가 지금도 남아 있으며, 공주박물관으로 옮겨진 백제시대 석제 수조(水槽)가 원래 이곳에 있었다.

가람배치를 보여주는 구체적인 자료는 아직 발견되지 않았으나 이 일대가 대통사지일 가능성은 극히 높으므로 장차의 조사 결과가 기대된다. 대통사는 사명(寺名)과 창건 시기가 문헌사료에 기록되어 있는 만큼 백제 사찰로서 중요성이 크며, 삼국유사의 기록처럼 526년에 창건된 것이라면 백제사찰 가운데 가장 예에 해당될 것이다. 이는 백제 불사의 연구를 위해서는 물론이지만 중국을 포함한 동아시아지역의 불교 사원 건축사에서도 최일급 자료임은 두 말할 필요 없다.

〈사진 3-Ⅲ-1〉 대통사지 석수조(공주박물관 소장)

제 4 장

사비도성

Ⅰ. 사비도성 조성 과정

Ⅱ. 사비도성의 경관

Ⅲ. 사비도성의 도시 구조

Ⅳ. 동아시아 고대 도성의 전개와 익산 왕궁유적

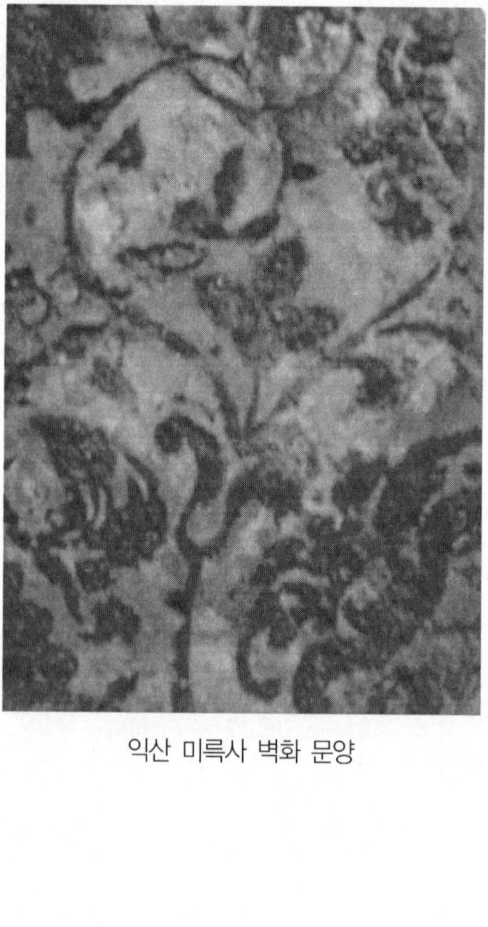

익산 미륵사 벽화 문양

제4장
사비도성

I. 사비도성 조성 과정

1. 천도 이전의 사비

천도 이전의 사비지역의 위상은 그보다 앞선 시기의 유적의 분포 양상 및 그 성격을 통해 살펴볼 수 있을 것이다. 이를 위해서는 우선 청동기시대이래 현재의 부여시가지 일원에서 확인된 유적, 유물을 살펴보는 것이 필요하다[1].

청동기시대 유물로는 추정왕궁지 주변 조사 지점인 부소산남록의 석축아래 부분의 탐색트렌치에서 출토된 토기(尹武炳 1985) 및 定林寺 석탑 동편의 탐색트렌치 출토 토기 및 석기 등(尹武炳 1981)을 들 수 있다. 구체적인 유구는 확인되지 않았으나 토기의 형태로 보아 송국리유형에 해당하는 것으로 이해된다. 송국리유형 단계는

---

1 이 부분은 朴淳發 2002b의 내용을 일부 수정한 것이다.

벼농사로 대표되는 집약도가 비교적 높은 농경을 생계기반으로 하는 정착마을들이 대략 2~4km 간격으로 조밀하게 분포하여 이후 전통적인 농촌 취락의 터전이 되었던 것으로 판단된다. 그러므로 이 단계 취락의 분포는 곧 당시의 상대적으로 농경에 유리한 지역의 분포를 잘 반영하고 있는 것으로 보아도 좋다. 그런데 그 무렵의 취락 그 자체에 대해서는 정확한 분포를 알기 어려운 것이 문제이다. 이를 보완해줄 수 있는 것이 지석묘 등의 분묘군의 분포이다. 송국리 유형 단계의 정착 취락 주변에는 지석묘를 비롯하여 일정한 묘역을 형성한 분묘군이 존재하는 것으로 드러나므로 이들 분묘군의 분포를 통해 그들의 취락 분포를 어느 정도 추정 가능하기 때문이다.

이러한 점을 염두에 두고 부여군 지역의 청동기시대 분묘 유적의 분포를 살펴보기로 하자. 부여군 일원에서 알려진 지석묘는 현재 69기가 남아 있으나 당초 80여기를 상회하였을 것으로 추정되며, 이를 지금의 자연마을과 대비해보면 대략 29개의 군집으로 구분할 수 있다. 분묘의 밀집도에 있어서는 지점별로 얼마간 차이가 있는데, 이는 취락의 지속기간이나 규모 등에서 기인된 정치·사회적 위상 차이를 반영하고 있는 것으로 이해된다(도 4-Ⅰ-1 참조).

지석묘의 밀도가 비교적 높은 지역인 남면 송암리 호암마을(8기), 충화면 현미리(당초 11기), 구룡면 태양리(7기) 등은 상대적으로 이른 시기부터 취락이 형성된 것으로 볼 수 있으며, 지석묘의 규모가 거대한 초촌면 산직리나 옥산면 안서리 등은 취락간 통합이 진전되던 비교적 늦은 시기의 중심취락이었을 것으로 이해할 수 있다.

그러나 현재의 부여시가지 일원에는 지석묘 등 분묘군의 존재가 확인되지 않고 있다. 전술한 바와 같이 부소산 남록에서 확인된 송국리유형 토기의 존재로 보아 적어도 그 무렵 취락이 있었음은 알 수 있으나 그 규모는 크지 않았을 것이며, 아마도 인접한 가증리(佳

增里)나 송국리 등 규모가 큰 취락에서 파생한 소규모 취락이었을 것으로 보인다. 이는 결국 부여시가지 일대는 상대적으로 농경에 불리한 지역이었음을 말해주는 것이다. 이러한 유적 분포 양상은 이후의 초기철기시대에 들어와서도 그대로 이어지는데, 연화리(蓮花里)

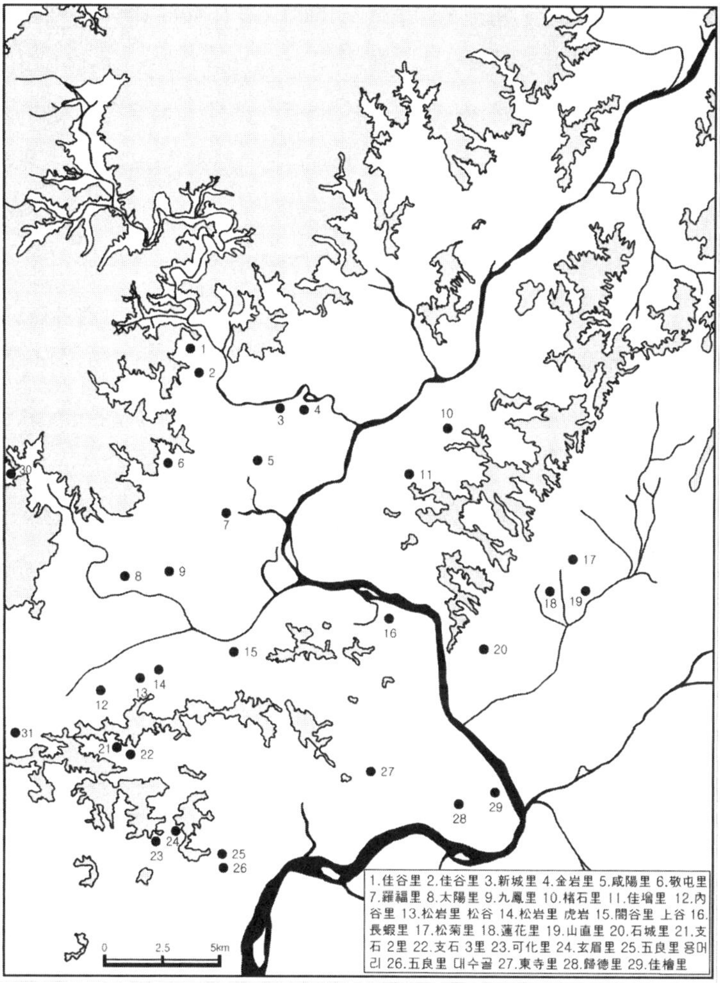

〈도 4-+-1〉 부여군 일원 청동기시대 분묘군 분포 양상(朴淳發 2002b 옮김)

나 구봉리(九鳳里), 그리고 그보다 늦은 시기에 해당되는 합송리(合松里) 단계의 유적이 부여시가지 일원에서 확인된 바 없기 때문이다. 그 이후 기원후 4세기 전반 무렵에 해당하는 주거지는 최근 궁남지(宮南池) 부근이나 가탑리 일원의 산록에서 확인되고 있어 원삼국시대 늦은 시기에는 취락의 흔적이 일부 확인된다.

2000년도 이후 현재의 부여읍 일원의 논 경작지에 대한 구제조사들이 다수 이루어지면서 사비 천도 이전의 토지 활용 상황이 점차 드러나고 있는데, 궁남지 남쪽을 통과하는 신설 국도 4호선 구간에 대한 조사 결과로 보는 한 현재의 논 경작지 지점은 천도 이전에는 거의 사람의 손길이 미치지 않았던 저습지였으며, 산록에 해당하는 일부 곡간지역에는 원삼국시대 늦은 시기의 취락 및 그와 관련된 경작유구가 일부 확인될 뿐이다. 즉, 사비 천도 이전 부여지역에는 백마강의 자연제방 너머의 배후습지 및 왕포천 가증천 등의 지천이 본류와 만나는 지점에 형성된 습지 등으로 구성된 곳이었음을 알 수 있다.

2. 사비도성 조성 과정

사비도성 조성 과정은 대부분이 저습지로 구성되어 있어 사람이 거의 살지 않던 지역을 대상으로 이루어진 대규모 신도시 개발이라 하여도 과언이 아니다. 그러나 『삼국사기』에는 천도 시점만이 538년으로 기록되어 있을 뿐 그에 수반된 계획 수립 및 구체적인 신도시 조성 공정의 진행 등과 관련된 직접적인 문헌기록은 남아 있지 않다. 여기서는 고고학자료 및 남아 있는 문헌사료를 종합해 사비도성의 축조 시기와 도시 조성과정 등을 중심으로 역사적인 신도성 개발 과정을 그려 보기로 한다.

(1) 사비도성 축조 시기

사비도성의 축조 시기를 말해주는 직접적인 문헌기록은 없으나, 웅진이 지니고 있는 긴급 피난처적 성격이나 지형적 제한에서 비롯된 도시적 기능의 한계 등을 고려할 때 성왕 16(538)년의 천도에 앞서 일찍부터 사비천도 계획이 수립되고 있었을 가능성은 충분히 있다. 이와 관련하여 『삼국사기』 백제본기 동성왕 12(490)년 및 23년(501)조의 일련의 전렵(田獵) 기사들이 당시 그러한 사정을 말해주는 것이라는 견해(盧重國 1978)가 있었다. 동성왕대에 사비천도 계획이 수립 추진되고 있었음을 보여주는 것으로서 또한 '가림성(加林城)'의 축조를 들기도 한다. 이 성의 위치가 사비 신도의 방어에 매우 중요한 요충지임을 들어 이 성의 축조는 결국 사비천도의 준비조치로 볼 수 있다는 것(尹武炳 1994)이다.

그러나 동성왕과 무녕왕대의 사비천도 계획설이 성립될 수 없으며, 천도는 성왕대에 들어 와 고구려의 빈번한 군사적 공세에 대처하고 국가 체제를 일신하기 위해 전격적으로 입안되고 실행되었을 것으로 보는 견해(梁起錫 2007)도 있으며, 구체적으로 529년 고구려와의 '오곡지원(五谷之原 : 황해도 서흥으로 비정)'의 전투에서 패한 뒤 고구려에 대한 대비 및 남방경영의 필요성이 대두되면서 사비천도의 길을 선택한 것으로 보는 견해(森公 章 2006)도 있다.

① 부소산성의 축조 시기

이러한 문헌 사료에 보이는 정황적 근거 이외의 고고학적 자료로서 주목되는 것이 부소산성의 축조 시기 문제이다. 이 산성에 대해서는 그 평면구조를 둘러싸고 최초 소부리현(所夫里縣)의 현성(縣

城)으로서 테뫼식 산성이 축조된 이후 사비천도와 더불어 포곡식산성이 완성되었을 것이라는 추정도 한 때 있었다(尹武炳 1994 ; 尹武炳·成周鐸 1977 ; 成周鐸 1982 ; 田中俊明 1990). 그러나 1992~ 1995년도 사이에 이루어진 일련의 성벽조사 결과(國立扶餘文化財研究所 1997 ; 1999b) 그러한 추정은 성립될 수 없게 되었다. 군창지를 감싸고 있는 소형의 테뫼식 산성이 가장 늦은 조선시대 산성(총 연장 840.6m)이고, 확대된 테뫼식 산성이 그보다 이른 통일신라시대 산성(총 연장 1576.3m)이며, 계곡 전체를 아우른 포곡식 산성(총 연장 2495.6m)이 사비도성 시기의 것임이 드러난 것이다.

백제시대 부소산성과 관련되는 구조물은 현재까지 다음과 같은 것이 알려져 있다.

먼저, 성벽의 축조기법을 보면 현재까지 확인된 지점에서는 모두 판축공법으로 되어 있는데, 판축 성벽의 기저부 폭은 5.8~6.5m로써 성의 내측부터 먼저 판축한 후 그에 잇대어 외측을 판축하는 방식으로 되어 있다. 백제시대 초축 성벽에서는 그간 유물이 혼입된 예가 없었으나, 1994년도 조사된 사비루 남측 구간에서는 초축판축부 내외에 잇댄 축토층에서 백제시대 와편이 혼입된 경우가 있어(國立扶餘文化財研究所 1999a) 초축 이후 부분적인 수즙도 있었던 것으로 보인다.

다음, 성벽과 관련된 시설로는 성문이 있는데, 지금까지 확인된 것으로는 남문, 북문, 동문 등 3개소가 있다. 이 가운데 발굴조사가 이루어진 곳은 남문과 동문이며, 북문은 조사되지 못한 채 그 추정위치에 건립된 취수장에 의해 이미 훼손되었을 것으로 추정되고 있다. 남문은 현재 부소산성의 남사면에 위치한 삼충사(三忠祀) 동북쪽 뒤편 계곡부에서 확인되었다. 통일신라시대 테뫼식 성벽 문지와 중복되어 원상이 크게 훼손되어 정확한 모양을 알기는 어려우나 문지의 폭이 약 7.5m 가량으로 상당히 넓어 부소산성의 정문으로 추정되고 있다. 문지의 성벽 통과지점에는 전면과 상면을 다듬은 판석으로 계단을 만들고 계단의 아래에는 성내부에서 외부로의 배수를 위한 와통 배수관이 부설되어 있었다(國立文化財硏究所 1996). 동문 역시 정확한 규모 및 시설을 파악할 수 없었으나 문지와 관련되는 돌저귀가 확인됨에 따라 그 일대를 문지로 추정할 수 있었다. 문지로부터 77m 남쪽지점에는 장대지(將臺址)로 추정되는 시설과 치(雉)가 확인되었는데, 치의 크기는 폭이 약 3m, 길이가 약 7.2m이며 판축 체성에 잇대어 석축한 것이다. 통일신라시대에 이 문지가 폐쇄되고 그 남쪽 95m 지점에 새로운 문를 내었던 것으로 보고 있다. 동문지 부근의 체성의 내측벽면은 석축이 있고 그와 약 1m 가량 떨어진 성내부 구지표면에는 폭 약 70~80cm 가량 되는 부석면이 성벽을 따라 시설되어 있었다(扶餘文化財硏究所 1995). 이 부석면은 동문지부분도 통과하고 있어 동문지의 기능은 앞의 남문지에 비해 매우 간루한 것이었을 것으로 보인다.

그밖에 남문지 서쪽 40m 지점에서 확인된 치가 있는데, 이는 전술한 동문지 남쪽 치와 달리 판축으로 축성되어 있으며, 그 규모가 폭 7.5m, 길이 11m로 동문지 치를 훨씬 능가하고 있다(國立扶餘文化財硏究所 2000). 이상 살펴 본 사비기 백제의 부소산성의 평면 구조 및 시설물 배치는 <도 4-I-2>와 같다.

부소산성 축조 시기 비정과 관련한 중요한 근거 가운데 하나가 1988~1991년 사이에 진행된 동문지 조사에서 확인된 '대통(大通)'명 인각 와편이다. 모두 2점이 수습되었는데, 출토지점은 동문지로부터 남측으로 약 10m 가량 떨어진 성내부 와적층이었다(扶餘文化財硏究所 1995). '대통'명은 공주 반죽동 대통사지 출토품과 동일한 것이어서 당초 대통사 건립 소용 기와가 부소산성에 전용(轉用)된 것으로 이해되고 있다.

대통사는 『삼국유사』 흥법(興法) 원종흥법염촉멸신(原宗興法厭觸滅身)조에 의하면 대통 원(527)년에 양 무제를 위하여 세웠다고 전한다. 이에 따라 대통사의 사명이 양 무제의 연호를 의미하는 것으로 보는 입장이 많으나, 『법화경(法華經)』의 주불인 대통지승여래(大通智勝如來)를 의미한다는 견해(文東錫 2005)가 설득력이 있다. 그에 따르면 대통사의 창건 배경이 되는 법화사상은 당시 양에서 유행하고 있었으며, 양에서 활동하다 521년에 귀국한 백제승려 발정(發正)에 의해 수용되었을 가능성이 있다고 한다. 아무튼, 대통이 사명이든 연호이든 527년 무렵에 축조되었을 것으로 보는 데에는 문제가 없을 것이다.

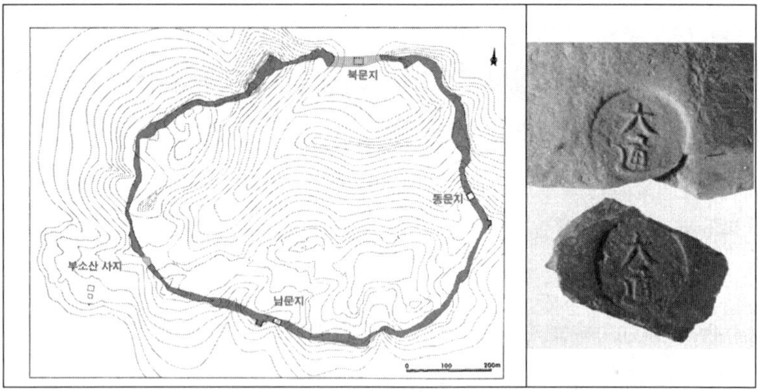

〈도 4-1-2〉 사비기 백제 부소산성 평면도 및 동문지 출토 대통명 와편(좌상)
(사진의 좌하는 공주 대통사지 출토품. 국립중앙박물관 1999에서 옮김.)

필자는 대통명 기와의 연대와 함께 부소산성 출토 토기 가운데 가장 이른 단계에 해당되는 것들은 공주 정지산(艇止山) 유적 조사(국립공주박물관 1999)에서 드러난 웅진기 제2단계~3단계에 비정되는 개배 및 뚜껑과 유사한 점을 근거로 대략 6세기 전반~중엽경으로 비정하는 한편, 대통명 기와의 제작 시점인 527년경에 부소산성의 축조가 진행되고 있었던 것으로 본 적이 있다(朴淳發 2000a). 부소산성 성벽 부근 출토 기와는 판축 성벽의 피복용으로 이해된다. 그렇다면, 527년 무렵 창건된 대통사 소용 기와 가운데 일부가 그 무렵 역시 판축성벽이 완성되었을 부소산성의 성벽에 덮였던 것으로 볼 수 있으며, 따라서 부소산성은 527년 무렵 성벽 축조가 완료되었을 가능성이 매우 높다. 이와 관련하여, 그 직전 526년의 웅진성 수리, 523년 무녕왕의 사망, 526년 왕비 사망 등 일련의 국가대사 속에서 신도성 건설이 착수되었을 가능성에 회의를 제기하면서 천도 전후 시점에도 부소산성의 포곡식 산성의 축조는 제한된 범위에 머물렀을 것이라는 주장(李炳鎬 2002)도 있다. 그렇지만 산성 축조가 바로 그 무렵에 착수되었다고 볼 이유는 없으며, 기왕에 착수된 산성 축조가 전기한 그러한 일로 중단되었다고 볼 적극적 근거도 없다. 그리고 부소산성이 완성되지 않은 상황에서 천도가 이루어졌을 것이라는 추정은 더욱 이해하기 어렵다.

이처럼 부소산성은 538년 천도 이전에 완성되었을 것으로 보는 입장이 유력하다. 한편, 동성왕 8(486)년에 축조된 '우두성(牛頭城)'[2]을 부소산성으로 비정하여 웅진기의 이른 시기에 이미 사비도성이 축조되었다는 주장(沈正輔 1996)도 제기된 바 있다. 삼국사기에 나타나는 동성왕대의 일련의 축성기사 사이의 선후관계 및 정황으로 미루어 처음에는 고구려 등 북방위협에 대처에 주안이 있었으며, 그 다음 신라에 대한 방비가 강구된 것으로 볼 수 있다. 사비천도를 위한 사전 포석으로 널리 받아들여지고 있는 가림성 축조는 그 다음에

---

2 『三國史記』百濟本紀 東城王八年 : 秋七月重修宮室. 築牛頭城

비로소 나타난다. 그러므로 동성왕 8년에 축성된 우두성이 사비지역 경영을 위한 축성으로 받아들이기는 어렵다(朴淳發 2002c ; 成周鐸 2002). 사실, 우두성을 부소산성으로 주장하는 근거는 단지 평면형태가 소머리와 유사하다는 주관적 관찰뿐이며, 일찍이 우두성의 위치는 충남 한산으로 비정하는 견해[3]가 있다.

② 사비나성의 축조 시기

부소산성과 더불어 사비도성의 중요한 구조물인 나성의 축조시점에 대해서는 그간 부소산성과 마찬가지로 천도이전 또는 거의 같은 시점으로 보는 견해(尹武炳 1994 ; 田中俊明 1990 ; 龜田博 1995 ; 朴淳發 2000a)와 함께 무왕대인 7세기 초로 보는 견해(成周鐸 1993)가 있지만 전자가 지배적이다.

나성의 축조시기를 7세기 초의 무왕대로 보는 근거는 북나성이 통과하는 청산성(靑山城)의 축조시기 비정과 밀접히 관련되어 있다. 이 성은 일찍이 무왕 6(605)년에 축조된 것으로 『삼국사기』에 전하는 '각산성(角山城)'[4]으로 비정하는 견해(洪思俊 1971)가 발표된 바 있는데, 그 근거는 '청산'을 '푸르뫼'로 훈독할 때 '각산'의 '뿔뫼'와 음운상 유사하다는 추측일 뿐이었다. 그럼에도 불구하고, 그 후 청산성 북측의 토성이 나성으로 연결되고 있기 때문에 나성의 축조시기를 청산성, 즉 각산성의 축조시기인 605년으로 볼 수 있다는 견해(成周鐸 1982)가 이어졌다. 전술한 바와 같이 청산성을 각산성으로 비정하는 근거 자체가 설득력이 없으므로 받아들이기 어려우며(田中俊明 1990), 각산성은 전북 임실(任實) 일대로 비정하는 것이 통설이다.

---

3 『大東地志』 韓山郡 沿革條 : 本百濟牛頭城

4 『三國史記』 百濟本紀 武王 六年 : 春二月築角山城

천도 이전에 나성이 완성되었을 것으로 보는 입장의 주요한 논거는 도성 방어에 있어 필수 시설인 외곽(外郭)이 미비된 채 천도가 단행되었다고 상정하는 것이 자연스럽지 않기 때문이다. 그리고 그와 더불어 554년에 전사한 성왕릉으로 비정되는 능산리 중하총(中下塚)(姜仁求 1984)이 포함된 능산리 고분군과 나성의 위치 관계 역시 나성 축조 시점 비정에 대한 방증이 된다. 도성의 외곽인 나성과 묘역의 위치 관계를 보여주는 자료로서 현재 가장 것은 『수서(隋書)』 의례지(儀禮志)에 규정된 "도성 거주자의 무덤은 성으로부터 7리 밖에 쓴다(在京師葬者, 去城七里外)"는 것이다. 그렇지만, 이러한 상장령(喪葬令)은 수 이전의 역대 북조 국가들에서도 이미 존속하고 있었을 가능성은 해당 시기의 력대 북조 묘지명에 언급된 장지와 성곽과의 거리 언급을 통해 확인되며, 나아가 서진대의 태시령(泰始令 : 264년 반포 시행) 상장 편목(篇目)에 이미 그러한 규정이 포함되어 있었을 것으로 보기도 한다(和田 萃 1976). 백제와 밀접한 관계를 유지하고 있었던 남조지역에서의 사정은 아직 자세하지 않으나 북조의 그것과 유사한 상장 편목이 있었을 가능성은 충분하고 백제 역시 그와 같은 상장령을 참고하였을 것으로 볼 수 있다. 도성내, 즉 경역(京域)에는 무덤을 쓰지 않는 다는 인식은 당시 동아시아가 공유하고 있었던 것으로 볼 수 있다면(田中俊明 1990 ; 山本孝文 2005) 적어도 554년 성왕릉이 축조될 무렵에는 이미 능산리 고분군 일대가 경역의 바깥으로 인식되었을 것이며, 그 경계는 나성임이 틀림없기 때문에 늦어도 554년 이전에 이미 나성이 축조되어 있었을 것이다(田中俊明 1990).

이와 관련해 최근 능산리 능사 축조 이전 도랑에서 출토된 목간의 성격 및 능산리 사지에 면한 나성의 비정상적인 굴곡상태가 주목된다. 능사 축조 이전 수로에서 출토된 목간 가운데 이른바 남근형 목간은 도성 외곽으로 이어지는 도로 변에서 행하였던 도제(道祭)에 사용되었던 것으로 보이므로(尹善泰 2004 ; 平川 南 2006) 이 일대가 바로 당시의 도성의 동쪽 경계임을 알 수 있다. 이 목간은 그 하한이 능사 창건 시점인 567년이므로 늦어도 그 무렵에는 나성이 존재하였음을 다시 한 번 확인할 수 있다. 그리고 바로 능사의 서쪽 부분의 나성 성벽이 마치 옹문(擁門) 처럼 굴곡하고 있는 것은(도 4-I-3 참조) 이 지점이 능사 건립 이전 나성의 동문이었을 가능성이 있다(朴淳發 2005c). 그 밖에 2002년도에 실시된 동나성 염창리(鹽倉里) 산록지점의 성벽 절개조사시 축성 성토층내에 혼입된 삼족기(朴淳發 外 2002)는 정림사 부지 정지토층 출토 삼족기(도 4-I-4 참조)와 함께 6세기 전반으로 비정 가능한 점 역시 나성 축조가 천도 이전에 이루어졌을 가능성을 높여준다.

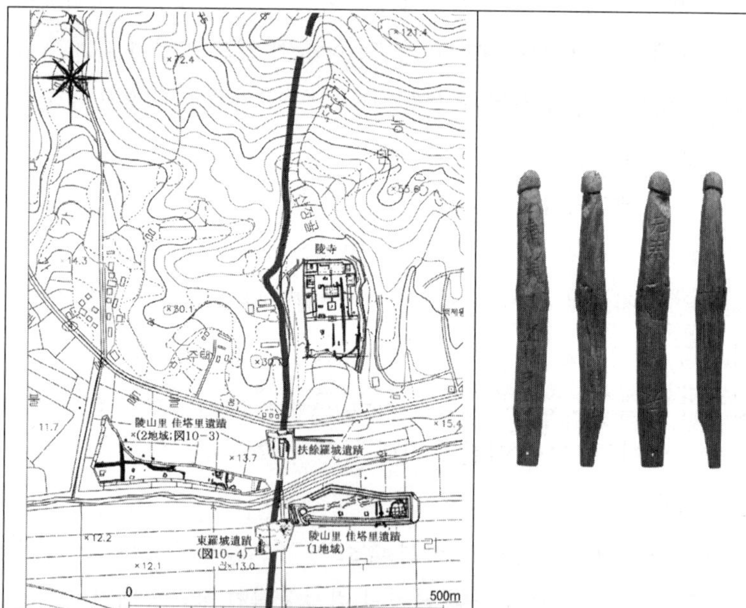

〈도 4-I-3〉 능산리 동나성 굴곡 지점과 능사 축조 이전 층 출토 남근형 목간

이상의 내용을 통해 알 수 있는 바와 같이 사비도성을 구성하는 핵심적인 하드웨어라 할 수 있는 부소산성과 사비나성의 축조 시기로 보면 사비도성의 축조 시기는 538년 천도 무렵에는 이미 완성된 것으로 볼 수 있다.

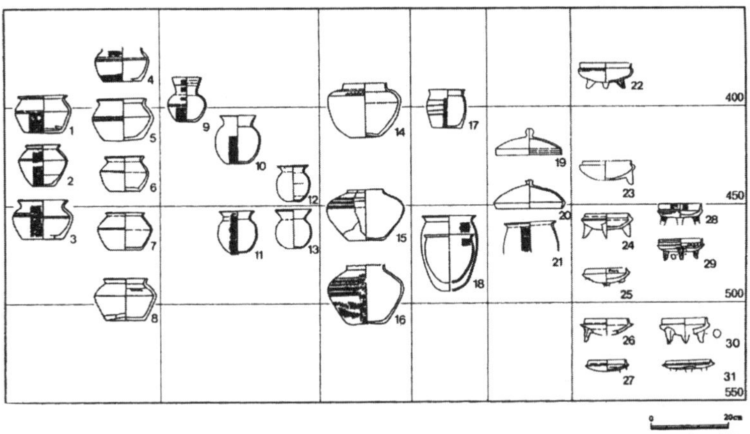

1.梧井洞2号土壙墓 2.美江里KM003支 3.夢村土城85採集 4.神衿城9号貯藏孔 5.新鳳洞90-24号 6.汾江·楮石里12号石室墳 7.汾江·楮石里6号石室墳 8.月坪洞E18貯藏孔 9.梧井洞2号土壙墓 10.新鳳洞90-24号 11.新鳳洞90-29号 12.汾江·楮石里12号石室墳 13.汾江·楮石里6号石室墳 14.汾江·楮石里가号埋納 15.公山城5号貯藏孔 16.山儀里40号石室墳 17.汾江·楮石里가号埋納 18.公山城外城5地域城壁下 19.汾江·楮石里13号石室墳 20.公山城5号貯藏孔 21.艇止里44号住居址 22.神衿城 23.公山城 24.汾江·楮石里2号石室墳 25.山儀里40号石室墳 26.定林寺遺物包含層 27.東羅城盛土層 28.艇止里44号住居址 29.松山里方壇遺構 30.宮南池南北水路 31.宮南池南北水路

〈도 4-Ⅰ-4〉 나성 출토 토기 및 비교 자료

(2) 사비도성 조성 과정

사비도성의 도시내부의 제반 시설 등이 갖추어지는 과정에 대해서는 그간 연구가 많지 않았으나 최근 나성 내부지역에 대한 조사를 통해 지속적인 자료의 축적에 힘 입어 점차 활기를 띠고 있다. 그 가운데 사비도성 출토 와당의 형식분류 및 시기 비정을 통해 도성 내부의 축조 과정을 3단계로 나누어 이해하는 견해(李炳鎬 2002)가 있다. 그에 따르면, 1단계는 웅진말~능산리사지 축조 이전의 6세기 중엽까지로 나성 등의 방어시설과 왕궁 및 관아건물의 일부가 이 시기에 건립된다. 2단계는 6세기 중엽~7세기 초반까지로 정림사지, 동남리유적, 군수리사지 등 도성내의 기와 건물이 급격히 증가하는 시기이다. 3단계는 7세기 전반~멸망기까지로 도시공간이 나성 및 백마강 서쪽까지 확대되는 시기이다.

도시내부의 시설들의 경우 그 확충 또는 정비과정이 점진적이었을 가능성은 얼마든지 있으며, 능산리지점 발굴조사에서 드러난 결과를(구기종·이판섭 2005) 보아도 그러한 모습이 나타난다. 나성이 축조되기 이전 이 일대는 저습지였으며, 나성 축조 이후 최초 수전 경작면→수전폐기후 퇴적간층→제 1 생활유구면→제 2 생활유구면 순으로 변화되고 있었던 것(도 4-I-5 참조)으로 보인다(朴淳發 2005c). 제 1생활면은 이 일대에 도로망이 개설되는 시점이고 제 2생활면은 수 오수전의 존재로 보아 6세기말~7세기 초로 비정된다. 이 무렵에는 나성 바깥에도 주거지가 확인되고 있다.

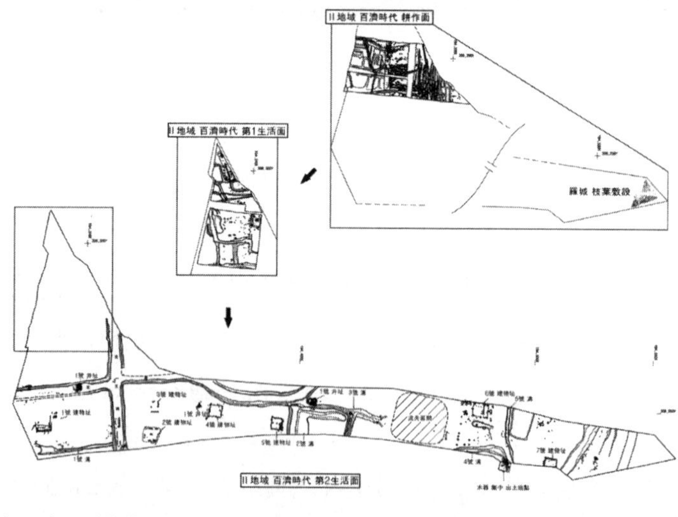

〈도 4-I-5〉 능산리 지점 도시 조성 과정

그런데, 2006년도에 발굴조사된 쌍북리(雙北里) 현내들 지점에서는 도로 개설 시점을 알 수 있는 자료가 확인되었다(도 4-I-6 참조). 도로의 측구 충전토층 상면에서 상평오수(常平五銖) 1점이 출토되었으므로 도로의 개설 시점은 상평오수의 폐기 시점보다는 앞서게 된다. 상평오수는 553년 북제(北齊)가 발행한 것인데, 577년에 창건된 왕흥사 목탑지 사리장치공 매납유물 가운데도 상평오수가 포함되어 있어 대체로 6세기 3/4분기 무렵에는 백제에 입수되었던 것으로 볼 수 있다. 그렇다면 쌍북리 현내들 지점의 도로는 그보다 이른 6세기 중엽경에는 이미 개설되었을 가능성이 높으며, 능산리·가탑리 일대에 도로가 개설된 시기도 이와 크게 다르지 않을 것으로 볼 수 있다. 능산리·가탑리 지점과 같은 도성 내부의 주변지역은 나성 축조 이후에도 한 동안 수전으로 경작되고 있다가 6세기 중엽경 이후 인구의 증가와 더불어 도로와 같은 도시기반 시설이 확충되기 시작하였던 것으로 이해된다.

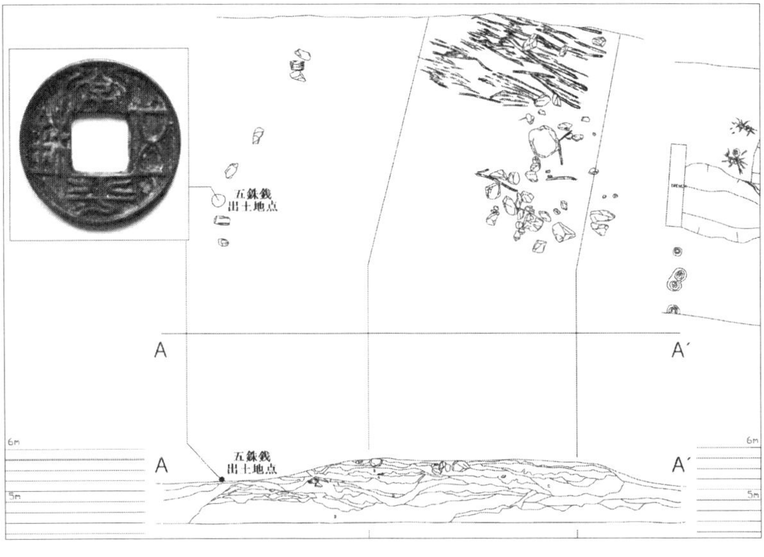

〈도 4-I-6〉 쌍북리 현내들 지점 도로유구와 상평오수 출토지점

그러나 왕궁, 관아, 사서인들의 거주구역 획정, 종묘·사직이나 사원 등은 도성의 중요 기반시설은 천도와 동시에 거의 완성되었을 것으로 보아야 할 것이다. 5부 5항(巷)으로 편제된 거주역의 획정은 대략 천도전후에 이루어졌을 가능성이 많다. 『일본서기』에 나타나는 백제 사신들의 부명 관칭 자료(鄭載潤 1992)를 보면 541년 이후 출신 부명이 고정되어 가는 모습이 확인되고 있으며(金英心 1998), 534년의 상부(上部) '기주기루(己州己婁)'가 543년에는 전부(前部)로 바뀌어 있는 사실로 보면 538년 전후로 거주역에 변화가 있었을 것으로 볼 수 있다. 이러한 거주지역의 변화는 천도를 계기로 거주지의 재편이 있었음을 시사하는 것으로 이해된다(李炳鎬 2002).

정림사는 도성 내에 위치한 국가의 중심 사찰일 것이라는 데에는 대체로 이견이 없는데, 이 사찰의 건립시점 역시 사비도성의 조성과정 이해에 중요하다. 정림사는 저습지를 정지하여 건립한 것으로 이해되고 있는데(李炳鎬 2002), 부지 매립토에 혼입된 삼족토기(도 4-I-4 참조)를 근거로 필자는 538년 이전에 조성 작업이 진행되었을 것으로 본 바(朴淳發 2002b) 있다. 541년 성왕이 양에 견사하여 열반경(涅槃經) 등 경의(經義)와 더불어 공장(工匠), 화사(畵師)를 요청한 것[5]은 바로 정림사의 조성과 관련된 것으로 보는 견해(文東錫2005 ; 李炳鎬 2006)가 유력하지만, 이 무렵을 정림사 조영의 완성으로 보는 입장(文東錫 2005)과, 정림사 목탑 내부장엄이 진행되는 시점으로 보는 입장(李炳鎬 2006)이 갈린다. 천도 이전의 534년에도 양에 견사 조공하였던 적이 있는 점[6]으로 보아 천도를 앞두고 정림사를

---

5 『三國史記』 百濟本紀 聖王十九年 : 遣使入梁朝貢, 兼表請毛詩博士·涅槃等經義, 并工匠·畵師等. 從之.

6 『三國史記』 百濟本紀 聖王十二年 : 春三月遣使入梁朝貢.
『梁書』 東夷列傳 百濟 : 中大通六年, 大同七年, 累遣使獻方物, 并請涅槃等經義·毛詩博士, 并工匠·畵師等, 勅並給之.

비롯한 신도의 주요 기반 시설의 막바지 작업과 관련한 선진 문물 확보에 주력하였던 것으로 이해된다.

『일본서기』 흠명기(欽明紀)에 보이는 541년, 544년의 2차례 임나복건회의(任那復建會議)가 성왕의 주도로 사비에서 개최된 점으로 보아 적어도 541년 이전에 신도성의 주요 기반시설이 완성되었을 것으로 보아도 좋을 것이다(李炳鎬 2002 ; 近藤浩一 2004). 사비 신도의 신문물은 가야 제국의 백제에 대한 호감을 유발하는 데에 매우 중요하므로 도성의 면모에 손색이 있어서는 곤란하기 때문이다. 흠명 6(545)년에 임나복건회의에 참가하였던 일본부(日本府)의 신(臣)이나 가야 제국의 한기(旱岐)에게 오재(吳財), 즉 양으로부터 입수한 문물을 차등 증여하고 있는 데[7]에서 신문물의 중심지로서의 사비도성의 면모에 대한 백제의 자긍심과 그를 통한 외교 행위가 잘 나타나고 있기도 하다.

사비도성의 공역에는 다수의 노동력이 필요하였을 것인데, 이와 관련하여 주목되는 것이 부여일대에서 발견되는 고구려계 토기이다. 필자는 능산리지점 수전층 등에서 출토되는 사비기의 고구려계 토기는 한성 함락 이후 고구려지역에 편입되었던 주민들을 공역에 동원하였던 사정을 시사하는 자료로 이해하고 있다(도 4-I-7 참조).

무령왕대인 6세기 초 무렵에 단행된 가야지역에 흩어진 백제 백성들에 대한 초쇄(招刷)[8]나 내외 유식자(遊食者)에 대한 귀농 조치[9] 등은 사비도성 공역에 소요되는 인력의 확충과 밀접한 관련이 있을 것으로 볼 수 있다. 이러한 일련의 조치를 사비도성 조성 및 천도의

---

7 『日本書紀』 欽明紀 六年 秋九月 : 百濟遣中部護德菩提等, 使于任那. 贈吳財於日本府臣及諸旱岐, 各有差. 是月, 百濟造丈六佛像.

8 『日本書紀』 繼體紀 三年(509) : 括出在任那日本縣邑, 百濟百姓, 浮逃絕貫, 三四世者, 竝遷百濟附貫也.

9 『三國史記』 百濟本紀 武寧王十年(510) : 下令完固堤防, 驅內外遊食者歸農.

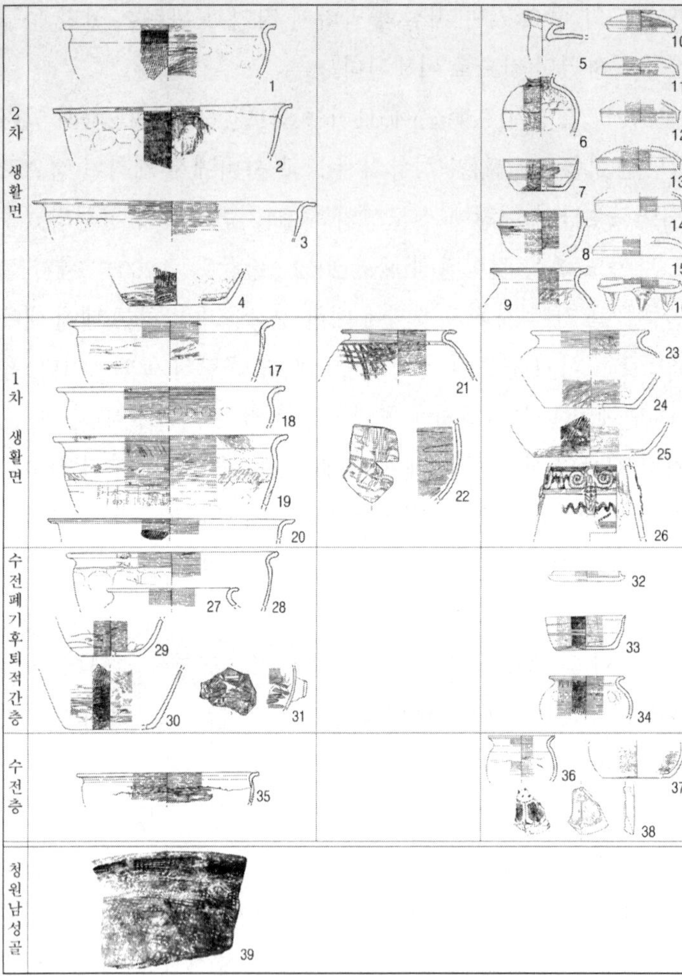

〈도 4-Ⅰ-7〉 능산리 지점 출토 사비양식토기의 전개

경제적 배경으로 이해할 수도 있지만(李炳鎬 2002), 필자는 구체적으로 고구려 치하의 수복지역의 주민들의 사민 및 사비도성 공역에의 투입으로 이해하고자 한다. 이러한 점은 사비기에 들어 갑자기 고구려 토기와 극히 유사한 사비양식토기(泗沘樣式土器)(朴淳發 2005d)가

등장한 후 지속되고 있는 사실과도 부합된다. 선주민이 거의 없던 곳인 사비지역에 신도읍을 조성하기 위해서는 천도와 함께 많은 주민을 이주시키지 않으면 안 되었을 것인데, 구 도읍지인 웅진이 그대로 도시 기능을 유지하고 있으므로 그 밖의 다른 지역 출신 주민의 새로운 유입이 필요하다. 이 때 그 다수를 차지하는 자들이 바로 전술한 사비도성 공역 과정에 이미 투입된 고구려 지배하에 있었던 주민들일 것이다. 고구려토기와 거의 같은 기종 및 기형의 사비양식 토기가 천도 이후 지속되는 배경은 이와 관련하여 설명될 수 있으며, 사비천도 후 국호를 '남부여(南夫餘)'로 개명한 것도 그러한 주민 구성상의 사정과 밀접한 관련이 있을 것으로 생각된다. 고구려 치하의 주민들에게 새로운 국가 귀속감을 부여하기 위해 고구려와 백제의 공동 출자(出自)인 부여 기원의 출자관을 강조하게 된 결과로 이해할 수 있지 않을까 한다.

그러한 관점에서 부여초등학교 및 나성 밖의 용정리(龍井里)에서 출토된 고구려양식 와당이 주목된다. 이 와당은 4구획 연화문으로 비교적 고식에 해당된다. 중국의 경우 연화문 와당은 운문(雲文)에 이어 등장하며, 운문이 완전히 소멸되는 시점은 5세기 초 무렵으로 알려져 있으므로(錢國祥 1996), 4구획 연화문은 대체로 4세기대 이후에 등장하였을 것으로 판단된다. 이와 극히 유사한 와당이 평양의 낙랑토성지에서 채집된 바 있는데, 그 시기는 고구려가 평양 천도 이전으로 보고 있다(谷豊 信 2005). 집안(集安)지역 출토 와당 가운데 여기 부여 출토 연화문 와당과 형식적으로 유사한 것들은 주로 4세기대의 왕릉으로 비정되는 무덤에서 확인된다. 그 가운데 서대묘(西大墓)에서는 '기축(己丑)'명이 있는 운문 와당(도 4-I-8의 6)과 함께 연화문 와당(도 4-I-8의 7)이 출토되었는데, 여기의 '기축'은 329년으로 비정된다(吉林省文物考古研究所·集安市博物館 2004). 집안의 태왕릉(太王陵)에서는 운문이 보이지 않으며, 연화문 와당은 6판으로 되어 있다. 4구획 연화문 와당이 6구획 또는 8구획의 연화문 와당보다 선행하는 것으로 볼 수 있는데, 4구획 방식은 연화문이 성행하기 이전 단계인 운문 와당에서 보편적으로 채용되던 구획이기 때문이다. 현재까지 알려진 고구려와당 가운데는 부여 출토 고구려식 와당과 완전히 동일한 예는 보이지 않는 것 같으나, 이들이 고구려 계통의 연화문 와당임은 확실하다.

그렇다면, 고구려식 와당이 사비기 도성 안팎의 특정 지점의 건물지에서 출토되는 배경은 무엇이며, 특히 4세기대의 고식 와당이 등장하는 까닭은 무엇일까. 전술한 바와 같이 사비천도와 함께 국호를 '남부여'로 개명한 배경을 부여 계승 의식의 천명 및 고양으로 이해할 수 있다면, 고식 고구려계 와당이 쓰인 건물은 그러한 출자관과 관련이 깊은 종묘나 사직과 같은 특수 용도로 볼 수 있지 않을까 한다(朴淳發 2005e).

이러한 추론이 가능하다면 고구려식 연화문 와당이 출토된 부여 지역의 두 지점에는 각각 사비기 백제의 종묘나 사직과 같은 시설이 있었을 가능성이 높다. 부여초등학교일대는 바로 부소산성의 남쪽 사면에 해당되어 일찍부터 왕궁을 비롯한 당시의 중요 시설이 위치하였을 것으로 여겨져 온 지점이었다. 그리고, 용정리 사지는 1980년까지는 그 존재를 알지 못하였다가 작답과정에서 확인되어 1991년도에 발굴조사가 실시된 곳이다. 조사결과 상하 2단계의 건물지가 중복된 것으로 파악되었다. 이 건물지의 성격에 대해서는 아직 분명하지 않은 점이 있으나, 최근 웅진기의 사지로 보는 견해가 발표된 바(趙源昌 2003) 있다. 그에 따르면 이 절은 사비도성 건설을 위해 웅진기에 건립하였다는 것이다. 웅진기 창건의 초축 건물은 발굴조사시 확인된 하층 건물지인데, 이것이 파기된 후 상층 건물지가 만들어지는 과정에서 전술한 바의 고구려식 와당이 혼입되었다. 결국 하층 건물이 존속할 무렵에 고구려식 와당이 사용되었을 가능성이 높은데, 웅진기에 사비도성 조영을 위한 거점으로서 만들어진 사원에 왜 복고풍의 고구려식 와당이 사용되었는지를 설명하기 어렵다. 용정리사지를 단순한 사원이 아니라 시조의 사당이나 국가적인 사묘(祀廟)와 관련된 건물지로 보는 것이 더욱 자연스럽다.

이와 관련해 주목되는 것이 집안 동대자(東臺子) 건물지이다. 이 건물지는 1958년도에 발굴조사되면서 그 규모나 화려함으로 보아 왕궁이나 사직과 같은 건물지로 보고된 바(蘇才 1961) 있다. 그 후 이 건물지의 성격을 보다 구체적으로 『삼국사기』 고국양왕 9년(392)에 중수한 것으로 기록[10]되어 있는 국사(國社)로 비정하는 견해가 제시된 바(方起東 1982) 있다. 이처럼 집안 동대자 건물지는 고구려가 집안의 국내성(國內城)에 도읍하던 시기의 종묘 또는 사직으로 보는 견해가 지배적이다. 동대자 건물지는 국내성으로부터 동쪽으로 약 500m 떨어진 곳의 대상지에 위치하고 있는데, 이는 『양서(梁書)』 고구려전에 보이는 고구려의 사직에 대한 설명[11]과 대체로 일치된다. 궁성의 동쪽에 위치한 사직이 동대자 건물지라 할 수 있다면, 용정리 사지 역시 나성 바깥의 도성 밖 동쪽 약 1.2km 지점에 위치하고 있어 국내성과 동대자 건물지의 상대적 위치와 비교 될 수 있어 백제의 종사일 가능성을 배제하기 어렵다.

---

10 『三國史記』 高句麗本紀 故國壤王 九年 : 三月下敎, 崇信佛法求福. 命有司, 立國社, 修宗廟.

11 『梁書』 東夷列傳 高句麗 : 於所居之左入大屋, 祭鬼神, 又祠零星·社稷.

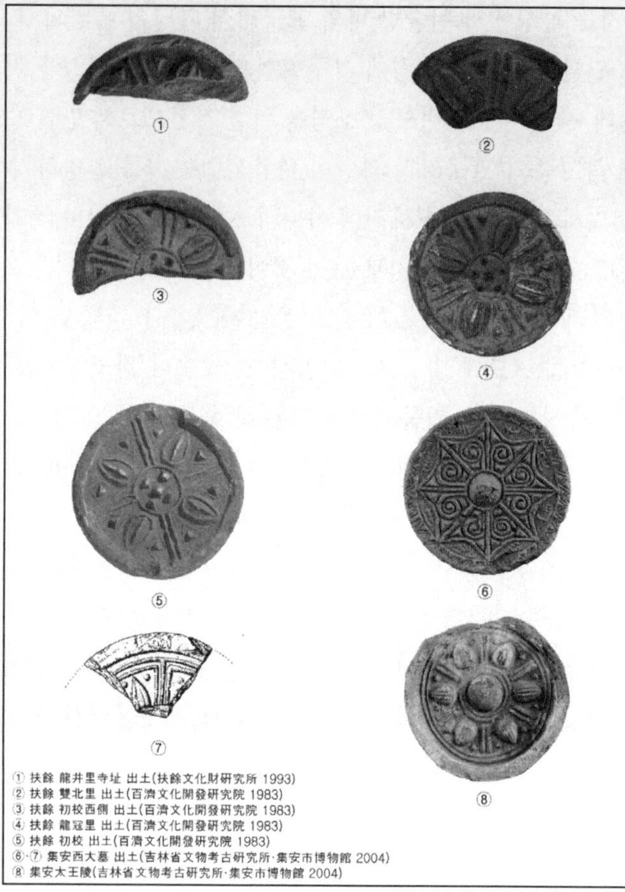

① 扶餘 龍井里寺址 出土(扶餘文化財硏究所 1993)
② 扶餘 雙北里 出土(百濟文化開發硏究院 1983)
③ 扶餘 初校西側 出土(百濟文化開發硏究院 1983)
④ 扶餘 龍冠里 出土(百濟文化開發硏究院 1983)
⑤ 扶餘 初校 出土(百濟文化開發硏究院 1983)
⑥·⑦ 集安西大墓 出土(吉林省文物考古硏究所·集安市博物館 2004)
⑧ 集安太王陵(吉林省文物考古硏究所·集安市博物館 2004)

〈도 4-Ⅰ-8〉 부여 출토 고구려 양식 와당과 비교 자료

Ⅱ. 사비도성의 경관

1. 도성의 경계와 거주역

사비도성은 외곽인 나성을 갖추고 있다는 점이 최대의 특징이다.

중국의 전통적인 내성외곽 체제와 완전히 같은 도성 구조라 하기는 어렵지만, 나성을 도성 거주민들의 거주역의 경계로 받아들인다면 성곽체제와 유사한 것이라 할 수 있다. 이러한 점에서 나성을 도성의 경계로 이해하는 입장이 우세하지만, 실제의 거주역은 나성 내부 전체가 아닐 수도 있다는 견해도 있다. 경역(京域)을 나성 내부지역 가운데서도 현재의 부여 시가지 일원의 집주역으로 보는 입장이 그것인데, 그 근거는 집주역으로 추정한 범위 외곽에 해당하는 지점에 분포하고 있는 화장묘(火葬墓)이다. 앞서 I절에서 이미 본 바와 같이 경역에 무덤을 만들지 않는다는 관념에 비추어 보면 화장묘가 분포한 지점은 당시 경역 밖으로 인식되었을 가능성이 있다는 것이다(山本孝文 2003 ; 2005). 그러나, 화장묘로 인식한 근거인 유개직구호가 과연 화장 인골의 장골기인지 여부가 불명확(金鍾萬 2003)할 뿐 아니라 백제 당시 화장이 결코 유행하지 않았을 것(山本孝文 2003)으로 보이기 때문에 현시점에서 유개직구호 단독 출토예를 화장묘로 전제하여 그 분포를 근거로 경역을 설정하는 것은 다소 불안하다.

앞의 I절에서 본 바와 같이 능산리 사지 출토 남근형목간이 도성의 경계인 나성 문밖에서 행해진 도제와 관련된 다는 점, 역병 등 사악하고 안위에 나쁜 영향을 주는 일체를 금위하였던 사항과 관련된 목간들이 나성문 일대로 추정되는 능산리 사지에서 확인되는 점(尹善泰 2006) 등으로 보면 역시 나성이 경역의 한계임이 분명하다.

도성 거주민들의 거주지역이 나성 내부였음은 당연하지만, 최근까지의 조사결과를 종합해보면 현재 논으로 경작되고 있는 비교적 낮은 지점에서도 주거유적이 발견되고 있어 현재의 부여 시가지 내의 활용 공간보다 오히려 더 넓었을 가능성이 높다. 구체적인 거주 공간의 배치나 계층별 거주지의 규모 등에 대해서는 아직 미심한 부분이 적지 않다. 관북리(官北里) 추정왕궁지에서 확인된 113.1×95.5m

구획(朴淳發 2000a)을 기본구획으로 할 때 군수리(軍守里) 지점의 단위 가옥 부지(朴淳發 외 2003)는 그 16분의 1에 해당되며 이를 최소단위구획으로 이해(李亨源 2003)하기도 한다. 이러한 단위 가옥의 부지가 가지고 있는 정형성으로 미루어 당시 일정한 택지 반급(班給) 기준이 설정되어 있었을 가능성이 있는데, 관북리 구획의 규모는 일본의 후지와라경(藤原京) 1정(町)과 비슷하다는 지적(山本孝文 2005)도 있다. 군수리 지점 가옥 규모는 능산리의 나성 내부 유적 등에서 확인되는 것과 비슷한 크기여서 당시의 단위소구획으로 볼 수 있을 것 같으나 이보다 더 작은 규모의 한 변 5m 내외의 방형 주거지만으로 구성된 가옥도 없지 않아 이러한 단위소구획이 하층민 주거지의 규모라 하기는 어렵다. 이와 관련해 군수리 소구획 중급관료의 위상을 가진 자의 가옥으로 보기도 한다(山本孝文 2005). 군수리 단위 가옥 규모를 기준으로 할 경우 『주서(周書)』 백제전에 기록된 사비도성의 인구 규모인 "도성의 만여가(都下萬餘家)" 정도는 대략 나성 내부에 수용 가능할 것(朴淳發 2005e)으로 본다.

문헌사료나 목간 등의 자료로 보아 나성 내부의 도성지역은 5부로 편제하고 각 부는 다시 5항으로 세분되었을 것으로 판단되나 5부의 위치 비정이나 구체적인 규모에 대해서는 아직 자세하지 않다. 이에 대해서는 III절에서 다시 후술할 것이다.

2. 사비도성 분묘역의 분포

사비도성을 둘러싸고 있는 현재의 부여읍 일원에는 40여 개 지점에서 분묘역이 확인된다. 그 가운데 가장 높은 밀집도를 보이는 것은 동나성으로부터 약 5km 이내의 지역으로서 분포 지점 수 기준 약

80%가 이 일대에 집중되어 있다(도 4-II-1 참조).

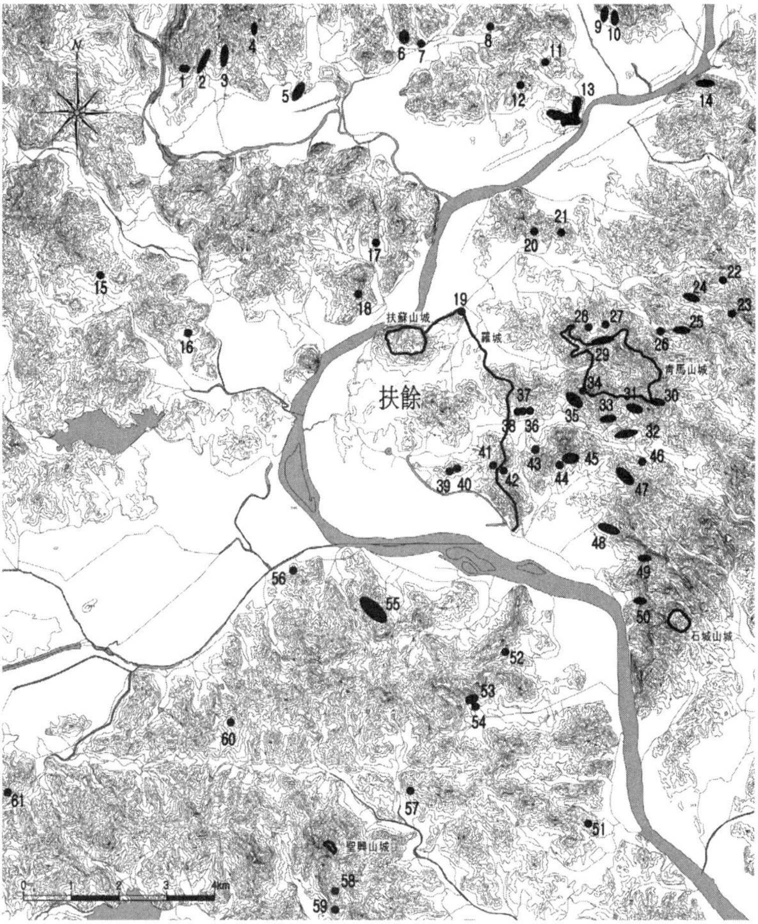

〈도 4-Ⅱ-1〉 사비도성 주변 분묘군 분포

백마강 건너 서쪽에서 발견된 분묘역은 동나성 외부에 비해 현저하게 낮은 밀도를 보이고 있을 뿐 아니라 거리상으로도 동나성 외부 묘역들보다 멀기 때문에 도성 거주민들의 묘역으로 보기 어렵다. 그러나 선행묘제가 없는 점에서 원삼국시대 이래 지속된 토착세력의 묘역은 아니다. 사비 천도 이후 도성 주변에 거주하게 된 지역 주민들의 묘역으로 이해된다.

동나성 외부의 묘역들은 천도 이전부터 지속된 토착세력의 분묘, 사비시기 나성 외부 거주민들의 지역 분묘, 그리고 도성 거주민들의 분묘 등이 혼재된 것으로 판단된다. 분강·저석리 고분군 및 저석리 고분군(도 4-II-1의 1, 2)은 원삼국시대부터 사비기에 이르는 묘제들이 확인(李南奭 1997b)되어 천도 이전부터 이 지역에 거주하던 토착세력의 분묘역임이 확실하다. 정동리(井洞里) 및 가증리 분묘들은(도 4-II-1의 3~5) 동나성 외부 여타 고분들과 차이를 보이고 있을 뿐 아니라 바로 인접한 곳에 주거유적이(柳基正 외 2005) 분포하고 있어 사비시기 나성 외부 거주민들의 묘역으로 보아도 좋을 것이다. 동나성 외부에 밀집된 고분군 가운데도 도성 내 거주민들 뿐 아니라 외부 거주민들의 묘역이 포함되어 있을 가능성이 있는데, 청마산성(青馬山城) 동쪽에 위치한 일련의 고분군들이 그에 해당될 것으로 보인다. 그리고 석성산성 인근의 고분군은 성흥산성 인근 고분군의 경우와 마찬가지로 산성 주둔 장병의 묘역일 것으로 판단된다.

이들을 제외한 나머지 고분군은 도성 거주민들의 묘역으로 볼 수 있을 것인데, 현재까지 확인된 자료로 볼 때 왕 및 왕실, 귀족·관료, 사서인 등 계층별로 묘역을 달리하고 있었을 가능성이 높다. 동나성에 인접한 능산리 고분군은 왕 및 왕족의 묘역으로 보아 틀림이 없다.

사비기의 묘제와 관등 사이의 대응관계에 대한 검토 결과(山本孝文 2002)에 의하면 능산리 고분군에 인접하고 있는 능산리동고분군 역시 왕실의 묘역으로 볼 수 있다. 이들 왕실 묘역으로부터 조금 더 동쪽으로 떨어진 곳에 위치하는 능산리 능안골 고분군에서는 이른바 능산리규격의 석실묘, 즉 치석된 판석으로 만들고 현실의 평면이 250×125cm 내외의 석실로 된 것과 함께 은화관식이 부장된 무덤이 포함되어 있어 고급 귀족·관료들의 묘역일 것으로 보인다. 이와 관련해 사비기의 분묘 축조에 일정한 규정이 있었을 것으로 보고 그 내용을 복원한 연구(山本孝文 2005)도 있다. 그에 따르면 왕족 이상은 판석으로 치석된 능산리규격 이상의 석실을 사용하고, 1~3품 귀족·관료는 다듬은 덩어리 돌로 만든 능산리규격의 석실을 축조한다. 4품~11품은 능산리규격 이하의 석실묘를 다듬거나 자연상태의 돌로 만들고 그 이하는 자연석으로 된 석곽을 사용하는 것으로 보고 있다. 최근 발굴조사된 염창리 고분군(李南奭 외 2003)은 300여기로 구성되어 있는데, 그 가운데 능산리규격 석실은 약 20기에 지나지 않으며, 치석된 능산리규격 석실묘는 4기에 불과하여 전술한 능산리 능안골 고분군과는 차이를 보여 중·하급 관료의 묘역으로 볼 수 있으며, 나머지 능산리 능안골1 고분군, 능산리 오살미 고분군, 능산리 깨방죽골 고분군, 능산리 산막골 고분군, 능산리 체마소 고분군, 염창리 군돌골 고분군, 염창리 상염 고분군, 청마산성 고분군 등도 도성 거주민들의 묘역으로 추정되고 있다(山本孝文 2005).

이상 살펴본 바와 같이 사비시기에는 왕을 비롯한 모든 도성 거주민의 묘역이 나성의 외부에 위치하고 있음을 알 수 있다. 앞의 제 2장 및 3장에서 이미 살펴보았던 것처럼 나성이 없었던 한성기와 웅진기에도 거주역과 묘역이 일정하게 구분되고 있었을 가능성은 배제하기 어려운데, 아래에서는 거주역과 묘역의 관계에 대해 살펴보기로 한다.

3. 도시적 집주역의 성립과 나성

한성기에서 사비기에 이르는 백제 도성의 묘역과 거주역의 변천 과정에서 흥미로운 점이 관찰되는데, 성내와 성외로 분산되어 있던 거주역이 점차 통합되어 사비기에 오면 모두 성내, 즉 나성 내부로 집주되는 경향이 나타난다는 점이다.

제2장에서 본 바와 같이 한성기에는 풍납토성·몽촌토성 내부는 물론이고 성외에도 거주역이 있었음이 확인되었다. 성 내외 거주민 사이의 계층적인 관계 등에 대해서는 추정할 만한 자료가 없지만, 중국 도시국가의 특징 가운데 하나는 국(國), 즉 성내에는 왕과 귀족 등 통치계층이 야(野), 즉 성 밖에는 피지배계층인 민(民)이 거주한다는 이른바 국과 야의 구분이 있었던 점을 감안하면, 성의 바깥에 일반민이 거주하였을 것으로 볼 수 있다.

앞의 제 3장에서 자세히 살펴본 바와 같이 웅진기에는 왕궁의 소재를 특정하기 어려워 왕을 비롯한 지배집단의 거주역에 대한 구체적인 파악이 쉽지 않다. 현재의 공주 시가지로 볼 수밖에 없는 왕도에 일어난 홍수로 인해 200여 채의 민가가 표몰되었다는 『삼국사기』의 기사 내용으로 미루어 도성 내에 민가가 함께 포함되어 있음을 짐작할 수 있다. 도성의 거주역의 범위를 명확히 알 수는 없지만, 분묘역의 분포로 볼 때 현재의 공주 시가지가 그에 해당될 것임은 짐작하기 어렵지 않았다.

사비기에는 도시 공간의 경계로서 나성이 등장하고, 도성 거주민은 5부로 편제되어 지배자집단과 함께 같은 도시 공간에 집주하는 형태로 나타난다. 이러한 형태의 도시적 집주는 국가 운영에 필요한 도성내의 인적 구성이 이전 시대와는 달라진 결과일 것이다. 이러한 관점에서 보면 한성기이래 도성 내부 거주 일반민의 규모는 점차 확대되어 왔음을 알 수 있다. 그 뿐 아니라 도시 공간 바깥, 즉 나성 외부에도 다수의 일반인들이 거주하고 있었다. 전술한 분묘역의 분포를 통해서도 짐작할 수 있지만, 실제로 능산리 동나성 외부에서 경작지와 함께 주거지가 확인된 바 있어 그러한 추정을 뒷받침한다.

성외 거주민들의 성내로의 집주 현상은 중국에서도 확인되어 흥미롭다. 대체로 서주대까지는 일반민의 거주구역이 성벽으로 상징되는 도시의 경계 내외에 산재하다가 동주대 이후에는 성내로 집중되면서 도시와 촌락의 경계가 분명해지고 있다(俞偉超 1985). 이러한 변화는 국가의 민에 대한 보다 강력한 장악의 필요성에 기인된 것으로 보고 있다. 백제 도성 거주역의 변화는 결국 백제의 국가의 집권력 확대와 민에 대한 통제력 강화와 맞물려 나타나는 현상으로 이해할 수 있을 것이다.

다음, 도성의 묘역에서 관찰되는 피장자 집단의 계층별 공간 차별성의 증가 현상이다. 한성기의 도성 거주민의 중심 묘역인 석촌동 고분군에는 왕을 비롯한 다양한 계층의 피장자가 혼재하고 있는 것으로 볼 수 있다. 물론 시기적인 선후관계에 따른 층위적 중복의 결과로 인해 계층별 공간 차별성이 잘 인식되지 않았기 때문일 수도 있으나, 이후의 시기에 비하면 뚜렷하지 않는 것이 사실이다. 웅진기 이후에는 계층별 묘역이 서로 지역을 달리하여 나타나고 있기 때문이다. 이러한 현상은 일견 거주역의 통합 현상과 대비되고 있어 흥미롭다. 거주역이 분산되어 있던 한성기에는 묘역에서의 계층별 구분이 상대적으로 미약한 데 비해 거주역이 도성 내로 통합되면서 묘역에서의 계층별 구분이 뚜렷해지고 있는 것이다. 이러한 현상의 배경이나 의미에 대해서는 장차 다각도로 검토되어야 할 것이나 묘역에서의 계층별 구분의 심화현상은 혈연 등에 기초한 공동체성의 소멸과 그에 반비례한 국가에 의한 민에 대한 일원적 지배의 증가 현상과 관련되지 않을까 한다.

마지막으로, 나성 축조의 의미에 대한 것이다. 사비도성에 있어서 나성의 기능은 여러 측면에서 살필 수 있을 것이나, 그간 주로 도성 공간의 군사적 방어의 필요성에 주목하는 입장이 우세하였다. 그러한 측면을 무시할 수 없으며, 백마강이 자연적인 방어선 역할을 하는 서쪽에 나성이 없는 점 등은 나성이 가지는 도성 방어적 기능을 알 수 있게 한다. 그러나 백제 도성의 거주역과 묘역의 분포에 나타나는 도성 내 거주역의 통합이라는 관점으로 보면 나성은 도시적 집주역의 경계로서의 중요한 상징적 기능을 가진 것으로 볼 수 있다. 민에 대한 국가의 지배력 강화의 필요성에 따라 다수의 일반민을 도성 내에 도시적 집주형태로 수용하고 그 경계를 성벽의 형태로 가시화한 것이 바로 나성이라는 것이다. 이러한 의미에서 백제의 도성에 나성이 등장한 것은 백제의 고대국가 성장의 중요한 획기를 의미한다고 할 수 있을 것이다. 고구려의 평양 장안성(長安城)의 축조도 이와 같은 맥락으로 이해될 수 있지 않을까 한다.

4. 사비나성의 구조

(1) 평면형태

사비도성의 경관에 있어서 나성의 모습은 『구당서(舊唐書)』소정방전(蘇定方傳)에 기록된 도성 진공(進攻) 과정에[12] 잘 나타난다. '입곽(入郭)', 즉 나성을 통과한 다음 '위성(圍城)', 즉, 일단 유사시 왕이 대피할 수 있는 배후 산성인 부소산성을 포위하였다는 공략 과정을 보면 사비도성은 내성외곽(內城外郭)의 구조임을 알 수 있다.

사비도성의 중요한 외곽으로서 나성의 평면 형태에 대한 문헌기록은 『동국여지승람』 부여현 고적조[13]에 보이는데, 그 내용을 보면

---

12 賊傾國來拒. 大戰破之. 殺虜萬余人. 追奔入郭. 其王義慈及太子隆奔于北境. 定方進圍其城.

13 半月城 石築. 周一萬三千六尺. 卽古百濟都城也. 抱扶蘇山 而築兩頭抵白馬江. 形如半月故名.

다음과 같다.

> "반월성(半月城)은 석축으로 길이는 13,006척인데 곧 옛 백제의 도성이다. 부소산을 안고 축조되어 그 양끝은 백마강에 이른다. 형상이 반월과 같으므로 그렇게 부른다."

조선 전기 당시 반월성이라고도 불렀던 나성의 총 연장은 1만 3천 6尺인데, 『경국대전(經國大典)』의 포백척(布帛尺)의 1척이 0.468m로 환산되므로 6.086km가 된다. 『대동지지(大東地志)』 부여 성지(城池)조 또한 『동국여지승람』의 내용과 거의 같으나, "지금 토축의 유지가 있다(今有土築遺址)"라 하고 있어 성벽을 토축으로 인식한 점 점이 다르다. 시간의 경과와 더불어 석축 부분이 퇴락하여 토축으로 보였던 때문으로 이해되지만, 나성의 평면 형태는 역시 백마강이 있는 서쪽에는 성벽이 없고 동쪽과 북쪽에만 있어 반월형으로 인식하고 있음은 변함이 없다.

1915년 세키노 데이(關野貞)는 부여를 처음 방문하여 사비도성을 '부여반월성(扶餘半月城)'이라 명명하고 그 구조에 대해 다음과 같이 기술하고 있다(關野 貞 1915).

> "도성은 서에서 남에 걸쳐 만류하는 금강을 자연 참호로 하고, 남에서 동에 대해서는 기복이 있는 산을 천혜의 장벽으로 하였는데, 산봉우리를 이어서 토축의 성벽을 쌓아 금강의 흐름과 서로 응하게 하였다. (중략) 이 성벽은 원의 한쪽과 같이 반월상을 하고 있기에 이를 반월성이라 하였다. (중략) 원래 조선식의 성은 모두 산성으로서, 시가지까지 성벽으로 두르는 것은 없었다. 고구려, 신라, 임나도 모두 그러하다. 백제에도 공주의 산성이 그러하였으나 여기 부여의 도성은 부소산성을 둔 것 외에도 금강과 외곽의 성벽으로 둘러싸고 있다. 이처럼 성벽으로서 시가까지 둘러싼 것은 필경 중국의 성제를 모방한 것으로서, 조선식의 산성과 중국의 시가지 포위식과 절충한 것에서 나온 것이다. (중략) 결국 산하지형을 이용하여 견고한 요해로 만드는 진보한 성제를 만들어 낸 것은 조선에서는 여기 반월

성이 처음으로서, 그후 고구려의 장안성(아마도 지금의 평양)도 이것에 흡사한 성곽을 만들었다. 금강은 지금도 하천 폭이 넓어 걸어 건너기가 불가능하나 옛날은 더욱이 한층 넓고 깊었음에 틀림없다.”

세키노가 사비성을 ‘부여반월성’이라 부른 것은 전술한『동국여지승람』이래의 기록 내용을 참고한 것인지는 알 수 없으나 <도 4-II-2>와 같이 나성의 평면형을 최초로 지형도상에 표시하고 있는데, 이는 후술할 최근의 조사 결과와 정확히 일치되는 내용일 뿐 아니라 그러한 나성이 내포하고 있는 도성사적 의미 부여도 적확하다. 다만, 부소산성의 구조에 대해서는 발굴조사를 통해 밝혀진 최근의 내용과 달리 지표관찰 그대로 복곽(複郭)으로 이해하고 있는 것은 지표 조사에 의존한 자료상 한계이다. 1959년 부여를 견학한 오카자키(岡崎 敬)의 여행기(岡崎 敬 1972)에 수록된 도면에도 부소산성에서 북으로 연결되는 북나성과 남으로 염창리에 이어지는 동나성이 만이 표시되어 있어 조선시대 이래의 그것과 같이 반월형으로 이해하고 있음을 알 수 있다.

이와 같은 나성 평면 형태에 대한 이해가 변화되는 계기는 1978년도에 백제고도 정비계획의 일환으로 작성된 문건(忠南大學校 百濟研究所 1978)이었던 것으로 보인다. 그 내용은 성주탁의 논문(成周鐸 1982)에 소개되어 있는데, 거기에는 서나성을 부소산성 서쪽-유스호스텔-관북리-구교리-유수지-동남리-군수리-성말리까지로 표시하고 있다. 그 이후 지표조사를 내용을 근거로 서나성은 물론 나아가 남나성도 남아 있다는 주장이 제기(洪再善 1981) 되기에 이른다. 나성 평면 구조에 대한 이러한 인식은 1999~2000년에 걸친 국도 4호선 공사에 수반된 이른바 ‘서나성’ 통과 지점에 대한 발굴조사(朴淳發 외 2003) 및 2000년 부여군의 의뢰에 의해 실시된 사비나성 정밀지표조사 결과(朴淳發·成正鏞 2000a)가 학계에 공표되기 전까지는 국내외 연구자들에 의해 널리 받아들여지고 있었다.

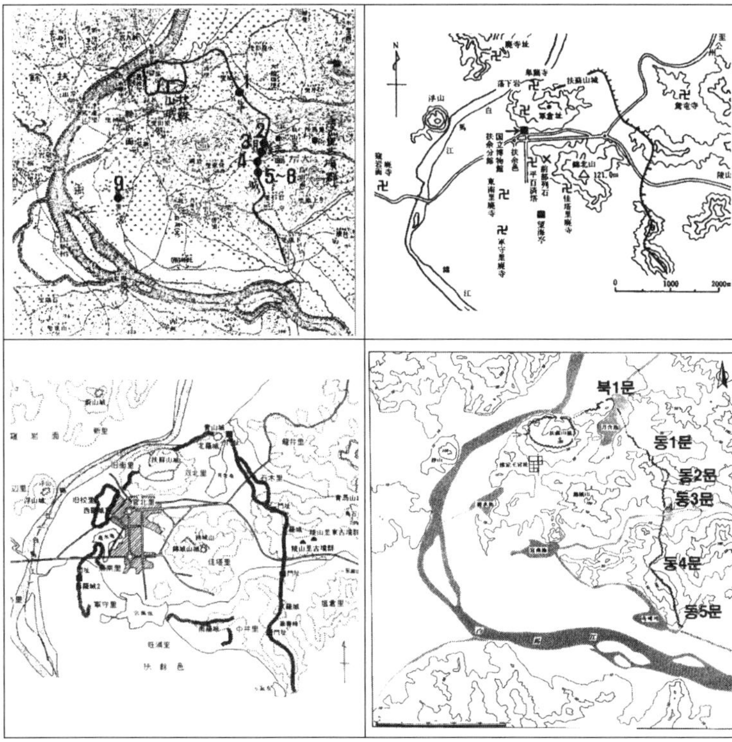

〈도 4-Ⅲ-2〉 나성 평면 구조 인식의 변천
(좌상 : 關野 貞 1915, 우상 : 岡崎 敬 1972, 좌하 : 洪再善 1981, 우하 : 朴淳發 2002b)

종래 서나성이 통과할 것으로 추정된 지점의 발굴조사 결과 나성의 흔적이 없었으며, 본래 그 일대는 백마강의 자연제방에 해당되는 것으로서 조선시대 이래 제방이 축조되어 있을 뿐이었다. 이와 함께 구드레 둔치에 대한 시굴조사 시에는 현재의 제방 바깥지점에서 백제시대의 기와 건물지가 드러나고 강변 쪽으로는 당시의 경작지가 확인되어(朴淳發·成正鏞 2000a) 나성의 존재 가능성은 극히 희박한 것으로 밝혀졌다. 이는 '서나성 통과지점'으로 지목되어 발굴조사된 군수리 지점의 강변 쪽에서 마찬가지였다. 밭으로 판단되는 당시의 경작지가 전개될 뿐 나성과 같은 성벽은 물론이고 목책 등의 방어시설도 확인할 수 없었다. 이러한 조사 결과는 방어의 필요성에서가 아니더라도 홍수에 대비한 방수제(防水堤)의 필요에 따라 서나성이 축조되었을 것으로 추정해 온 종래의 견해(田中俊明 1990 ; 1997)와도 부합되지 않는다. 서·남지역은 자연지형 그 자체가 대략 표고 10m 이상 가량의 미고지가 마치 제방처럼 백마강변을 따라 발달되어 있어 홍수피해에 상시 노출된 지역은 아니었을 것으로 생각된다. 이는 지금도 제방 바깥에 지역에서 시설 원예 농경이 광범위하게 이루어지고 있는 점에서도 짐작하기 어렵지 않지만, 전술한 바와 같이 구드레 지점의 현 제방 바깥 둔치에서 추정 기와 건물지와 더불어 밭으로 추정되는 경작지면이 확인된 사실 등에서 확인할 수 있다. 사실, 사비기 동안의 홍수피해를 전하는 기록은 『삼국사기』 무왕 13(612)년 5월의 한 차례밖에 보이지 않아 그러한 추정을 뒷받침한다.

필자는 1999년도 나성 각 지점에 대한 답사결과를 토대로 부소산성 서쪽에서 구드레로 이어지는 일부구간의 나성 존재를 상정한 바(朴淳發 2000b) 있으나, 이 부분에 대해서는 정밀한 시굴조사의 필요성이 남아 있다. 이 지점에서 나성의 흔적이 확인된다면 서나성은 부소산성과 연결되는 일부에만 존재하는 것이 되겠지만, 이를 제외하고 현재까지 확인된 사비나성의 평면구조 및 규모는 부소산성-청산성 구간의 북나성 0.9km, 청산성-석목리-염창리에 이르는 구간의 동나성 5.4km 등 총 6.3km로 밝혀졌는데, 이는 이전의 나성 총 연장 8km와는 많은 차이가 있는 것으로서 전술한 바 있는 『동국여지승람』의 6.086km와 대체로 일치된다. 그 구체적인 평면형태는 <도 4-II-2>와 같다.

〈도 4-Ⅱ-3〉 사비나성 동 3문지 부근 상상 복원도(최경환 원도)

나성에는 모두 5개의 문지가 확인되었다. 부소산성에서 청산성에 이르는 북나성 구간에 1개소(북 1문이라 함), 청산성에서 능산리를 거쳐 염창리의 '하염'마을에 이르는 동나성 구간에 4개소(북쪽으로부터 남쪽으로 각각 동 1~동 4문으로 함) 등이 그것이다. 북 1문은 청산성의 문지와 같은 것이며, 석목리 지점의 동 1문에는 자연지형을 이용한 옹성 혹은 적대(敵臺)가 설치되어 있다. 동 2문은 능산리 뒷산의 정상부 부근에 위치한다. 동 3문은 부여-논산을 연결하는 국도 4호선이 통과하는 지점으로서 발굴조사를 통해 문지가 확인된 바 있다. 동 4문은 중정리에서 염창리로 이어지는 속칭 '군들고개' 지점이며, 동 5문은 동나성이 끝나는 지점인 염창 2리 '하염'마을에 해당한다(도 4-II-2의 우하 참조).

그리고 동나성과 왕포천이 교차되는 지점을 중심으로 약 500m에 이르는 저지대 구간에는 해자가 설치되어 있었던 것으로 추정되며, 왕포천을 횡단하는 성벽부분에는 석교(石橋)가 축조되어 있었던 것으로 판단되는데(도 4-II-3 참조), 2000년도 발굴조사 시에 이 부분에서 석교의 부재로 추정되는 팔각형의 석주를 비롯한 다량의 석재가 출토된 바 있다.

나성과 더불어 사비도성을 구성하는 주요 구조물 가운데 하나가 부소산성이다. 부소산성지역에 대한 최초의 조사는 일제강점기인 1942년 9~12월 '서복사지(西腹寺址)'로 알려진 폐사지에 대한 발굴조사였다. 1980년 이에 대한 재조사가 시작으로 하여 2001년까지 모두 25차례의 발굴조사[14]가 이루어져 백제시대 부소산성의 구조 및 축조기법에 대한 대체적인 파악은 가능하게 되었다. 뒤에서 살펴볼 나성의 축조기법과 달리 순수한 판축토성임이 확인되었다. 부소산성의 지세는 대략 남쪽의 표고 106m의 정상부에서 분기된 3개의 북향 지맥으로 이루어져 있는데, 본장의 I 절에서 이미 본 바와 같이 사비기의 성벽은 계곡부를 크게 감싼 포곡식을 이루고 있다.

(2) 사비나성의 축조 기법

나성의 축조 기법을 보면, 기본적으로 성 내측의 토축 내탁부(內托部)와 외측의 석축 성벽으로 구성되어 있는 점은 동일하지만 성벽 통과 지점의 지반의 견고한 정도에 따라 기초 공법 상에 차이가 있다(도 4-II-4 참조).

---

14 총 25회 조사 가운데 구제조사는 1991년도 사비루 광장 동남쪽 건물지 조사, 1991년 남문지 서측 백제 치성 조사, 1994년도 사비루 남측 백제 성벽조사 등 3건(이상 國立扶餘文化財研究所 1999a)이고 나머지는 모두 정비복원을 위한 연차적인 학술조사이다. 각 연도별 조사지점 내역은 다음과 같다.
1980년 : 폐사지 지점, 1981·1982년 : 군창지 지점, 1983·1984·1985년 : 추정 서문지 일대, 1986·1987년 : 남문지 조사(이상 國立文化財研究所 1996). 1988·1989·1990·1991년 : 동문지 조사(이상 扶餘文化財研究所 1995). 1992·1993·1994·1995년 : 군창지 일대 및 테뫼식 산성 성벽조사(이상 國立扶餘文化財研究所 1997). 1996·1997 : 사비루 동남편 성벽 및 건물지 조사(이상 國立扶餘文化財研究所 1999b). 1998년 : 북문지 서측 성벽조사, 1999년 : 남문지 서측 백제 치성부분 조사, 2000·2001년 : 북문지 동측 성벽내부 지점 조사(이상 보고서 미간).

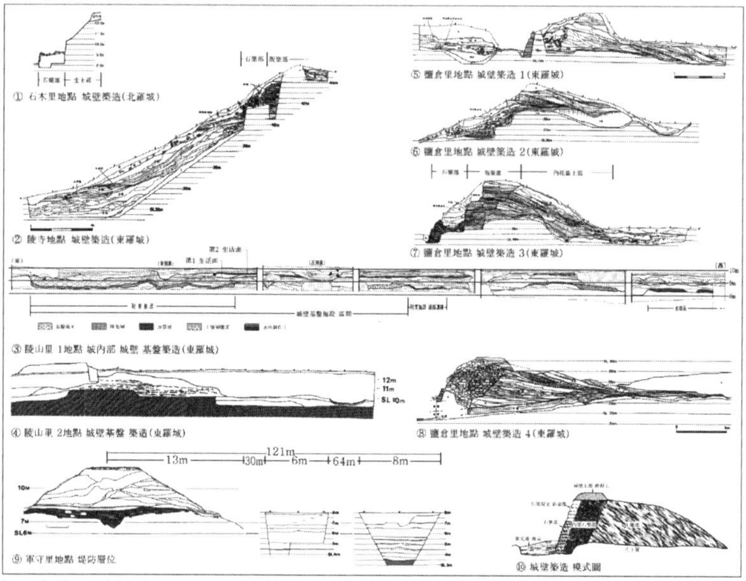

〈도 4-Ⅱ-4〉 사비나성의 축조기법

동나성 능산리 지점으로 대표되는 저지대 통과 부분에서는 다양한 연약지반 처리공법이 확인되었는데, 나뭇가지와 잎을 일정한 간격으로 깔아 지반의 부동침하를 방지하는 지엽부설(枝葉敷設) 혹은 부엽(敷葉) 공법이 있다. 현대의 토목공법에서 압밀침하배수공법(壓密沈下排水工法)으로 부르는 이 공법은 5세기 말~6세기 초 무렵 일본열도로 전래되어 오오사카 가와치(河內) 일대의 저습지 개발을 주도한 한반도계의 대표적인 토목기술이 되며, 7세기 후반에 축조된 후쿠오카시(福岡市) 다자이후(大宰府) 미즈키(水城)의 기초 공법으로 등장하기도 한다(小山田宏一 2009). 이와 더불어 성벽의 양단부에 일정한 간격으로 말뚝을 박아 가장자리의 붕락을 방지하기 위한 무리말뚝 공법도 확인된다. 이 공법은 능산리지점 이외에 청산성 남쪽의 저지대 통과 성벽 등에서도 확인된다.

그리고 저지대의 일부지점에서는 성벽 내측에 다시 나무 울타리 모양의 구조물(柵)을 성벽과 나란히 설치한 다음 그 내측의 일정한 범위에 걸쳐 지엽부설 성토함으로써 성벽 본체를 견고히 지지할 수 있도록 한 공법도 확인되었다. 이 공법이 확인된 지점은 나성이 왕포천과 교차되는 곳이어서 유수에 의해 성벽에 가해지는 압력에 대비하기 위한 조치였던 것으로 이해된다. 이와 동일한 공법의 예는 10세기 후반경 해안 방조제 축조 기초 공정에 적용된 것으로서 일본의 효고현(兵庫縣) 오카야마시(岡山市) 요네다(米田) 햐켄가와(百間川) 유적에서 확인된 바 있다(小山田宏一 2002).

지반이 비교적 견고한 산지나 구릉지역을 통과하는 부분에는 먼저 성벽이 지나가게 될 부분의 내측을 성토하여 내탁부를 만든 다음 다시 그 외부의 폭 약 4m 가량 되는 부분에는 할석이나 다듬은 돌로 석축성벽을 쌓아 마감하는 방식이 적용되었다(朴淳發·董寶璟·山本孝文 2002). 이러한 축성법은 그 이전에는 잘 알려지지 않았던 것이지만 2001년도에 조사된 사비시기의 산성인 대전의 월평동(月坪洞) 산성에서도 동일한 기법이 확인됨에 따라 사비시기 백제의 독특한 축성법으로 자리 잡게 된다. 이 공법의 석축 성체(城體)에 대해 종래 호성석축(護城石築)이라는 용어로 표현하기도 하였으나(尹武炳 1994), 토축부 자체가 성벽이 아니라 성벽의 주체부는 오히려 석축부이므로 적절한 표현이 아니다. 한편, 최근 이와 같은 나성의 축조 방식을 먼저 토축성을 만든 다음 일정한 시간이 경과한 후 석축부분이 더해진 것으로 이해하는 주장(朴泰祐 2007)도 있으나, 앞의 제3장에서 본 바와 같이 501년에 축조된 성흥산성에서 이미 그러한 축성법이 분명히 확인되어 성립되기 어렵다. 나성 축조에 적용된 토축 내탁+석축 성채의 독특한 축성법은 성흥산성 축조 시점인 6세기 초에 처음으로 등장하여 이후 사비시기 동안 정착되었던 것으로 판

단된다. 이로써 성흥산성과 동일한 기법으로 축조한 사비나성의 축조 시기가 웅진기로 소급될 수 있는 가능성을 확보하게 된 것이다. 이러한 축성법은 백제의 유민들의 기술 지도에 의해 축성된 일본의 오노죠(大野城)는 물론이고 기노죠(鬼ノ城) 등의 그 밖의 이른바 조선식(朝鮮式) 산성에도 적용되었다(사진 4-Ⅲ-1 참조).

〈사진 4-Ⅲ-1〉 오카야마시 기노죠 성벽 단면 모습

Ⅲ. 사비도성의 도시 구조

1. 도로 구획

나성 내부 공간구조는 문헌사료 및 최근까지 알려진 고고학자료에 의해 5부로 구분 편제되어 있었으며, 각 부는 다시 5개의 항으로 구성되어 있었다. 궁남지 출토 목간의 "서부서후항(西部後巷)" 등의 표현으로 보아 5부의 명칭은 '전·후·상·중·하'와 함께 '동·서·남·북·중' 등의 방위명이 병용되었을 가능성이 있으며, 5항의 명칭 역시 5부의 그것과 마찬가지였을 것으로 이해된다(田中俊明 1997 ; 朴淳發 2000a). 하지만, 사비도성의 도시 공간 구획의 구체적인 모습은 그간 불확실한 점이 많았다.

발굴조사 결과를 토대로 도성 내부의 공간구획의 양상을 파악하고자 하는 노력은 필자에 의해 시도된 바(朴淳發 2000a ; 2003c) 있다. 부소산 남록의 관북리 도로유구, 궁남지 북쪽지점에서 드러난 도로유구, 그리고 군수리 지점에서 확인된 도로유구 등 사비도성 시가지 구획의 편린들을 GPS 측량을 통해 정형성을 파악하고자 노력하였다. 이러한 일련의 작업에 있어서 관북리 부소산 남록의 일대의 발굴조사에서 드러난 연지를 비롯한 도로유구, 건물지 등(尹武炳 1985 ; 1998)은 중요한 실마리가 되었다(도 4-III-1 참조).

국립부여문화재연구소 동쪽에 위치한 부소산 남사면에는 산지와 건물지 조성을 위한 정지면의 경계지점에 동서방향으로 진행하는 석축이 구획되어 있었으며, 이 석축에 직교되는 남북방향으로 폭 8.9m의 남북대로가 확인되었다(사진 4-III-1 참조). 구획 석축에서 남북대로를 따라 약 103m 남쪽지점에 이르러서 이 길은 폭 3.9m의 동서도로와 직교한다. 교차지점에는 남북대로 노변 에 설치된 배수로가 동서도로 아래를 통과하도록 만든 암거가 설치되어 있었다. 한편, 남북대로로부터 동쪽으로 약 86m 떨어진 지점에서 산지와 평탄지를 구획하는 석축에 직교하여 또 다른 남북방향의 도로가 확인되었다. 이 도로의 노폭은 앞의 동서방향의 소도로와 같았다. 각 도로의 구획 기준은 진북을 따른 것으로서 현재의 자북(磁北) 방향과는 약 6° 가량의 편차가 있으며, 도로에 의해 구획된 부분은 동서 86m,

남북 103m의 장방형을 이루고 있다(朴淳發 2000a).

이와 같은 구획이 도성 내부 전체에 걸쳐 실시되었는지 여부에 대해서는 아직 확신하기는 이르나, 1918년도 발행 50,000분의 1 지형도를 관찰해 보면 도로유구가 발견된 관북리 지점 인근에는 몇 개의 구획흔적이 뚜렷이 확인되고 있다. 더욱이 남북대로의 연장선이 도성내 중요사찰의 하나인 정림사지의 현 서측 담장선과 거의 일치되고 있는 점도 도성 내부 공간 구획의 기획성을 시사하고 있다.

관북리에 이어 전술한 바와 같이 궁남지 북쪽지점 및 군수리 지점 등에서도 도로유구가 확인되고, 그 방향이 모두 관북리 지점의 도로유구들과 일치하고 있어 상호 연관이 있는 기획의 결과일 가능성이 높아 졌다. 따라서 이들 각 지점 도로 유구의 위치관계를 도상으로 표현해볼 필요가 있다. 이를 위해 필자는 관북리 지점에서 확인된 구획을 우선 구획 기준으로 상정하고 GPS를 이용해 궁남지 북측 및 군수리지점의 도로유구들의 위치가 이 기준 구획과 여하한 배수(倍數) 관계에 있는지를 알아보았다.

〈사진 4-Ⅲ-1〉 관북리 동서 석축과 남북소로(동에서 서쪽을 봄)

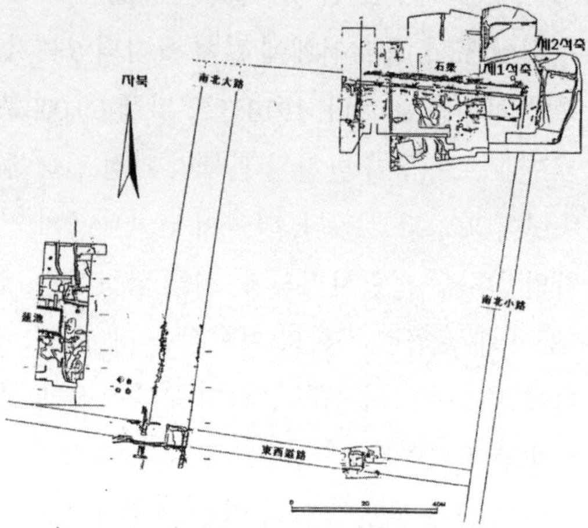

〈도 4-Ⅲ-1〉 관북리 도로유구와 공간 구획

관북리 지점의 폭 8.9m 남북대로와 폭 3.9m의 남북소로 및 동서소로에 의해 구획되는 한 블록의 크기는 각 도로의 중심선을 기준으로 하면 세로 113.1m, 가로 95.5m로 계측되었다. 세로축 방향은 현재의 자북에서 동으로 6.5°편향되어 있다. 구획의 북쪽 끝 지점은 부소산지와 평탄지의 경계지점에 해당되는데, 이 부분과 관련하여 보고서에는 남북소로의 북단 서측에서 동서방향으로 진행하는 석축(제 1석축)과 역시 남북소로의 북단 동편에서 동서방향으로 진행하는 석축(제 2석축) 사이의 거리가 5.2m라 하고 있어(尹武炳 1999) 소로의 도로폭과 측구를 합친 것과 거의 일치된다. 필자는 남북소로 서쪽의 제 1석축과 그 동쪽의 제 2석축 사이의 간격이 곧 이 제 1석축 북단에 위치하게 될 또 다른 동서 소로의 폭에 해당되는 것으로 이해하였다. 그에 따라 관북리 지점의 세로 길이는 제 1석축 남단에서 다시 2.6m 북방으로 통과하는 동서선과 동서도로의 중심선 사이의 거리로 하였다.

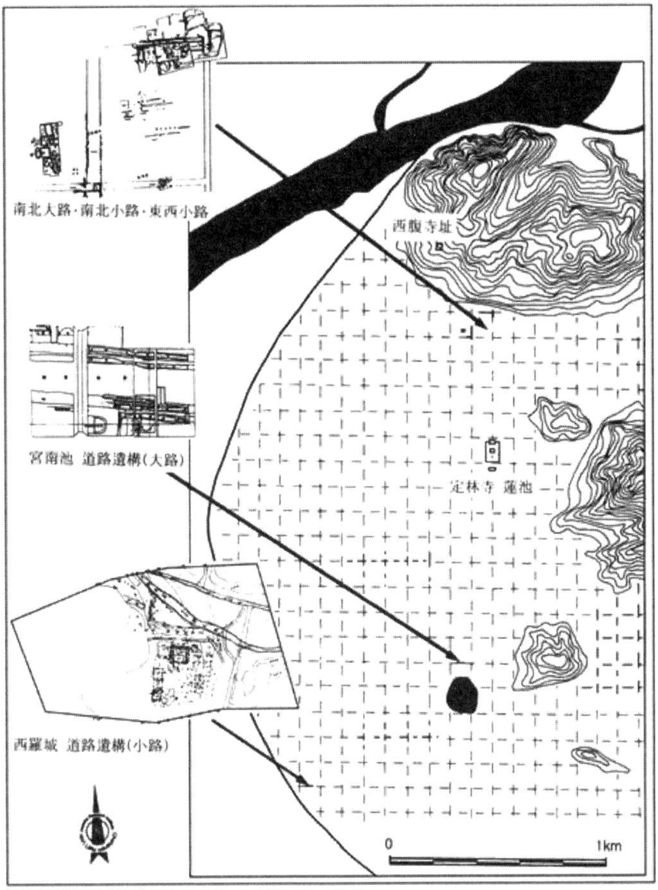

〈도 4-Ⅲ-2〉 관북리 구획과 도로유구의 관계

궁남지 북쪽의 도로유구는 1999~2001년 기간의 조사에서 확인된 것으로, 약 163m 길이의 동서방향의 수로와 함께 다수의 수레바퀴 자국이 많이 남아 있는 도로면 약 45m 가량이 드러났다. 도로의 노면폭은 8~9m이지만 양측의 측구를 합치면 약 10m 가량 된다. 이는 관북리지점의 남북대로와 같은 규모의 동서대로에 해당되는 것이다(國立扶餘文化財硏究所 2001). 현재 노출된 도로의 길이는 45m

정도이지만 전술한 바와 같이 도로의 측면에 굴착된 수로 가운데 북측 수로와 일치되는 수로가 서쪽으로 계속 연장되고 있는 점으로 미루어 이 도로는 동서로 계속 이어지고 있었던 것의 한 부분임을 알 수 있다. 도로면에 남아 있는 수레바퀴 자국의 폭은 대략 120~130cm 가량 되는데, 이는 2002년도 부여군 규암면 노화리 백제시대 수전에서 확인된 바퀴자국의 폭 126cm과 거의 같아 당시 수레의 축간 거리를 짐작할 수 자료가 된다. GPS 측량 결과 궁남지 북쪽 지점 동서대로는 관북리 기준구획에 의해 남쪽 제 14번째, 서쪽 제 2번째에 해당되는 구획의 남단 동서대로로 추정되었다.

군수리 지점의 도구유구는 2000년도 충남대학교 백제연구소에 의해 발굴조사된 것으로서 확인된 도로의 길이는 20m 정도에 불과하지만 도로의 방향이 관북리 지점의 동서소로와 일치되고 측구를 포함한 노폭 역시 5.3m로 거의 같아서 주목되었다(朴淳發 외 2003). GPS 측량 결과 이 도로는 관북리 기준 구획에서 남쪽으로 제 19번째, 서쪽으로 제 9번째에 해당되는 블록의 남단에 위치한 동서소로로 판단되었다. 이러한 점으로 미루어 사비도성 내부의 공간구획은 관북리 지점에서 확인된 단위 구획인 세로 113.1m, 가로 95.5m 크기의 장방형 블록이 기준이 되었을 가능성이 높다(도 4-Ⅲ-2 참조).

그간 이러한 구획이 실제로 전 지역에 걸쳐 시행되었는지에 대해서는 연구자들 사이의 견해가 엇갈리고 있었다. 조방제(條坊制)와 같은 정연한 구획은 시행되지 않았을 것이라는 견해(成周鐸 1982 ; 田中俊明 1997 ; 李炳鎬 2003)가 많았으나, 2004년도 조사한 능산리·가탑리 지점에서도 전술한 바와 같은 구획선에 대체로 일치되는 도로가 확인됨에 따라 같은 구획 기준이 도시 전체에 적용되었을 가능성이 더욱 높아졌다(구기종·이판섭 2005).

능산리·가탑리 지점에서 지금까지 드러난 도로유구의 모습은

<도 4-III-3>과 같은데, 도로의 폭은 계측 지점에 따라 차이가 있어 3~5m 가량 된다. 이러한 노폭은 관북리의 추정왕궁지에서 확인된 소로와 대략 같은 것이다. 도로유구는 최초 개설이후 관리 상태에 따라 측구의 내부가 퇴적토로 충전되거나 홍수 등의 범람에 의해 침식 혹은 퇴적과정을 거치면서 노폭의 변화와 더불어 약간의 평면적인 위치의 변동도 나타나고 있기 때문에 정밀한 비교는 쉽지 않다.

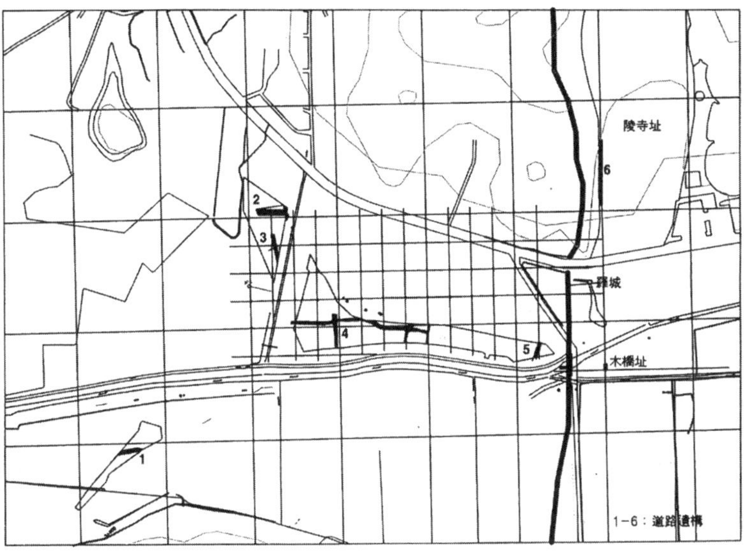

〈도 4-Ⅲ-3〉 능산리 · 가탑리 지점 도로유구

<도 4-III-3>의 큰 격자는 1번 도로유구와 4번 도로유구의 추정 연장선의 교차점을 구하고 그 결과를 전술한 도로유구들의 상호관계를 통해 얻은 수정 관북리 구획의 크기인 113.1×95.5m와 대비하여 근사치를 설정한 구획이다. 그 결과 1번 동서도로와 4번 남북 방향 도로의 연장선에 의해 얻은 교차점의 남북 길이는 117m로 산출되어, 전술한 필자의 기존 관북리 구획의 113.1m와 큰 차이가 없었

다. 서로 멀리 떨어진 지점을 대상을 계측하여 얻은 값이므로 이정도의 오차는 불가피한 것으로 판단된다. 이렇게 하여 <도 4-III-3>의 대형 격자는 남북 117m, 동서 95.5m로 하였다. 현재까지 확인된 자료상으로만 보면 도로의 교차에 의해 얻을 수 있는 공간구획 격자의 남북방향 길이는 대략 113~117m의 범위에 수렴되고 있으나, 동서의 폭은 이 자료상으로는 더 이상 확실한 값을 구하기 어려워 수정 관북리 구획 값을 적용하였다.

한편, <도 4-III-3>의 작은 격자는 대형 격자를 16등분 한 것인데, 그 크기는 전술한 군수리 지점에서 확인된 단위 가옥의 부지 규모인 남북 28.2m, 동서 25.8m와 거의 같다(도 4-III-2 참조). 이러한 단위 가옥 부지 규모는 당시 사비도성 내부의 최소단위구획으로 이해되기도 한다(李亨源 2003). 능산리·가탑리 조사를 통해 현재까지 확인된 바에 의하면 대략 이러한 소격자 마다 벽주건물(壁柱建物)이 1동씩 배치되며, 그 주위에 소로가 개설된 예가 있어 이것이 사비도성 내부의 최소 가옥 부지 면적으로 볼 수 있는 가능성이 더욱 높아 졌다.

그 밖에 2007년도에 각각 조사된 쌍북리 북포(北浦) 유적(忠清文化財研究院 2007a), 쌍북리 현내들 유적(忠清文化財研究院 2007b), 2008년도에 조사된 가탑리 152-11번지 일대(부여군문화재보존센터 2008), 쌍북리 280-5번지(백제문화재연구원 2008), 그리고 2009년도에 조사된 가탑리 가탑들(금강문화유산연구원 2009) 등에서도 도로유구가 확인되어 모두 9개 지점에 달한다(도 4-III-4 참조).

지금까지 확인된 도로들의 방향을 보면 N3~7°E(4개), N84~ 97°E(4개), N330~350°E(3개), N64~77°E(3개) 등으로서 2개의 서로 다른 남북 축선이 확인된다. 즉, N3~7°E군과 N93~97°군은 대체로 직각에 근접하고 있어 동일한 기획축선으로 상정할 수 있으며, 나머지 2군 역시 그러하다. 그리고 도로의 폭은 3m 전후군(3개), 4~5m 전후군(7개),

6~9m군(4개) 등으로 대략 3개의 그룹으로 나눌 수 있으나 등급의 정형성을 파악하기 위해서는 자료의 증가를 기다릴 필요가 있다.

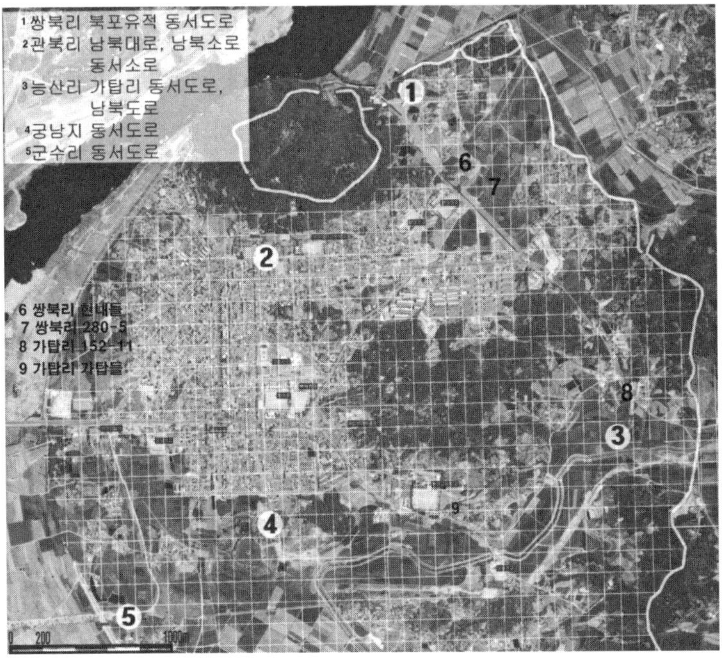

〈도 4-Ⅲ-4〉 사비도성 내 도로유구 발견 지점
(방격 대구획을 표시. 忠淸文化財硏究院 2007a 수정)

5부와 5항의 구체적인 구조에 대해서는 아직 접근하기 어려우나, 능산리·가탑리 지점의 경우처럼 하나의 대구획이 기초 가옥 부지가 되는 소구획 16개로 구성된다고 전제한다면 당시 사비도성 내의 공급 가능한 택지의 규모에 대한 대략적인 추정이 불가능한 것은 아니다. 물론, 대구획 가운데는 왕궁, 관부, 사원, 그리고 귀족 저택 등 일반 사서인 가옥 부지 용도와 다른 것들도 있을 것이다. 『주서』 백제전에 전하는 것처럼 도성 거주 가옥을 1만가라 추정하고, 그러한 가의 규모를 군수리 지점이나 능산리·가탑리 지점의 기초 가옥 부지 정도로 상정한다면 모두 625개의 대구획이 필요하다.

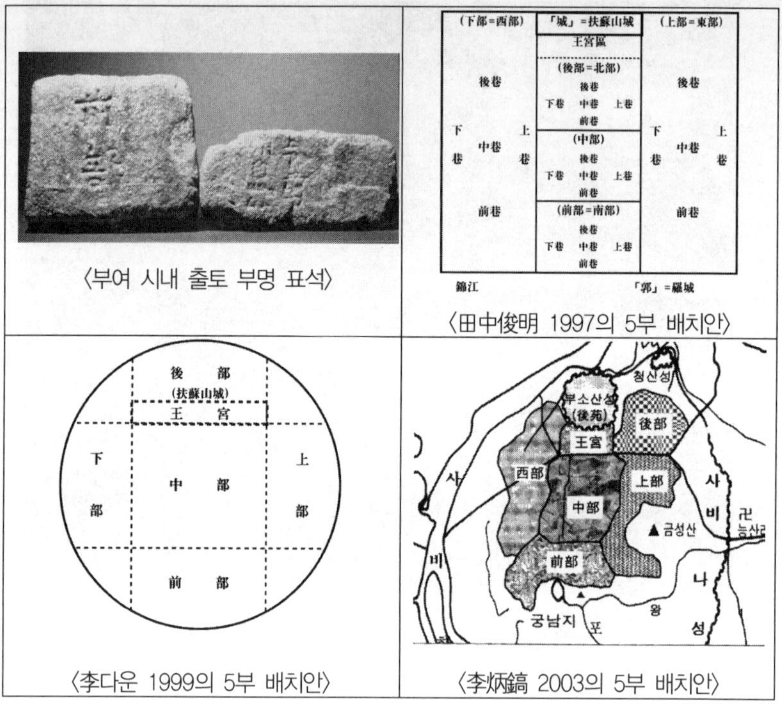

〈부여 시내 출토 부명 표석〉

〈田中俊明 1997의 5부 배치안〉

〈李다운 1999의 5부 배치안〉

〈李炳鎬 2003의 5부 배치안〉

〈도 4-Ⅲ-5〉 사비도성 5부 배치안 비교

사비도성 구획의 기준척의 문제는 현단계에서 접근이 용이하지 않다. 관북리 도로의 노폭에 근거하여 고구려척이 사용되었을 것이라는 견해(尹武炳 1998)가 제기된 이후, 중국 남조척(南朝尺)이 사용되었을 가능성을 제기한 견해(尹善泰 2003), 정림사지 탑부재나 능산리형 횡혈식석실묘의 규격인 25cm 척도의 존재를 지적한 견해(山本孝文 2001), 1척 26.7cm의 고한척(古韓尺)이 쓰였을 것이라는 견해(新井宏 2002) 등이 이어지고 있다. 확정할 만한 단서가 뚜렷하지는 않으나 대략 24~25cm 사이에 해당되는 척도가 적용되었을 가능성도 비교적 높지만 현재까지 알려진 구획이 전술한 어느 척도와도 정수배로 부합되는 것은 아직 없으므로 장차의 과제로 남겨두어야 할 것이다.

5부의 위치 비정과 관련해서는 일찍이 '전부(前部)'명 및 '상부전부천자차이(上部前部川自此以)'명 표석(도 4-III-5 참조) 출토지를 근거로 정림사의 남쪽이 '전부'이고 그 북쪽이 '후부'일 것이라는 주장(成周鐸 1982)이 제시된 이래, 5부의 개념적인 위치를 상정한 견해들(田中俊明 1990 ; 1997 ; 이다운 1999)이 제기되기도 하였으며, 구체적인 위치를 비정하는 견해(李炳鎬 2003)도 있었다(도 4-III-5 참조). 이 문제 역시 현재로서는 구체적인 실마리가 부족하지만, 각 부의 호구수가 서로 크게 다르지 않았다고 전제한다면 부별로 대략 120여개의 대구획이 필요하였을 것으로 보이며, 이 경우 그만한 공간을 수용할 만한 지점은 부소산성과 청산성 사이의 쌍북리·석목리지점, 금성산 동남사면의 능산리·가탑리·왕포리지점, 군수리일대 지점, 동남리·구교리 등을 꼽을 수 있을 것이다.

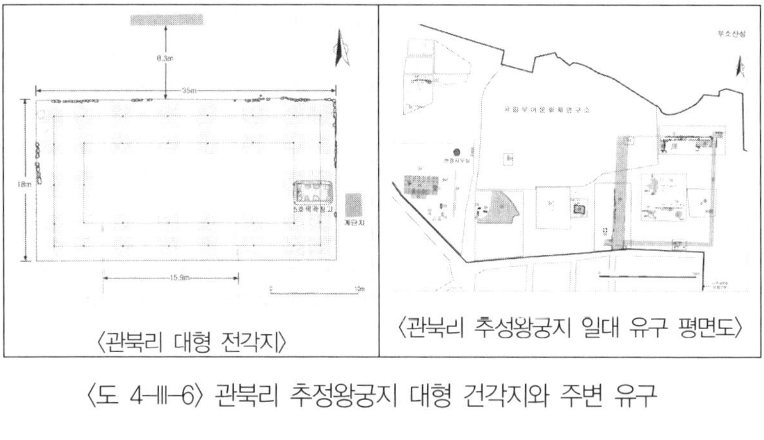

〈관북리 대형 전각지〉 〈관북리 추성왕궁지 일대 유구 평면도〉

〈도 4-Ⅲ-6〉 관북리 추정왕궁지 대형 건각지와 주변 유구

2. 왕궁의 위치와 구조

사비도성의 중심인 왕궁의 위치에 대해서는 일찍이 부소산성 남록의 현 부여연구소일대가 지목되어 왔다(洪思俊 1971 ; 成周鐸 1982). 그 후 관북리 일대에서 연지(蓮池), 도로유구 등이 발견됨에 따라 이러한 견해는 더욱 설득력을 얻게 되었다(尹武炳 1985 ; 1998). 필자 역시 1918년도 발행 지형도상에 관찰되는 구획의 흔적이 왕궁과 같은 특수지역임을 시사하는 것으로 이해한 바 있다(朴淳發 2000a). 2004년 이 일대에 대한 발굴조사 결과 성토대지와 함께 야채 혹은 과일의 저장용으로 추정되는 목곽고 등이 발견되어 왕궁의 지원시설이 있는 공간일 가능성(李炳鎬 2002)을 높였으며, 2005년도에는 가로 35m, 세로 18m의 7칸×4칸의 대형 전각지가 발견되어 그간의 추정을 뒷받침하기에 이르렀다(도 4-III-6 참조). 건물지의 한쪽에는 계단시설과 관련될 것으로 보이는 기초가 있으며, 뒤편에는 건물지와 평행하는 담당지도 일부 확인되어 왕궁의 정전(正殿)급에 손색이 없는 기획성을 갖추고 있다(國立扶餘文化財硏究所 2005).

이 건물지는 기단부를 약 60cm 가량 성토 다짐한 후 초석이 놓일 부분은 다시 방형으로 파낸 후 내부를 견고하게 다져 적심을 만든 이른바 토상(土礫) 적심 방식으로 되어 있다. 이와 동일한 토상 적심은 1993년도 발굴조사된 부여 동남리 대형 건물지, 익산 왕궁유적의 대형 건물지 등에서 잇따라 확인되고 있어 사비기 백제의 대형 건물에 보편적으로 채택된 적심이었음을 알 수 있다. 지금까지 백제의 건물지에서 적심석 방식의 기초는 아직 확인된 바 없어 그러한 추정을 뒷받침한다. 후술하는 바와 같이 기존에 알려진 정림사의 금당지나 회랑지의 적심석은 모두 고려시대의 것으로 밝혀졌다. 이런 점으로 미루어 제3장에서 본 공산성 추정왕궁지 및 임류각의 적심석 건물지는 백제시대의 것이라 할 수 없다.

관북리 대형 건물지의 규모는 전술한 바와 같이 왕궁의 정전급에 해당된다. 일본의 오오미(近江) 오오쯔궁(大津宮)의 정전도 이와 마찬가지인 7×4칸이며, 건물의 크기도 거의 같아 그러한 점을 뒷받침하며, Ⅳ절에서 볼 익산 왕궁유적의 대형 건물지(도 4-Ⅲ-7 참조) 역시 동일한 구조와 규모로 되어 있어 관북리 건물지가 왕궁과 관련된다는 심증을 굳혀주고 있다(金容民 2004 ; 朴淳發 2005c).

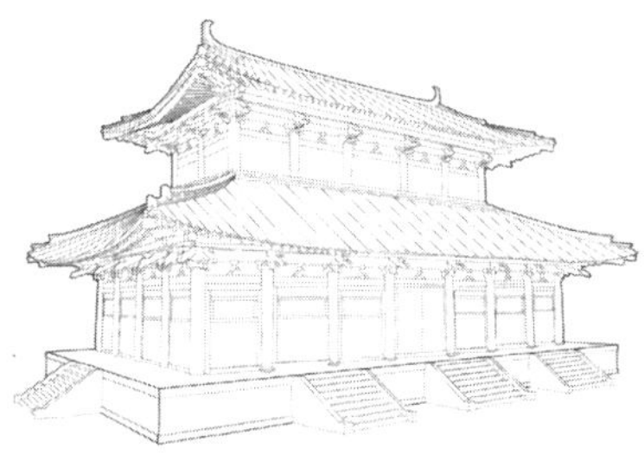

대형 건물지 추정 복원도(김용민 2007)

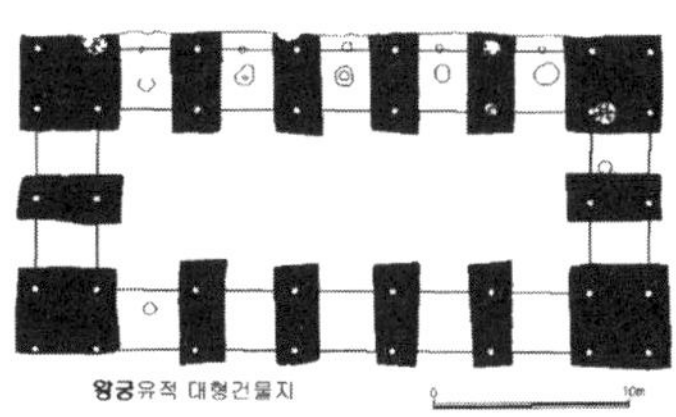

〈도 4-Ⅲ-7〉 익산 왕궁유적의 대형 건물지 및 추정 복원도

그러나 관북리 대형건물지는 인접한 곳에서 그에 걸 맞는 기획성을 갖춘 건물지가 없고 주변에는 전술한 왕궁 지원시설로 추정되는 것들만이 확인되어 이 건물이 왕궁의 중심 건물 가운데 하나일 가능성은 낮다. 건물의 축조 시점 역시 기단토에 혼입된 연화문 와당 등의 형식으로 보아 7세기 이후로 추정되므로 왕궁의 중심부는 이보다 더 남쪽, 즉 지금의 부여 시가지 방면에 위치하고 있을 것으로 판단된다. 그렇다면 현재의 관북리 추정왕궁지 일대는 왕궁의 후궁(后宮)에 해당될 가능성이 높다.

사비시기 왕궁의 평면형태나 구조 등을 추정함에 있어 매우 중요한 자료가 되는 것이 바로 익산 왕궁유적이다. 익산 왕궁유적의 성격이나 동아시아 도성제의 전개상에서 차지하는 위치 등에 대해서는 본장의 제 IV절에서 자세히 검토할 것이지만, 결론부터 말하면 왕궁유적은 사비기의 이궁(離宮)으로서 그 평면형태나 전각 배치 등은 당시 동아시아 고대 도성제를 비교적 충실히 따르고 있다. 그러므로 부여에 위치한 사비도성의 정궁(正宮) 역시 그 규모는 다를지 모르나 기본적인 평면형이나 전각배치 등은 거의 유사하였을 것으로 판단된다. 그러한 점을 고려하여 사비도성 정궁의 대략적인 위치와 평면형을 추정해보면 <도 4-III-8>과 같다. 이러한 추정은 아직 많은 부분이 자료를 통해 검증되어야 함은 물론이지만, 장차 사비도성 정궁을 찾아 가는 데에 있어 하나의 작업가설로서 의미는 가질 것이다.

3. 정림사

(1) 정림사의 위상

정림사는 도성 내에 위치한 국가의 중심 사찰일 것이라는 데에는 대체로 이견이 없다(文東錫 2005 ; 李炳鎬 2007a). 정림사는 발굴조사 결과 저습지를 정지하여 건립한 것으로 이해되고 있는데(李炳鎬 2002), 부지 매립토에 혼입된 삼족토기(도 4-I-4의 26 참조)를 근거로 필자는 538년 이전에 조성 작업이 진행되었을 것으로 본 바(朴淳發 2002b) 있으며, 일제강점기 조사 시 출토된 청자연화준(青瓷蓮花樽) 파편 역시 6세기 전반경으로 비정할 수 있어 그러한 추정을 뒷받침한다(李炳鎬 2007b).

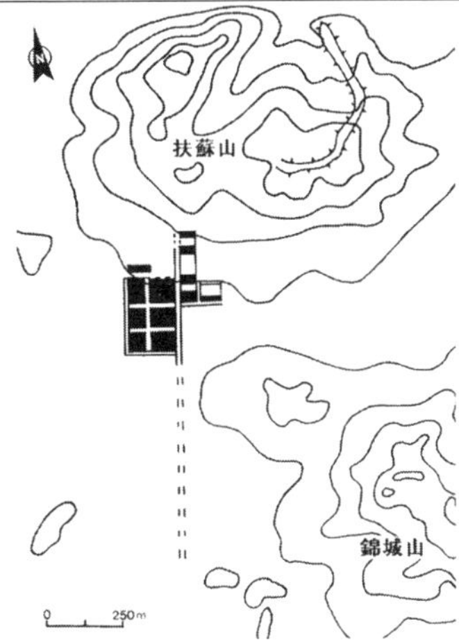

1. 1918년도 지형도 상의 구획 흔적

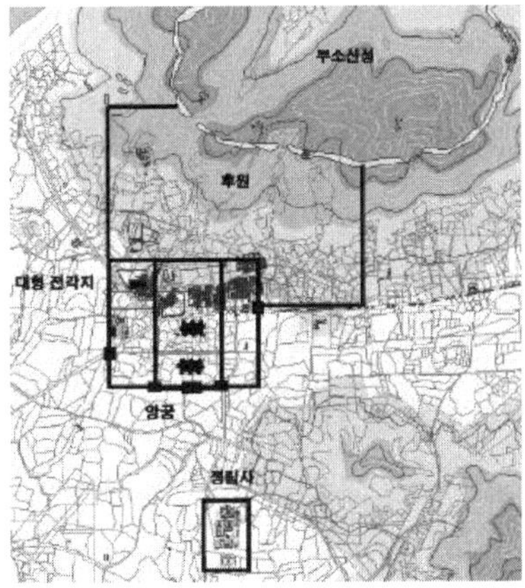

2. 사비도성 추정 왕궁 위치 및 구조 (국립부여문화재연구소 사비도성 지리정도시스템 활용 필자 작성)

〈도 4-Ⅲ-8〉 사비도성 추정왕궁지 부근 구획 흔적과 추정 왕궁 위치 및 구조

정림사 건립을 위해 백제는 541년 성왕이 양에 견사하여 『열반경』 등 경의와 더불어 공장, 화사를 청한 사실 앞서 이미 말한 바와 같으며, 이는 여러 연구자들에 의해 널리 받아들여지고 있다(楊泓 2002 ; 文東錫 2005 ; 李炳鎬 2006). 그러나, 정림사의 완성 시점에 대해서는 541년 견사 무렵에 조영이 완성된 것으로 이해하는 입장(文東錫 2005)과 정림사 목탑 내부 장엄이 시작되는 무렵일 것이라는 입장(李炳鎬 2006)으로 나뉘고 있다. 천도 이전인 534년에도 양에 견사 조공하였던 적이 있는 점으로 보아 천도를 앞두고 정림사를 비롯한 신도성의 주요 기반 시설의 막바지 작업과 관련한 선진 문물 확보에 주력하였던 것으로 이해된다.

정림사와 중국 남조와의 밀접한 관련성은 여러 측면에 걸쳐 이미 지적된 바 있는데, 우선 정림사라는 사명 그 자체가 중국 남조 도성 건강(建康)의 명찰 정림사와 관계있을 것이라는 점을 들 수 있다. 중국에서 개별 사찰에 대한 사명이 등장하는 시점은 대략 진대(晉代) 부터인데, 역대 고승전 및 정사 등에 나타나는 '정림사'는 건강의 종산(鍾山)에 위치한 상·하정림사, 산동(山東) 거현(莒縣)의 정림사 등이 있다(張弓 1997). 거현 정림사는 수대(隋代)에 해당되므로 육조(六朝) 시대의 정림사는 건강 종산의 상·하정림사 뿐이며, 사비도성의 정림사는 분명 건강 종산의 상·하정림사와 관련될 것이다.

종산 정림사는 433년 캐쉬미르에서 온 고승 담마밀다(曇摩密多)가 머물다가 435년 정림사 위쪽에 '상정림사'를 세우면서 기존의 정림사는 그와 구분하여 '하정림사'라 부르게 된 것이다. 이후 상정림사는 남조 불교활동의 중심이 되었는데, 특히 양 무제 때에 활약한 고승 율사인 승우(僧祐)가 무제의 극진한 대우 속에 정림사에 경장(經藏)을 세우고 『출삼장기집(出三藏記集)』 등 경록을 편찬한 것으로 유명하다. 승우의 문하에서 실무 작업을 담당하였던 유협(劉勰)은 중국 최초의 문학이론서인 『문심조룡(文心雕龍)』의 저자로 중국 문학사에 유명한데, 그 역시 무제의 칙명을 받아 정림사에서 여러 경전의 내용을 정리한 『중경요초(衆經要抄)』를 찬하였다(彭荷成 2006).

양 무제는 경의에 조예가 깊어 친히 법회를 열고 강론을 하기도 하였던 만큼 교학에 매우 큰 관심을 가지고 있었는데, 상정림사는 바로 그러한 황제의 칙명을 받아 불교 경의를 연구하는 중심지였던 것이다. 건강은 남북조시대 불교가 가장 성한 곳이지만 그 가운데서도 불교학의 중심은 상정림사였으며, 역대 고승전에 입전된 고승을 가장 많이 배출한 곳도 바로 종산 정림사였다(嚴耕望 2007). 상정림사는 유협의 만년 무렵 점차 문헌 기록에서 자취를 감춘다. 그러나 유협의 행방이 갑자기 묘연한 사실과 관련하여 그의 원적지인 산동 거현으로 돌아간 것으로 해석하여 전술한 바와 같이 산동 거현에 정림사라는 사명이 등장하였다. 이는 유협과 정림사 사이의 밀접한 관련성을 보여주는 한편 정림사라는 사명의 명망을 엿볼 수 있는 대목이기도 하다(韓品崢 2001).

이처럼 명망이 높았던 정림사는 양대 이후 오랜 동안 잊혀져 그 위치를 알지 못하다가 바야흐로 최근 남경 종산 2호 사지를 남조의 상정림사로 비정하는 견해가 제기(賀雲翱 2007)되어 중국학계의 관심을 모으고 있다.

양 무제대에 종산 정림사가 당대 불교 교학 및 경의 연구에서 차지하는 절대적인 위상으로 볼 때 정림사라는 사명이 가지는 매력은 매우 컸을 것이며, 아울러 그러한 사명을 사비도성의 중심 사찰에 붙인 것은 백제가 해동의 불교 중심임을 천명하려는 성왕의 의지가 작용한 것으로 이해된다. 양 무제가 경의에 매우 밝고 정림사에 대한 애정이 각별하였던 점을 감안할 때 어쩌면 정림사라는 사명을 사용함에 있어 양 무제의 내락이 필요했을 수도 있다. 양 무제를 위해 세웠다는 웅진의 대통사 창건 연기는 그러한 관점에서 흥미롭다.

정림사라는 사명이 가지는 위상으로 미루어 이 절의 조성 과정에는 당시 양의 불사 영조 법식이 적용되었을 가능성이 매우 높다. 그 가운데 가장 중심이 되는 것은 가람배치일 것이다. 정림사의 가람배치는 곧 당시 양을 비롯한 남조의 전통적인 가람배치를 충실히 반영한 것으로 볼 수 있다. 정림사의 조성 시점을 구체적으로 특정하기는 어려우나 적어도 538년 천도 이전에 전각의 배치와 같은 기본적인 외관은 마무리되었을 것으로 보아야 하는데, 그렇다면 이는 백제는 물론이고 중국의 남조를 포함하여도 현존하는 최고의 가람배치 자료가 된다(도 4-III-9 참조).

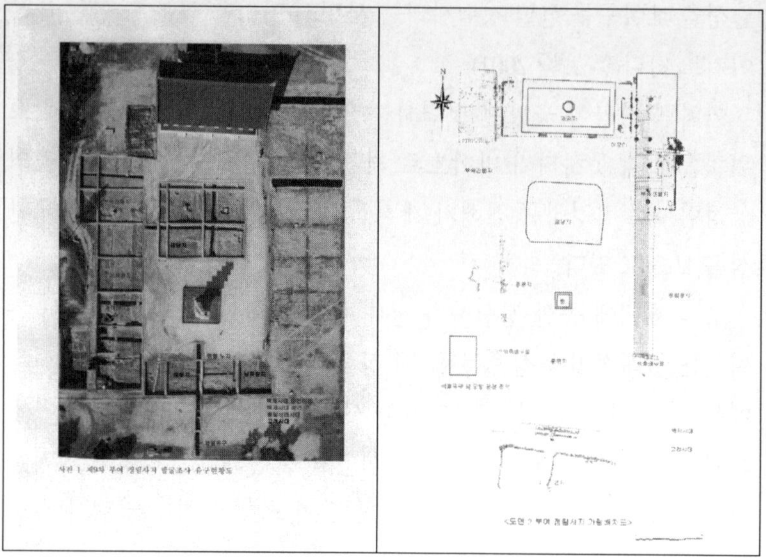

〈도 4-Ⅲ-9〉 정림사지 전경과 가람 배치(國立扶餘文化財研究所 2009 옮김)

중국의 가람 배치 자료는 북조의 경우 북위의 낙양 영녕사(永寧寺 : 516년 창건)가 가장 이른 예일 뿐 남조의 자료는 지금까지 고고학자료로 확인된 바가 없어 정림사의 가람배치는 중국 남조 가람배치 연구에 매우 귀중한 자료이다(楊泓 2002). 대승불교 가람을 대상으로 할 때 중국의 가람배치는 처음 탑을 중심으로 하는 이른바 누탑식(樓塔式) 혹은 탑사식(塔寺式)에서 출발하여 점차 불전(佛殿)을 비롯한 다수의 전각들로 구성된 낭원원(廊院式)으로 이행되며, 수대 이후 복수의 탑·전으로 구성된 다원식(多院式)이 등장한 것으로 이해하고 있다(張弓 1997 ; 宿白 1997 ; 趙文斌 1998 ; 范培松 2000 ; 羅微·喬雲飛 2003).

정림사는 북위의 영녕사와 거의 동시대의 남조 사원 가람배치를 대표하는 것으로 보아도 좋을 것이다. 그런데 문제가 되는 것은 정림사의 탑이 목탑이 아닌 석탑이라는 점이다. 남북조시대의 사원에 석탑이 배치된 예는 물론 없으며, 남조 가람배치를 반영하고 있는 것으로 볼 수 있는 백제에서도 단원식(單院式) 중축선 전탑후불전 배치를 보이는 능산리 사지(567년 창건), 왕흥사지(577년 창건), 군수리 사지, 제석사지(639년 소실) 등은 모두 목탑이기 때문이다. 석탑은 수대에 등장하는 다원식의 영향을 받은 미륵사에서 처음으로 보이는 점으로 보아 정림사의 석탑은 아무래도 창건 당시의 탑으로 보기는 어렵다. 이에 대해서는 이미 석탑 주위의 판축토층 범위에 대한 재해석을 통해 최초의 탑은 목탑일 것이라는 탁견이 제시된 바(金正基 1984) 있으며, 최근 정림사 출토 소조상(彫塑像)의 용도가 목탑 내부 장엄용이라는 견해(李炳鎬 2005)도 발표되었다. 이러한 점으로 보아 정림사지 석탑은, 사리장치 명문에 의해 639년에 창건된 것이 분명한 미륵사지 석탑보다 늦은 시점에 기존의 목탑을 대체한 것임이 틀림없을 것이다. 이에 대해서는 다시 후술할 것이다.

그 밖에 정림사와 남조와의 관계를 보여주는 것으로 삼존석불편과 농관(籠冠) 소조상이 있다. 석제 삼존불편에 대해서는 사천 성도(成都) 출토 양 천감(天監) 3(504)년 명 불상과 매우 유사하다는 사실이 이미 지적된 바(楊泓 2002) 있다. 농관 소조상에 대해서는 일찍이 북위 원소(元邵)묘 출토품이 알려지면서 그와의 관련성이 제기되기도 하였으며, 영녕사 출토품과 대비되기도 하였으나 당시 역사적 정황으로 미루어 백제와 북위 사이의 직접적인 영향 관계 설정은 어렵다는 견해(楊泓 2002)와 함께, 구체적으로 541년 양의 공장·화사를 요청해 제작하였을 것으로 보고 있다(李炳鎬 2006).

중국 남북조시대의 농관 인물상에 대한 형태분석을 통해서도 그러한 사실이 확인된다. 필자의 분석에 의하면 정림사지 출토 농관 인물상은 6세기 중엽경의 양(梁) 말~진(陳) 초의 그것과 형태적으로 가장 관련이 높다(朴淳發 2008). 이로써 그간 문헌기록 상으로 추정되어 온 농관 인물상의 계통이 남조계임이 분명해진 셈이다.

(2) 정림사 석탑의 수수께끼

정림사는 1942년 이후 2009년도까지 모두 9차례의 발굴조사가 이루어졌으나 아직까지 풀리지 않는 의문점이 적지 않다. 그 가운데 가장 궁금한 것이 바로 정림사 5층 석탑의 존재이다. 양식적으로 볼 때 익산 미륵사탑보다 늦게 만들어졌을 가능성이 극히 높음에도 불구하고 정림사의 창건이 미륵사보다 결코 늦지 않기 때문에 만약 이 석탑이 창건 때의 것이라면 그야 말로 양식적인 변화를 통해 연대를 도출하는 미술사는 물론이고 고고학적으로도 큰 문제가 아닐 수 없다. 위에서 살펴본 바와 같이 목탑 내부 장엄에 쓰였음이 분명한 소조상들이 다수 출토되고 석탑 아래에 목탑의 기초로 추정되는 판축기초가 부분적으로 확인됨에 따라 석탑 이전에 목탑이 있었을 것이라는 견해가 점차 우세해지고 있다. 그러나 그러한 사실만으로 석탑의 수수께끼가 다 풀린 것은 아니며, 오히려 미궁으로 빠져들고 있다. 그 발단은 2009년도 정림사지 발굴조사에서 비롯된다.

2009년도 조사는 금당지, 중문지, 서회랑지 등의 사역의 중심부 및 서회랑지 밖 서쪽일대에 대한 평면조사와 더불어 금당지에서 중문에 이르는 중축선 상에도 탐색 트렌치를 넣어 토층 조사를 실시하였다(國立扶餘文化財硏究所 2009). 그 결과 금당지는 창건 당시의 기반 판축토의 하단부에 해당하는 30cm 가량만을 남긴 채 윗 부분은 모두 삭평되어 있는 상태였다. 현재 남아 있는 적심석은 고려 초 11세기 무렵의 것이므로, 이곳이 본래 백제 창건 금당지인 것은 틀림없다 하더라도 백제 창건 금단의 규모를 파악할 수 있는 근거는 이미 없어져 버린 것이다. 그럼에도 불구하고 지금까지 고려 초의 금당지를 백제 창건 금당지의 그것과 동일시하고 있었던 점은 반성할 점이다.

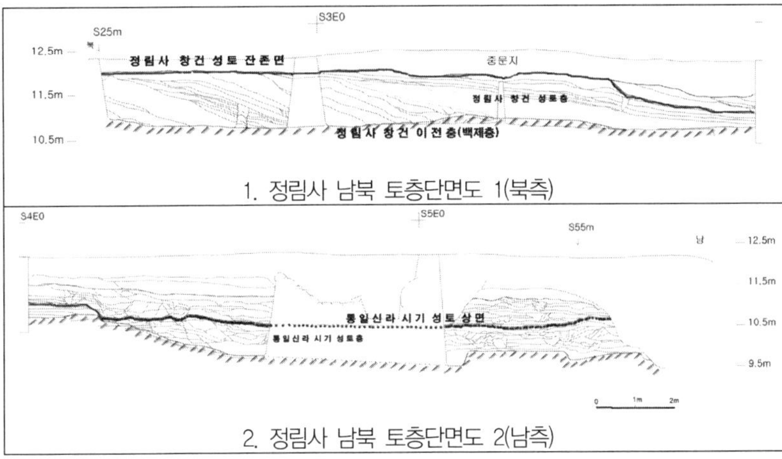

1. 정림사 남북 토층단면도 1(북측)

2. 정림사 남북 토층단면도 2(남측)

〈도 4-Ⅲ-10〉 정림사지 중문지와 연지 사이의 토층 단면도
(國立扶餘文化財硏究所 2009a 수정)

그것은 그렇다하여도 문제는 석탑이다. 현재 석탑이 세워져 있는 지면은 고려 초 금당지의 적심석이 발견되는 지점의 높이와 거의 같기 때문이다. 석탑이든 목탑이든 탑의 기초는 적어도 중심 사역 내부의 마당 높이보다 높은 것이 일반적이며, 특히 목탑의 경우는 더욱 그러하다. 이점은 639년에 화재로 소실된 제석사지의 경우를 보면 분명해진다. 제석사 목탑지 기초 판축면은 사역의 평지보다 약 2m 가량 높게 성토되어 있다. 그렇다면, 현재의 석탑지면이 백제 당시의 것이 될 수 없다는 결론에 이르게 된다. 적어도 백제 창건 금당 기단성토가 삭평되고 겨우 30cm 정도만 남아 있는 곳에 적심석을 배치한 고려 초 금당지의 기단상면과 동일면에 백제 시대의 석탑이 놓여 있을 수는 없기 때문이다. 그러면 이 석탑은 고려 초에 금당과 함께 새운 것일까. 문제는 석탑에 새겨진 소정방(蘇定方)의 기공(紀功) 비문이다. 660년 백제를 멸망한 공적이 새겨진 석탑이 고려 초의 것일 수는 없기 때문이다.

해결의 실마리는 중문지에서 연지로 이어지는 사역 중심축에 넣은 탐색 트렌치의 토층 단면에서 찾을 수 있다. 백제 창건 가람을 조성하기 위해 중문지의 북쪽부분에는 성토가 이루어진 반면, 그 남쪽 연지 쪽의 원 지반이 낮은 지점에는 창건시의 성토는 없었으나 통일신라시대에 약 1m 가량 성토되면서 지반이 높아지고 있기 때문이다. 1984년도 조사시 연지 부근에서 7세기 후반대의 통일신라 인화문토기가 출토된 바 있는 점을 감안할 때 여기의 통일신라 성토층은 백제 멸망 직후에 형성되었을 가능성이 높다. 창건 당시에는 중심 사역 부분만을 성토하여 대지(臺地)를 조성한 후 가람을 배치하였으나, 백제 멸망 직후 무언가의 이유로 중문 남쪽의 저지대를 성토하면서 중심 사역의 금당·탑·중문 등의 건물지의 기반토가 삭평되었을 가능성이 크다. 석탑은 그렇게 삭평된 곳에 세워진 것이다.

따라서 석탑은 백제 멸망 직후에 세워졌다고 보아야만 토층도의 상황과 모순되지 않는다. 다시 말하면, 정림사 석탑은 백제 멸망 직후 기존의 목탑을 비롯하여 사역 내부의 중심 건물을 허물고 그 기단부도 삭평하여 연지 부근의 저지대에 성토한 다음 이전의 목탑이 있던 자리에 새로 석탑을 만들어 세운 것이다. 이 때 백제는 멸망한 소정방의 전공을 새긴 것이다. 그러므로 7세기 중엽에 만들어진 정림사 석탑의 양식적 위치가 639년에 창건된 미륵사 석탑에 비해 늦은 것은 너무나 당연하다. 미륵사 석탑에 비해 양식적으로 더욱 정제되고 석탑 고유의 특징을 구비하게 된 것도 그러한 배경에서 가능한 것이다. 이 탑을 만든 이는 물론 백제의 장인이었을 것이므로 미륵사 이래의 백제 석탑 양식이 그대로 이어지게 된 것이다.

이상의 내용은 구체적 근거를 통해 하나하나씩 검토되어야 할 것이며, 장차의 조사를 기다려야 할 것이지만, 1500년 가까운 긴 세월 동안 도대체 어떤 일이 있었는지를 밝히기 위해서는 정림사 석탑을 해체 복원해보는 방안을 적극적으로 강구할 필요가 있다. 사실 오랜 세월을 견뎌 온 탓에 현재의 석탑 상태가 안전하다고 하기 어렵다. 차제에 백제사 상의 수수께끼도 풀고 탑의 안전도 본격적으로 진단하는 대책이 있었으면 하는 바람이다.

Ⅳ. 동아시아 고대 도성의 전개와 익산 왕궁 유적

익산 왕궁리 유적은 백제 사비기에 조성된 것으로서 그 형태상으로 보아 궁성(宮城)에 해당되며, 이는 당시 중국의 도성제의 영향을 받아 조영된 것으로 이해되고 있다(金容民 2004 ; 朴淳發 2005c). 궁성이란 황제나 왕 등의 최고 지배자의 거주 공간인 궁을 둘러싼 성을 말한다. 궁성의 구성 내용은 시기별로 차이가 있으나, 중국 역대 궁성의 구성으로 보면 그 핵심 요소는 외조(外朝) 또는 전조(前朝), 내조(內朝) 및 후궁구(後宮區) 혹은 후침(後寢), 그리고 후원(後苑) 혹은 금원(禁苑) 등의 시설과 전각이라 할 수 있다.

왕궁리 유적을 포함한 익산 일원의 동시기 백제유적들의 성격에 대해서는 지금까지 다양한 의견이 제시된 바 있다. 사비도성 이외의 또 다른 도성으로서 별도(別都)로 보는 견해(李丙燾 1952), 사비도성의 5부 이외의 별부(別部)로 보는 견해(김주성 2001), 천도한 신도성으로 보는 견해(金三龍 1977 ; 홍윤식 2000 ; 李道學 2003), 천도가 좌절된 것으로 보는 견해(盧重國 2003) 또는 천도 계획이 진행되었던 것으로 보는 견해(金壽泰 2004), 행궁 또는 이궁(離宮)으로 보는 견해(兪元載 1999), 이궁(離宮) 또는 이경(離京)으로 보는 견해(李丙燾 1977) 등이 그것이다. 지금까지 왕궁리 유적 주변에서 도성 기능과 관련 있는 유적은 발견되지 않았으므로 도성의 궁성으로 이해하기는 곤란하여 필자는 사비도성의 정궁에 대응되는 이궁(離宮)일 가능성이 높은 것으로 보고 있다(朴淳發 2005c). 도성에 위치한 정궁과 달리 상시적인 정무를 수행하는 중앙관부 등이 배치되어 있지 않는 점이 특징이라 할 수 있다.

그러나 사비도성의 정궁의 규모나 구조는 물론 그 구체적인 위치조차도 확인하지 못하였으므로 왕궁유적의 성격 규명을 위해서는 중국을 비롯한 고대 동아시아 지역의 도성제 및 궁성의 변천 과정을 참고할 필요가 있다. 따라서 본 절에서는 고대 동아시아 도성제의 원류인 중국의 역대 도성들을 시기별로 개관해보고, 그 과정에서 파악된 도성제 전개상의 정형성을 통해 익산 왕궁유적의 성격을 이해해보고 나아가 그를 토대로 아직 실체를 드러내지 않은 사비도성 궁성의 모습을 짐작해보고자 한다. 여기서 살펴 볼 고대 동아시아 도성의 범위는 중국의 경우 도성의 출현기부터 대체로 사비기 백제와 병행하는 6~7세기 무렵까지로 하고, 아울러 사비기 백제 도성제와 연관이 깊을 것으로 판단되는 일본의 도성에 국한할 것이다.

1. 중국 역대 도성

(1) 선진(先秦) 시기 도성

① 하(夏)의 도성

언사(偃師) 이리두(二里頭)는 하의 중만기 도성으로서 유적의 범위는 동서 최대 길이 2,400m, 남북 최대 폭 1,900m로 전체 면적은 300만㎡에 이른다. 이리두 유적의 연대는 기원전 1800~1550년 사이로 비정되는데, 하의 태강(太康)과 마지막 왕인 걸(桀)의 도성인 '짐심(斟鄩)'으로 비정하는 견해가 유력하다(方酉生 1995 ; 劉慶柱 2000).

이 유적의 중심에 해당하는 지점에 1, 2호 궁전유적이 발견된 바 있었는데, 2001년 이후 개시된 궁전구역에 대한 굴봉[探針] 조사 및 발굴조사를 통해 이들 궁전을 포괄하는 궁성의 성장(城墻)이 확인되었다(許宏 外 2004). 궁성 성장의 기부폭은 2~3m 인데, 복원한 궁성의 형태는 장축 방향이 약간 서쪽으로 치우친 장방형으로서 동 성장이 378m, 서 성장 359m, 북 성장 295m, 남 성장 292m로 내부 면적은 10만 8천㎡이다. 궁성 성장 바깥에는 성장에 인접하여 4방에 도로가 개설되어 있는데, 노폭은 최대 20m에 달하는 곳도 있으나 대략 12~15m 정도이다(도 4-IV-1 참조).

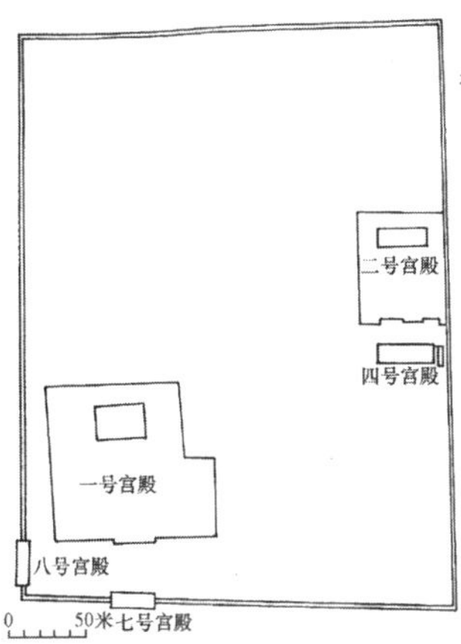

1. 이리두 궁성 평면도
(杜金鵬 2005a 옮김)

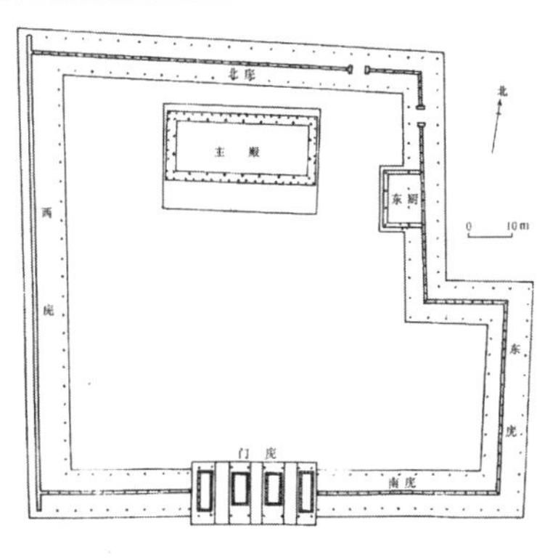

2. 이리두 1호 궁전 배치도
(杜金鵬 2005a 옮김)

〈도 4-Ⅳ-1〉 이리두 궁성 및 궁전

기왕에 알려진 1호 궁전과 2호 궁전은 각각 궁성의 서 궁장과 동 궁장에 접하고 있음이 확인되었다. 그리고 2호 궁전지의 남쪽에서 이와 대응하는 4호 궁전지가 새롭게 발견되었고, 2호 궁전지 아래에서 그에 선행하는 3호 궁전지가, 2호 궁전지 서쪽에서 5호 궁전지가, 2호 궁전지 북쪽에서 6호 궁전지 등이 각각 확인되었다. 또한 궁성의 남쪽(8호 궁전지)과 서쪽(7호 궁전지)에서 성장과 연접된 건물지가 확인되었는데(許宏·趙海濤 2004), 그 위치로 보아 각각 궁성문과 관련된 건물지로 보인다. 현재까지 발견된 각 궁전지들은 모두 동시기의 것은 아니나 1호·2호·4호 궁전지 및 궁성의 추정 문지 2개소는 모두 이리두 3기에 해당하는 것으로 밝혀졌다(許宏·趙海濤 2004 ; 杜金鵬 2005b).

궁성 내부의 건물 배치는 서쪽 열에 1호 궁전지(도 4-IV-1의 2 참조), 동쪽 열에 2·4호 궁전지, 그리고 이들 사이의 중간 지점에 또 다른 열 등 대체로 3열 배치로 이해되고 있는데, 1호 궁전지는 외조, 2호는 종묘, 4호는 그에 부속된 제사공간 등으로 이해하는 견해가 유력하다(杜金鵬 2005a). 궁성 내부의 건물들은 외조·전조·침전 등 3종의 건축군으로 구성되었을 것으로 추정하며, 이 경우 전조후침(前朝後寢)의 배치가 적용되었을 것으로 보는 견해가 유력하다(杜金鵬 2005b). 이런 관점에서 2호 궁전지와 4호 궁전지의 관계는 비록 종묘 기능을 가진 것이기는 하지만 4호가 외조에 2호가 후침에 각각 해당하는 것으로 이해하는 견해가 제시되었다. 즉, 살아 있는 왕의 궁전 배치 역시 이와 유사할 것으로 볼 수 있다(杜金鵬 2005a).

이리두 도성이 중국 도성제 상에서 가지는 의의는 무엇보다 최초의 궁성의 등장이라는데 에 있다. 궁성이 발견되기 이전에 1호 및 2호 궁전지의 주변을 둘러싼 회랑형의 담당인 낭원(廊垣)을 궁성에 매우 유사한 것으로(劉慶柱 2000) 이해한 적 있으나 1호 궁전의 서측 및 2호 궁전의 동측의 낭장을 제외한 3면이 장체(墻體)를 중심으로 내외 모두 회랑 형태를 취하고 있는 점으로 미루어 이를 궁성의 장체로 보기는 미심쩍었다. 전술한 바와 같이 개별 궁전지를 둘러싼 낭장 밖에 성벽이 있는 것이 확인되었므로 각 궁전지 주변의 장체는 전체 외곽 '궁성(宮城)'과 구분하여 '궁장(宮墻)'이라 하는 것이 적절할 것으로 판단된다. 아무튼, 이리두 단계에 이미 궁성이 등장하고 있으므로 후술할 언사 상성(商城)에서 진정한 궁성이 출현한다고 보았던 기존 견해(劉慶柱 2000)의 수정이 불가피하다. '궁성'이라는 용어가 문헌에 처음 보이는 것은 『한서(漢書)』 연자왕단(燕刺王旦)전인데, 그 경우는 제후왕의 궁성을 지칭하고 있다. 황제의 궁성을 일컫는 용례는 남북조시기 문헌에 보이며, 이는 또한 '대내(大內)'라는 이름으로 대신하기도 한다(劉慶柱 1988).

이리두 궁성의 또 다른 특징은 그 내부에 궁전과 종묘가 함께 배치되었다는 점이다. 이러한 점은 후술할 언사 상성에도 그대로 이어지고 있다. 하·상·주 삼대에는 궁과 묘가 통용되거나 궁묘(宮廟)가 일체로 여겨졌을 것으로 보고 있다(劉慶柱 1988).

② 언사 상성(商城)

언사 상성은 상 초의 탕왕(湯王)의 도성인 서박(西亳)으로 보는 견해가 유력하다(張之恒·周裕興 1995). 1983년 발견된 후 2001년까지 발굴되어 궁성 내부의 구체적인 전각 배치 등이 자세하게 밝혀졌다. 궁성은 최초 남북 약 1km, 동서 약 800m의 외곽성[小城] 중앙의 약간 남쪽에 치우친 지점에 위치하였다가 이후 외곽성이 북쪽과 동쪽으로 확대[大城]되면서 다소 서쪽에 치우치게 되었다(李自智 2004). 대성의 규모는 북 성장 1,240m, 동 성장 1,640m, 서 성장이 1,710m로 확인되었다. 남성장은 낙하(洛河)에 면하고 있어 구체적으로 확인되지는 않았으나(段鵬琦 外 1984) 소성의 남성벽을 그대로 답습하였으므로 약 800m 가량으로 추정되며, 성내부 면적은 약 200만㎡이다. 외곽성의 성장은 기저부에 가까운 부분만이 남아 있는데, 폭은

16~25m 가량 된다(도 4-IV-2의 1 참조).

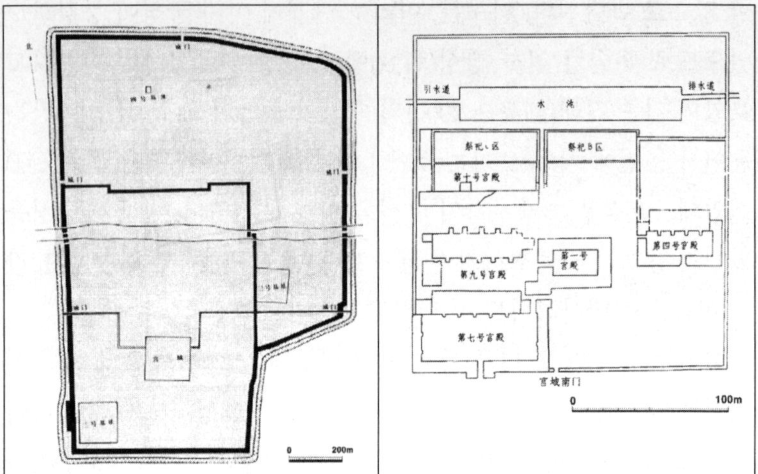

1. 언사 상성 평면 복원도 (李自智 2004 수정 게재)

2. 언사 상성 궁성 전각 배치도 (王學榮 · 谷飛 2006 옮김)

〈도 4-IV-2〉 언사 상성 및 궁성 전각 배치

궁성의 규모는 동서남북 각 변이 200m 정도의 방형으로서 내부 면적은 약 4만㎡ 이다(도 4-IV-2의 2 참조). 궁성의 성장은 항토장(夯土墻), 즉 달구로 다져 쌓은 담장으로 되어 있으며, 폭은 약 2m에 달한다. 궁성은 시간의 경과와 3차례의 변화가 있으나 기본적인 배치는 크게 다르지 않다. 궁성 남 성장의 정중앙에서 약간 서쪽에 치우쳐 문이 있으며, 이 문의 서쪽 부분에는 궁전이 동쪽 부분에는 종묘로 추정되는 전각이 배치되어 있다. 궁전과 종묘의 북쪽에는 제사구역이 있고 그 뒤의 궁성 최북단에는 장방형의 지당(池塘)이 있어(王學榮·谷飛 2006), 궁성 내에 후원(後苑)이 배치된 최초의 예로서 중요하다.

언사 상성 궁성에서 보이는 종묘와 궁전의 동서 분열 양상은 전술한 이리두 궁성에서 이미 나타난 것이지만, 서쪽의 궁전 구역에서 전조후침으로 파악되는 남북 2열의 궁전 배치는 앞선 이리두에서는 추정에 머물렀던 것이 분명히 확인된 셈이다.

③ 정주(鄭州) 상성

상 중기의 오도(隞都)로 보는 견해가 유력한(張之恒·周裕興 1995 : 58 ; 劉慶柱 2000) 정주 상성은 동 성장 1,700m, 서 성장 1,870m, 남 성장 1,700m, 북 성장 1,690m로 전체의 평면은 북 성장의 가운데가 꺾여 5각형을 띠지만 남북 장축의 장방형에 가깝다(도 4-IV-3의 1 참조). 내부 면적은 3㎢ 가량 된다. 궁전지로 추정되는 대규모 항토대(夯土臺)들이 성의 북동지역에 밀집되어 있어 언사 상성의 경우와 달리 궁성은 외곽성의 북쪽에 위치한 것으로 판단된다. 후대의 성장이 상대 성장을 답습한 것으로 추정되므로(賀業鉅 1968) 정주 상성의 구조는 외곽성의 북반부가 궁전·종묘 등을 포함한 내성이 곧 궁성(劉慶柱 2000)이 되는 방식이다. 그러나 궁전의 전각들을 둘러싼 궁장은 아직 확인되지 않아 궁성의 구체적인 모습은 자세하지 않다. 최근 기존 성의 남쪽 바깥에서 외성으로 추정되는 항토장이 확인되어 내외 이중성일 가능성이 높아졌다(河南省文物考古研究所 2004).

④ 안양(安陽) 원북(洹北) 상성

1999년에 처음 성장이 확인된 안양 원북 상성 역시 상 중기 도성의 하나로 이해되고 있는데, 성의 규모는 남·북 성장이 각각 약 2,150m, 동·서 성장이 각각 약 2,200m인 정방형으로서 내부 면적은 4.7㎢이다. 외곽의 중남부 지점에서 궁전구역이 확인되었는데, 그 면적은 약 10만㎡ 정도 이다(中國社會科學院考古研究所安陽工作

隊 2003a)(도 4-IV-3의 2 참조). 이 궁전 건물은 전술한 언사 상성의 4호 궁전지와 매우 유사한 구조인데, 이를 포괄하였을 궁성의 전모에 대해서는 아직 구체적으로 확인되지 않았다(中國社會科學院考古研究所安陽工作隊 2003b).

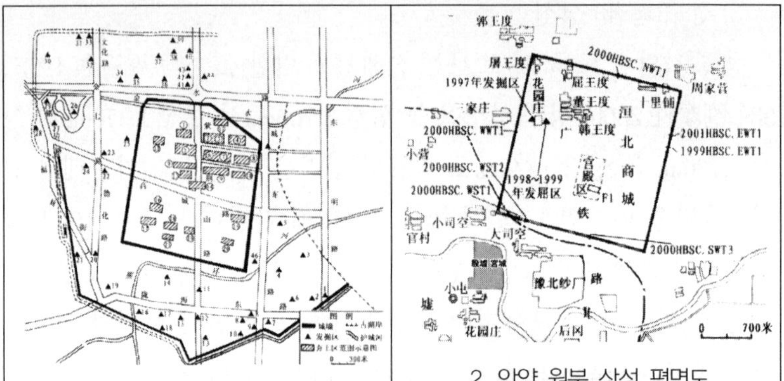

1. 정주 상성 평면도 (河南省文物考古研究所 2004 옮김)

2. 안양 원북 상성 평면도 (中國社會科學院考古研究所安陽工作隊 2003a 수정 게재)

〈도 4-IV-3〉 정주 상성과 안양 원북 상성

⑤ 안양 은허(殷墟)

상의 마지막 도성인 은허 도성은 궁전·종묘 등을 포괄하는 궁성만 확인되었을 뿐 아직 외곽성은 알려져 있지 않다(賀業鉅 1996 ; 劉慶柱 2000). 궁성의 북·동 성장 부분은 "ㄱ"자 모양으로 만곡한 원하(洹河)에 접하고 있어 현재까지 확인되지 않았으나 서 성장이 약 1,100m, 남 성장이 약 650m에 이르는 남북 장축의 장방형이다(도 4-IV-4 참조).

〈도 4-Ⅳ-4〉 안양 은허 궁성 평면도
(賀業鉅 1996 수정 게재)

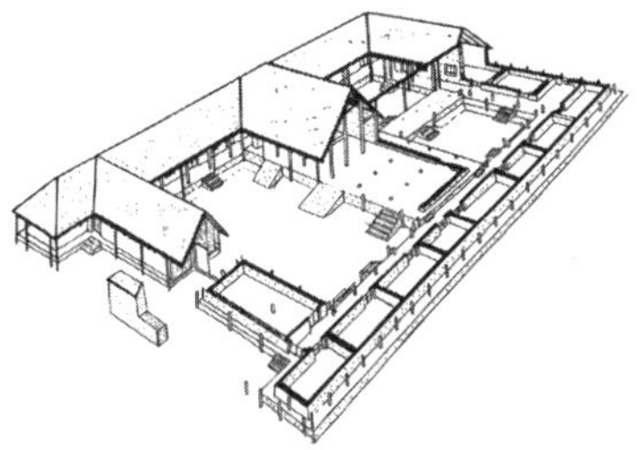

〈도 4-Ⅳ-5〉 주원 봉추 서주 건물 복원도 (張之恒 · 周裕興 1995 옮김)

⑥ 서주(西周)의 도성

서주의 도성인 풍호(豊鎬)에 대해서는 유적의 분포만 알고 있을 뿐 궁성이나 곽성은 아직 확인하지 않았다. 주 문왕(文王)이 풍호로 천도하기 이전의 도읍지인 섬서성(陝西省) 기산·부풍현(岐山·扶風縣) 일원의 주원(周原) 유적에서 발견된 봉추(鳳雛)의 대형 건물지를 통해 서주 중만기의 종묘 혹은 궁전 건축의 모습을 짐작해 볼 수 있다(도 4-Ⅳ-5 참조). 고대 도성의 형태와 관련하여 흔히 언급되는 것이 『주례(周禮)』 고공기(考工記) 장인영국(匠人營國)조이다. 그러나, 그것이 과연 주대의 도성 모습을 반영하고 있는 지에 대해서는 회의적인 견해가 많다. 고공기는 원래 전국 초 제(齊)의 관찬서적으로서 한 차례 산일(散佚)되었다가 전한대에 『주례』에 보입되었기 때문에 당시의 유가(儒家)에 의해 이상화되었을 가능성이 있다는 것이다. 또한 고공기의 도성 구획 사상이 전한 초에 중시되면서 장안성(長安城)의 설계에 참조되었을 가능성과 아울러, 그와 정반대로 장안성의 실제 모습을 참고하여 "장인영국"의 내용을 개증하였을 가능성도 있다는 것이다(李自智 2004).

그러나 주례 고공기 장인영국조는 고대 도성의 형태나 구조 이해에 중요하므로 관련 내용을 옮겨 보면 다음과 같다(戴吾三 編 2003).

> 국(國)[즉, 한 나라의 도성은]은 한 변이 9리인 방형으로 하고, 각 변에는 3개의 문을 배치하며, 성내에는 그들 문과 통하는 가로 세로 각 9개의 길로 구획하고, 세로 길의 넓이는 9궤로 한다. 궁의 왼쪽에 종묘, 오른 쪽에 사직을 배치하고, 또한 앞에 조 뒤에 시를 두는데 그 넓이는 1부로 한다(匠人營國, 方九里, 旁三門. 國中九經九緯, 經途九軌. 左朝右社, 面朝後市, 市朝一夫).
>
> * 1夫는 方 100步의 면적. 1里는 方 300步의 면적. 1리=9부. 1軌는 8尺. 9궤=72척.

⑦ 전국 도성

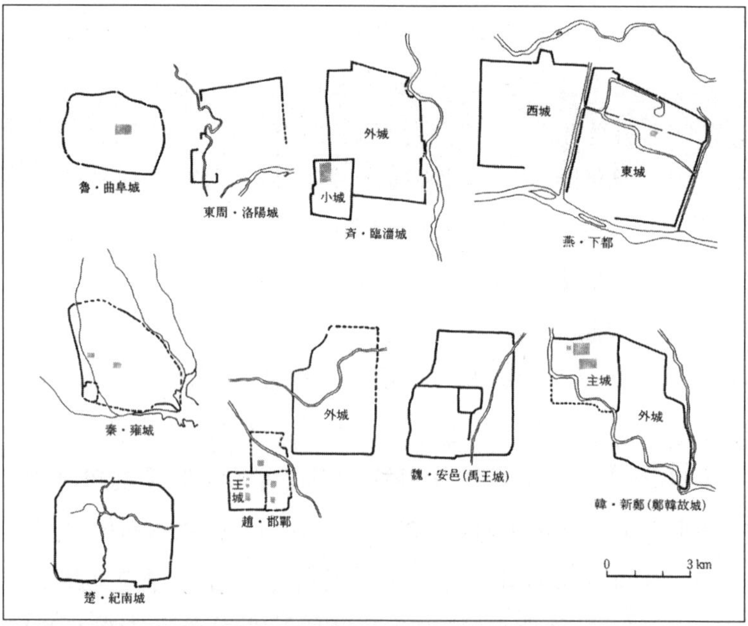

〈도 4-Ⅳ-6〉 전국시대 각 국 도성 평면도(岸 俊男 編 1988 옮김)

전국시대에 이르면 도성의 형태 및 구조에 중요한 변화가 관찰되는데, 전술한 언사 상성·정주 상성·원북 상성 등과 같이 곽성의 가운데 궁성이 위치한 구조에서 궁성이 곽성과 분리되거나 곽성의 한쪽에 치우친 폐쇄적인 양상을 띠는 것이다(도 4-IV-6 참조). 측근의 배신(陪臣)이나 국민(國民), 즉 국성 내에 거주하는 일반 백성 에 의해 통치자가 시해되거나 권력이 찬탈되는 사례가 빈발함에 따른 것이라는 해석(李自智 2004)도 있다. 춘추시대 이후 도성제의 또 다른 특징 가운데 하나는 종전까지의 궁·묘 일체의 관념에서 탈피하여 종묘가 궁성 밖에 위치하게 된다는 점이다(劉慶柱 1988). 좌묘우사의 배치는 후술할 진(秦)의 도성 함양(咸陽)에서부터 나타나는데, 궁성 밖에 종묘와 사직을 두는 이러한 전통은 이후 청대에 이르기까지 지속된다.

(2) 진한(秦漢) 시기 도성

① 진(秦)의 도성

진의 도성제는 이전 시기와는 많은 차이를 보인다. 천하를 통일한 진의 도성 함양에는 외곽을 건설하지 않았으며, 함양 주변 200여리의 범위에 걸쳐 다수의 궁성을 배치하였다(도 4-IV-7 참조). 개별 궁성이 견고한 하나의 성이 되는 셈이다. 이러한 진의 도성제는 외곽의 바깥에 다수의 중요 궁성을 배치한 전국 진의 도성이었던 옹성(雍城)이래의 전통이 이어진 것(劉慶柱 1988)으로 보기도 한다.

② 서한(西漢)의 장안성(長安城)

장안성은 대체로 3단계에 걸쳐 건설되었다. 최초 고제(高帝)는 진의 이궁인 흥락궁(興樂宮)을 그대로 이용하여 장락궁(長樂宮)으로 이름을 고쳐 불렀다. 그리고 이어서 장락궁의 서쪽에 황제의 조회처인 미앙궁(未央宮)을 세우고 그 사이에 무고(武庫)를 세웠다. 2대 혜제

(惠帝)에 들어 장락궁·미앙궁·무고 등을 포괄하는 성벽 길이 25,700m의 외곽을 축조함으로써 내부면적 36㎢의 장안성이 완성되었으며, 아울러 성의 북쪽에 동시·서시 등을 두었다. 무제(武帝)에 이르러 장락궁의 북쪽에 명광궁(明光宮), 미앙궁의 북쪽에 계궁(桂宮)을 각각 세우고, 장안성의 서측 외곽 밖에 건장궁(建章宮)을 조영하였다(도 4-IV-8의 1 참조). 이처럼 다수의 궁들이 차지하는 면적은 장안성 전체의 1/2에 달하여 장안성 내에는 조회에 참가하기 위해 입성한 고위 관료의 숙소나 각종 직역 종사자들의 거주구역 그리고 황실 소용 수공업 관련 구역만이 포함될 뿐 일반민의 거주구역은 성 밖에 위치하였다(劉慶柱·李毓芳 2003).

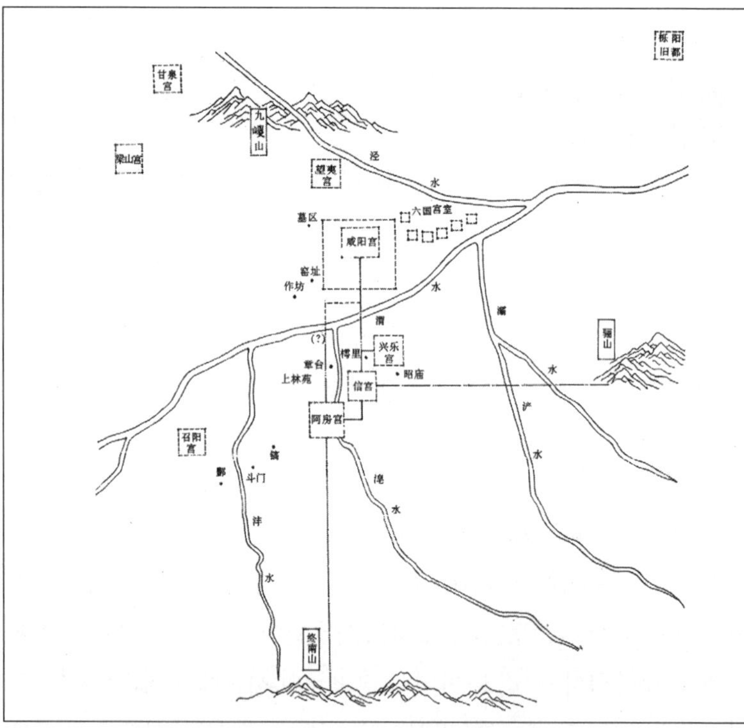

〈도 4-Ⅳ-7〉 진 함양 도성의 궁성 분포 모식도(賀業鉅 1996 수정 게재)

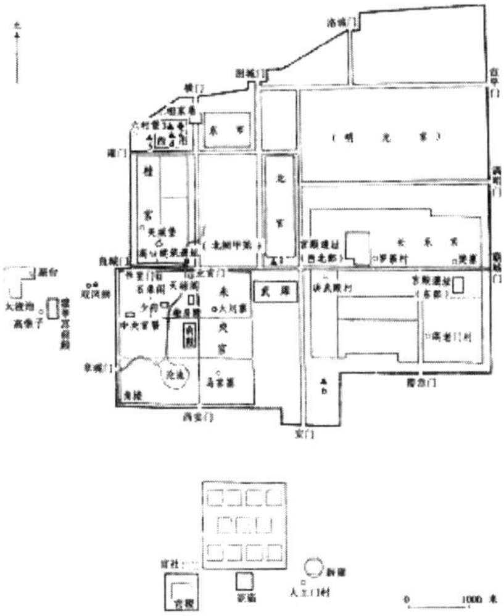

1. 장안성 평면도
(劉慶柱 · 李毓芳 2003 옮김)

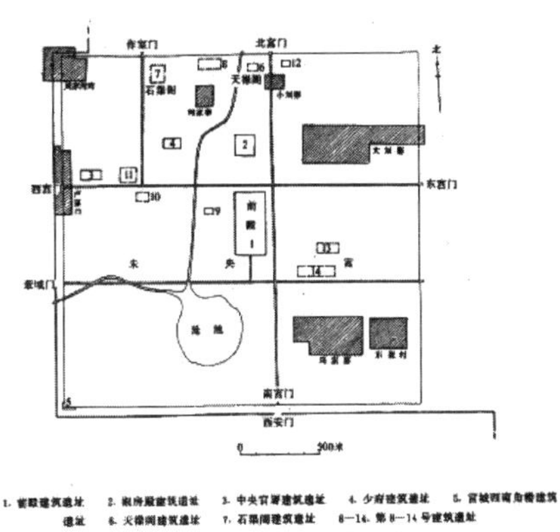

2. 장안성 미앙궁성 평면도
(中國社會科學院考古硏究所 編 1996 옮김)

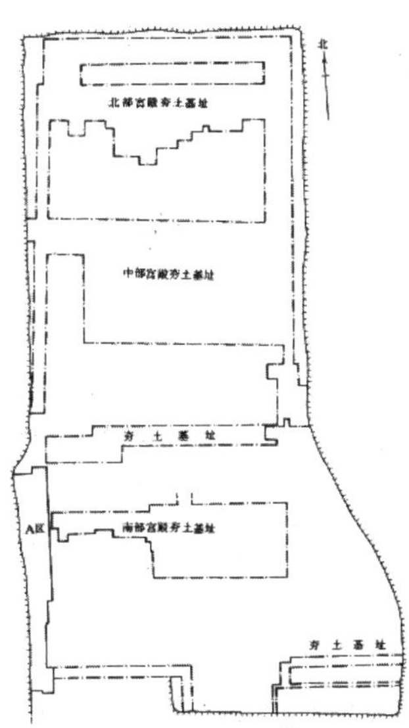

3. 미앙궁 전전 전각 배치도

〈도 4-Ⅳ-8〉 한 장안성과 미앙궁의 평면 및 전전 전각 배치도

한 장안성의 외곽성 평면형은 하도(河道) 및 기존 궁성에 의해 다소 왜곡되기는 하였으나 대체로 방형을 의도한 것으로서 사방에는 각 3개씩의 성문이 있고 정궁인 미앙궁이 남쪽에 있고 그 뒤에 동·서시가 위치한 점 등에서 『주례』 고공기의 내용과 일치하는 점이 많은 것으로 이해되고 있다.

미앙궁의 궁성은 동·서 성장이 2,150m, 남·북 성장이 2,250m, 내부 면적이 5㎢에 달하는 정방형에 가까운 평면으로 되어 있다. 외곽성의 남 성장 서문에 해당하는 서안문(西安門)과 일치되는 남궁문(南宮門)에서 북궁문(北宮門)에 이르는 직선 도로와 외곽 서 성장 최남단 문인 장성문(章城門)과 그 북쪽의 서궁문(西宮門)에서 각각 동쪽으로 이어지는 직선 도로가 교차하는 구역, 즉 미앙궁성의 가운데 지점에 남북 장축의 장방형 대지(臺地) 위에 전전(前殿)이 위치한다. 전전의 북쪽 직후방에는 황후전인 초방전(椒房殿)이 있고 그 서쪽에는 중앙관서 구역이 배치되어 있다(도 4-IV-8의 2 참조). 전전의 규모는 남북 길이가 약 380m, 동서 폭이 약 190m로서 대략 2 : 1의 장단비로 되어 있다. 전전 내의 건물지는 대체로 남·중·북 등 3개의 구역에 걸쳐 배치되어 있다(도 4-IV-8의 3 참조).

③ 동한(東漢) 낙양성(洛陽城)

동한 낙양성은 서주 및 서한의 낙양성을 토대로 광무제(光武帝) 건무(建武) 14(38)년 전후에 조성되었다. 역대 성을 토대로 한 까닭에 정연한 평면형은 아니나 대체로 장방형에 근사한 모습이다. 성주는 13,000m이고 내부 면적은 9.5㎢이다. 남북의 길이가 약 9리이고 동서가 약 6리 인 까닭에 '구육성'이라는 별칭이 있기도 하다. 성내에는 남궁과 북궁 등 2개 궁성을 비롯하여, 무고, 태창(太倉), 금시(金市), 중앙관부 등과 함께 고위관료 및 귀족들의 거주역인 리가 있으며, 북궁의 서쪽에는 탁룡원(濯龍園)이 배치되어 있다(王仲殊 1982).

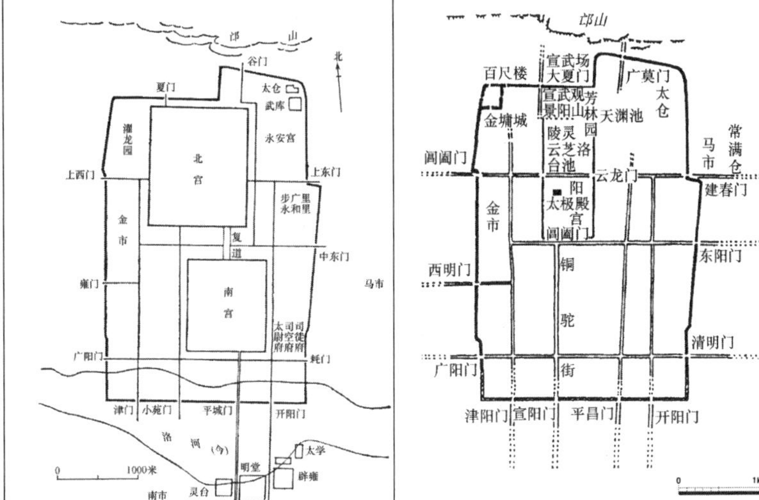

1. 동한 낙양성
(王仲殊 1982 옮김)

2. 조위 · 서진 낙양성
(錢國祥 2002 옮김)

〈도 4-Ⅳ-9〉 동한 낙양성과 조위 · 서진 낙양성의 비교

동한 초에는 황제가 남궁에 거주하다가 10여년이 경과한 명제(明帝)대에 북궁을 건립되면서 북궁의 덕양전(德陽殿)이 대전이 되었다. 남궁은 남북 길이 1,300m, 동서 폭 1,000m로 내부 면적은 1.3㎢이며, 북궁은 남북 1,500m, 동서 1,200m, 면적 1.8㎢이다(도 4-Ⅳ-9 의 1 참조).

(3) 위진남북조(魏晉南北朝) 시기 도성

① 조위(曹魏) 업성(鄴城)

조위 업성은 하북성(河北省) 임장현(臨漳縣)에 위치하고 있는데,

조조(曹操)가 204년 원소(袁紹)를 평정한 다음 조성한 것이다. 220년 낙양으로 천도한 이후에도 조위 5도 가운데 하나로 유지되었으며, 5호 16국 시기에는 후조(後趙 : 335~350), 전연(前燕 : 357~370) 등에 의해 그들의 도성으로도 사용되었다. 조위 업성은 장하(漳河)의 북안에 위치하고 있는데, 동위·북제(東魏·北齊 : 534~577) 시기에도 이를 토대로 장하의 남쪽으로 더욱 확대하여 사용하였으므로 이를 구분하기 위해 조위 업성을 '업북성(鄴北城)', 동위·북제가 확장한 것을 '업남성(鄴南城)'이라 한다. 업북성은 일찍이 1935년 조사이후 1957년, 1976~1977년, 1983~1984년 등 몇 차례의 조사가 진행되어 어느 정도 전모가 밝혀졌다. 성장의 규모는 동서 2,400m, 남북 1,700m인데, 남 성장의 서쪽이 약 300m 정도 돌출한 것을 제외하면 거의 정방형에 가까운 평면으로 되어 있다(徐光冀·顧智界 1990).

동·서 성장의 대략 중간 지점에 각각 1개소의 성문이 있는데, 이를 연결하는 직선 도로를 경계로 그 북쪽에는 서측의 '동작원(銅爵園)'과 그에 연접한 중앙부에 궁성이 위치하며, 그 동쪽에는 '척리(戚里)'가 있다. 도성의 남반부에는 거민구역인 리이다(도 4-IV-10 참조).

도성의 남 성장에는 3개의 문지가 있는데, 중앙의 '중양문(中陽門)'에서 궁성 외조 구역 남문인 '지거문(止車門)' 및 외조 정전 구역 남문인 '단문(端門)'을 거쳐 '문창전(文昌殿)'에 이르는 직선도로가 도성 전체의 중축선을 이루고 있다. 외조의 규모는 남북 약 900m, 동서 약 350m 정도된다. 궁성의 내조 구역은 외조의 동쪽에 위치하며, 남북 700m, 동서 350m의 장방형을 이루고 있다. 중·남부에는 중앙관부가 북부에는 내조 정전인 '청정전(聽政殿)'이 외조 정전 문창전과 대칭으로 배치되어 있고 청정전 뒤편은 후궁(后宮)이다.

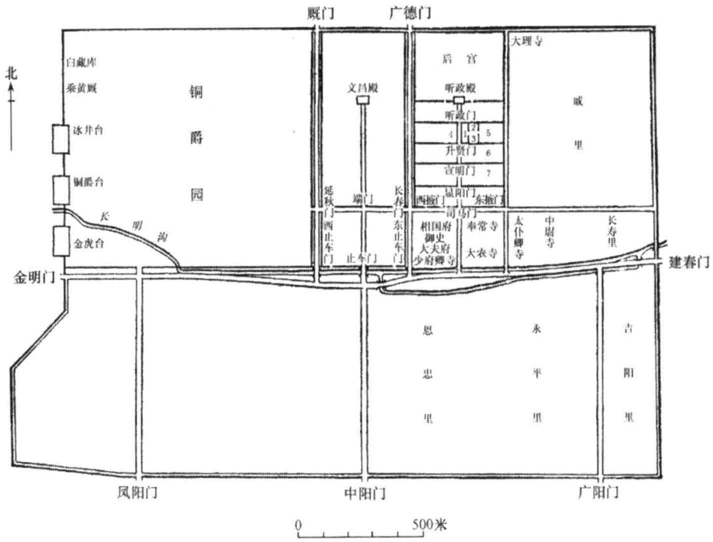

〈도 4-Ⅳ-10〉 조위 업성 평면도(徐光冀 1995 옮김)

궁성의 성장은 아직 고고학적으로 확인되지 않았으나, 도성 북 성장의 2개의 문 가운데 동쪽문인 '광덕문(廣德門)'이 내·외조구의 한 가운데를 관통하고 있어 이 도로를 포함한 내외조가 하나의 궁성으로 되어 있는지 아니면 내외조가 각기 다른 성장으로 분리되어 있는지 등에 대해서는 잘 알 수 없다. 궁성의 내조구역은 남 성장에 3개의 문이 있는데, 가운데 '사마문(司馬門)'을 중심으로 그 동·서쪽에 각각 '동액문(東掖門)'과 '서액문(西掖門)'이 있다(徐光冀 1995).

조위 업성이 중국 도성사에서 차지하는 의의는 매우 크다. 첫째, 진·한대 이래 이어지던 다궁성제가 단일궁성제로 전환되었다는 점(劉慶柱 1988)이다. 둘째, 도성 전체가 궁성 외조 정전에서 도성 남 성장 중앙에 이르는 대도(궁성 구간의 외·내조 사이는 폭 13m, 궁성 밖의 도성 남반부 관통 구간은 폭 17m임)를 중축선으로 좌우 대칭을 이루고 있으며, 궁성은 도성의 북반부의 중앙에 위치한다는 점이다.

그리고 궁성 남부에 거민구역인 이방구(里坊區)가 배치되어 있다는 점 역시 이전의 도성제와 뚜렷이 구분되는 특징이다(朱海仁 1998).

이러한 새로운 도성제 등장의 배경과 관련하여 중앙아시아지역 성곽도시의 영향이 있었을 것으로 보는 견해가 주목된다. 동한대 이후 불교의 동전 등의 여러 기회를 통해 파키스탄·아프가니스탄 등 중앙아시아 간다라지역과의 인적 교류가 빈번해지고 이들의 한화(漢化) 및 정착 등에 의해 서방의 성곽도시 형태가 중국 도성제에 영향을 미쳤을 가능성이 있다는 것이다(孟凡人 1998).

② 조위·서진(西晉) 낙양성

조위 및 서진의 낙양성은 220년 문제(文帝) 조비(曹丕)가 낙양으로 천도한 직후에는 동한 낙양성의 북궁 일부 건물을 고쳐 조회를 하다가 명제(明帝) 조예(曹叡)가 남궁의 '숭덕전(崇德殿)' 터에 '태극전(太極殿)'을 건립하여 정전으로 하는 한편, 북궁 북측에 '방림원(芳林苑)'을 두면서 도성의 면모를 일신하였다(도 4-IV-9의 2 참조). 여기의 '남궁(南宮)'을 동한 낙양성의 남궁으로 보는 견해도 있으나, 동한 낙양성 남궁에는 '숭덕전'이 없으므로 235년 명제가 태극전을 세운 남궁은 동한 낙양성의 북궁의 남반부에 해당하는 것으로 보는 견해가 유력하다(錢國祥 2002 ; 王仲殊 2003). 아무튼, 이처럼 궁성이 단일화된 것은 조위 업성의 전통을 그대로 따른 것이다. 그 밖에도 조위 업성 서쪽의 요새인 3대(臺), 즉 금호(金虎)·동작(銅爵)·빙정(氷井)대를 모방하여 동한 낙양성의 '탁룡원(濯龍園)'을 '금용성(金墉城)'으로 바꾸기도 하였다(錢國祥 2002). 이러한 조위 낙양성은 서진대에도 그대로 답습된다.

조위 낙양성이 중국 도성사에서 중요한 점은 궁성 정전의 이름을 태극전으로 부른 점으로서 이는 이후 중국 뿐 아니라 동아시아지역의 고대 도성사를 통해 지속된다. 이 당시 태극전에는 그 동·서에 각기 동당·서당이 배치되었으며, 이는 이후 남북조시대 동안 지속되지만 수·당 이후에는 보이지 않고 그에 대신하여 각기 종루와 고루가 배치되었다(王仲殊 2003).

그리고 조위 낙양성의 서북 모서리에 위치한 금용성과 북 성장에는 마면(馬面), 즉 치(雉)가 설치되어 있는데, 이는 중국 도성에 설치된 것으로는 최초의 예이다. 도성에 설치된 치의 예로는 고구려의 집안(集安) 국내성(國內城)이 가장 빠른데, 조위 낙양성에 설치된 치는 당시의 치열한 군사적 대치 상황의 산물로 이해하고 있다. 이후 치는 북위 낙양성, 동위·북제의 업남성에서도 그대로 지속된다(朱海仁 1998).

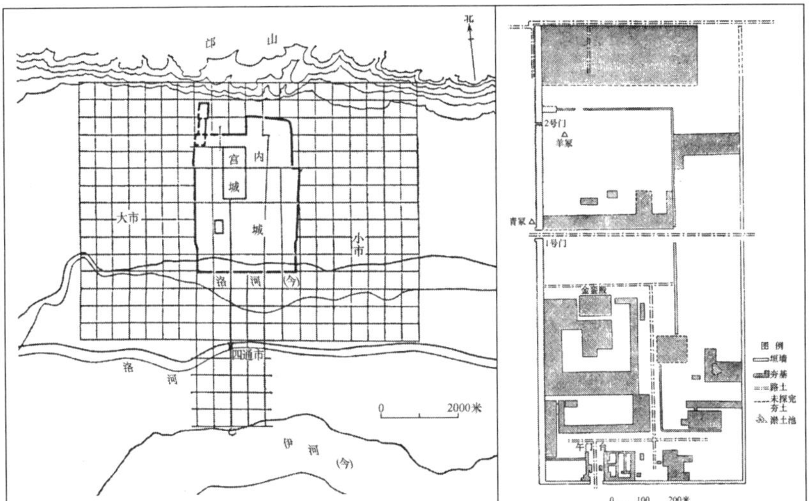

1. 북위 낙양성 평면 (王仲殊 1982 전재)

2. 궁성 평면 (朱海仁 1998 옮김)

〈도 4-Ⅳ-11〉 북위 낙양성 평면 및 궁성 전각배치

③ 북위(北魏) 낙양성

북위 낙양성은 493년 효문제(孝文帝)가 평성(平城)에서 낙양으로 들어와 조위·서진 낙양성의 서북쪽에 이전의 금용성을 확대하는 등 일부분을 고쳐 새로운 도성으로 삼고 495년 평성으로부터 궁과 관부 등을 모두 옮기게 된다. 궁성은 이전의 것을 거의 그대로 한 것으로서 남북 약 1,398m, 동서 660m, 내부 면적 1㎢이며, 궁성의 남쪽에 태극전을 배치하였다. 궁성의 뒤쪽에는 이전의 방림원을 고쳐 '화림원(華林苑)'을 두었다. 궁성 남쪽 밖에는 종묘·사직, 불사, 관서 등을 배치하였다. 천도 후 얼마 경과하지 않은 501년에 기존의 낙양성 바깥에 별도의 외곽성을 축조하여 사방 1리(300보)의 정방형 방리(坊里) 320개를 두었다.

외곽성을 둠으로써 이제 도성 구조는 궁성·내성·외곽 등 3중성으로 바뀌게 되었는데, 이는 중국 도성사에서 새로운 지평을 연 것이다(劉慶柱 2000). 『위서(魏書)』 태종기(太宗紀)와 『남제서(南齊書)』 위로(魏虜)전 등에 의하면 외곽성은 평성 도읍기인 422년에 이미 축조된 바 있어 그러한 도성제가 낙양성에 재현된 것으로 이해된다(朱海仁 1998). 외곽성의 성벽은 1963년 북 성장이 발견된 이후, 1984년에 서 성장이, 그리고 1985년에 동 성장이 차례로 확인되었다(도 4-IV-11의 1 참조).

북위 낙양성의 궁성은 전술한 바와 같이 대략 남북 장축과 동서 폭의 비율이 2 : 1 정도 되는데, 전체 길이의 약 절반지점에 동서 방향의 직선 도로를 경계로 하여 남쪽에는 태극전이 있고 그 북쪽에 침전과 소 궁원 등이 배치된 전조후침의 구조로 되어 있다(도 4-IV-11의 2 참조). 이는 조위 업성 궁성에서 보이던 서외조·동내조의 병렬 구조와 달라진 것으로 주목된다.

④ 동위(東魏)·북제(北齊)의 도성

동위·북제의 도성인 업남성은 조위 업성인 업북성의 남쪽이 새롭게 도성으로 확대되고, 확대된 도서의 남쪽, 즉 업남성의 약간 북쪽에 치우친 중앙에 남북 장축의 궁성이 배치된 구조이다(도 4-Ⅳ-12의 1 참조). 문헌기록에 의하면 400여 방이 있다하나 아직 외곽의 존재는 확인되지 않고 있다.

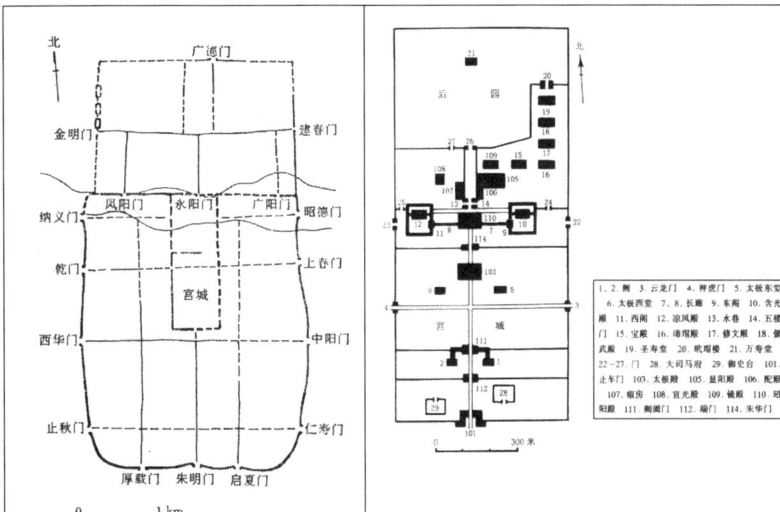

1. 업남성 평면(徐光冀 2002 옮김)

2. 업남성 궁성 전각 배치 (徐光冀 2002 옮김)

〈도 4-Ⅳ-12〉 동위 · 북제 업남성 및 궁성

궁성의 궁장은 동서 약 620m, 남북 970m 정도인데, 궁성 내부에서 다수의 건물지가 확인되었다(徐光冀 外 1997 ; 徐光冀 2002). 궁성 내부는 전체를 4등분할 때 가장 남쪽에는 어사대와 대사마 등의 관부가 배치되고, 그 북쪽에 궁문을 지나 태극전 및 동·서당이 위치한다. 태극전 북쪽에는 내조인 '소양전(昭陽殿)'이 있고, 동편에 치우친 북측에 침전이 배치되어 있다. 궁성의 동 궁장에 치우친 곳의 북쪽에는 동궁이 배치되었으며, 북쪽에는 후원인 화림원이 있다(도 4-IV-12의 2 참조).

이러한 궁성 전각 배치는 앞의 북위 낙양성의 경우와 거의 같으나 태극전이 궁성의 서반부에 치우쳐 있는 북위 낙양성에 비해 단일한 남북축선상에 접근하고 있다. 그러나 궁성 북반부에는 여전히 동서 병렬 배치가 유지되고 있다.

⑤ 남조 건강성(建康城)

남조의 건강성은 동오(東吳)의 건업성(建業城) 터에 동진의 성제(成帝 : 325~342년 재위)가 건설한 것으로, 이후 큰 변화 없이 유송(劉宋)·남제(南齊)·양(梁)·진(陳) 등 역대 남조의 도성으로 계속 사용되었다. 그런데, 동진은 중원지역에서 남하하였으므로 동진대의 건강성은 조위 업성 및 조위·서진 낙양성의 영향을 많이 받았던 것으로 보고 있다. 한편, 북위의 낙양 천도 계획이 수립되고 있던 무렵인 491년에 북위 효문제는 장소유(蔣少游)를 남제에 보내어 건강궁의 모습을 모사해 오게 하기도 하였으므로 북위 낙양성에도 건강성의 모습이 반영되어 있는 것으로 이해되고 있다(張學鋒 2006). 그러므로 남조의 건강성과 북위 낙양성 사이에 나타나는 유사성은 2가지 관점으로 이해할 수 있을 것이다.

우선, 건강성이 조위·서진 낙양성의 영향을 받아 만들어졌다는 사실이다. 건강성의 궁성은 317년 동진의 첫 왕제인 원제(元帝)가 즉위할 때에는 동오의 '태초궁(太初宮)'을 그대로 두고 이름만 '대성(臺城)'으로 바꿔 사용하다가 329년 소준(蘇峻)의 난에 의해 대성의 궁궐이 모두 불타 없어짐에 따라 332년 그 북쪽에 위치한 동오 '원성(苑城)' 터에 신궁을 짓고 그 이름을 새롭게 건강궁이라 한 것이다.

이러한 까닭으로 건강성의 궁성을 '대성'이라고도 한다. 처음 건강궁의 궁성 성장은 흙을 쌓아 만든 토장이었으나 339년에 표면에 벽돌을 잇댄 전포토장(塼包土墻)으로 개축하였다. 궁성 외부에는 호(濠)와 대나무 울타리를 둘렀으나, 남제 건국해인 480년에 이를 항토로 속심을 하고 벽돌을 감싼 전포항토장(塼包夯土墻)으로 개축함으로써 비로소 궁성과 외성으로 이루어진 건강도성이 완성되었다. 이와 같은 건강도성을 조영하는 과정에 그 모델이 되었던 것이 바로 조위·서진대의 낙양성이다. 남북 장축의 장방형 평면으로 된 궁성의 전체 형태뿐 아니라 외조 정전인 태극전과 황후 정전인 '현양전(顯陽殿)' 등의 전각 명칭도 낙양궁성의 그것과 같다. 그리고 궁의 북쪽에 후원을 배치한 점 역시 낙양성의 방림원의 예를 따른 것인데, 유송 시기인 445년에 조성된 건강궁의 후원 이름만은 방림원 대신 '화림원(華林苑)'으로 고쳐 불렀다.

동진·유송·남제에 걸쳐 완성된 건강 도성의 기본 구조는 양·진대에도 그대로 이어지지만, 궁성의 전각은 화재나 정변 등에 의해 소진된 경우가 많아 유송 시기인 460년대, 남제 시기인 483~493년 사이, 양 시기인 511~513년 사이에 궁성 및 태극전 등을 신축하였으며, 후경(侯景)의 난 이후 거의 폐허가 되어 진 시기인 558년에 다시 태극전을 복구하기도 하였다(賀雲翱 2005).

북위 낙양성 역시 조위·서진 낙양성의 옛터를 이용하여 조영되었으므로 건강성과 북위 낙양성 사이에는 유사성이 많을 수밖에 없을 것이다.

다음, 조위·서진 낙양성에 선례가 없는 것으로서, 북위 낙양성 단계에 처음으로 나타나는 건강성과의 유사점이다. 궁성 남문에서 외성 남문에 이르는 중축대로 좌우에 중앙 관서의 부사가 집중 배치한 점은 건강성의 예를 따른 것으로 보는 견해(賀業鉅 1996 ; 盧海鳴

2002)가 많다. 물론, 각종 전각의 건축 양식상에도 건강성의 영향이 컸을 것이지만, 그러한 점은 고고자료로써 입증하기 쉽지 않다. 북위가 낙양으로 천도한 이후 종래의 북조 연화문 와당 양식 대신 남조의 건강 양식 연화문 와당이 채택되는 배경은 장소유의 남제 건강궁 시찰의 결과로 이해하기도 한다(賀雲翱 2005).

건강성의 구조나 평면 형태 등에 대해서는 당 허숭(許嵩)의 『건강실록(建康實錄)』을 비롯한 역대 문헌에 내용이 전하고 있으나, 구체적인 복원도는 1935년 주설(朱偰)에 의해 처음으로 시도되었으며, 1980년대 이후 곽려안(郭黎安), 나카무라(中村圭爾), 곽호생(郭湖生), 마백륜·유효범(馬伯倫·劉曉梵), 노해명(盧海鳴), 카이무라(外村 中), 하운고(賀雲翱) 등에 의해 다양한 복원안이 제시되어 있다. 주설의 안은 남북 방향의 정방형 평면인데 비해, 곽려안의 안은 약간 동으로 치우친 남북 장축의 장방형 궁성과 장방형에 가까운 부정형 도성 평면으로 변화한 것이며, 나카무라의 안도 도성의 평면은 기본적으로 곽려안과 동일하다. 곽호생의 안은 주설 이래의 안들과 달리 건강성의 궁성 소재지를 명대의 '대행궁(大行宮)' 일대로 바꾸고, 도성의 장축 방향도 더욱 편동 남북장축으로 설정하였으며, 도성의 평면형은 정방형에 가깝다. 마백륜·유효범 및 하운고 안은 곽호생에 비해 도성의 평면이 더욱 세장한 장방형으로 바뀌었으나 부정형이다. 노해명은 도성의 평면이 정방형에 가까운 장방형이고 그 내부의 대성은 정방형으로 상정하였다. 카이무라의 복원안은 도성의 평면형이 장축비가 2:1 이상으로 세장방형이고 그 내부 중앙에 궁성, 즉 대성이 배치된 것으로 곽호생 이래의 복원안과 많이 달리진 것이다(張學鋒 2006).

1. 건강성 및 대성 평면 복원안 (張學鋒 2006 수정 게재)

2. 건강성 대성 평면 추정 복원도 (趙胤宰 2009 부분 옮김)

〈도 4-Ⅳ-13〉 건강성 대성 평면 복원안 비교

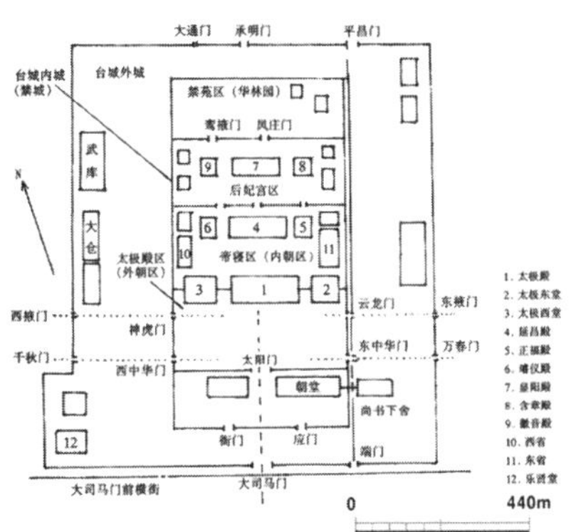

1.대성 전각 배치 복원안 (賀雲翱 2005 옮김)

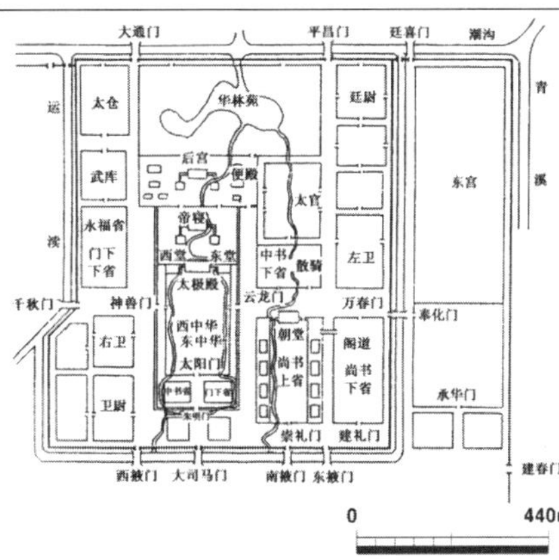

2. 대성 전각 배치 복원안 (盧海鳴 2002 옮김)

〈도 4-Ⅳ-14〉 건강성 대성 전각 배치 복원안 비교 가장 최근에 제시된 평면 복원안(張學鋒 2006)에 의하면, 도성의 전체 평면형은 편동 25° 남북 장축에 장단비 약 4:1의 세장한 장방형이고 그 정중앙에 역시 장단비 약 3:1의 세장한 내성(內城), 즉 대성이 배치되고 그 뒤에는 '화림원'이 배치되어 있다. 도성의 중축선이 되는 어도(御道)는 내성 남 성장 중앙문인 '대사마문(大司馬門)'에서 출발하여 외성 남 성장 중앙문인 '선양문(宣陽門)' 사이의 약 2리 구간을 통과한 다음 다시 외성 밖 약 5里 구간까지 이어져서 '주작문(朱雀門)'에 이른다(도 4-IV-13의 1 참조). 도성 외성의 추정 규모는 남·북 성장이 각 2리, 즉 880m(1리=300보, 약 440m 기준), 동·서 성장이 각 8리 8보, 즉 약 3,540m이며, 내성의 규모는 남·북 성장 각 1리(440m), 동·서 성장 각 3리(1,320m)로 설정하였다.

2000년 이후 '남경시지하문물보호관리규정(南京市地下文物保護管理規定)'에 의해 모든 건강성 관련 유적 조사가 시공 전 의무화됨에 따라 대성의 핵심지역의 위치, 대성의 동·서·남의 경계 등을 추정할 수 있는 성장 및 도로 유구가 확인되었다. 이를 통해 건강성의 평면 구조에 대한 이해가 획기적으로 진전되고 있다(王志高 2008). 2001년 5월에 남경시박물관의 왕지고(王志高)에 의해 대성의 동쪽 경계와 남쪽 경계 지점이 확인되었는데, 2009년 4월 필자를 비롯한 육조문물연구회 멤버들은 왕지고 선생의 후의로 남경 현지에서 대성의 경계지점들을 직접 답사하고 지도상에 표시할 수 있는 기회를 얻었다. 그 결과가 <도 4-IV-13의 2>이다. 이는 장학봉의 복원안과 차이가 있으나 현재로서는 가장 근접한 복원안으로 판단된다.

내성과 궁성의 전각 배치는 문헌 사료에 근거한 것으로 2가지의 안(盧海鳴 2002 ; 賀雲翱)이 제시되어 있다(도 4-IV-14 참조). 노해명의 안에서는 궁성의 위치가 내성의 서쪽에 약간 치우쳐 있는데 비해, 하운고는 내성의 거의 중앙에 궁성을 배치하였다. 궁성 내부 남단부에 관부 혹은 조당(朝堂)을 둔 점, 궁성 중간 지점에 태극전 및 동·서당이 있는 외조(혹은 전조) 구역이 있고, 그 뒤에 내조(혹은 침전) 구역 및 후궁구가 차례로 배치되고, 최북단에 금원구역인 화림원이 배치된 점과, 궁성 내의 각 전각이 단일한 남북 중축선을 기준으로 대칭 배치한 점 등은 공통된다. 궁성을 둘러싸고 있는 내성에는 무고, 태창, 그리고 중앙 관부가 배치되어 있는데, 이러한 모습은 앞서 본 북위 낙양성 내성의 경우와도 상통하는 것으로서 수의 대흥성(大興城)·당 장안성에서 본격화되는 궁성 전면의 황성(皇城)의 맹아로 이해할 수 있다.

(4) 수·당(隋·唐) 도성

수 대흥성·당 장안성은 같은 것으로서 수 문제(文帝) 583년에 '대흥궁(大興宮)'을 가장 먼저 조영한 후 양제(煬帝) 613년에 외곽성을 축조하였다. 그러나 그 무렵의 외곽성은 높이가 낮았던 것으로서, 이후 당 고종(高宗) 654년에 높이를 더 높혀 최종적으로 완성되었다. 수 대흥성과 당의 장안성은 왕조의 교체에 따라 그 이름만 바뀌었을 뿐 규모와 기본적인 평면 구조는 동일하므로 수당 장안성이라 부르기도 한다. 수당 장안성은 서한 장안성의 서남부에 조성되었는데, 외곽성의 규모와 형태는 성주 67리의 정방형에 가까운 횡장방형이다. 실측에 의한 외곽 성장은 동·서 성장이 각각 8,651.7m, 남·북 성장이 각각 9,721m로 내부 면적은 약 84㎢에 달한다(도 4-Ⅳ-15의 1 참조).

수당 장안성은 궁성, 황성, 외곽성, 금원 등 4개의 주요 부분으로 구성되어 있다. 궁성의 외조 정전 태극궁(수 대흥궁)-궁성 남문인 '승천문(承天門)'-황성 남문인 '주작문(朱雀門)'-외곽성 남문인 '명덕문(明德門)'에 이르는 중축선은 폭 150m의 대로로 개설되어 이를 기준으로 정연한 좌우 대칭을 이루고 있다. 방형 평면의 궁성은 외곽성의 북쪽 중앙에 위치하고 있는데, 남쪽 전반부의 태극궁 구역에는 외조 정전 태극전이 있는 태극전원(太極殿院)을 중심으로 동쪽에 문하성(門下省), 서쪽에 중서성(中書省)이 각각 배치되어 있다. 태극궁구 북쪽은 내조이고 그 북쪽에 광대한 금원이 위치한다. 궁성의 동쪽 부분에는 동궁이 서쪽 부분에는 남측에 황후궁인 '액정궁(掖庭宮)'이, 북측에 태창이 있다(妹尾達彦 2001).

궁성과 폭 150m의 동서도로를 사이에 둔 황성에는 중앙관부들이 위치하고 있는데, 남 성장에 인접한 남동 모서리에 종묘인 태묘(太廟)를, 남서 모서리에 사직인 대사(大社)를 배치하였다. 황성 남단 동·서에 종묘와 사직을 두는 전통은 이후 명·청 북경 자금성(紫禁城)에까지 지속된다(도 4-IV-15의 2 참조).

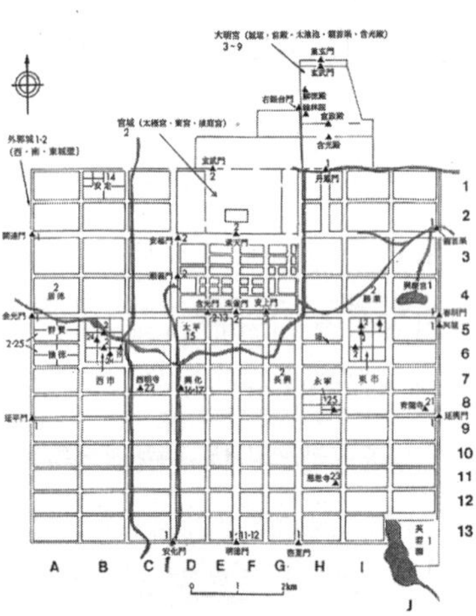

1. 수당 장안성 평면도
(妹尾達彦 2001 옮김)

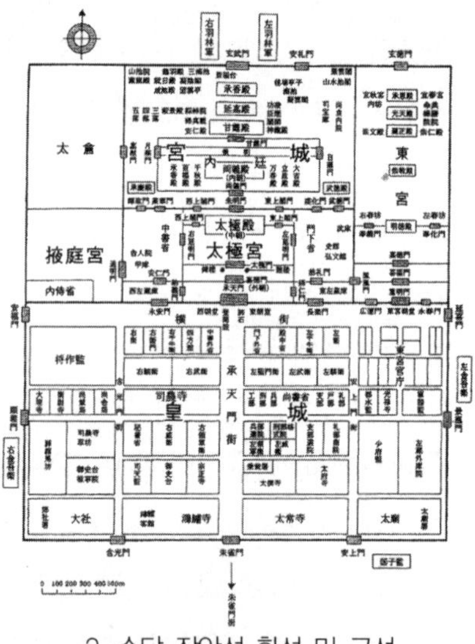

2. 수당 장안성 황성 및 궁성
(妹尾達彦 2001 옮김)

〈도 4-IV-15〉 수당 장안성의 평면 및 황성 · 궁성의 구조

수당 장안성은 전반적인 구조상 북위 낙양성과 매우 흡사하나 궁성을 포함한 모든 공간 배치 원리가 북의 중앙을 중심으로 철저히 좌우 대칭을 관철하고 있는데, 이는 북극성을 중심으로 하는 하늘의 질서를 황제를 지존으로 하는 지상 세계에 그대로 재현하려는 의지의 소산으로 풀이되고 있다. 수당 장안성에서 확립된 중국 도성 구조 원리는 이후 역대 중국 왕조는 물론이도 일본을 비롯한 동아시아 고대 도성제에 결정적인 영향을 미친다.

수당 장안성이 이전의 도성과 다른 점은 도성의 북쪽에 광대한 면적의 금원을 두고 있다는 점이다. 이는 수당 왕조를 일으킨 세력이 선비(鮮卑)계 기마군사 집단이었으므로 이들의 전통과 관련되어 국가 의례의 행사장으로서 그리고 궁성을 수비하는 군사적 필요에 따른 강력한 기마군단의 주둔지로 기능하였던 것으로 이해된다. 금원 동쪽 부분에 663년 대명궁(大明宮)이 조성되는데, 이를 계기로 국가 정치의 주무대인 태극궁의 비중이 약화되기 시작하고, 특히 당 현종(玄宗) 이후에는 태국궁에 대신하여 대명궁이 정치 운영의 중심이 된다. 그에 따라 종래 국가 의례의 중심으로서 금원의 기능도 황제의 오락과 휴식의 공간으로 변모하게 된다(妹尾達彦 2007).

2. 중국 고대 도성제의 전개

(1) 궁성 위치의 변화 경향

하의 이리두 궁성은 외성이 없지만 이후의 역대 궁성은 그 바깥에 외성이 둘러져 있다. 외성 전체 공간에서 궁성의 위치는 시간의 변화와 더불어 일정한 경향성을 보인다.

상대의 언사 상성(소성시기 기준)과 안양 원북 상성은 모두 외성의 남반부 중앙에 위치하고 있으나, 정주 상성의 경우는 궁성이 확실하게 드러나지는 않았으나 대형 건물지의 배치가 북부에 집중되어 있다.

전국시대에는 궁성이 외성과 분리된 경우, 성벽을 맞대고 병렬 배치된 경우, 외성이 혹은 대성의 한 쪽 모서리에 배치되는 등 다양한데, 거민지역인 외성으로부터 궁성이 격리되는 이러한 현상의 배경은 궁의 안위 도모와 관련이 있다.

진(秦)의 도성에는 외성이 없이 다수의 궁성이 산재하고 있었다. 서한에 들어오면 장안성의 내부는 거의 대부분 여러 궁성으로 채워지지만, 정궁인 미앙궁은 외성 남부에 자리하고 있다. 동한 낙양성에 오면 다궁성제가 남북 2궁성으로 축소되는데, 시간의 경과와 함께 북궁의 위상이 강화된다.

위진남북조에 오면 궁성이 도성의 북부 중앙에 위치하게 되는데, 그 시작은 조위 업성이다. 조위 업성에서는 또한 궁성으로부터 도성 남 성장의 중앙문에 이르는 큰길이 전체 도성의 중축선을 이루는 새로운 도성제의 시작이기도 하다. 그러한 신도성제의 등장 이면에는 중앙아시아지역의 도성의 영향이 있었던 것으로 보는 견해가 유력하다.

북위 낙양성에서는 궁성과 내성 이외에 거민구의 리방을 포괄하는 외곽성이 등장함으로써 궁성이 처음으로 3중성이 된다. 그에 따라 기존의 도성의 외성은 내성이 되는데, 내성에는 종묘·사직, 중앙관부, 사원 등이 배치되었다. 이러한 내성의 구성 요소는 후술할 수당 장안성의 황성으로 이어진다. 남조의 건강성에는 외곽성은 없으나, 내성격인 대성 가운데에 위치한 궁전구역 전체를 다시 궁장으로 차폐하고 있어 북위 낙양성 궁성과 거의 같은 3중 궁성이 되는 셈이다.

수당 장안성에는 전술한 북위 낙양성의 내성 및 남조 건강성의 대성에 포함된 관부·묘사(廟社) 등이 궁성 남쪽의 황성(皇城)에 배치됨으로써 궁성 자체는 다시 궁성·외곽성 이라는 2중성이 되는데, 그러한 구조는 이후 중국 도성제의 전통으로 이어지게 된다.

(2) 궁성 평면의 변화 경향

하상대의 궁성 평면형은 남북 방향을 축으로 하고 있으며, 언사 상성을 제외하고는 남북 장축의 장방형이다. 궁성의 평면이 확인된 것의 장단비를 보면 이리두 1.2:1, 언사 상성 1:1, 은허 상성 1.7:1 등으로서 시간의 경과와 더불어 세장화의 경향이 엿보인다.

전국시대는 분명하지 않으나 진한시기의 궁성은 정방형에 가까운 평면이다. 장단비를 보면, 진의 흥락궁의 후신인 한 장락궁은 1:1.2(동서 장축)이고, 한 미앙궁 역시 1:1.2로 계측된다. 동한 낙양성에서는 북궁이 1.2:1(남북 장축), 남궁이 1.1:1(남북 장축) 등으로 거의 정방형에 가까운 장방형이다.

위진남북조 궁성 평면은 모두 남북 장축의 장방형인데, 조위 업성이 1.2:1, 조위·서진 낙양성이 2.2:1, 북위 낙양성이 2.1:1, 동위·북제 업남성이 1.7:1, 남조 건강성이 3:1 등으로서 세장화가 급격히 진전된다. 업남성의 경우 궁성 뒤의 후원구를 포함하면 2.3:1로 계측되어 북위 낙양성과 남조 건강성 사이에 해당되는 평면형이다.

위진남북조 시기의 세장방형 궁성 평면은 수당 장안성에 와서는 다시 정방형에 가까운 동평면으로 바뀐다. 장단비를 보면 1:1.04로서 동서방향이 오히려 약간 더 긴 모습으로서 평면형으로만 보면 진한대의 궁성으로 회귀한 듯하다. 그러나 후술하겠지만 궁성내의 전각 배치에 있어서는 진한대와는 전혀 다르다.

(3) 궁성 전각 배치의 변화 경향

하 이리두 도성 궁성의 전각 배치는 현재까지 드러난 것으로만 보면 서 외조·동 종묘로 이해되나 이들 사이의 중간에도 전각이 있었을 것으로 추정되므로 서·중·동 3열 배치로 이해된다. 궁성 내에 궁전과 종묘가 공존하는 이른바 궁묘일체형 3열 배치인 셈이다.

상대에는 언사 상성의 예가 가장 자세한데, 역시 궁묘일체형에 해당되지만 서궁·동묘의 2열 배치로 이해된다. 서쪽 궁전열은 다시 남 외조 북 내조 혹은 침전의 배치이다.

궁묘일체의 전통은 춘추시대에 들어 변화의 획기를 맞게 되는데, 이후 종묘는 궁성 외부에 위치하게 되면서 궁묘분리가 시작되었다. 그리고 진대부터 좌묘우사의 전통이 시작되어 이후 지속된다.

한 장안성 미앙궁은 전체의 공간을 약 3구분하여 중간 구역에 외조인 전전이 위치하고 그 뒤에 후침 및 후궁에 해당하는 초방전이 배치되어 있어 전조후침에 해당되지만, 궁의 정문격인 남궁문과 전전의 중앙이 정확하게 동일 축선상에 있지는 않다. 궁성 서남부에는 창지(滄池)가 있는 정원구역이 배치되고 그 뒤쪽에는 중앙 관부도 있다.

외조 정전 중심의 단일 중축선이 등장하는 것은 조위 업성이다. 궁성 전체는 외조구역과 내조·후궁구 각각 서와 동으로 구분되어 있어 외조는 궁성의 서쪽에 치우쳐 있는 셈이다. 북위 낙양성의 중축선 역시 궁성 전체로 볼 때 서쪽에 치우쳐 있는데, 궁성은 남북 2개의 구역으로 구분되어 있고 이는 다시 각각 동서 2열의 전각 배치로 되어 있다. 외조 정전인 태극전은 궁성 남쪽 구역의 서열에 해당되며, 바로 뒤에 후침구가 있다. 조위 업성처럼 궁성 자체가 동·서로 명확히 구분되어 있지는 않으나 외조는 여전히 궁성의 서쪽에 위치하고 있는 공통점과 함께 동쪽에 있던 후침구가 외조의 뒤편인 북쪽으로 이동되는 차이점도 있다.

외조와 내조가 궁성의 중앙에 위치한 단일 중축선 상에 배치되는 동위·북제 업남성에서 나타난다. 남·중·북 3구역으로 구획된 궁성의 중간 구역에 태극전과 내조가 있고 북구역에 후궁 혹은 침전이 있다. 북구역 동쪽 부분에는 남북으로 축선을 이룬 일련의 전각이 배치되어 있으나 서쪽은 후원으로 조성되어 있다.

궁성 외조 태극전을 중심으로 한 확실한 남북 단일 중축선 배열은 남조 건강성에서 시작되는 것으로 볼 수 있다. 문헌사료에 의한 추정 복원이기는 하나 위에서 살펴본 흐름으로 보아 가능성이 높다. 태극전 중심 정중앙 단일 남북 중축선 전각 배치는 수당 장안성에서도 나타나며, 이후 중국 도성제의 핵심 요소로 이어진다.

3. 익산 왕궁유적의 성격과 사비도성 왕궁

(1) 왕궁유적의 성격

왕궁유적이 최초 사비기 백제의 궁성으로 조영된 후 사원으로 개조되었을 것이라는 견해(金容民 2005)는 이미 제기되어 있으며, 필자 역시 전적으로 동감이다. 그러나 왕궁유적의 최초 조영 시기나 각 건물지의 성격에 대해서는 아직 구체적인 검토가 필요하다. 앞서 살펴본 중국 역대 도성에서 관찰되는 궁성의 평면형, 도성에서의 위치, 궁성 내의 전각 배치 변화 경향 등을 염두에 두면서 그러한 문제에 대한 견해를 제시해보고자 한다.

우선 왕궁유적의 전체 평면형은 남북 장축의 세장방형으로서 장단비는 2:1 이다. 이와 비교될 수 있는 궁성의 평면형은 조위·서진 낙양성(2.2:1), 북위 낙양성(2.1:1), 동위·북제 업남성(1.7:1, 후원부 포함 2.3:1), 남조 건강성(3:1) 등이다. 왕궁 유적의 평면형은 위진남북조 시대의 궁성 평면과 거의 일치되고 있음을 알 수 있다.

왕궁유적의 건물지는 남 성장 중앙문-대형 건물지(7×4칸)-추정 목탑지-금당지-강당지로 이어지는 축선이 중축을 이루고 있으나, 그 동쪽에도 전각들이 배치되어 있어 완전한 단일 중축선 대칭배치는 아니며, 중축선은 약간 서쪽에 편재되어 있다. 이와 매우 유사한 배치는 업남성의 궁성에서 찾아 볼 수 있다. 특히 태극전이 있는 중간부 이후의 전각 및 후원의 배치 등이 그러하다. 물론, 추정 목탑지·금당지·강당지는 남 성장 중앙문 바로 다음의 대형 건물지와 동시기는 아니나, 대형 건물지와 축선이 일치한다는 사실은 오히려 목탑지 등 사찰 건물들이 대형 건물지와 동시기의 선행 건물을 개조하였음을 말해주는 반증이기도 하다. 대형 건물지는 사비도성 추정 왕궁지에서도 확인된 정전급 대형 건물이므로 사찰 이전의 일련의 건물들은 바로 궁을 구성하는 전각들로 볼 수 있다(도 4-IV-16 참조).

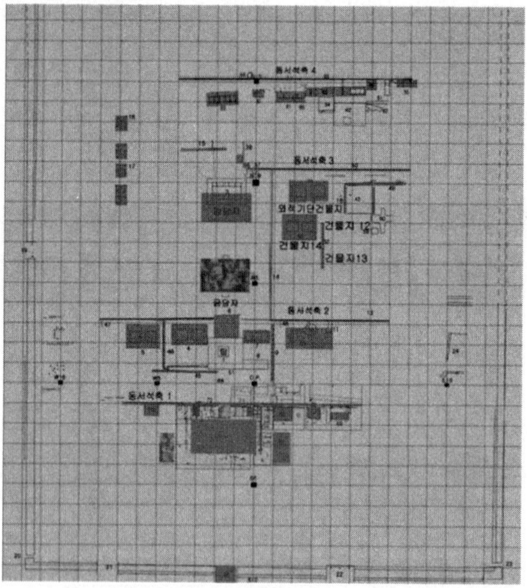

〈도 4-IV-16〉 익산 왕궁유적 남반부 전각 배치도
(金容民 2005에 의해 필자 작성)

왕궁유적이 업남성과 유사하다는 점은 이미 지적된 바(金容民 2005) 있다. 그런데 그러한 유사성은 단순히 어느 시기에 백제가 동위·북제의 도성을 참고로 결과로 해석하기보다는 중국 도성사 전개

속에서 이해하는 것이 바람직하다. 왕궁유적의 평면형은 중국 남북조시기 궁성과 같고, 전각 배치 역시 당시의 중국의 예와 거의 같다. 구체적으로 말하면 동위·북제(534~577) 시기에 병행하는 단계의 궁성에 해당한다. 이는 결국 사비기 백제의 궁성은 동시기 중국 도성의 궁성의 모습을 충실히 반영하고 있었음을 짐작하게 한다. 아직 모습을 드러내지 않고 있는 사비도성의 궁성도 이와 같은 것으로 보아도 좋을 것이다.

(2) 왕궁유적의 초창 시기

왕궁유적의 초창 시기에 대해서 필자는 6세기 후반으로 비정한 바(朴淳發 2005c) 있다. 그 근거가 되는 것이 바로 초창 시기의 구조물로 판단되는 제1동서 석축에서 출토된 청자연화준 파편이다.

청자연화준 가운데 잘 알려진 것은 하북(河北) 경현(景縣) 봉씨묘(封氏墓)군 출토품이다. 1948년 수집된 연화준의 출토지로 알려진 곳을 대상으로 1955년에 발굴조사한 결과 4점의 연화준이 새롭게 수습되었다. 봉자회(封子繪)묘에서 2점 그리고 '위고군군조씨묘(魏故郡君祖氏墓)'에서 2점이 수습되었다(張季 1957). 봉자회는 묘지에 의해 북제 하청(河淸) 3(564)년에 죽어서 이듬해 565년에 안장되었음을 알 수 있었으나, 조씨는 묘지의 뚜껑만이 남아 있어 정확한 사망 및 안장 시기를 알 수 없다. 봉자회의 묘지에 '제고상서우박사기주사군(齊故尙書右僕射冀州使君)'이 새겨져 있는 점으로 미루어 조씨는 봉자회보다 이른 시기에 사망·매장되었을 가능성이 있는데, 그에 대해서는 후술한다.

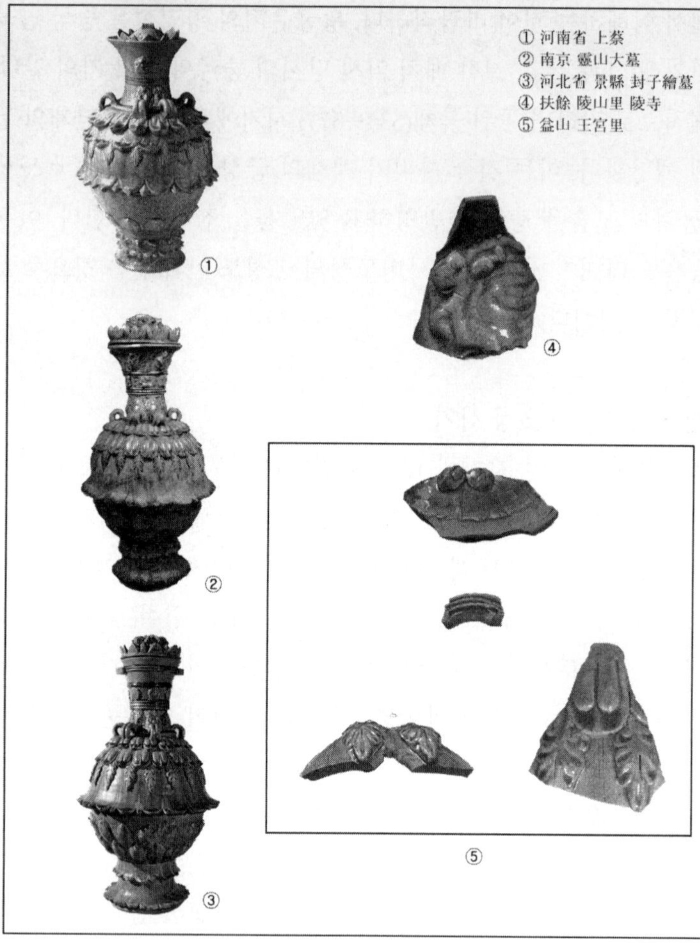

〈도 4-IV-17〉 왕궁유적 출토 청자연화준과 비교자료

<도 4-IV-17>의 3 청자연화준이 봉자회 묘에서 수습된 2점 가운데 하나이다. 비교적 외반도가 작은 경부에는 3곳에 돌대가 배치되어 있고 대각은 비교적 높은 편으로 이중의 복연판(伏蓮瓣)으로 처리되어 있다. 이 연화준의 하한 연대는 565년이다. 한편, 봉씨묘군 수습품으로 소개된 연화준 사진이 보고서에 게재되어 있는데, 구체

적인 출토 지점은 밝혀져 있지 않다. 사진 상으로 보면, 전술한 봉자회묘 출토품에 비해 구연부의 외반도가 크고 경부 돌대는 1개소에만 있다. 돌대에 의해 양분된 경부의 구연부쪽에는 비천상(飛天像) 등의 양각 조상이 부착되어 있다. 이는 후술할 하남성 상채(上蔡) 출토품 및 부여 능산리 사지 출토품과 유사하다.

봉자회묘 출토품과 더불어 그 하한 연대를 알 수 있는 또 하나의 예로는 남경 영산대묘(靈山大墓) 출토품(羅宗眞·王志高 2004)을 들 수 있다. 영산대묘에 대한 정식 보고서는 없으나 그 규모나 부장품의 내용으로 보아 남조의 황제릉 가운데 하나임은 분명한데, 구체적으로 진(陳) 문제(文帝 : 535-551년 재위) 진천(陳倩)의 영녕릉(永寧陵)으로 비정되고 있다(馮普仁 1985). <도 4-IV-17>의 2가 영산대묘 출토품인데, 봉자회묘 출토품에 비해 구연부의 외반도가 약간 크고 경부 돌대는 2개소에 있다. 경부의 상단 구획에는 양각조상으로 장식되어 있다. 대각의 형태는 봉자회묘 출토품과 거의 같으나 하복연판의 외반도가 다소 작아 안정감이 덜한 편이다. 이 연화준의 하한은 551년으로 볼 수 있다.

이 두 예를 통해 시기에 따른 연화준 형태의 변화 경향을 파악해 볼 수 있다. 경부의 외반도, 경부 돌대의 수, 대각부의 안정도 등에서 정형적 변화가 감지된다. 시기적으로 앞선 영산대묘의 것이 경부의 외반도가 상대적으로 크며, 돌대의 수는 작다. 그리고 대각부의 안정도가 낮음을 알 수 있다.

이러한 점들과 관련해 주목되는 것이 전술한 봉씨묘군 출토의 또 다른 연화준이다. 봉자회묘 출토품으로 알려진 것보다 구연부의 외반도가 크고 경부에는 대략 한 가운데 지점 1개소에 돌대가 있다. 돌대의 윗부분에는 비천상등의 양각조상이 부착되어 있다. 이러한 특징은 영산대묘 연화준과 상대적으로 유사하나 경부의 돌대가 1개소에만 있는 점이 다르다. 전술한 바 있는 연화준의 시기적 변화 경향에 비추어 볼 때 이 연화준은 봉자회묘 출토품보다 이른 시기의 것일 가능성이 매우 높아, 조씨묘 출토품 2점 가운데 하나로 이해된다.

그와 형태적으로 유사한 것이 <도 4-IV-17>의 1의 하남성 상채 출토품이다. 경부의 외반도는 영산대묘 출토품보다 크고 경부의 가운데 지점에는 돌대가 아닌 3조의 음각선으로 구획을 하고 있다. 대각부는 복연판의 외반이 작아서 거의 원통형에 가깝다. 이러한 특징은 이 연화준이 앞서 본 영산대묘 출토품이나 봉자회묘 출토품에 비해 그 시기가 이른 것임을 말해주는 것으로 이해된다.

한편, 전술한 봉씨묘군 출토품의 또 다른 예에서는 경부 중간지점 1개소에 3조 돌선으로 구획하고 있는데 비해 하남 상채 출토품에는 그것이 3조 음각선이었다. 이는 경부 구획대가 처음에는 1개소에 음각선으로 되었다가 시간의 변화와 더불어 봉씨묘군 출토품 단계에 와서 돌선으로 바뀌고, 영산대묘 출토품 단계에 와서 경부 구획 돌선은 2개소가 되어 그전보다 많아지고, 다시 봉자회묘 출토품 시점에는 3개소로 된다.

경부 구획에서의 그러한 변화와 함께 경부의 전체적인 형태 역시 달라지고 있음이 확연히 드러나고 있다. 하남 상채의 경우 경부는 동체에 비해 굵고 짧으며, 구연부의 외반도도 크다. 영산대묘의 경우 경부는 상대적으로 세장하며, 구연부의 외반도는 작은 편이다. 시기적으로 늦은 봉자회묘의 경우 경부의 세장고 함께 구연부의 외반은 더욱 작아서 직구 형태를 하고 있다.

이상의 청자연화준의 시기적 변화 양상을 감안할 때 익산 왕궁리 유적 출토품은 대략 영산대묘 출토품이나 봉자회묘 출토품 단계에 해당되는 것으로 볼 수 있다. 경부 돌대편인 <도 4-IV-17>의 5에 보이는 3조 돌선이 그 단서가 된다. 그렇다면, 왕궁리 출토 청자 연화준의 제작 또는 사용시점은 영산대묘 출토품의 하한인 551년이나 봉자회묘 출토품의 하한 연대인 565년 무렵의 어느 때로 볼 수 있다. 그러므로 왕궁유적 초창 시기는 6세기 중엽에서 멀지 않은 시점으로 보아야 한다.

중국제 도자기의 수입·사용·폐기 등 일련의 순환 과정과 관련하여 어느 정도의 시간이 소요되었는지에 대해서는 확실히 알 수는 없으나 그것이 중국 현지와 크게 다르지 않았을 것으로 보아야 한다. 이러한 점은 부여 능산리 사지 출토 청자연화준 구연부편을 통해 짐작해 볼 수 있다. <도 4-IV-17>의 4가 그것인데, 구연부의 외반도나 기면에 장식된 양각 조상으로 보아 하남 상채 출토품 또는 봉씨묘군의 연화준 단계의 것으로 비정할 수 있다. 능사 출토품은 제 5차 조사시 능사보다 선행하는 시점의 소택지에서 수습된 것이므로(國立扶餘博物館 2000) 그 하한은 능사 창건 시점인 567년이 된다. 또한 이러한 귀한 수입품이 부여지역에서 사용되다가 폐기될 수 있는 상황은 사비천도 이후임이 분명하다. 그러므로 능산리사지 출토품은 538~567년 사이에 수입·사용·폐기의 순환을 거친 것으로 보아야 한다. 이는 앞서 본 영산대묘나 봉자회묘 출토품 등 안장 시점을 알 수 있는 청자연화준의 연대와 다르지 않음을 보여주는 것이다.

이상 검토한 바와 같이, 중국에서 연화준이 성행하던 시기를 감안할 때 왕궁 유적 출토품은 6세기 중엽 혹은 후엽 초보다 더 내려 보기 어렵다. 그러므로 사원으로 개축되기 이전의 궁성으로서 왕궁유적의 초창 시기는 6세기 제3/4분기 무렵으로 비정할 수 있다. 이러한 연대 비정은 앞서 살펴 본 중국 도성사 전개 과정의 왕궁유적 궁성의 시간적 위치와도 거의 일치되어 그러한 연대관을 뒷받침한다.

그렇다면, 지금까지 미륵사 창건 설화를 바탕으로 익산지역에 대한 백제 왕실의 관심을 무왕대만에 국한시키는 인식에는 문제가 있다. 왕궁유적의 초창 시기는 6세기 후반의 위덕왕(威德王) 재위 기간에 해당되기 때문이다. 최근 익산 미륵사지 석탑 해체 과정에서 드러난 사리장치공을 통해 미륵사의 창건 시점이 639년으로 밝혀졌다. 위덕왕대에 창건된 왕궁유적의 이궁과 무왕대의 미륵사 창건 사이에는 어떤 관계가 있을까. 이 문제는 장차의 검토 과제가 될 것이지만, 현 시점에서 굳이 억측한다면, 다음과 같다. 위덕왕대의 이궁이 익산에 있었으므로 당연히 왕의 행차가 잦았을 것이고, 그러한 과정에서 무왕이 익산지역에서 태어났을 것이다. 어린 시절을 익산에서 보낸 무왕은 즉위 후 사비지역의 유력 귀족인 사택(沙宅)씨의 지지를 이끌어 내기 위해 사리장치 명문의 내용과 같이 그의 딸을 왕비로 맞이하는 한편, 익산 이궁의 서쪽 부분을 사찰로 개조하는 조치를 단행하였을 것이다. 왕권이 확고해지는 639년 무렵 제석사가 불타버린 것[15]을 계기로 새롭게 미륵사를 창건하였다. 이처럼 그의 출생지에 대한 애착은 마침내 왕릉도 익산 쌍릉(雙陵)에 조성하게 된 배경이었을 것이다.

(3) 왕궁유적 건물지의 성격

왕궁유적 남 성장 중앙문과 축선이 일치되는 대형건물지는 그 위치로 보아 외조 정전인 태극전일 가능성이 높다. 이 무렵 태극전에는 동·서당이 협전(脇殿)으로 배치되어 있으나, 왕궁 유적에서는 아직 그에 대응되는 건물은 불확실하다. 아무튼, 이 건물이 태극전이라면 추정 목탑지 주변의 건물지와 목탑지에 선행하는 건물지 지점은 외조

15 1953년 일본 교토(京都) 세련엔(靑蓮院) 소장 고문서 조사 시 마끼다(牧田諦亮)가 처음 발견하여 1970년 학계에 공표된 『관세음응험기(觀世音應驗記)』에는 제석사에 관한 기사가 실려 있다. 그에 의하면 당 정관(貞觀) 13년 서기 639년에 뇌우로 인해 불당·칠층탑 등 사찰의 일체 건물이 모두 소진되었다(以貞觀十三年歲次己亥冬十月, 天大雷雨, 遂災帝釋精舍. 佛堂·七級浮圖·乃至廊房, 一皆燒盡)과 한다.

와 내조를 연결하는 축선상의 건물지들일 가능성이 높으며, 금당지로 개축된 건물지는 내조 정전에 해당할 것이다. 강당지 선행 건물지 혹은 강당지 앞의 계단 시설과 관련된 건물지는 후궁의 정전이고 그 동쪽의 일련의 건물지들은 그에 부속된 전각으로 볼 수 있다.

이와 같은 익산 왕궁유적의 대형건물지의 성격 비정은 <도 4-IV-18>에서 보는 바와 같이 7세기 중엽경 일본 왕궁의 전각 배치를 통해서도 뒷받침 된다. 전기 나니와궁의 경우 궁전 구역인 내리(內裏) 남문 바로 뒤에 외조 정전이 있는데, 이러한 점은 후아스카오카모토궁 및 오쯔궁에서도 동일하다. 왕궁유적의 대형건물지 역시 궁장 남문 바로 다음에 위치하는 대형 건물이므로 외조 정전에 해당하는 것으로 볼 수 있으며, 당시 외조 정전은 태극전으로 부르므로 왕궁유적의 대형 건물지는 태극전지가 된다.

왕궁 유적의 성격을 이상과 같이 이해할 수 있다면, 이를 토대로 사비도성 궁성의 모습도 그려 볼 수 있을 것이다. 6세기 1/4분기에 조성되었을 것으로 판단되는 사비도성의 궁성은 당시 활발한 교섭대상국이던 양 건강성의 궁성과 크게 다르지 않았을 것이며, 축조과정에 남제의 건강성도 참고한 북위 낙양성의 궁성과도 유사한 점이 많았을 것으로 이해된다. 장방형의 평면을 하였을 것이며, 궁성의 뒤에는 후원이 배치되었을 것이다. 부소산성이 후원구에 해당될 것이고 그 남록에서 현재의 부여시내 북부에 걸친 곳에 궁성이 위치하고 있었을 것으로 추정할 수 있다. 왕궁의 평면 형태와 같은 구체적인 모습에 대해서는 아직까지 적극적인 자료가 확보되어 있지 않으나, 최근까지 알려진 발굴 조사자료 및 일제강점기의 지적도 등을 종합해 추정 모식도로 만들어 본 것이 앞서 제 III절에서 본 <도 4-III-7>이다. 장차 사비도성의 왕궁에 대한 본격적인 조사가 이루어지기를 기대하면서 그를 위한 작업가설의 하나로 제시하는 바이다.

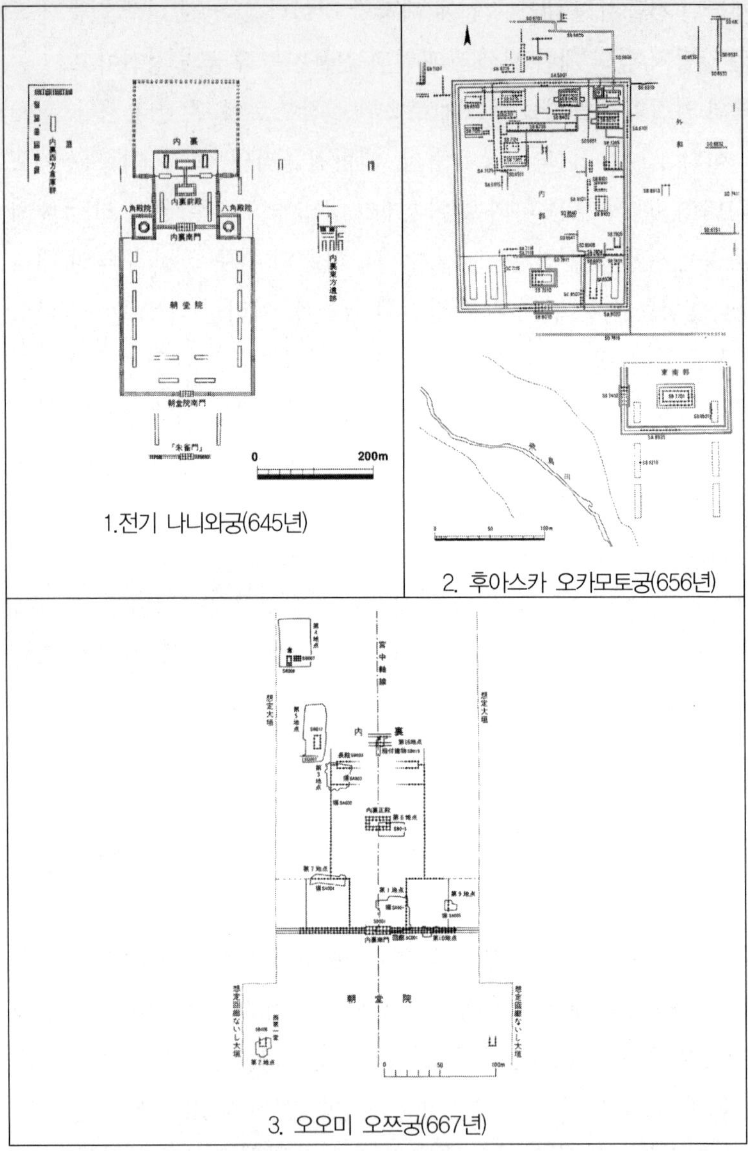

1.전기 나니와궁(645년)

2. 후아스카 오카모토궁(656년)

3. 오오미 오쯔궁(667년)

〈도 4-Ⅳ-18〉 일본의 7세기 왕궁 구조(奈良文化財硏究所 2002 옮김)

4. 왕궁유적 출토 조경석

왕궁유적은 도성의 궁성만을 별도로 떼어 내어 익산에 배치한 사비시기 백제의 이궁이다. 궁성에는 그 뒤편에 후원이 배치되는 만큼 왕궁유적의 북쪽 절반은 후원으로 꾸며져 있다. 이곳에 대한 조사는 2006년도부터 본격적으로 진행되고 있는데, 바로 그해 인공으로 꾸민 수로와 폭포 등의 조경 유구들 사이에서 매우 특이한 재질의 조그만 돌 2점이 수습되었다. 현장에서 이 돌을 본 첫 느낌은 지금까지 국내에서 보았듯 것과는 달랐다. 필자는 이 돌이 왕궁의 후원을 꾸미기 위해 당시 중국에서 인기가 높던 조경석을 들여 온 것이라 생각하였다. 그러나 구체적인 증거가 없어 그리 여기고 있었을 뿐이다.

그 후 2007년도 겨울 일본 동경 근교 가마쿠라(鎌倉)의 부단(牧丹) 공원을 우연히 들렀다가 왕궁의 돌과 같은 재질의 조경석을 마주하게 되었다. 범상하지 않은 이 돌 옆에 세워진 설명판에는 그 고향이 중국의 강소성(江蘇省)임을 밝히고 있었다. 중국과 일본이 국교를 맺은 날을 기념하기 위해 중국 강소성 원림처에서 특별히 일본에 선물한 것이라는 하였다. 그리고 이 돌을 일컬어 '어린석(魚鱗石)'이라 한다는 설명도 있었다. 필자가 보기에는 어린, 즉 물고기의 비늘처럼 보이지는 않았으나, 석회암 바탕에 자갈돌이 송글송글 박힌 모습이 물고기의 비늘과 같다고 생각한 모양이다. 그러나 이 이름이 예부터 내려온 것인지 요즈음 그렇게 붙인 것인지는 더 이상 알 수 없었다.

한 동안 잊고 지내다가 2009년도 4월 중국 남경을 답사하는 기회에 다시 어린석을 떠올렸다. 남경시박물관의 왕지고(王志高) 선생께 도움을 청해보기로 하였다. 일본에서 본 설명판의 내용을 전하고 중국의 남경 부근에 어린석의 산지가 있는지를 알아 봐 달라고 하였다. 설명을 들은 왕선생은 언젠가 박물관 수장고에서 그와 유사한 것을 보았다는 것이다. 귀국 후 어린석 사진을 보내주었더니 마침내 2009년 10월경 그로부터 소식이 왔다(사진 4-IV-1 참조). 꼭 같은 것을 찾았다는 것이다. 필자는 중국어가 능숙하지 못하였으므로 그 과정에 인제대학 조윤재(趙胤宰) 교수의 신세를 많이 졌다.

1. 남경 강녕 조가산 유적 출토 어린석(王志高 선생 제공)

2. 왕궁유적 출토 어린석

3. 일본 가마쿠라 부단공원 어린석

〈사진 4-IV-1〉 왕궁유적 출토 어린석과 비교자료

어린석은 남경의 대행궁(大行宮) 지구의 육조 건강궁성 유적에서 발견된 바 있었는데, 그와 동일한 것을 2008년도 발굴조사를 통해 또 한 점 발견하였다는 것이다. 2008년도 7월에 남경시박물관이 발굴한 남경시 강녕(江寧) 상방(上坊) 조가산(趙家山)의 남조 석기 가공장 유적에서다. 이 유적은 인근에 위치한 채석장에서 원석을 채취해 초석 등의 건축재를 포함해 여러 가지 석제품을 만드는 곳이었다. 그러한 곳에서 조그마한 어린석이 나온 것이므로 이 역시 가공의 대상이었던 것으로 추정된다.

아무튼, 이러한 과정을 통해 왕궁유적 후원 조경에 사용된 어린석이 중국에서도 귀한 조경석의 하나였음을 확인하게 된 것이다. 건강궁성에서 나온 것은 아마도 왕궁유적과 같은 정원석으로 사용되었을 것이다. 그것은 어린석의 진귀성을 말해주는 것이 된다. 이처럼 귀한 어린석을 수입해 왕궁유적의 후원을 꾸민 데에서 백제 왕궁 후원의 높은 조경 수준을 짐작할 수 있을 것이다.

왕궁유적 후원에는 인공폭포, 수로, 태호석(太湖石) 조경 등 다양한 조원(造園) 기법이 동원되었음이 발굴조사 결과 속속 드러나고 있어 장차 조사 결과가 기대된다. 그 동안 왕궁의 후원을 비롯한 원림(園林)의 내용은 거의 알려지지 않았던 만큼 이 분야에 대한 본격적인 연구의 필요성이 절실하다. 어린석이 그 실마리의 하나를 제공한 셈이다. 특히 2009년도에는 유상곡수(流觴曲水)를 방불케 하는 곡수로가 확인되어(사진 4-IV-2 참조) 앞서 제 3장에서 본 바와 같이 웅진시기의 임류각의 실체를 밝힐 수 있는 계기를 맞고 있다.

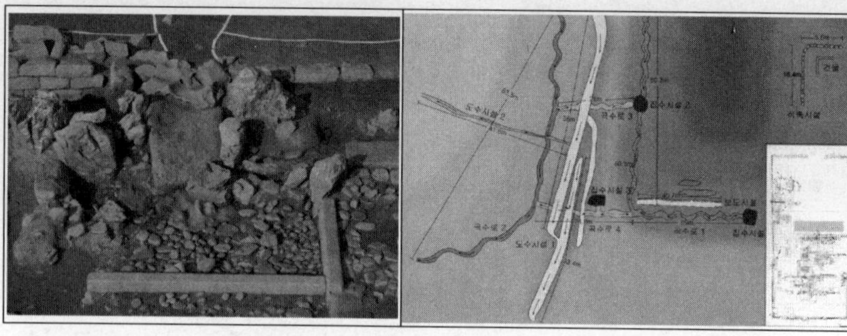

〈사진 4-Ⅳ-2〉 왕궁유적 후원의 조경(좌) 및 곡수로 유구(우) 상태
(國立扶餘文化財研究所 2009b 옮김)

참고문헌

• 국문 • 영문

• 중문 • 일문

능산리 사지 연화문 와당

참고문헌

<국문>

강원문화재연구소 2005,『강릉지역 문화유적 시굴조사 보고서』.

姜元杓 2001,『百濟 三足土器의 擴散과 消滅過程 研究』, 高麗大學校 大學院 碩士學位論文.

강종원 2003,「天安 慰禮城에 대한 文獻史學的 檢討」,『위례산성』, 서경.

高久健二 1995,『樂浪古墳文化 研究』, 學研文化社.

孔錫龜 1998,『高句麗 領域擴張史 研究』, 書景文化社.

公州師範大學 百濟文化研究所 1975,「토론회초록」,『百濟文化』7·8合輯.

구기종·이판섭 2005,「扶餘 陵山里 東羅城 內·外部 百濟 遺蹟 調査概報」,『호서지역 문화 유적 발굴성과』(제 12호 호서고고학회 학술대회 발표집), 호서고고학회.

국립공주박물관 1999,『艇止山』.

국립문화재연구소 2004,『서울올림픽미술관건립부지 발굴조사보고서』.

國立文化財研究所 1996,『扶蘇山城發掘調査報告書』.

國立扶餘文化財研究所 1997,『扶蘇山城-發掘調査 中間報告 II-』.

__________ 1999a,『扶蘇山城』.

__________ 1999b,『扶蘇山城-發掘中間報告書 III-』.

__________ 1999c,『宮南池』.

__________ 2000,『扶蘇山城-發掘中間報告IV-』

__________ 2001,『宮南池 II- 現 宮南池 西北便一帶 -』.

_________ 2005, 「扶餘 官北里百濟遺蹟(제11차) 發掘調査 現場說明會 資料」.

_________ 2009a, 「扶餘 定林寺址-제9차 조사 현장 설명회 자료-」.

_________ 2009b, 「익산 왕궁유적 발굴조사 현장 설명회 자료」.

國立扶餘博物館 2000, 『陵寺-扶餘 陵山里寺址發掘調査 進展報告書-』.

國立全州博物館 1994, 『扶安 竹幕洞 祭祀遺蹟』.

국립중앙박물관 1999, 『백제』(특별전 도록), 통천문화사.

과학원출판사 1958a, 「평양 역전 2실분 발굴보고」, 『대동강류역고분발굴보고』, 고고학 자료집 제1집.

_____ 1958b,『태성리 고분군 발굴보고』.

_____ 1959, 「대동강 및 재령강 류역 고분 발굴 보고」, 『고고학자료집』 2.

權五榮 1988, 「4世紀 百濟의 地方統制方式 一例-東晋青磁의 流入經緯를 中心으로-」, 『韓國史論』18, 서울大學校 國史學科.

___ 2002, 「백제의 對中交涉의 전개와 그 성격」, 『古代 東亞細亞와 三韓·三國의 交涉』(2002년도 복천박물관 국제학술대회 발표 논문집), 福泉博物館.

___ 2003, 「漢城期 百濟 기와의 製作傳統과 發展의 劃期」, 『百濟研究』 38.

___ 2009, 「고대 동아시아 문물교류와 백제」, 『부여 정림사지 정비복원 고증 기본조사 -백제 불교사 및 고고학연구 용역 결과 보고서-』, 충남대학교 백제연구소.

權五榮·韓志仙 2005, 『風納土城VI-慶堂地區 中層 101號 遺構에 대한 報告-』, 국립문화재연구소·한신대학교박물관.

權五榮·權度希·韓志仙 2004, 『風納土城IV-慶堂地區 9號 遺構에 대한 發掘報告-』, 한신大學校博物館.

權五榮·權度希·朴智殷 2006, 『風納土城VII-慶堂地區 上層 廢棄場 遺構에 대한 發掘報告-』, 한신大學校博物館.

近藤浩一 2004, 「扶餘 陵山里 羅城築造 木簡의 研究」, 『百濟研究』 39.

금강문화유산연구원 2009, 「扶餘 迂回國道連結 都市計劃道路 改設工事 區間內 文化財 發掘調査-부여 가탑리 가탑들 유적 현장설명회 자료-」.
畿甸文化財硏究院 2004, 「華城地方産業團地內 東鶴山遺蹟 發掘調査」(현장설명회자료).
畿甸文化財硏究院 2005, 『河南 德豊洞 수리골 遺蹟』.
金權中 2005, 「嶺西地域 靑銅器時代 住居址의 編年 및 性格-北漢江流域을 中心으로-」, 『江原地域의 靑銅器文化』(2005년 추계 학술대회 발표논문집), 江原考古學會.
金武重 2004, 「百濟 漢城期 地域土器 編年-京畿 西南部地域을 中心으로-」, 『고고학』 3-1.
___ 2005, 「漢江流域 原三國時代의 土器」, 『제29회 한국고고학전국대회 발표논문집』, 한국고고학회.
___ 2006, 「江原地域 原三國時代 土器 編年」, 『江原地域의 鐵器文化』(2006년 추계학술대회 발표 논문집), 강원고고학회.
金三龍 1977, 「百濟의 益山遷都와 그 文化的 性格」, 『馬韓·百濟文化』 2.
김성남 2004, 「백제 한성양식토기의 형성과 변천에 대하여」, 『고고학』 3-1.
金壽泰 2004, 「백제의 천도」, 『韓國古代史硏究』 36.
金暘玉 1987, 「硬質無文土器試論」, 『崔永禧先生華甲記念韓國史論叢』
金範哲 2005, 「錦江 중·하류역 청동기시대 중기 聚落分布類型 硏究」, 『韓國考古學報』 57.
金起燮 1995, 「百濟 前期의 漢城에 대한 再檢討」, 『향토서울』 55, 서울시사편찬위원회.
金永培 1965, 「公州 百濟王宮 및 臨流閣址 小考」, 『考古美術』 6卷 3·4合輯號.
金英心 1998, 「百濟의 支配體制 整備와 王都 5部制」, 『百濟의 地方統治』, 學硏文化社.
金容民 2004, 「益山 王宮城의 造營과 空間區劃에 대한 考察」, 『고대도시와 왕권』(제 12회 백제연구 국제학술회의 발표논문집), 忠南大學校 百濟硏究所.
_____ 2007, 「부여·익산 백제 왕궁의 대형 건물지에 대한 검토」(제 57회

백제연구소 공개강좌 발표문, 미간)

金元龍 1964,『新昌里甕棺墓地』, 서울大學校考古人類學科.

______ 1967,『風納里包含層調査報告』, 서울大學校考古人類學科.

______ 1986,『韓國考古學概說』, 一志社.

金元龍·李熙濬 1987,「서울 石村洞3號墳의 年代」,『斗溪 李丙燾博士 九旬紀念 韓國史論叢』.

金元龍·任孝宰·朴淳發 1988,『夢村土城-東南地區發掘調査報告-』, 서울大學校博物館.

金元龍·任孝宰·朴淳發·崔鍾澤 1989,『夢村土城-西南地區 發掘調査 報告書-』, 서울大學校 博物館.

金一圭 2006,「漢江 中·下流域의 中島式土器 編年小考」,『석헌 정징원교수 정년퇴임 기념논총』, 釜山考古學硏究會 論叢刊行委員會.

______ 2007,「한강유역의 원삼국시대 성립과정」,『원삼국시대의 한강유역』(2007년도 제3회 서울경기고고학회 정기발표회 논문집), 서울경기고고학회.

金正基 1984,「彌勒寺塔과 定林寺塔-建立時期의 先後에 관하여-」,『考古美術』, 164.

金載悅·金邱軍·辛勇旻·李根旭 1998,『華城 馬霞里 古墳群』, 湖巖美術館.

金鍾萬 2003,「泗沘時代 扶餘地方出土 外來系 遺物의 性格」,『湖西地方史研究』, 景仁文化社.

김주성 2001,「백제 사비시대의 익산」,『韓國古代史研究』 21.

盧重國 1978,「百濟王室의 南遷과 支配勢力의 變遷」,『韓國史論』 4, 서울大學校 國史學科. 1988,『百濟 政治史 硏究』, 一潮閣.

______ 2003,「百濟史에 있어서의 益山의 위치」,『益山의 先史와 古代文化』, 마한·백제문화연구소 · 익산시.

盧爀眞 2004,「中島式土器의 由來에 대한 一考」,『湖南考古學報』 19.

檀國大學校 中央博物館 1996,『망이산성 발굴 보고서(1)』.

都宥浩 1962,「신천 명사리에서 드러난 고조선 독널에 관하여」,『문화유산』 62-1호.

리순진 1964,「부조예군묘에 대하여」,『고고민속』 4.

______ 1974a, 「운성리유적 발굴보고」, 『고고학자료집』 4.
______ 1974b, 부조예군무덤 발굴보고, 『고고학자료집』 4.
夢村土城發掘調査團 1984, 『整備·復元을 위한 夢村土城發掘調査報告書』.
夢村土城發掘調査團 1985, 『夢村土城發掘調査報告』.
文東錫 2005, 「梁 武帝의 佛教政策에 대하여-백제와 연관성을 중심으로-」, 『東亞考古論壇』 2, 忠淸文化財硏究院.
文化財硏究所 1985, 『月城垓字試掘報告書』
朴成熙 2003, 「경춘복선 가평역사부지(달전리) 발굴조사」, 『고구려고고학의 제문제』(제27회 한국고고학전국대회 발표논문집), 韓國考古學會.
朴淳發1989, 「漢江流域 原三國時代의 土器의 樣相과 變遷」, 『韓國考古學報』 23.
______ 1993a, 「한강유역의 청동기·초기철기 문화」, 『한강유역사』, 민음사.
______ 1993b, 「우리나라 初期鐵器文化의 展開過程에 대한 약간의 考察」, 『考古美術史論』 3, 忠北大學校 考古美術史學科.
______ 1994, 「漢城百濟 成立期 諸墓制의 編年 檢討」, 『先史와 古代』 6.
______ 1996a, 「漢城百濟의 中央과 地方」, 『백제의 중앙과 지방』, 忠南大學校 百濟硏究所.
______ 1996b, 「百濟 都城의 變遷과 特徵」, 『重山 鄭德基博士 華甲 紀念 韓國史學論叢』, 景仁文化社.
______ 1997, 「漢江流域의 基層文化와 百濟의 成長過程」, 『韓國考古學報』 36.
______ 1998, 『百濟國家의 形成 硏究』, 서울大學校 大學院 博士學位論文.
______ 1999, 「漢城百濟의 對外關係」, 『百濟硏究』 30.
______ 2000a, 「泗沘都城의 構造에 대하여」, 『百濟硏究』 31.
______ 2000b, 「泗沘都城의 構造-羅城構造를 中心으로-」, 『사비도성과 백제의 성곽』, 서경문화사.
______ 2001a, 『漢城百濟의 誕生』, 서경문화사.
______ 2001b, 「深鉢形土器考」, 『湖西考古學』 4·5.
______ 2001c, 「帶頸壺一考」, 『湖南考古學報』 13.

_____ 2001d, 「4~5세기 한국 고대사와 고고학의 몇 가지 문제」, 『韓國古代史硏究』 24.

_____ 2001e, 「馬韓 對外交涉의 變遷과 百濟의 登場」, 『百濟硏究』 33.

_____ 2001f, 「榮山江流域における前方後圓墳の意義」, 『朝鮮學報』 179.

_____ 2002a, 「村落의 形成과 發展」, 『강좌 한국고대사』 제7권, 가락국사적개발연구원.

_____ 2002b, 「熊津 遷都 背景과 泗沘都城 造成 過程」, 『백제도성의 변천과 연구상의 문제점』, 국립부여문화재연구소.

_____ 2002c, 「사비도성」, 『금강』, 국립공주박물관.

_____ 2003a, 「熊津·泗沘期 百濟土器 編年에 대하여」, 『百濟硏究』 37.

_____ 2003b, 「漢城期 百濟 都城의 問題」, 『先史와 古代』 19.

_____ 2003c, 「泗沘都城 空間 區劃 豫察」, 『湖西地方史硏究』, 景仁文化社.

_____ 2004a, 「遼寧 粘土帶土器文化의 韓半島 定着 過程」, 『錦江考古』 創刊號.

_____ 2004b, 「百濟土器 形成期에 보이는 樂浪土器의 影響」, 『百濟硏究』 40.

_____ 2004c, 「漢城百濟 考古學의 硏究 現況 點檢」, 『고고학』 3-1.

_____ 2004d, 「漢城期 百濟 對中交涉 一例-夢村土城 出土 金銅銙帶金具追考-」, 『湖西考古學』 11.

_____ 2005a, 「鐎斗考」, 『東亞考古論壇』 創刊號, 忠淸文化財硏究院.

_____ 2005b, 「公州 水村里 古墳群 出土 中國瓷器와 交叉年代 問題」, 『충청학과 충청문화』 4, 충청남도역사문화원.

_____ 2005c, 「泗沘都城과 益山 王宮城」, 『古代 都城과 益山 王宮城』 (제17회 마한·백제문화 국제학술회의 논문집), 圓光大學校 馬韓·百濟文化硏究所.

_____ 2005d, 「高句麗와 百濟-泗沘樣式 百濟土器의 形成 背景을 中心으로-」, 『고구려와 동아시아』(高麗大學校 開校 100周年 記念 國際學術會議 發表文集), 高麗大學校博物館.

_____ 2005e, 「泗沘都城의 景觀에 對하여」, 『古代 都市와 王權』, 서경.

_____ 2007, 「墓制의 變遷으로 본 漢城期 百濟의 地方 編制 過程」, 『韓

國古代史硏究』 48.
_____ 2008,「百濟 '籠冠俑' 硏究」,『百濟硏究』 48.
_____ 2009,「중서부지역 원삼국시대 토기 편년의 재고(再考)」,『토기특별전 백제, 마한을 담다』, 충청남도역사문화연구원.
朴淳發·成正鏞 2000a,『百濟泗沘羅城』, 忠南大學校 百濟硏究所.
__________ 2000b,『百濟泗沘羅城 II』, 忠南大學校 百濟硏究所.
朴淳發 외 1998,『馬韓史 硏究』, 忠南大學校 出版部.
朴淳發 외 2003,『泗沘都城』, 忠南大學校 百濟硏究所.
朴淳發·董寶璟·山本孝文 2002,『百濟泗沘羅城 III』, 忠南大學校 百濟硏究所.
박정화·이정화 2008,『김천 문당동 유적』, 慶尙北道文化財硏究院.
朴泰祐 2007,「百濟 泗沘羅城 築造에 대한 檢討」,『湖西考古學』 16.
裵基同 1982,「石村洞 4號墳 옆 住居址 出土 百濟土器類」,『古文化』 20.
裵基同·尹又埈 1994,「漢陽大學校發掘調査團 調査報告」,『渼沙里』 第2卷, 渼沙里先史遺蹟發掘調査團.
백제문화재연구원 2008,「부여 쌍북리 280-5번지 창고신축부지 文化遺蹟 發掘調査 現場說明會資料」.
白弘基 1992,「원삼국시대 촌락의 구조와 기능-溟洲郡 安仁里遺蹟의 예를 중심으로-」,『國史館論叢』 35.
白弘基·高東淳 1997,『江陵 冬德里 住居址』, 江陵大學校 博物館.
釜山大學校博物館 1995,『蔚州 檢丹里 마을遺蹟』.
부여군문화재보존센타 2008,「부여~본산간 국도4호선 도로확포장구간(가탑리 152-11일대) 문화유적 발굴조사 현장설명회 자료」.
扶餘文化財硏究所 1995,『扶蘇山城-發掘調査中間報告-』.
사회과학원 고고학연구소 전야공작대 1978,『고고학자료집』 5(낙랑구역 일대의 무덤떼).
사회과학원 고고학연구소 1983,『고고학자료집』 6(락랑구역 일대의 고분 발굴보고 각지 고대유적 조사보고).
山本孝文 2001,『百濟 泗沘期 石室墳과 政治·社會相 硏究』, 忠南大學校 大學院 碩士學位論文.

_____ 2002,「百濟 泗沘期 石室墳의 階層性과 政治制度」,『韓國考古學報』47.

_____ 2003,「百濟 火葬墓에 대한 考察」,『韓國考古學報』50.

_____ 2005,「百濟 泗沘都城의 官僚와 居住空間-京域과 埋葬地의 分析을 中心으로-」,『古代 都市와 王權』, 서경.

서울大學校博物館·서울大學校考古學科, 1975,『石村洞 積石塚 發掘調査報告』.

서울大學校博物館 1986,『石村洞 3號墳東쪽 古墳群 整理調査報告』.

서울大學校博物館 1989,『石村洞 1·2號墳』.

徐程錫 2000,「百濟 熊津都城의 構造에 對한 一考察」,『百濟文化』29, 公州大學校 百濟文化硏究所.

_____ 2007,「웅진기의 도성제」,『百濟의 建築과 土木』(百濟文化史大系 硏究叢書 15), 충청남도역사문화연구원.

石村洞 遺蹟發掘調査團 1984,『石村洞 3号墳(積石塚) 復元을 爲한 發掘報告書』.

石村洞發掘調査團 1987,『石村洞古墳群發掘調査報告』.

成正鏞 2001,「4~5세기 百濟의 地方支配」,『韓國古代史硏究』24.

_____ 2003,「百濟와 中國의 貿易陶磁」,『百濟硏究』38.

成周鐸 1980,「百濟 熊津城과 泗沘城 硏究(其一)」,『百濟硏究』11.

_____ 1982,「百濟泗沘都城硏究」,『百濟硏究』13집.

_____ 1984,『百濟城址硏究』, 東國大學校 大學院 博士學位論文.

_____ 1997,「百濟 熊津城 硏究 再齣」,『百濟의 中央과 地方』, 忠南大學校 百濟硏究所.

_____ 2002,「百濟 泗沘都城」,『百濟城址硏究』, 서경.

宋義政·尹炯元 2000,『法泉里 I』, 國立中央博物館.

Subbotina Anastasia 2005,『鐵器時代 韓國과 러시아 沿海州의 土器文化 比較硏究-硬質無文土器를 中心으로-』, 서울大學校 大學院 碩士學位論文.

심정보 1996,「百濟 泗沘都城의 築造時期에 대한 一考察」,『東北아시아의 古代都城』(東亞大學校 開校50周年紀念 國際學術大會 發表論

文集).

______ 2002,「熊津都城의 構造와 防禦體制에 대하여」,『백제도성의 변천과 연구상의 문제점』, 국립부여문화재연구소.

심재연 2006,「강원 영동지역 철기시대 상한과 하한」,『江原地域의 鐵器文化』(2006년 추계 학술대회 발표 논문집), 강원고고학회.

______ 2007,「강원도 중도식토기 문화에 보이는 동북지방 요소」,『국가형성에 대한 고고학적 접근』(제31회 한국고고학 전국대회 발표 논문집), 韓國考古學會.

申鍾國 2002,『百濟土器의 形成과 變遷過程에 대한 研究-漢城期 百濟 住居遺蹟 出土 土器를 中心으로-』, 成均館大學校 大學院 碩士學位論文.

申熙權 2001,『한강유역 1-3세기 주거지 연구-'풍납동식 주거지'의 형성과정을 중심으로-』, 서울대학교 대학원 석사학위논문.

申熙權 2002,「風納土城 築造年代 試論」『韓國上古史學報』37.

沈奉謹 1998,『梁山平山里遺蹟』, 東亞大學校 博物館.

安順天 1998,「考察」,『浦項玉城里古墳群』II(나 지구), 嶺南文化財研究院.

安承模 1998,『東아시아 先史時代의 農耕과 生業』, 學研文化社.

安承周 1982,『公山城』, 公州師範大學 百濟文化研究所.

安承周·李南奭 1987,『公山城 百濟推定王宮址發掘調查報告書』, 公州師範大學 博物館.

__________ 1990,『公山城 城址發掘調查報告書』, 公州大學 博物館.

__________ 1992,『公山城建物址』, 公州大學校 博物館.

安在皓 1996,「無文土器時代 聚落의 變遷-住居址를 통한 中期의 設定」,『碩吾尹容鎭敎授停年退任紀念論叢』.

梁起錫 2007,「百濟의 泗沘遷都와 그 背景」,『百濟와 錦江』, 書景文化社.

오세연 1995,『중부지방 원삼국시대 문화에 대한 연구-주거양상을 중심으로-』, 서울대학교 대학원 석사학위논문.

余昊奎 2002,「漢城時期 百濟의 都城制와 防禦體系」,『百濟研究』36.

柳基正·梁美玉 2002,『公州 金鶴洞 古墳群』, 忠淸文化財研究院.

柳基正 외 2005,『扶餘 井洞里遺蹟』, 忠淸文化財硏究院.

兪元載 1999,「益山 文化遺蹟의 性格」,『馬韓·百濟文化』 14.

劉銀植 2004,『두만강유역 초기철기문화 연구』, 崇實大學校 大學院 碩士學位論文.

유일환 2005,「『論語』의 同義詞 考」,『인문학연구』 제 32권 제1호, 충남대학교 인문과학연구소.

兪元載 1995,『中國 正史 百濟傳 硏究』(增補版), 學硏文化社.

윤광진·김기옥·김정연 2005,『風納土城V-삼표산업 사옥 신축예정부지 발굴조사 보고서-』, 國立文化財硏究所.

尹根一·申熙權·崔聖愛·申鍾國 2001,『風納土城I-현대연합주택 및 1지구 재건축 부지-』, 국립문화재연구소.

尹根一·申熙權·崔聖愛 2002,『風納土城II-동벽 발굴조사 보고서-』, 국립문화재연구소.

윤덕향 외 2002,『배매산-완주 봉동읍 배수지 시설부지내 문화유적 발굴조사 보고서-』, 全北大學校博物館.

尹武炳 1981,『定林寺址發掘調査報告書』, 忠南大學校 博物館.

______ 1985,『扶餘官北里百濟遺蹟發掘報告(I)』, 忠南大學校 博物館.

______ 1994,「百濟王都 泗沘城硏究」,『學術院論文集』(人文.社會科學篇) 第33輯.

______ 1998,『扶餘官北里 百濟遺蹟 發掘報告(II)』, 忠南大學校 博物館.

尹武炳·成周鐸 1977,「百濟山城의 新類型」,『百濟硏究』 8.

尹善泰 2003,「熊津·泗沘期 百濟의 尺度制-泗沘都城의 空間構成과 관련하여-」,『古代 東亞細亞와 百濟』, 忠南大學校 百濟硏究所.

______ 2004,「扶餘 陵山里 出土 百濟木簡의 再檢討」,『東國史學』 40.

______ 2006,「百濟 泗沘都城과 '嵎夷'」,『東亞考古論壇』 2, 忠淸文化財硏究院.

尹世英·李弘鍾 1994,『渼沙里』 第 5卷, 渼沙里先史遺蹟發掘調査團.

尹容鎭 1984,「中原 荷川里F 地區 遺蹟發掘調査 報告」,『忠州댐 水沒地區 文化遺蹟發掘 調査綜合報告書』, 忠北大學校 博物館.

尹炯元 2002『法泉里 II』, 國立中央博物館.

圓光大學校 馬韓·百濟文化硏究所 2009, 「高敞 鳳德里 1號墳 第 2次 發掘調査 現場說明會 資料」.

李康承·朴淳發 1995, 「新石器 및 靑銅器時代 遺蹟調査」, 『屯山』, 忠南大學校 博物館.

李康承·朴淳發·成正鏞 1996, 『天安長山里遺蹟』,忠南大學校 博物館.

李健茂 外 1980, 『中島』Ⅰ, 國立中央博物館.

李南珪 1982, 「南韓 初期鐵器文化의 一考察-특히 鐵器의 金屬學的 分析을 中心으로-」,『韓國考古學報』13.

李南珪·權五榮·李基星·李明燁·申誠惠·韓志仙 2003, 『風納土城III-삼화연립 재건축 사업부지에 대한 조사보고-』, 한신大學校博物館.

李南奭 1997a, 「熊津地域 百濟遺蹟의 存在 意味」, 『百濟文化』26.

______ 1997b, 『分江·楮石里 古墳群』, 公州大學校 博物館.

李南奭 외 2003, 『鹽倉里 古墳群』, 公州大學校博物館.

李道學 1992, 「百濟漢城時期의 都城制에 관한 檢討」, 『韓國上古史學報』9.

______ 2003, 「百濟 武王代 益山 遷都說의 再檢討」, 『慶州史學』22.

李丙燾 1939, 「廣州風納里土城과 百濟時代의 蛇城」, 『震檀學報』10.

______ 1952, 「薯童說話의 新考察」, 『歷史學報』1.

______ 1977, 「익산문화권의 제문제」(제 3회 마한·백제문화 학술회의 토론문집), 『馬韓·百濟文化』2.

李炳鎬 2002, 「百濟 泗沘都城의 造營過程」, 『韓國史論』47, 서울大學校國史學科.

______ 2003, 「泗沘都城의 構造와 運營」, 『한국의 도성-都城 造營의 傳統-』, 서울시립대학교 부설 서울학연구소.

______ 2005, 「扶餘 定林寺址 出土 塑造像의 製作技法과 奉安場所」, 『美術資料』72·73, 國立中央博物館.

______ 2006, 「扶餘 定林寺址 出土 塑造像의 製作時期와 系統」, 『美術資料』74, 國立中央博物館.

______ 2007a, 「扶餘 定林寺址의 創建 背景과 都城 內 位相」, 『百濟와 錦江』, 書景文化社.

______ 2007b, 「泗沘都城의 構造와 築造 過程」, 『百濟의 建築과 土木』, 百

濟文化史大系 研究叢書 15, 忠淸南道歷史文化研究院.

李鮮馥·金成南 2004, 『馬霞里 古墳群』, 崇實大學校博物館·서울大學校博物館.

李相吉 1991, 『漢江流域 鐵器時代 土器編年-中島式土器를 中心으로-』, 慶北大學校 大學院 碩士學位論文.

李盛周 1999, 「弁·辰韓地域 墳墓 出土 1~4世紀 土器의 編年」, 『韓國考古學報』 24.

______ 2007, 「세계사적 견지에서 본 울산의 환호(環壕)」, 『靑銅器·初期鐵器 社會變動論』, 學硏文化社.

李晟準 2003, 『百濟 竪穴式 石槨墓의 型式學的 硏究』, 忠南大學校大學院 碩士學位論文.

李榮文 1993, 『全南地方 支石墓 社會의 硏究』, 韓國敎員大學校 大學院 博士學位 論文.

李在賢 1995, 『利川 孝養山 遺蹟』, 湖巖美術館.

______ 2003, 『弁·辰韓社會의 考古學的 硏究』, 釜山大學校 大學院 博士學位論文.

李亨源 2003, 「泗沘都城內 軍守里地點의 空間區劃 및 性格」, 『湖西考古學』 8.

______ 2007, 「湖西地域 可樂洞類型의 聚落構造와 性格」, 『湖西考古學』 17.

______ 2009, 『청동기시대 취락구조와 사회조직』, 서경문화사.

李弘鍾 1991, 「中島式土器의 成立過程」, 『韓國上古史學報』 6.

李勳 1998, 「공주 산성동 주택부지 조사」, 『各地試掘調査報告書』, 公州大學校 博物館.

_____ 2004, 「묘제를 통해 본 수촌리유적의 연대와 성격」, 『백제문화』 33, 공주대학교 백제문화연구소.

林永珍 1995, 『百濟 漢城時代 古墳 硏究』, 서울大學校 大學院 博士學位論文.

任孝宰 1985, 『岩寺洞』, 서울大學校博物館.

蠶室地區遺蹟發掘調査團 1975, 『蠶室地區遺蹟發掘調査報告』.

全鎰溶·李仁鎬·尹淨賢 2006,『舒川 楸洞里 遺蹟-I地域-』, 忠淸文化財硏究院.
丁若鏞 1811,「慰禮考」,『我邦疆域考』(張志淵 編 1903, 이민수 옮김 1995, 범우사, 178~186).
鄭仁盛 2002,「樂浪土城靑銅鏃」,『東京大學考古學硏究室硏究紀要』17.
______ 2006,「낙랑 '타날문 단경호' 연구」,『江原地域의 鐵器文化』(2006년 추계 학술대회 발표 논문집), 강원고고학회.
鄭載潤 1992,「熊津·泗沘時代 百濟의 地方統治體制」,『韓國上古史學報』10.
趙源昌 2003,「百濟 熊津期 扶餘 龍井里 下層 寺院의 性格」,『韓國上古史學報』42.
趙胤宰 2009,「정림사 사명의 유래와 의미」,『부여 정림사지 정비복원 고증기본조사 백제 불교사 및 고고학연구 용역 결과 보고서』, 충남대학교 백제연구소.
朱甫暾 1998,『新羅 地方統治體制의 整備過程과 村落』, 신서원.
中央文化財硏究院 2005,『淸原 大栗里·馬山里·楓井里遺蹟』.
池賢柄 1996,「江原 嶺東地方의 初期鐵器時代-집자리유적을 중심으로-」,『韓國上古史學報』22.
______ 1997,「江陵 江門洞 住居址」,『江陵 冬德里 住居址』, 江陵大學校博物館.
______ 2000,「鐵器時代 住居構造와 聚落」,『韓國古代文化의 變遷과 交涉』, 書景文化社.
池賢柄 外 2006,『鐵原 瓦水里 遺蹟』, 江原文化財硏究所.
지현병 외 2007a,『江陵 芳洞里 遺蹟』, 江原文化財硏究所.
지현병 외 2007b,『高城 松峴里 遺蹟』, 江原文化財硏究所.
차용걸·박중균·한선영·박은연 2004,『淸原 南城谷 高句麗遺蹟』, 忠北大學校博物館.
충남대학교 백제연구소(편) 2003,『위례산성』, 서경.
忠淸文化財硏究院 2007a,「백제큰길 연결도로 건설공사 구간(I-1·3구간) 내 扶餘 雙北里 北浦遺蹟 현장설명회 자료」.

______ 2007b, 「백제큰길 연결도로 건설공사 구간(I-1·3구간) 내 扶餘 雙北里 현내들遺蹟 현장설명회 자료」.
崔秉鉉 1997, 「서울 江南地域 石室墳의 性格-新羅 地方石室墳 硏究(1)-」, 『崇實史學』 10.
______ 1998, 「原三國土器의 系統과 性格」, 『韓國考古學報』 38.
崔盛洛 1993, 『韓國 原三國文化의 硏究』, 學硏文化社.
崔完奎·金鍾文·李信孝 2001, 『群山 余方里 古墳群-西海岸高速道路 舒川~群山間 建設區間 內 文化遺蹟-』, 圓光大學校博物館.
최정필 외 2006, 『하남 광암동 유적-덕풍~감북간 도로확·포장공사 4차구간 발굴조사 보고서-』, 세종대학교 박물관.
최종모·김경환 2007, 「編年」, 『旌善 禮美里 遺蹟』, 江原文化財硏究所.
崔鍾澤 1996, 『서울大學校博物館所藏 漢江流域採集 百濟土器類』, 서울大學校博物館.
______ 2002, 「夢村土城 內 高句麗遺蹟 再考」, 『韓國史學報』 12, 高麗大學校 史學科.
忠南大學校 百濟硏究所 1978, 『扶餘地域 遺物, 遺蹟 調査 및 整備計劃案』
韓國精神文化文化硏究院發掘調査團 1994, 『華城白谷里古墳』.
漢陽大學校 博物館 1996, 『風納土城 隣接地域 試掘調査 報告書』.
韓志仙 2003, 『土器를 통해서 본 百濟 古代國家 形成過程 硏究』, 中央大學校 大學院 碩士學位論文.
______ 2005, 「百濟土器 成立期 樣相에 대한 再檢討」, 『百濟硏究』 41.
洪思俊 1971, 「百濟城址硏究-築城을 中心으로-」, 『百濟硏究』 2.
홍윤식 2000, 「백제무왕과 익산천도에 관한 역사적 사실」, 『익산 쌍릉과 백제고분의 제문제』(마한·백제문화 연구소 제 15회 학술회의 발표문집), 원광대학교 마한·백제문화 연구소.
洪再善 1981, 『百濟泗沘城硏究』, 東國大學校大學院 碩士學位論文.
華陽地區遺蹟發掘調査團 1977, 『華陽地區 遺蹟發掘 調査報告』.

<영문>

John Bintliff 1999, Settlement and territory, *Companion Encyclopedia of Archaeology* Vol.1 Edited by Graeme Baker, Routledge.

Robert Chapman 1981, The emergence of formal disposal area and the 'problem' of megalithic tombs in prehitoric Europe, *THE ARCHAEOLOGY OF DEATH* EDITED BY ROBE CHAPMAN, IAN KINNES, KLAVS RANDSBORG, Cambridge Univ. Press.

Brian M. Fagan 1989, *People of the Earth : An I ntroduction to World Prehistory*, SCOTT, FORSEMAN AND COMPANY.

Charles L. Redman, 1977, *The Rise of Civilization*, W.H. Freeman.

Colin Renfrew1973, *BEFORE CIVILIZATION*, Alfred A. Knopf.

Colin Renfrew & Paul Bahn 2007, *Archaeology Essentials : Theories, Methods and Practice*, Thames & Hudson(이희준 역, 2008, 『현대고고학 강의』, 사회평론).

<중문>

廣東·廣西·湖南·河南辭源修訂組, 商務印書館編輯部(編) 1979, 『辭源』, 商務印書館.

喬梁 2009, 「燕文化進入前的遼西」, 『2009년東烏珠穆沁旗中國邊疆考古研究專家國際學術演討會發表文』.

吉林省文物考古研究所·集安市博物館 2004, 『集安高句麗王陵』, 文物出版社.

盧海鳴 2002, 『六朝都城』, 南京出版社.

段鵬琦 外 1984, 「偃師商城的初步勘探和發掘」, 『考古』 6.

戴吾三(編) 2003, 『考工記圖說』, 山東畵報出版社.

杜金鵬 2005a, 「偃師二里頭遺址4號宮殿基址研究」, 『文物』 6.

______ 2005b, 「偃師二里頭遺址1號宮殿基址再認識」, 『安金槐先生紀念文集』(杜金鵬·許宏主編, 2005, 『偃師二里頭遺址研究』, 科學出版

社, 收錄)
杜正勝 1992,『古代社會與國家』, 允晨文化出版.
羅宗眞 1990,「六朝時期建康都城的商業」,『南京經濟史論文選』, 南京出版社(羅宗眞 2002『探索歷史的眞相』, 江蘇古籍出版社. 收錄).
羅宗眞·王志高 2004,『六朝文物』, 南京出版社.
羅哲文 1999,『中國古園林』, 中國建築工業出版社.
羅微·喬雲飛 2003,「淺談中國佛寺的營造文化與藝術」,『考古與文物』2.
馬儉 1981,「寶鷄市鏟車廠漢墓-兼談M1出土的行楷體朱書陶瓶-」『文物』3.
孟凡人 1994,「試論北魏洛陽城的形制與中亞古城形制的關係」,『漢唐與邊疆考古研究』1輯, 科學出版社(杜金鵬·錢國祥 主編, 2007,『漢魏洛陽城遺址研究』, 科學出版社. 收錄).
方起東 1982,「集安東台子高句麗建築遺址的性質和年代」,『東北考古與歷史』1, 文物出版社.
方酉生 1995,「偃師二里頭遺址第三期遺存與桀都斟鄩」,『考古』2.
徐光冀 1995,「曹魏鄴城的平面復原研究」,『中國考古學論叢-中國社會科學院考古研究所建所40年紀念-』, 科學出版社.
______ 2002,「東魏北齊鄴南城平面布局的復原研究」,『宿白先生八秩華誕紀念文集』(上), 文物出版社.
徐光冀·顧智界 1990,「河北臨漳鄴北城遺址勘探發掘簡報」,『考古』7.
徐光冀 外 1997,「河北臨漳縣鄴南城遺址勘探與發掘」,『考古』3.
蘇才 1961,「吉林輯安高句麗建築遺址的淸理」,『考古』1.
范培松 2000,「中國寺院形制及布局特點」,『考古與文物』, 2.
傅熹年(主編) 2001,『中國古代建築史』第二卷, 中國建築工業出版社.
宿白 1997,「隋代佛寺布局」,『考古與文物』, 2.
施光明 1998,「六朝建康的市場經濟及其社會影響」,『東南文化』1998年增刊 2.
安金槐·賀官保 1959,「河南禹縣白沙漢墓發掘報告」,『考古學報』1.
楊泓 2002,「百濟定林寺遺址初論」,『宿白先生八秩華誕紀念論集』, 文物出版社.
嚴耕望 2007,「東晋南北朝佛敎城市與山林」,『魏晉南北朝佛敎地理稿』,

上海古籍出版社.

吳桂兵 2003,「南京大學北園東晉大墓的形制、墓主及其他-兩晉偏室墓研究之一-」,『東南文化』9.

吳小平 2008,「銅鐎斗的器形演變及用途考」,『考古』3.

王毅 1999,「釋墻」,『湖南師範大學社會科學學報』28, 3期.

王仲殊 1982,「中國古代都城概說」,『考古』5.

______ 2003, 「中國古代宮內正殿太極殿的建置及其與東亞諸國的關係」,『考古』11.

王仲犖 1998,「魏晉南北朝物價考」,『金泥玉屑叢考』, 中華書局.

王志高 2003,「南京大學北園東晉大墓的時代及墓主身份的討論-兼論東晉時期的合葬墓-」,『東南文化』9.

______ 2008,「六朝建康城遺址考古發掘的回顧與展望」,『南京曉庄學院學報』1.

王志高 外 2008,「南京江寧上坊孫吳墓發掘簡報」,『文物』12.

王學榮·谷飛 2006,「偃師商城宮城布局與變遷研究」,『中國歷史文物』6.

遼寧省文物考古研究所 1994,『遼東半島石棚』, 遼寧科學技術出版社.

劉慶柱 1988,「中國古代宮城考古學研究的幾個問題」,『文物』3.

______ 2000,「中國古代都城考古學研究的幾個問題」,『考古』7.

劉慶柱·李毓芳, 2003,『漢長安城』, 文物出版社.

兪偉超 1985,「中國古代都城規劃的發展階段性」,『文物』2.

魏海波·梁志龍 1998,「遼寧本溪縣上堡青銅短劍墓」,『文物』6.

李自智 2004,「中國古代都城布局的中軸線問題」,『考古與文物』4.

林留根·李虎仁 2000,「藤花落遺址與聚落考古學」,『江蘇考古學五十年』, 南京出版社.

張季 1957,「河北景縣封氏墓群調查記」,『考古通訊』3.

張弓 1997,『漢唐佛寺文化史』, 中國社會科學院出版社.

張之恒·周裕興 1995,『夏商周考古』, 南京大學出版社.

張學鋒 2006,「六朝建康城的發掘與復原新思路」,『南京曉庄學院學報』2.

張學海 1996,「試論山東地區的龍山文化城」,『文物』12.

錢國祥 1996,「漢魏洛陽城出土瓦當的分期與研究」,『考古』10.

______ 2002, 「漢魏洛陽故城沿革與形制演變初探」, 『21世紀中國考古學與世界考古學』, 中國社會科學院出版社(杜金鵬·錢國祥 主編, 2007, 『漢魏洛陽城遺址研究』, 科學出版社. 收錄).

田立坤·萬雄飛·白寶玉 2007, 「朝陽古城考古記略」, 『邊疆考古研究』 第6輯, 科學出版社.

曺桂岑 1988, 「論龍山文化古城的社會性格」, 『中國考古學會第五次年會論文集』, 文物出版社.

趙文斌 1998, 「中國佛寺布局演變化淺論」, 『中華建築』, Vol. 16, No. 1.

朱伯謙 1958, 「黃岩秀嶺水庫古墓發掘報告」, 『考古學報』 1.

朱海仁 1998, 「略論曹魏鄴城, 北魏洛陽城, 東魏北齊鄴南城平面布局的幾個特點」, 『廣州文物考古集』, 文物出版社(杜金鵬·錢國祥 主編, 2007, 『漢魏洛陽城遺址研究』, 科學出版社. 收錄)

中國社會科學院考古研究所(編) 1996, 『漢長安城未央宮-1980~1989年考古發掘報告-』, 中國大百科全書出版社.

中國社會科學院考古研究所安陽工作隊 2003a, 「河南安陽市洹北商城的勘察試掘」, 『考古』 5.

______ 2003b, 「河南安陽市洹北商城宮殿區1號基址發掘簡報」, 『考古』 5 .

陳久恒·葉小燕 1963, 「洛陽西郊漢墓發掘報告」, 『考古學報』 2.

彭荷成 2006, 「劉勰與南京鍾山上定林寺」, 『吉林師範大學學報』(人文社會科學版), 2期.

馮普仁 1985, 「南朝墓葬的類型與分期」, 『考古』 3.

馮慧·賀雲翱·路侃 2005, 「南京新出土六朝錢文陶瓷器標本研究」, 『東亞考古論壇』 創刊號, 忠淸文化財研究院.

河介鈞 1999, 「澧縣城頭山古城址 1997~1998年度發掘簡報」, 『文物』 6.

河南省文物考古研究所 2004, 「鄭州商城外郭城的調査與試掘」, 『考古』 3.

何軍鋒 2009, 「試論中國史前方形城址的出現」, 『華夏考古』 2.

賀業鉅 1996, 『中國古代城市規劃史』, 中國建築工業出版社.

賀云翱 2003, 「南京出土六朝瓦當初探」, 『東南文化』 1.

______ 2005, 『六朝瓦當與六朝都城』, 文物出版社.

_____ 2007, 「南京鍾山二號寺遺址出土南朝瓦當及與南朝上定林寺關係研究」,『考古與文物』, 1.

賀雲翱·馮慧·李洁 2008, 「東亞地區出土早期錢文陶瓷器的研究」,『考古與文物』2.

韓品峥 2001, 「劉勰與定林寺考」,『東南文化』1.

許宏 外 2004, 「二里頭遺址聚落形態的初步考察」,『考古』11.

許宏·趙海濤 2004, 「河南偃師市二里頭遺址宮城及宮殿區外圍道路的勘察與發掘」,『考古』11.

許輝·李天石2003, 「六朝文化的物質基礎」,『六朝文化概論』, 南京出版社.

<일문>

岡崎 敬 1972, 「百濟古都巡禮」,『佛教藝術』83, 每日新聞社.

輕部慈恩 1971,『百濟遺跡の研究』, 吉川弘文館.

京城電氣株式會社 1937,『京電ハイキングコス』第三輯.

關野 貞 1915, 「百濟の遺蹟」,『考古學雜誌』第6卷 3號.

關野 貞·谷井濟一·栗山俊一 1914,『朝鮮古蹟調査報告』, 朝鮮總督府.

谷井濟一 1912, 「彙報 : 朝鮮通信」,『考古學雜誌』第 3卷 4號.

谷 豊信 1986, 「樂浪土城址出土の土器(下) - 樂浪土城研究その4 -」,『考古學研究室研究紀要』第5號, 東京大學文學部考古學研究室.

_____ 2002, 「樂浪土器の系譜」,『東アジア日本の考古學IV(生業)』, 同成社.

_____ 2005, 「平壤遷都前後の高句麗瓦に關する覺書-東京國立博物館收藏資料」『MUSEUM』596, 東京國立博物館.

堀 敏一 1996,『中國古代の家と集落』, 汲古書院.

龜田博 1995, 「泗沘と飛鳥の比較試論」,『橿原考古學研究所紀要』19, 橿原考古學研究所.

奈良文化財研究 2002,『日中古代都城圖錄』.

東潮·田中俊明 1989,『韓國の古代遺蹟』2, 百濟·伽倻篇, 中央公論社.

妹尾達彦 2001,『長安の都市計劃』, 講談社.

________ 2007,「隋大興城·唐長安城の禁苑」,『東アジア諸國における都城及び都城制の比較史的總合硏究』, 平成16~18年度科學硏究費補助金(基盤硏究A)硏究成果報告書.

武末純一 1997,「韓國·渼沙里遺跡溝掘立柱建物(上)-崇實大學校A發掘地區-」『古文化談叢』38集, 九州古文化硏究會.

________ 2006,「韓國の鑄造梯形鐵斧-原三國時代以前を中心に-」,『七隈史學』7.

門田誠一 2002,「百濟前期における錢文瓦當の創出とその背景-石村洞出土資料再檢討-」,『淸溪史學』16·17合輯.(門田誠一 2006,『古代東アジア地域相の考古學的硏究』, 學生社. 再收錄)

白井克也 1992,「ソウル·夢村土城出土土器編年試案 - いわゆる百濟前期都城論關連して-」,『考古學硏究室硏究紀要』第11號, 東京大學文學部考古學硏究室.

杉本憲司 1977,「中國古代の城」,『城』, 社會思想社.

森公 章 2006,「任那復興會議と倭國」,『東アジアの動亂と倭國』, 吉川弘文館.

小山田宏一 2002,「中世の開發と塩堤」,『重源とその時代の開發』, 大阪府立狹山池博物館.

__________ 2009,「天然材料を用いた土構造物の補强と保護」,『大阪府立狹山池博物館硏究報告』6, 大阪府立狹山池博物館.

新井宏 2002,「《三國史記·遺事》記事에 의한 新羅王京 復元과 古韓尺」,『百濟硏究』36.

安在皓 2000,「弁·辰韓の木棺墓文化」,『東夷世界の考古學』, 靑木書店.

岸 俊男(編) 1988,『中國山西山東の都城遺蹟』, 同朋舍.

礪波 護 1987,「中國都城の思想」.『都城の生態』, 中央公論社.

野守健·神田惣藏 1935,「忠淸南道公州宋山里古墳調査報告」,『昭和二年度古蹟調査報告』二.

柳田康雄 1989,「北部九州のIV期~彌生時代/古墳時代の土器」,『彌生文化の硏究』4(彌生土器II), 雄山閣.

李다운 1999,「百濟五部銘印刻瓦について」,『古文化談叢』43.
定森秀夫 1989,「韓國ソウル地域出土三國時代土器について」,『橫山浩一先生退官記念論文集 I : 生産と流通の考古學』.
田中俊明 1990,「王都로서의 泗沘城에 대한 豫備的 考察」,『百濟硏究』21집.
_______ 1997,「百濟漢城時代における王都の變遷」,『朝鮮古代硏究』第 1號, 朝鮮古代硏究刊行會.
鮎貝房之進 1934,「百濟古都案內記」,『朝鮮』234.
朝鮮總督府 1917,『大正五年度 朝鮮古蹟調査報告』.
_________ 1920,『大正6年度 朝鮮古蹟調査報告』.
_________ 1925,『樂浪郡時代の遺蹟』下冊.
_________ 1942,『朝鮮寶物古蹟調査資料』.
中村愼一 1997,「中國における圍壁集落の出現」,『考古學硏究』44卷 2號.
村上恭通 1988,「東アジアの二種の鑄造鐵斧をめぐって」,『たたら硏究』29.
平川 南 2006,「百濟と古代日本における道の祭祀-陽物木製品の檢討を中心に-」,『百濟 泗沘時期文化의 再照明』, 春秋閣.
後藤直 1971,「西朝鮮の「無文土器」について」,『考古學硏究』17卷 4號.
和田 萃 1976,「東アジアの古代都城と葬地-喪葬令皇都條に關聯して-」,『古代國家の形成と展開』, 吉川弘文館.

찾아보기

ㄱ

ㄷ

ㅁ

ㅂ

ㅅ

ㅇ

ㅈ

ㅊ

ㅌ

ㅍ

ㅎ